国家社科基金
GUOJIA SHEKE JIJIN HOUQI ZIZHU XIANGMU
后期资助项目

环境共同侵权研究

On Environmental Joint Tort

唐忠辉　著

中国社会科学出版社

图书在版编目(CIP)数据

环境共同侵权研究 / 唐忠辉著 . —北京：中国社会科学出版社，2018. 11

ISBN 978-7-5203-3289-7

Ⅰ. ①环…　Ⅱ. ①唐…　Ⅲ. ①环境保护法-侵权行为-研究-中国　Ⅳ. ①D922. 680. 4

中国版本图书馆 CIP 数据核字(2018)第 232991 号

出 版 人　赵剑英
责任编辑　梁剑琴
责任校对　赵雪姣
责任印制　王　超

出　　版　中国社会科学出版社
社　　址　北京鼓楼西大街甲 158 号
邮　　编　100720
网　　址　http：//www. csspw. cn
发 行 部　010-84083685
门 市 部　010-84029450
经　　销　新华书店及其他书店

印刷装订　北京君升印刷有限公司
版　　次　2018 年 11 月第 1 版
印　　次　2018 年 11 月第 1 次印刷

开　　本　710×1000　1/16
印　　张　19. 75
插　　页　2
字　　数　344 千字
定　　价　85. 00 元

国家社科基金后期资助项目

出 版 说 明

后期资助项目是国家社科基金设立的一类重要项目，旨在鼓励广大社科研究者潜心治学，支持基础研究多出优秀成果。它是经过严格评审，从接近完成的科研成果中遴选立项的。为扩大后期资助项目的影响，更好地推动学术发展，促进成果转化，全国哲学社会科学工作办公室按照"统一设计、统一标识、统一版式、形成系列"的总体要求，组织出版国家社科基金后期资助项目成果。

全国哲学社会科学工作办公室

序　一

生态文明建设是中国特色社会主义“五位一体”总体布局和“四个全面”战略布局的重要组成部分。2017 年 10 月，党的十九大明确提出坚决打好污染防治攻坚战等重要任务。今年 6 月，党中央国务院专门印发《关于全面加强生态环境保护　坚决打好污染防治攻坚战的意见》，对打好污染防治攻坚战作出专门部署和系统安排。这一方面表明了中央坚决向污染宣战的坚定决心和坚强行动，另一方面也从侧面反映了我国环境污染形势依然严峻复杂。复合污染及由此带来的环境共同侵权问题就是诸多环境问题中的一个突出表现。在工业化、城镇化和农业现代化快速推进的新时代，这个现象还可能有增多并向中西部和农村地区逐步转移的趋势。

我曾先后在国务院、全国人大和最高人民法院等中央国家机关从事环境资源等领域的立法和司法工作，在中国政法大学等高校兼及教学和科研，亲历并见证了近几十年来中国环境法治建设的历史进程。退休后又在天津大学法学院从事相关学术及实践活动。这种特殊的工作经历，使我对包括环境共同侵权在内的中国环境问题及环境法治建设的紧迫性重要性，有着异乎寻常的切身体会。

从环境共同侵权现象来看，它是侵权法上的发生在生态环境领域的共同侵权问题，而其根源则是多主体的复合污染。没有污染源和污染物的多样性，就不可能产生环境共同侵权问题。所以，环境共同侵权与复合污染是密切相关的，后者长期以来是我国环境治理的重点和难点。

传统侵权法关注的共同侵权主要是在一般侵权领域，对环境侵权等特殊侵权类型关注不多。而环境法理论又更多地关注于污染防治和生态环境本身的损害，对环境污染造成的私法上的损害着力不多。这种现象源于侵权法和环境法的不同功能定位，自然有其合理性，但也在一定程度上损害了对环境共同侵权和复合污染的整体性考量及系统性治理。

我对环境共同侵权问题的上述思考，在 2008 年前后《侵权责任法》的研究制定过程中更加强烈，我意识到这个问题将在立法过程中成为一个难点，其研究十分必要而且迫切。于是在2009年上半年，借司法部开展法治建设与法学理论研究部级科研项目申报的机会，我立即带领唐忠辉同学申报了《环境共同侵权责任研究》这个项目，后来获批并被确定为该部重点项目。考虑到这个项目任务重、要求高，并且唐忠辉承担了大量工作，我建议他以这个项目为基础，以“环境共同侵权研究”为题开展博士论文写作，这样可以心无旁骛、深入系统地研究，取得一举两得的成果。他接受了我的意见。

以实践需求为导向，结合课题研究或立法项目开展博士论文研究，是我一贯推崇的一种博士生培养机制和博士论文写作模式。早前，我带的第一个博士李丹，也是通过选择随我参与的相关立法项目确立了相应的博士论文选题。事实证明，这样的方式是非常有效的，它将理论与实践有机结合起来，有助于研究者从实际问题中导出观点、提炼理论，以提出的理论观点阐释问题、解决问题，真正做到学以致知、知以致用。“环境共同侵权责任研究”这个项目，在后来的评审验收中，包括清华大学法学院崔建远等教授以及全国人大法工委的有关领导专家等均对项目成果给予充分肯定。而唐忠辉的博士论文还在学校获得了优秀博士论文培育项目的资助。2011年博士毕业后，他又以博士论文为基础申请并获得了国家社科基金的出版资助，从而有了现在这个更加成熟的成果。

回到这部著作本身。它以多学科视角和多种研究方法，以环境共同侵权的现象、规则、本质、责任、救济及其预防为基本框架，对环境共同侵权问题进行了全面系统的研究。作者精心收集了全国各级各地法院从1987年至2015年审理的大量有关环境共同侵权案例，并对其进行了梳理、汇总和分析。正是建立在扎实的案例分析和科学的研究方法基础上，作者提出的不少观点既有创新也令人信服。

书中有一个重要观点是，多个环境行为只要产生同一不可分割的损害结果，即可构成环境共同侵权，不必然要求意思联络或者行为关联。提出这个观点，在理论界应属首次。这种分析，符合共同侵权本质认定标准客观化的发展规律，而且体现了环境共同侵权因“环境”而关联的基本特点，也有利于司法裁判和受害人救济。书中进一步明晰了连带责任与按份责任背后各自的利益导向，论证提出了连带责任在环境共同侵权中的正当性与合理性，扩大了连带责任的适用范围。该书对我国《侵权责任法》第67条的具体含义作了分析，提出第67条没有对数人环境侵权的行为属于共同侵权还是分别侵权作出明确定性，因而也不是共同侵权按份责任的规定，该条只是对数人侵权后划分内部责任的基本规则的说明。这一研究结论也具有新颖性和创造性。

从社会影响来看。本书的形成，能够得到多方面的资助，本身就说明了其研究成果的价值。书中的不少研究观点，譬如关于环境共同侵权“共同结果论”的分析、类型划分以及关于《侵权责任法》第67条的理解等，有的曾在《法学评论》等知名期刊上发表，在理论界产生影响；有的与最高人民法院后来出台的有关环境侵权司法解释在部分规定上不谋而合。应该说，成果为推动环境共同侵权及相关领域的理论研究和司法实践发挥了积极作用。

书如其人。这是一部很用功的书，书的背后，是一位很用心的作者。本书作者唐忠辉，2008年考取中国政法大学博士生，在我的指导下研习环境与资源保护法学。他为人厚道质朴、真诚谦逊，行事认真负责、沉稳踏实，是我很认可的学生之一。他就读国内多个知名法学院校，具有扎实的法学功底，喜欢研究且有禀赋，曾在高校工作过，读博期间又跟随我做了好些课题，积累了较为丰富的研究经验和学术成果。有这些基础，他完全可以在学术领域发展得很好。他毕业时最终选择了国家部委的政策研究机构，后来又历经行政管理等多方面锻炼。他的每一次选择，都让我既高兴又有些遗憾，高兴的是他一直在进步，遗憾的是他的专业优势似乎未能更好地发挥。可喜的是，他以自己一贯的努力和坚持，比较顺利地实现了不同角色的切换，而且在管理工作之余不忘初心，坚持思考，不断完善研究成果，终于修成正果。

在这部书即将出版之际，我欣然应允为之作序，向读者推荐该书，也祝贺作者。希望读者阅读的旅程有收获，祝愿作者思想的人生更幸福。

国家环境咨询委员会委员
天津大学法学院院长、教授、博士生导师　孙佑海
2018年11月8日

序　二

本书是唐忠辉在他博士学位论文的基础上修改而成，即将出版成书。改后比原文强了许多，大有进步，令人愉快和放心。

我在武汉大学环境法研究所从事教学和研究工作已逾35年，指导了20多年的硕士研究生，唐忠辉是我指导过的硕士研究生中表现突出、我又颇为赏识的。

唐忠辉是湖南人，有着典型湖南人的精神特征，这就是曾国藩简约归纳的“恰（吃）得苦、耐得烦、霸得蛮”。能吃苦、有耐心、又执着的特点成就了近代以来中国历史上独具特色的“湖湘文化”，也影响和激励了一大批湖南人。唐忠辉从本科、硕士到博士学习阶段所取得的成绩，都离不开这种湖南人的精神。

唐忠辉本科毕业于西南政法大学法律专业，法学基础扎实。尤为难得的是，他好读书，善读书，勤于思考，乐于向思考的深度、广度展开。在读研究生期间，他读到了诺贝尔经济学奖获得者阿马蒂亚·森的经典著作《以自由看待发展》，便产生了浓郁兴趣。该书提出的“自由既是发展的重要手段，也是发展的最终目的”的观点，对环境法的价值理念和环境法学研究具有重要启示，也对他的学习和研究产生了强烈影响。

唐忠辉的硕士学位论文《财产权的环境保护功能研究》，是他自主确定的一个理论性与实践性兼具的选题。这样的选题在环境法研究中颇具挑战性。我既支持鼓励他开展这样创新、规范而扎实的理论研究，又担心，这样一个当时国内鲜有人涉足的论题，一个硕士研究生能够驾驭得了吗？更何况，这样的观点，在当时是有争议的。当时的法学界通常认为正是传统的私法自治、私权神圣等民法理念带来了财产权的滥用，并由此在很大程度上产生了环境污染问题。所以当时的流行观点中占多数的认为民法在环境问题上是“有罪之法”，财产权怎么可能有环境保护功能呢？

事实证明，唐忠辉的这个选题是合理的，论证是翔实严谨、有逻辑性的。他在论文中指出，没有财产权或产权不清或主体不明是产生环境问题的重要原因。他结合污染防治和自然资源两个领域，运用大量制度和案例阐述了财产权的环境保护功能。他提出，通过财产权制度来反贫困、发展经济，是发展中国家解决环境问题的必由之路。这些观点，至今来看，不仅具有一定的前瞻性而且在学理上具有重要启示意义。唐忠辉作为研究生，在当时就有这样的大胆探索精神和理论批判思维，既源于他本科教育的学术传统，也与他扎实的民法基础有着重要联系。他的研究生专业是从民法“调剂”到环境法的。

唐忠辉的硕士论文后来获得了湖北省优秀硕士学位论文。他的认识和观点，得到了一些环境法学人的呼应，现在关于民法的环境保护功能、物权法的环境保护功能等类似的研究也日益增多。我记得有学者翻译了美国学者的《污染与财产权》一书，里面讲的观点也正好与唐忠辉的论文观点不谋而合。应该说，唐忠辉硕士论文的观点及其中蕴含的思想，在讨论和研究民法典绿色化的今天，仍然值得关注和重视。

我之所以用较大篇幅绍介唐忠辉及其硕士论文，既是因为了解他，更有意味的是试图帮助读者了解《环境共同侵权研究》这部书的思想源头。这部书，是环境法与民法融合研究、以民法理论为基础和底色的论题。从书中的很多观点，可以看出作者一往情深的民法思维。譬如，书中论述到，环境侵权救济制度本身不调整生态环境本身的损害赔偿问题，生态环境损害赔偿制度的建立实施，可以与环境侵权救济制度发挥协同作用。这个观点，与曾经流行的环境侵权侵犯了公民环境权的观点形成了对比，反映了作者对传统民法概念的坚守。又如，书中指出环境因素对环境共同侵权现象的产生具有决定性影响，因此用“环境共同侵权”概念比用“共同环境侵权”更合适。这种计较于概念分析的思辨风格，也是严谨的环境法学研究所必需且在较长一段时间所欠缺或不足并亟须补充的。

本书坚守了传统法学特别是民法研究的立场、观点和方法，又融合了环境法的价值理念和政策工具，有着规范和成熟的学术价值。唐忠辉的博士论文，与硕士论文相比，显得更为具象，理论色彩也似乎淡了一些，这是可以理解的。京城高校政策性课题任务多，没有太多时间和空间能够进行纯粹的理论思考，对他的思考范围有所制约。所以，在博士论文基础上形成的这部书，从文风到结构，从论证到观点，略显持重，在严谨细致中给人中规中矩却活跃不足的感觉，在广度和深度上有延伸余地。

这部书与唐忠辉一贯的为人和治学保持了品行上的持续，这可以理解为悲天悯人的情怀。悲天，就是在环境法学研究中尊重环境伦理，坚守环境保护的基本立场，体现环境法的责任使命。悯人，就是在研究中保持民法的研究进路，运用民法的思维方法，维护人的价值尊严。书中提出的一个核心观点“结果共同论”，即多个行为只要产生同一损害结果，即可构成环境共同侵权，并不需要意思联络，也不要求行为关联。这种立场和观点，不仅符合环境共同侵权中行为人因环境而关联的客观属性，更体现了对环境保护和相关弱者的同等关怀。这是环境法学研究具有特异性的宝贵品格，也是我乐意向读者推荐这部书并为之作序的理由。

我相信这部书的情怀和智慧会引发大家的共鸣，期冀唐忠辉能始终保持这种品行，更希盼环境法学有更多秉持这种理念和方法的作品问世。

武汉大学环境法研究所教授　李启家

2018年11月15日

目　　录

第一章　导论 …………………………………………………………… (1)

　　一　研究背景与意义 ………………………………………………… (1)

　　二　研究现状与问题 ………………………………………………… (5)

　　三　研究内容与创新 ………………………………………………… (9)

　　四　研究方法与手段 ……………………………………………… (11)

　　五　研究的基本视角 ……………………………………………… (12)

第二章　环境共同侵权现象论 ……………………………………… (15)

　第一节　基本概念界定 …………………………………………… (15)

　　一　侵权行为 ……………………………………………………… (15)

　　二　数人侵权与共同侵权 ………………………………………… (17)

　　三　环境侵权 ……………………………………………………… (18)

　　四　环境共同侵权 ………………………………………………… (21)

　第二节　环境共同侵权的案例分析 ……………………………… (25)

　　　　环境共同侵权案件统计分析 ………………………………… (25)

　　二　环境共同侵权案件要点归纳 ………………………………… (46)

　第三节　环境共同侵权的发生原因 ……………………………… (55)

　　一　间接原因 ……………………………………………………… (55)

　　二　直接原因 ……………………………………………………… (57)

　第四节　环境共同侵权的基本特征 ……………………………… (60)

　　一　侵权主体的复数性 …………………………………………… (61)

　　二　污染行为的复合性 …………………………………………… (61)

　　三　损害结果的同一性 …………………………………………… (65)

　　四　侵权责任的连带性 …………………………………………… (66)

　　五　与大规模环境侵权的比较 …………………………………… (66)

第三章 环境共同侵权规则论 ……………………………… (71)
第一节 域外的立法和司法规则 ……………………………… (71)
一 德国 ……………………………………………………… (71)
二 日本 ……………………………………………………… (75)
三 美国 ……………………………………………………… (79)
四 我国台湾地区 …………………………………………… (83)
五 其他国家和地区 ………………………………………… (88)
六 国际法 …………………………………………………… (90)
第二节 中国的立法和司法规则 ……………………………… (94)
一 立法规定 ………………………………………………… (94)
二 司法解释 ………………………………………………… (96)
第三节 小结与启示 ………………………………………… (100)

第四章 环境共同侵权本质论 …………………………… (103)
第一节 共同侵权本质的学理与立法述评 ………………… (103)
一 六种理论观点 ………………………………………… (103)
二 相关立法规定 ………………………………………… (108)
三 三点基本启示 ………………………………………… (113)
第二节 环境共同侵权的本质分析 ………………………… (117)
一 四种理论观点 ………………………………………… (117)
二 相关司法解释 ………………………………………… (121)
三 三点基本认识 ………………………………………… (123)
四 环境共同侵权的本质是共同结果 …………………… (124)
五 共同结果的具体要求 ………………………………… (128)
第三节 共同结果论的正当性论证 ………………………… (130)
一 共同结果论以矫正正义为基石 ……………………… (130)
二 共同结果论以风险社会为背景 ……………………… (131)
三 共同结果论符合人性基本需求 ……………………… (134)
四 共同结果论隐含环境价值理念 ……………………… (135)
第四节 环境共同侵权的内涵构成 ………………………… (137)
一 环境共同侵权的内涵 ………………………………… (137)
二 共同损害行为的确立 ………………………………… (140)
三 环境共同侵权的构成要件 …………………………… (142)
四 环境共同侵权的类型划分 …………………………… (144)

第五章　环境共同侵权责任论 …………………………………………（148）
第一节　环境共同侵权的两种责任形态 ……………………………（148）
一　连带责任 …………………………………………………………（148）
二　按份责任 …………………………………………………………（151）
第二节　连带责任与按份责任正当性比较 …………………………（153）
一　责任形态关涉利益衡量 …………………………………………（153）
二　按份责任的正当性不足 …………………………………………（154）
三　连带责任的正当性分析 …………………………………………（159）
第三节　《侵权责任法》相关规定评析……………………………（168）
一　关于第 11 条和第 12 条的理解 …………………………………（168）
二　关于第 67 条的不同观点…………………………………………（169）
三　第 67 条并非规定按份责任………………………………………（173）
四　按份责任会带来司法困惑 ………………………………………（175）

第六章　环境共同侵权救济论 …………………………………………（177）
第一节　基本救济机制 ………………………………………………（177）
一　和解 ………………………………………………………………（178）
二　行政调解 …………………………………………………………（180）
三　司法救济 …………………………………………………………（186）
四　社会化救济 ………………………………………………………（189）
第二节　司法救济的规则要点 ………………………………………（192）
一　确定被告 …………………………………………………………（192）
二　选择管辖 …………………………………………………………（193）
三　共同诉讼 …………………………………………………………（196）
四　证明责任 …………………………………………………………（200）
五　专家鉴定 …………………………………………………………（204）
六　责任划分 …………………………………………………………（206）
七　责任减免 …………………………………………………………（212）

第七章　环境共同侵权预防论 …………………………………………（215）
第一节　规制复合污染的理论和思路 ………………………………（215）
一　私法规制的局限 …………………………………………………（216）
二　行政规制的特点 …………………………………………………（218）
三　规制复合污染的基本思路 ………………………………………（219）

第二节 规制复合污染的基本手段 …………………………… (221)
一 产业集中 ………………………………………………… (222)
二 总量控制 ………………………………………………… (226)
三 集中治理 ………………………………………………… (232)
四 代为治理 ………………………………………………… (238)
五 其他手段 ………………………………………………… (241)

结 论 ……………………………………………………………… (244)

附录1 关于环境共同侵权的司法解释建议稿及其说明 …………… (248)

附录2 中华人民共和国侵权责任法（摘录） ……………………… (252)

附录3 最高人民法院关于审理环境侵权责任纠纷案件适用法律若干问题的解释 ……………………………………………… (254)

附录4 最高人民法院关于浙江省平湖师范农场特种养殖场案的判决书 ………………………………………………………… (258)

附录5 丁金木与绍兴咸亨食品有限公司、浙江古越龙山绍兴酒股份有限公司等环境污染责任纠纷二审民事判决书 ……… (270)

参考文献 ………………………………………………………… (282)

后 记 ……………………………………………………………… (297)

图表目录

图 2-1　两个非侵权行为结合为环境共同侵权 …………………… (23)
图 2-2　侵权行为与非侵权行为结合为环境共同侵权 …………… (23)
图 2-3　两个侵权行为结合为环境共同侵权 ……………………… (24)
图 4-1　数人环境侵权的类型划分 ……………………………… (146)
图 7-1　环境共同侵权的预防流程 ……………………………… (221)
表 2-1　环境共同侵权概念使用情况统计 ……………………… (24)
表 2-2　中国政法大学污染受害者法律帮助中心 1999—2015 年办理的
　　　　环境共同侵权案件统计 ……………………………………… (26)
表 2-3　48 起环境共同侵权案件基本情况 ……………………… (30)
表 2-4　48 起环境共同侵权案件诉讼结果统计 ………………… (45)
表 4-1　共同侵权本质的五种观点 ……………………………… (107)
表 7-1　2014 年各省级行政区集中式污染治理设施统计 ……… (234)

第一章　导论

一　研究背景与意义

多年来，我国大力度推进生态文明建设，贯彻绿色发展理念的自觉性和主动性显著增强，忽视生态环境保护的状况明显改变。[①] 但生态环境质量总体没有发生根本改善，[②] 生态环境保护任重道远。发达国家一两百年间逐步出现的环境问题在我国集中显现，呈现明显的结构型、压缩型、复合型特点，环境总体恶化的趋势尚未根本改变，压力还在加大。[③] 实践中，多主体产生的复合污染已经成为环境共同侵权现象发生的主要原因。有关数据表明，伴随着复合污染的持续产生和环境违法行为的屡禁不止，环境共同侵权现象没有减少的趋势，而是在持续发生。[④]

环境共同侵权一般是由多主体的复合污染造成的。由于其污染源和污染物的多样性，复合污染一直是我国环境治理的难点。2016 年，全国人大审议通过的《中华人民共和国国民经济和社会发展第十三个五年规划纲要》明确规定，推进多污染物综合防治。这从国家战略规划的层面对防治复合污染问题提出了总体要求，也必将对预防和减少环境共同侵权现象产生重要影响。

---

① 习近平：《决胜全面建成小康社会　夺取新时代中国特色社会主义伟大胜利——在中国共产党第十九次全国代表大会上的报告》（2017 年 10 月 18 日），《人民日报》2017 年 10 月 28 日第 1 版。

② 党的十八届五中全会审议通过的《中共中央关于制定国民经济和社会发展第十三个五年规划的建议》将生态环境质量总体改善列为 2020 年全面建成小康社会的重要目标要求之一。

③ 《李克强在第七次全国环境保护大会上的讲话》，2016 年 3 月 18 日，新华网（http：//news. xinhuanet. com/energy/2012-01/04/c_ 122533293. htm）；《国务院关于落实科学发展观加强环境保护的决定》。

④ 参见本书第二章第二节有关分析。

虽然环境共同侵权案件在整个环境侵权纠纷中所占比重不大，却是环境侵权纠纷中极为复杂和难以处理的一类特殊案件。就其表现特征而言，环境共同侵权既不同于普通共同侵权，又迥异于单一环境侵权。在环境共同侵权案件中，污染源呈现五花八门的复合形式，加害人为数众多而且往往难以迅速确定，受害人在经济能力和专业知识诸方面势单力薄，危害后果通常甚为严重，加害人之间的责任具有外部性和内部性双重属性，案件具有广泛的社会影响，等等。由于上述特征的存在，环境共同侵权产生了独特的法律规则，在侵权法的大家庭中也因此显得更加个性十足。

在真正加害人的确定、当事人之间证明责任的分配、加害人外部责任的承担以及内部责任的划分等问题上，法院常常面临各种不同意见而左右为难。不同法院在面对相同或类似案件以及近似问题时甚至会有完全不同的看法和判决。由于各方意见分歧且难以调和，相当一部分案件要经历两级法院的审判，有的甚至经过三级、四级法院的审理才尘埃落定，以至于环境共同侵权纠纷的司法实践常常给人们一种扑朔迷离、捉摸不透的感觉。

在司法手段处理之外，很多案件常常先经历过艰难的私力救济或者漫长的行政处理，其间涉及有关主管部门、技术鉴定机构和其他组织等多方力量的参与，最后还可能延伸出被逼无奈的上访乃至极端事件。可以说，环境共同侵权纠纷从一个侧面展现了当代中国语境下复杂深刻的社会矛盾及其处理过程。在此过程中，受害人为救济受损利益而四处奔走寻求帮助，加害人为维护自身利益而结成经济或者诉讼同盟，有的地方政府为发展经济、维护稳定而放纵甚至变相袒护环境污染行为，一些监管部门虽有保护环境之责却常常心有余力不足。抗争与妥协同在，希望与失望并存，公益与私益共生。种种利害关系纵横交织盘根错节，所有这些因素叠加碰撞，使环境共同侵权纠纷及其处理更加错综复杂扑朔迷离。

当前，我国正在全面深化改革，全面推进依法治国，加快推进生态文明建设。这些重大战略布局的推进实施，为防治环境共同侵权问题、促进环境保护提供了坚实的政治保障，创造了良好的宏观环境。特别是党的十八届三中全会提出，要建立系统完整的生态文明制度体系，实行最严格的源头保护制度、损害赔偿制度、责任追究制度，完善环境治理和生态修复制度，用制度保护生态环境。① 这为进一步健全环境共同侵权制度，从根本上预防和解决环境共同侵权问题指明了发展方向，奠定了制度基础。

---

① 参见《中共中央关于全面深化改革若干重大问题的决定》。

同时必须看到，当前和今后一个时期，我国工业化、城镇化和农业现代化正处在快速发展阶段，区域经济一体化不断提速，产业集中布局越发明显。另外，产业结构偏重、发展模式粗放等问题仍然在一些地区具有“锁定效应”①，经济总量和增量仍在持续上升，污染物新增量依然处于高位。这些因素在客观上导致区域污染和流域污染等现象的潜在发生概率不断增加，复合污染问题相应接踵而来。如果延续粗放的传统城镇化模式，污染物在时间上的累积和区域空间上的复合效应将更加明显，② 环境共同侵权现象也随之涌现。

如果环境共同侵权纠纷不能得到妥善解决，其背后的复合污染及其他违法排污现象不能得到有效控制，不仅受害人权益无法得到充分救济，由此带来的“破窗效应”③ 将十分危险——环境违法行为不能得到有力惩治，显在和潜在的违法现象就更加肆无忌惮，环境污染、人身财产损害及相伴而来的社会矛盾将更加突出，自然秩序、社会秩序和法治秩序均将受到威胁与破坏。

而在面对严峻的环境共同侵权问题及其复杂的纠纷处理过程时，理论上的研究长期停留在普通共同侵权或一般环境侵权的分析框架，不能对环境共同侵权现象给出具有自身特色的学理解释和逻辑分析。同时，现行立法、执法和司法机制均因存在这样或那样的不足或困境而不能够对环境共

---

① “锁定效应”本质上是产业集群在其生命周期演进过程中产生的一种“路径依赖”现象。阿瑟（Arthur W. B.）最先作出关于技术演变过程中“路径依赖”的开创性研究。阿瑟认为，新技术的采用往往具有收益递增的机制，先发展起来的技术通常可以凭借先占的优势，实现自我增强的良性循环，从而在竞争中胜过自己的对手。与之相反，一种较其他技术更具优势的技术却可能因晚到一步，没有获得足够的支持者而陷于困境，甚至“锁定”（lock-in）在某种恶性循环的被动状态之中难以自拔。制度经济学家诺斯（North D. C.）认为，在制度变迁中同样存在着收益递增和自我强化的机制，这种机制使制度变迁一旦走上了某一条路径，它的既定方向会在以后的发展中得到自我强化。参见百度百科“锁定效应”词条，http：//baike. baidu. com/link？url = vL2v22pFaeLWpwCVTlyicRvSS34nhJx2 Mzldho-uOau9-65S8yklcAL6r ZuyeQTl5 FeAi9UBpv YyVr5xDmuex_ 。

② 陈吉宁：《以改善环境质量为核心　全力打好补齐环保短板攻坚战——在2016年全国环境保护工作会议上的讲话》，2016年3月18日，中国政府网（http：//www. gov. cn/guowuyuan/vom/2016-01/15/content_ 5033089. htm）。

③ 破窗效应（broken windows theory）是犯罪学的一个理论，该理论由詹姆士·威尔逊（James Q. Wilson）及乔治·凯林（George L. Kelling）提出，并刊于 *The Atlantic Monthly* 1982年3月版的一篇题为“Broken Windows”的文章中。此理论认为环境中的不良现象如果被放任存在，会诱使人们仿效，甚至变本加厉。

同侵权问题提供有效周全圆满的解决方案。

在严峻的现实问题、粗糙的理论解释与滞后的处置机制背后，我们迫切感受到继续深入研究环境共同侵权现象、本质及其法律规制的必要性和重要性。总的来说，本项研究具有重要的理论价值和强烈的现实意义。具体如下。

1. 理论价值

主要体现在以下三个方面。

（1）有助于更加深刻地认识环境因素在构成环境共同侵权中的特殊作用，更加准确地理解环境共同侵权不同于普通环境侵权和一般共同侵权的特征。

（2）有助于更加科学地把握共同侵权本质的演变规律和环境共同侵权的本质，深刻认识共同结果论的法理正当性及其内涵，合理确定环境共同侵权的分类标准和具体类型，拓展环境共同侵权的认定标准。

（3）有助于进一步发现连带责任与按份责任背后各自的利益导向，更加明确连带责任在环境共同侵权中的正当性与合理性，扩大连带责任的适用范围。

总的来说，本研究试图通过以上三个方面目标的促成，能够有助于完善环境共同侵权的基础理论，为解释环境共同侵权现象提供更有力的理论框架。

2. 现实意义

该研究顺应了环境侵权制度完善、环境法治建设和环境保护事业发展的迫切需要，契合当下我国加快推进生态文明建设和全面推进依法治国的战略要求。其现实意义包括以下几方面。

（1）权利保障方面。该研究有助于引导各方致力于以适当的方式妥善合理地解决环境共同侵权纠纷，保障受害人的合法权益，协调加害人之间的利益平衡，促进环境保护和可持续发展，增进社会公共利益，维护社会和谐稳定。

（2）立法方面。该研究有助于为完善相关立法提供参考依据，特别是为完善侵权责任法中有关环境共同侵权的责任规定提供必要的理论支撑，以构建更加适合中国国情和现实需要的环境共同侵权制度，落实十八大以来中央有关生态文明制度建设的决策部署，健全环境治理体系，“用严格的法律制度保护生态环境”①。

---

① 参见《中共中央关于全面推进依法治国若干重大问题的决定》。

(3) 行政方面。该研究有助于进一步认识行政规制在预防、控制和治理多污染源导致的复合污染方面的重要意义，为进一步推动复合污染的防治提供新的思路，为进一步强化环境监管明确新的重点领域和着力方向。

(4) 司法方面。该研究有助于引导环境共同侵权案件中当事人的诉讼行为，确定合理的行为预期，并给予法院必要可行的裁判参考，为促进公平正义的环境司法提供科学支撑，为实现“努力让人民群众在每一个司法案件中感受到公平正义”[①] 的法治理想贡献理论力量。

二 研究现状与问题

环境共同侵权问题是国内外环境法和侵权法学者共同关注的研究领域。经过理论界多年来的不懈努力，这一领域已经取得不少研究成果。

1. 国外研究现状

在国外特别是法治化程度较高的国家，对共同侵权有着广泛而深入的研究，不过从初步掌握的情况来看，很少有关于环境共同侵权的专门研究，甚至关于环境共同侵权的概念表述也较为罕见。在有关的理论研究中，环境共同侵权与其他共同侵权似乎没有太大的区别和特殊之处，所以通常都放在共同侵权的研究当中，以共同侵权的基本理论作为其分析框架，稍微结合环境问题及环境侵权的特殊性加以引申。

英美法系与大陆法系对这一问题的研究方向不完全相同。在美国，任何侵权问题，包括环境侵权问题，都被纳入普通法和侵权法的体系而加以解决，其环境法主要是作为政府管制法而存在。受立法的影响，美国学者主要从普通法和侵权法的角度来研究环境侵权和共同侵权。在美国侵权法研究领域颇有影响的侵权法重述各个版本，对共同侵权的一般问题作了大量规定，特别是第三次重述对责任分担作了很多规定。譬如，《侵权法重述·第三次·责任分担》第17条关于独立侵权行为人的连带责任或单独责任条款规定：如有两人或多人的独立侵权行为构成某一不可分损害的法律原因，将由该案司法管辖区的法律确定这些侵权人应否承担连带责任、单独责任或连带责任与单独责任的某种混合责任形态。这体现了美国联邦制下侵权法灵活多样的特色。美国学者对共同侵权的这些研究成果，广泛应用于各类共同侵权，而并不仅仅局限于环境共同侵权领域。

与美国相比，大陆法系对环境共同侵权的立法和研究也有自己的特

① 参见《中共中央关于全面推进依法治国若干重大问题的决定》。

色。以德国民法典为代表的许多大陆法国家的民法典或者侵权法都对普通共同侵权行为的构成及其责任承担作了规定。在这些规定之外，环境领域的一些单行法和专门法对环境共同侵权问题也作了规定，比如德国水利法第22条、日本大气污染防治法第25.2条和水污染防治法第20.1条、瑞典环境损害赔偿法第8条等。与立法相呼应，德国、日本等国的学术界对环境共同侵权问题的研究也包括普通共同侵权和专门环境共同侵权两个方面，呈现出丰富多彩的研究成果。

在具体研究方面，日本作为公害大国，在这方面的研究非常深入，民法和环境法学者作出了重要贡献。在环境共同侵权的本质方面，提出了客观共同说、主观共同说和折中说等观点，晚近还在客观共同说的基础上提出了“较强的关联共同”和“较弱的关联共同”两种学说。① 在法律效果上对狭义共同侵权和共同危险行为区分了不同责任减免，并曾出现“分割责任论”等限制连带责任范围的主张。② 在共同侵权救济机制特别是在受害者的健康损害补偿方面，也有突出的研究成果。另外还提出了优势证据说、疫学因果说等针对普通环境侵权的因果关系理论，对环境共同侵权司法实践产生了积极影响。

2. 国内研究现状

国内对环境共同侵权相关问题的研究始于20世纪80年代中期，不过当时并没有明确提出“环境共同侵权”的概念，③ 最早提出“环境共同侵权”这一概念并开展研究的是在20世纪90年代中期，但没有进行具体定义。④ 经过多年发展，人们对环境共同侵权问题的研究已经有了一定基础。

从研究的成果类型来看。我们通过对国家图书馆馆藏资源以及当当、京东等知名网上书店的检索，没有发现以环境共同侵权为篇名的著作或者教科书。

---

① ［日］圆谷峻：《判例形成的日本新侵权行为法》，赵莉译，法律出版社2008年版；罗丽：《中日环境侵权民事责任比较研究》，吉林大学出版社2004年版，第248—261页。

② 罗丽：《中日环境侵权民事责任比较研究》，吉林大学出版社2004年版，第254—256页。

③ 程正康：《环境法概要》，光明日报出版社1986年版，第138—140页。

④ 陈泉生：《论环境共同侵权行为的危险责任》，《福建论坛》（经济社会版）1996年第4期。该文是中国期刊网上以“环境共同侵权”为题名和关键词检索到的发表时间最早的论文。

截至 2017 年 10 月 30 日，在中国期刊全文数据库（清华同方知网）[①]，选取检索条件为“篇名”和“精确”，输入“环境共同侵权”，搜索结果显示：期刊论文 14 篇，其中 3 篇发表于核心期刊，2 篇为 CSSCI 索引文献，2 篇既发表于核心期刊又为 CSSCI 索引文献。同日，中国优秀博硕士学位论文数据库（清华同方知网）[②]，选取检索条件为“题名”和“精确”，输入“环境共同侵权”，搜索结果显示：博硕士学位论文共 15 篇，其中 1 篇为博士学位论文（即本书），其他均为硕士学位论文。在这些论文中，学科背景为民法的占 3 篇，环境法的占 7 篇，法学理论的占 1 篇，其他 4 篇为法律硕士专业论文。这从一个侧面反映了法学特别是环境法学研究者对环境共同侵权问题的特殊关切。按照上述检索方法和条件，以与环境共同侵权相关的“数人环境侵权”为“篇名”和“题名”[③] 进行搜索，结果显示：期刊论文 9 篇，硕士学位论文 1 篇，博士学位论文 0 篇。

从研究的领域范围来看。已有的研究在国别研究上涉及德国、法国、日本和美国等环境侵权法制建设比较发达的国家以及中国台湾地区，特别是有关日本的环境共同侵权研究较多；[④] 在问题范围上涉及环境共同侵权的内涵特征、历史发展、归责原则、构成要件、责任形式、免责条件和责任追究机制等诸多内容。

从研究的具体观点来看。针对环境共同侵权的各个方面，比如概念内涵、归责原则、共同性、构成要件、类型划分、责任形态等，几乎每个具体问题点都有不同的观点和见解。有关各个问题的不同观点，后续章节将

---

① 该数据库是世界上最大的连续动态更新的中国学术期刊全文数据库，以学术、技术、政策指导、高等科普及教育类期刊为主，内容覆盖自然科学、工程技术、农业、哲学、医学、人文社会科学等各个领域。收录国内学术期刊 8092 种，全文文献总量 44325810 篇。收录自 1915 年至今出版的期刊，部分期刊回溯至创刊。中心网站及数据库交换服务中心每日更新。http：//epub. cnki. net/KNS/brief/result. aspx？ dbprefix＝CJFQ。

② 该数据库是目前国内相关资源最完备、高质量、连续动态更新的中国优秀博硕士学位论文全文数据库。目前，累计博硕士学位论文全文文献 2955451 篇，覆盖基础科学、工程技术、农业、医学、哲学、人文、社会科学等各个领域。文献来源于全国 426 家培养单位的博士学位论文和 699 家硕士培养单位的优秀硕士学位论文。收录从 1984 年至今博硕士学位论文。http：//epub. cnki. net/KNS/brief/result. aspx？ dbprefix＝CDMD。

③ 中国期刊全文数据库（清华同方知网）数据库字段默认设置为“篇名”，中国优秀博硕士学位论文数据库（清华同方知网）数据库字段默认设置为“题名”。

④ 可参见罗丽《中日环境侵权民事责任比较研究》，吉林大学出版社 2004 年版；冷罗生《日本公害诉讼理论与案例评析》，商务印书馆 2005 年版；于敏《日本侵权行为法》，法律出版社 2006 年版。

分别作较为具体的梳理。这种观点纷呈的研究状况，一方面反映了理论界对环境共同侵权问题有比较强烈的关注和兴趣，另一方面也表明该领域很多问题具有相当的复杂性和挑战性。当然，如果理论研究在一些基本问题甚至概念表述上没有形成基本共识，在一定程度上意味着有关研究在整体上尚处于初级阶段。

从研究的基础支撑来看。几乎所有的研究成果都普遍引用了一般侵权行为、共同侵权行为和环境侵权行为以及环境损害赔偿等方面的研究成果，包括《环境侵权法》《中日环境侵权民事责任比较研究》等代表作。这些研究成果有对环境侵权的一般性综合性研究，有对环境侵权的专题性研究；有理论性的研究，有政策性的研究。新近的研究成果还包括《环境侵权的解释论》《中国环境侵权责任法基本问题研究》《环境损害赔偿法的理论与实践》等。[①] 这些方面的研究进展，无疑对环境共同侵权的研究具有积极参考价值。这一现象表明，环境侵权及相关领域的研究成果，是研究环境共同侵权问题必不可少的重要基础。

总体来看，无论是英美法学者，还是大陆法学者，对环境共同侵权的研究呈现两个比较明显的趋势。一是研究视野逐步开阔，一些研究开始着眼于社会发展和法律变迁等角度对该问题进行历史和实证的研究。二是研究内容不断深化，特别是对环境共同侵权的构成要件和责任承担等一些重要问题的研究逐步走向深入和细致。

3. 国内外研究的不足

无论是英美法还是大陆法，在有关共同侵权问题的理论研究及政策实践方面均表现出若干相近的兴趣和倾向。譬如，他们对责任形态都进行了更加细致的研究，不少学者对共同侵权行为的适用范围不断变宽以及共同侵权行为承担连带责任的规定提出了批评。一个典型例子是，英国废除了共同侵权行为的连带责任原则，代之以分摊责任原则。美国侵权法改革的一个显著趋势是向损害赔偿的完全分摊努力，以使侵权责任与过错真正相符。在法国，有学者认为连带责任与为自己行为负责之间可能存在矛盾，令共同侵权行为人负连带责任将会使那些有经济能力赔偿的人而不是过错程度较重的人承担更重的责任，破坏了加害人之间的利益平衡。有学者进一步认为，现代社会责任保险越来越发达，它分散了环境共同侵权的风

① 参见吕忠梅等《环境损害赔偿法的理论与实践》，中国政法大学出版社 2013 年版；侯佳儒《中国环境侵权责任法基本问题研究》，北京大学出版社 2014 年版；张宝《环境侵权的解释论》，中国政法大学出版社 2015 年版。

险，既能保证加害人不致破产，又能使受害人得到有效救济，因此没有必要再规定连带责任。上述有关共同侵权的研究及实践进展对于研究环境共同侵权问题无疑具有重要启示。

尽管如此，国内外关于环境共同侵权的研究仍然存在研究视角单一、研究思路狭窄、研究内容不全面等一些不足。在研究视角上，基本上是在侵权法的体系内进行研究，没有跳出侵权法的框架，没有从其他部门法等外部角度进行的考察分析；在研究思路上，主要是简单遵循传统普通共同侵权或单一环境侵权的有关理论和研究思路，没有新的思路引领；在研究内容上，基本上以共同性判断标准、构成要件、责任形态等内容为主，缺乏对产生原因、预防机制等其他方面研究内容的更广泛和更深入挖掘。

三　研究内容与创新

本书主要研究内容包括：环境共同侵权的表现、原因、特征；环境共同侵权的本质、构成要件和类型；环境共同侵权的责任形态；环境共同侵权的纠纷解决；环境共同侵权的预防机制。具体包括：

第一章，导论。对本书的研究背景、研究意义、研究现状与问题、主要研究内容、创新之处、研究方法手段、基本视角等方面作出必要的交代和说明。

第二章，环境共同侵权现象论。在整理环境共同侵权案件的基础上，主要分析环境共同侵权案件的特点和发生原因，归纳环境共同侵权的基本特征。

第三章，环境共同侵权规则论。从法律规范的角度，对域外和国内有关环境共同侵权的立法及司法规则（解释）进行较为系统的梳理，分析有关规则的主要内容，并总结相应的启示。

第四章，环境共同侵权本质论。梳理有关共同侵权和环境共同侵权本质的学说和立法，总结若干规律，提出环境共同侵权的本质特征在于共同结果；从多个角度对共同结果的正当性进行具体论证；以共同结果为基础，重新把握环境共同侵权的内涵和具体类型，确立共同损害行为等四种侵权类型。

第五章，环境共同侵权责任论。从比较法的视角考察各国立法关于环境共同侵权责任形态的规定；从多方面论证环境共同侵权中连带责任的正当性和按份责任的缺陷；对《侵权责任法》[①] 的相关条文特别是第 67 条

① 如无特别说明，本书中直呼名称的法律，一般是指中华人民共和国大陆地区的法律，国外或我国台湾地区等的立法，一般都以国家或地区名作为前缀。

的规定进行系统评析，明确第 67 条的具体含义和适用。

第六章，环境共同侵权救济论。整体论述和解、调解和社会化救济等机制，重点分析环境共同侵权司法救济的若干规则要点，包括被告选择、法院管辖、共同诉讼、举证责任、加害人内部责任划分和责任减免等重要规则。

第七章，环境共同侵权预防论。以复合污染的法律规制为视角，分析行政规制的特点，提出规制复合污染的整体思路；详细阐述产业集中规划、总量控制、集中治理和代为治理等手段在规制复合污染方面的应用和完善。

结论，对本书的主要观点进行总结，归纳应对环境共同侵权的各种规制手段，并借此展望环境法向“促进性私法”和“引导性公法”进化的发展趋势。

需要说明的是，本书对于环境共同侵权的研究主要是在国内法层面，在规则论部分会对国际法层面的共同侵权有少量涉及。当然，国内法并不局限于我国，也包括其他国家的国内法。

本书试图突破侵权法的单一研究框架，从侵权法、环境法、行政法以及程序法等多角度开展研究，综合运用多元调控机制来预防和控制环境共同侵权。运用实证调查和案例研究，考察实践中特别是判例中的环境共同侵权现象，分析环境共同侵权现象的原因、表现和特征；把握环境共同侵权本质的发展规律；突出司法救济的特殊规则；注重行政规制在预防和控制复合污染以及环境共同侵权方面的独特价值。这些方面是目前有关环境共同侵权的研究比较欠缺和薄弱的。

所以，本书主要的创新包括研究视角、方法和内容等方面。具体如下。

（1）在研究视角方面：既坚持以共同侵权的基本模型为分析框架的传统法学视角，又尝试多角度对环境共同侵权的发生原因和纠纷处理等问题进行分析，注重侵权法、环境法、诉讼法与行政法等跨学科交叉研究。特别是把环境共同侵权问题作为私法上的民事侵权纠纷和公法上的环境污染问题，从私法和公法两个层面加以结合研究并提出不同的规制方法。

（2）在研究思路方面：既遵循传统研究从概念到本质，再到类型划分和责任承担等的基本思路，又作了适当的创新，以现象论、本质论、责任论、救济论和预防论五个部分为基本框架，将环境共同侵权的私法规制和公法规制等各方面内容涵摄其中，形成有机统一的研究框架。

（3）在研究方法方面：除了以往研究中通常运用的比较分析、价值分析、利益分析、历史分析和系统分析等方法外，特别运用了案例实证分析的方法，对环境共同侵权现象及其发生原因、表现形式和特征等作了详细具体的分析，为理论阐述和制度构建提供了客观基础。

（4）在研究内容方面：

第一，确立环境共同侵权的本质是结果共同。并从矫正正义、风险社会、人性需求和环境价值等层面对共同结果论的正当性进行充分论证，阐明结果共同的具体内涵包括受害主体同一、受害权利同一、损害不可分割。

第二，以结果共同为基础，明确只要发生同一结果也可构成环境共同侵权，从而扩大了环境共同侵权的认定标准，并将其类型划分为四个：狭义共同侵权、共同危险行为、关联共同侵权和共同损害行为。

第三，以保护受害人、扩大自由与公平、简化诉讼程序、推动环境保护和责任保险发展的视角，深入论证连带责任在环境共同侵权中的正当性与合理性，并对我国《侵权责任法》第 67 条的具体含义作了澄清与说明。

第四，对环境共同侵权的基本救济机制进行总体研究，对司法救济中的特殊规则要点重点说明，特别是对如何划分加害人内部责任作了详细论述，提出了主观过错、排污口、污染物和历史记录等责任划分的参考因素。

第五，对环境共同侵权的预防机制作了专门论述，以产业集中规划、总量控制、集中治理和代为治理等为代表，对复合污染的法律规制进行了详细阐述。

总之，这是我国侵权责任法出台以来首次对环境共同侵权问题进行的全面、系统和专门研究，对完善相关立法、执法和司法具有积极参考意义。

四　研究方法与手段

本书采取的研究方法主要包括：

（1）案例分析方法。对真实发生的大量案例和判例进行考察，分析其中存在的重点、难点与疑点，为相应的制度构建提供案例依据。实证分析提炼出的问题是本书立论的重要前提。

（2）比较分析方法。比较分析方法贯穿于全义。比较归纳环境共同侵权不同于其他侵权的特征；对各国和地区的立法规定进行比较，析取其中的规律性认识和启示；对连带责任与按份责任进行比较，分析各自的优劣等。

(3) 利益分析方法。本书始终关注环境共同侵权中不同利益主体对于制度选择的影响，对各个制度或规则反映出的对不同利益的影响进行分析说明。

(4) 价值分析方法。对环境共同侵权本质的正当性进行论证，确定矫正正义、风险分配和环境价值等尺度。

(5) 规范分析方法。对我国《侵权责任法》第67条等相关条文以及环境法相关制度的含义和缺陷进行规范分析，提出相应的完善建议。

(6) 系统分析方法。环境共同侵权既是一个私法问题，又是一个公法问题，而且与整个环境问题休戚相关，对环境共同侵权问题的解决，应当通过私法和公法等多种机制加以系统考虑，寻求整体性解决方案。

本书主要运用的研究手段包括：

(1) 收集整理相关资料。充分利用现代技术手段和信息工具，检索、收集国内外有关环境共同侵权、共同侵权和环境侵权的理论、案例和立法资料等，并进行整理、筛选和归类。

(2) 调查相关案例。通过书面、口头、电子邮件等方式，向当事人、法官和律师等相关人员调查了解部分典型案件的具体情况。

(3) 参加学术研讨。在本书撰写过程中，参加了侵权责任法、环境司法诉讼、环境法庭和环境公益诉讼等方面的学术会议，听取和分析来自理论界与实务界不同专家学者的各种相似或相左意见。

(4) 专家访谈。研究过程中，针对一些疑难问题，经常性向环境法、侵权法、行政法和诉讼法等各领域的专家学者咨询请教。

五　研究的基本视角

从更广泛的法律规制层面，融合私法规制与公法规制，对环境共同侵权问题进行研究，是本书的基本视角。

规制这个概念是近年来跨学科理论研究和实务操作的热点，被广泛应用于包括法学特别是行政法学在内的各个专业领域。从一般意义上讲，规制是指任何形式的行为控制。[①] 由规制这个概念出发，还延伸了法律规制、环境规制等与本书相关的多个概念。

有学者认为，规制包含三层意思：第一，规制包含了一个更高主体的

---

① ［英］安东尼·奥格斯：《规制：法律形式与经济学理论》，骆梅英译，中国人民大学出版社2008年版，第1页。

控制这一理念，它具有指导的功能。为了达到预想的结果，私人受制于一个更高的主体——国家——并被要求按照特定的方式行为，如果违反规则，则以惩罚为后盾。第二，国家及其代理机构运用的主要工具是公法。第三，因为国家在法律的形成及实施中扮演了最基本的角色，因此该法律体系是“集中化”的。这就是规制所具有的指令性、公益性和集中化特征。① 从这里可以看出，规制概念是在公法与私法划分的意义上加以使用，其主要含义和手段是公法（行政）手段。

当然，规制并不只是包含着公法或者行政手段。规制与私法的关系也并非那么泾渭分明，私法中也会存在规制手段和具有规制功能。规制的形成和实施有时也通过自我规制机构而非公共机制实现。为了追求多个目标，总是需要综合运用私法和公法等多种工具。②

所以，从法律的角度来看，规制分为私法规制（或称私的规制）和公法规制（或称公的规制、行政规制）。这是法律规制的两个主要方面。从这一点来看，规制概念比管制概念更适用于对环境共同侵权问题的分析，主要有三个方面理由。一是外延上，规制可以把民法（侵权法）、环境法、行政法、诉讼法等各类私法和公法的法律手段都涵盖其中，是比管制含义更宽泛的概念。二是效力上，它把不同强度的规制方式均包含在内，既包括强制性的管制约束措施，也包括非强制性的协商、契约、引导激励等措施，体现了规制手段的灵活多样。三是阶段上，它把不同过程的规制方式都纳入其中，既有事前的预防性手段，又有事中的控制性手段，还有事后的治理性手段，体现了对作为环境问题表现形式之一的环境共同侵权现象的全过程管理。所以，用规制一词，更能体现法律在调控环境共同侵权及其背后复合污染问题上的手段多样性与综合性。

从本书来看，私法规制主要是从传统民法的角度，运用侵权法的基本理论和规则来研究环境共同侵权问题。民事诉讼法从程序法的角度属于公法，但从解决私人纠纷的角度，本书也把它纳入私法规制的范畴。公法规制则主要是从环境法和行政法的角度，研究运用环境保护、行政规制及其他衍生手段来研究环境共同侵权及其背后的复合污染防治问题。刑法也是公法的范畴，但考虑到刑法手段的特殊性，以及它所调整

---

① ［英］安东尼·奥格斯：《规制：法律形式与经济学理论》，骆梅英译，中国人民大学出版社 2008 年版，第 2—3 页。

② 同上书，第 3 页。

的对象属于犯罪行为而非侵权行为，因此本书不将刑法规制纳入研究范畴。通过环境法、行政法等手段预防治理环境污染问题，又产生了环境规制的概念。

环境规制即是针对环境问题的控制。传统上，对环境问题的控制主要是行政管理手段。发展到现在，环境规制的手段已经越来越多样化，它既包括传统的以环境标准等为代表的命令控制手段，也包括以排污权交易、第三方治理等为代表的市场化手段，还包括以主动信息公开等为代表的自愿性规制措施。这些手段对于预防环境污染和环境侵权都发挥着相应的作用。本书后面关于复合污染的规制手段也表明，规制复合污染，既包括强制性措施，也包括非强制性措施。所以从广义上讲，一切解决环境问题的手段和措施都可以称为环境规制。

在我国，长期以来，规制环境污染的主要方式仍然是命令控制式的行政手段。所以，人们有时把规制作更狭义的理解，即政府规制（government regulation），它是具有法律地位的、相对独立的政府规制者（机构），依照一定的法规对被规制者所采取的一系列行政管理与监督行为。[①] 或者也称为行政规制。本书关于复合污染的规制，多数也是政府基于法律政策而实施的行政监管措施。当然，随着市场经济的不断发展和市民社会的不断发育，这一状况正在发生令人欣喜的变化，市场化的、非强制性的规制手段正在环境保护中发挥越来越重要的作用。

以上述分析为基础，作如下重申和总结：本书所称的私法规制，主要是指传统的民法（侵权法）和民事纠纷解决（民事诉讼）机制，它面向私人之间的环境侵权纠纷处理问题；公法规制，主要是指行政法手段，它面向环境侵权背后的环境污染防治问题。而现代环境法，很大程度上是在传统民法和行政法的基础上发展起来的，是私人问题与公共空间的结合，是私法与公法融合发展的产物。这是环境法的特色，也是本书多角度综合研究环境共同侵权问题的特色。

---

① 王俊豪：《政府管制经济学导论》，商务印书馆 2001 年版，第 1 页。

第二章　环境共同侵权现象论

环境共同侵权是一个客观存在的社会现象。从私法角度看，它属于侵权纠纷，从公法角度看，它属于环境问题。欲对环境共同侵权作出理论建构和法律规制，必先对其在现实生活中的样态有所了解和认识。

本章从基本概念的界定出发，以实践案例为研究对象，考察环境共同侵权案件在现实中的分布、类型、当事人情况和处理过程等，提炼案件要点，分析其发生的间接原因和直接原因，并概括总结环境共同侵权的基本法律特征。

第一节　基本概念界定

概念乃是解决法律问题必不可少的工具。没有限定严格的专门概念，我们便不能清楚和理性地思考法律问题。没有概念，我们便无法将我们对法律的思考转变为语言，也无法以一种可理解的方式把这些思考传达给他人。① 可见，概念是法律思考和法学研究的基础。在此，我们对侵权行为、数人侵权与共同侵权、环境侵权和环境共同侵权等基本概念作一简要界定。

一　侵权行为

侵权行为又可称为侵权。② 史尚宽先生认为：侵权行为者，因故意或

---

① ［美］E. 博登海默：《法理学：法律哲学与法律方法》，邓正来译，中国政法大学出版社 2004 年修订版，第 504 页。

② 从词性来看，“侵权”作为名词时，本身意味着对某种“行为”的定性说明，所以“侵权行为”完全可以简称为“侵权”。因此，除基于引用要求外，本书交互使用侵权和侵权行为。依此类推，“共同侵权行为”可称为“共同侵权”，“环境侵权行为”（*转下页*）

过失不法侵害他人之权利或故意以背于善良风俗之方法，加损害与他人之行为也。简言之，为侵害他人权利或利益之违法行为。故其实不独权利，即其他利益，亦为侵害之对象，言侵权行为者，不过举要以概其余之意耳。① 史公进一步认为，不独侵害权利，苟违反保护法律规定侵害其所保护个人之利益，以及违背良俗加害于他人之其他一切利益，均有侵权行为之违法性。②

该定义表明，侵权行为的侵害对象既包括权利，又包括利益。我国《侵权责任法》第2条也规定侵权行为所侵害的对象是民事权益，而不仅是权利。台湾地区王泽鉴教授亦持相同见解。③ 侵权行为过程可能同时侵害权利之外的利益，是本书有关环境共同侵权研究的一个重要立论前提。

侵权行为的归责原则主要包括过错责任和无过错责任。无过错责任，因其以客观的加害事实为充分条件，故又称“客观责任”；就其主张有损害结果则必有责任言，又称“结果责任”；④ 就其将责任直接归属于损害发生的原因言，又称“原因责任”；就其以企业风险为责任根据言，又称“风险责任”。⑤ 在中国台湾地区，又称为无过失责任，德国法则称为危险责任，英美法上称为严格责任。⑥ 无过错责任原则是侵权法的特殊归责原则，只是在法律明确规定的一些特定领域适用。适用过错责任原则的侵权行为称为一般侵权行为，适用无过错责任原则的侵权行为称为特殊侵权。

侵权责任的构成要件，是指侵权行为人承担侵权损害赔偿责任的条件。通说认为，过错责任原则下承担侵权责任的构成要件有4个：一是行为人⑦具有某一加害行为；二是行为人行为时主观上有过错（故意或过

(*接上页*) 可称为“环境侵权”。不过在有的场合，当“侵权”作为动词使用时，它与“侵权行为”这一名词应当区分开来。

① 史尚宽：《债法总论》，中国政法大学出版社2000年版，第105页。

② 同上书，第107页。

③ 同上书，第61页。

④ 此结果责任区别于人类社会早期的结果责任论。在早期责任中，不分析加害人是否有过错，也不考虑在没有过错时的免责问题，只以损害结果为根据，且报复是主要形式，此即为同态复仇；后来，为限制同态复仇，又产生了金钱赔偿的责任形式，以代替同态复仇。具体可参见王卫国《过错责任原则：第三次勃兴》，中国法制出版社2000年版，第17页。

⑤ 王卫国：《过错责任原则：第三次勃兴》，中国法制出版社2000年版，第89页。

⑥ 王泽鉴：《侵权行为》，北京大学出版社2009年版，第15页。

⑦ 在本书中，根据不同场合，行为人有时用加害人、侵权人、污染者、排污者、污染物排放者、被告、企业或者加害企业等称谓取代，而受害人有时用受害者、被侵权人、原告等称谓指代。这些概念只是表述视角有所差异，所以本书不作专门区分。

失）；三是受害人民事权益产生了损害；四是行为人的行为与受害人的损害之间存在因果关系。无过错责任原则下承担侵权责任的构成要件有三个：一是行为人具有加害行为；二是受害人的民事权益产生了损害；三是加害行为与损害之间具有因果关系。

侵权行为的类型，是指侵权行为的表现形式。依据不同的分类标准，侵权行为有不同的类型。根据归责原则不同，可以分为一般侵权行为和特殊侵权行为。根据侵权主体的人数不同，可以分为单独侵权行为和数人侵权行为。

二 数人侵权与共同侵权

数人侵权，亦称多数人侵权，它相对于单独侵权行为而言。① 数人侵权并不是一个立法或司法概念，而是一个模糊的学理概念，它囊括了侵权行为主体为复数的各种侵权行为类型。数人侵权行为的显著标志是主体具有复数性。

根据数个行为人之间是否具有意思联络，分为有意思联络的数人侵权与无意思联络的数人侵权行为。有意思联络的数人侵权即共同侵权行为，是数人基于共同过错和意思联络而实施的侵权行为。无意思联络的数人侵权，是指数人行为事先并无共同的意思联络，但其行为在客观上造成同一损害的情形。②

共同侵权行为是数人侵权行为之下的一种侵权行为，它是指数人共同不法侵害他人权益造成损害的行为。共同侵权行为的基本问题是共同侵权行为的本质特征和连带责任。③ 而共同侵权行为的本质或者判断标准，直接决定共同侵权的类型划分和责任形式。关于共同侵权的本质，我们将在本章展开说明。

学理普遍认为，共同侵权行为包括狭义共同侵权行为、共同危险行为、教唆（造意）侵权行为和帮助侵权行为。④ 有学者认为，教唆行为和帮助行为都是共同侵权行为人实行的行为，都是主观关联共同的共同侵权行为，

---

① 王利明：《侵权行为法研究》，中国人民大学出版社 2004 年版，第 686 页。

② 王泽鉴：《民法学说与判例研究》（第一册），中国政法大学出版社 1998 年版，第 57 页。

③ 王利明主编：《中国民法典学者建议稿及立法理由·侵权行为编》，法律出版社 2005 年版，第 44 页。

④ 王泽鉴：《侵权行为》，北京大学出版社 2009 年版，第 351 页；邱聪智：《新订民法债编通则》（上册），中国人民大学出版社 2003 年版，第 121 页。

没有必要将其作为独立的共同侵权行为类型。[1] 本书同意该观点，把教唆及帮助行为均纳入狭义共同侵权行为类型之中。从立法上来看，我国《民法通则》第130条、《侵权责任法》第8条和第9条等，均属于对狭义共同侵权行为的规定，《侵权责任法》第10条属于对共同危险行为的规定。

共同侵权不仅包括一般的共同侵权行为，还包括特殊的共同侵权行为。顺应社会生活的变迁，将我国迈入汽车社会、信息社会、风险社会而带来的交通、信息、环境等传统侵权类型没有充分展开的领域纳入共同侵权制度中，以形成特殊的共同侵权行为类别，这将成为共同侵权制度非常迫切的研究课题。[2] 环境共同侵权，正是这一特殊共同侵权的具体类型。

共同侵权导致加害人对受害人统一承担连带责任。连带责任是共同侵权制度的核心问题之一。在连带责任的基础上，各加害人内部再分担责任份额。

三 环境侵权

环境侵权是侵权行为的一种。人们对环境侵权有多种表述，如环境污染侵权、环境侵害[3]、环境污染致人损害等，《侵权责任法》则称为环境污染责任。[4]

本书认为，环境侵权是指行为人因污染环境或者破坏生态而侵犯他人人身或者财产权益的行为。同时，本书对环境侵权的内涵作以下说明：

（1）环境侵权涵盖生态破坏导致的侵权行为。环境侵权一词既准确地指出了环境污染、生态破坏致他人合法权益受害的侵权性质，又拓宽了传统的“环境污染致害”的范围，而“环境污染致害”未能涵盖生态破坏造成他人受害这一层面的意思。[5] 可见，环境侵权的外延大于环境污染侵权和环境污染致人损害。将生态破坏导致的侵权行为纳入环境侵权范畴，既有利于救济受害人，从整体上预防、抑制环境侵权行为，实现保护环境之目的，也可避免因人为因素而给充分发挥环境侵权民事责任功能设

---

① 杨立新：《侵权责任法规定共同侵权责任若干问题研究》，2010年10月21日，中国律师网（http：//www. acla. org. cn/pages/2009-4-21/s51399. html）。

② 张铁薇：《共同侵权制度研究》，法律出版社2007年版，第181页。

③ 陈泉生：《环境侵害概念初探》，《政法学报》1994年第2期。当然，我们不认为环境侵权与环境侵害是同一概念，对此可参见徐祥民、邓一峰《环境侵权与环境侵害——兼论环境法的使命》，《法学论坛》2006年第2期。

④ 广义上的环境污染责任应当包括民事责任、行政责任和刑事责任，而《侵权责任法》里的环境污染责任显然仅指环境污染导致的民事责任。

⑤ 曹明德：《环境侵权法》，法律出版社2000年版，第23页。

下障碍。[①] 司法实践中也出现了生态破坏型的环境侵权案件。[②] 相应的，环境侵权的原因行为也应作广义的理解，包括环境污染和生态（资源）破坏。对此，2014 年新修订的《环境保护法》第 64 条也明确规定，因污染环境和破坏生态造成损害的，应当依照《侵权责任法》的有关规定承担侵权责任；2015 年《最高人民法院关于审理环境侵权责任纠纷案件适用法律若干问题的解释》（法释〔2015〕12 号）第 18 条也指出，本解释适用于审理因污染环境、破坏生态造成损害的民事案件。

（2）环境侵权不调整生态环境本身的损害问题。生态环境损害也可称为生态损害，是生态破坏所产生的直接后果[③]。理论界一般认为，生态环境损害是指因污染环境或破坏生态而给生态环境本身所带来的损害，是生态环境系统的整体或部分在物理、化学、生物性能等方面的退化或不利变化。[④] 可见，在侵害客体、后果等方面，生态环境损害均不同于环境侵权所导致的人身、财产损害。在这个意义上，虽然生态破坏和环境污染是导致环境侵权的原因，但无论是《侵权责任法》，还是有关司法解释，其所设计的环境侵权损害赔偿制度，主要是解决因环境侵权引发的一般意义上的人身损害或财产损失的责任纠纷，而对生态环境本身的损害，主要解决方式是行政和刑事手段，还有少量的公益诉讼。基于环境侵权与生态环境损害的差异，本书研究的环境共同侵权，也基本不涉及对生态环境损害的赔偿问题。针对多个加害人导致的生态环境损害诉讼案件（一般为公益诉讼案件）[⑤]，也未纳入本书关于环境共同侵权案件的统计范畴。对生态环境损害

---

① 罗丽：《环境侵权民事责任概念定位》，《政治与法律》2009 年第 12 期。

② 参见《中华人民共和国最高人民法院公报》1997 年第 3 期，转引自曹明德《环境侵权法》，法律出版社 2000 年版，第 24 页；本书第二章表 2-3 中，重庆梁平刘邦元等 26 户农民诉乡政府、村委会和两名矿主一案中，法院在判决中认为，采煤导致矿层破坏、地下水位下降和水资源流失，属于环境侵权。

③ 本书不对生态损害和生态破坏作严格区分。如果简单区分，从字面理解，前者主要侧重破坏后果，后者主要侧重破坏行为。

④ 这方面相关论述较多，可参见汪劲《中国环境法原理》，北京大学出版社 2000 年版，第 350 页；竺效《生态损害的社会化填补法理研究》，博士学位论文，中国人民大学，2006 年；梅宏《生态损害预防的法理》，博士学位论文，中国海洋大学，2007 年。

⑤ 如最高人民法院发布的北京市朝阳区自然之友环境研究所、福建省绿家园环境友好中心诉谢知锦等 4 人破坏林地民事公益诉讼案，常州市环境公益协会诉储卫清、常州博世尔物资再生利用有限公司等土壤污染民事公益诉讼案等，参见《最高法发布 10 起环境侵权典型案例》，2016 年 3 月 17 日，人民网-法治频道（http：//legal. people. com. cn/n1/2015/1229/c42510-27990351. html）。

的赔偿，学者普遍认为，需要国家通过专门立法来予以解决。[①] 在制度层面，国家已经意识到这个问题。2013 年以来中央出台的有关重要文件[②]，对生态环境损害赔偿范围、责任主体、索赔主体、损害赔偿解决途径、鉴定评估、修复和赔偿等方面均提出了原则要求，并开展了试点实践。应该说，生态环境损害赔偿制度的建立实施，可以与环境侵权救济制度发挥协同作用，对共同推进环境污染防治具有重要意义。

（3）环境侵权不包括侵犯环境权。环境侵权所侵害的权利，仍然限于传统侵权法上的财产和人身，并不包括环境权。[③] 就到目前为止的研究来看，有关法律和学说把环境侵权的侵害客体概括为人身权和财产权仍然是正确无误的。[④] 关于环境权理论，本书认为，该理论揭示了环境问题的重要性和环境保护对于公众的重要价值，奠定了公众参与环境保护的法理基础。同时，本书也认同，环境权即使是宪法上的纲领性权利，也很难把它解释为应通过法院直接加以实现的绝对性私权；环境是否具有能够成为私权的对象所应该具有的明确并且固定的内容及范围，存在严重的疑问。[⑤] 环境权的立法及司法化还需要进一步研究探索。所以，本书在有关环境共同侵权的理论分析上也倾向于不将环境权纳入私权的范畴。在立法上，综合《侵权责任法》第 65 条和第 2 条对于民事权益的解释，[⑥]《侵权责任法》有关环境侵权的规定也没有脱离传统民法保护人身权和财产权的基本轨道。当然，对环境权益的保护，主要不是通过环境侵权制度加以实现，而是通过环境行政等公法和其他公共政策加以实现。

（4）环境侵权不同于相邻关系妨害。日常生活中，由于油烟、生活噪声、上下排水等引起的侵权行为，表面上也属于“环境问题”导致的

---

① 可参见孙佑海、郭娜《生态环境损害责任者依法担责的法律分析》，《环境保护》2016 年第 2 期；蔡守秋《环境资源法学》，人民法院出版社、中国人民公安大学出版社 2003 年版，第 368 页。

② 相关文件包括《关于全面深化改革若干重大问题的决定》《关于加快推进生态文明建设的意见》《生态文明体制改革总体方案》《生态环境损害赔偿制度改革试点方案》等。

③ 唐忠辉：《环境侵权及其救济的法益分析》，《湖南公安高等专科学校学报》2004 年第 5 期。

④ 徐祥民、邓一峰：《环境侵权与环境侵害——兼论环境法的使命》，《法学论坛》2006 年第 2 期。

⑤ ［日］原田尚彦：《环境法》，于敏译，法律出版社 1999 年版，第 34 页。

⑥ 该条规定：“本法所称民事权益，包括生命权、健康权、姓名权、名誉权、荣誉权、肖像权、隐私权、婚姻自主权、监护权、所有权、用益物权、担保物权、著作权、专利权、商标专用权、发现权、股权、继承权等人身、财产权益。”

侵权，但由于该类侵权与相邻不动产密切相关，一般归于相邻关系妨害范畴，由民法进行调整。对于不动产相邻关系妨害与环境侵权，多数国家均作出如上区分。我国立法对不同环境问题导致的侵权行为也作了层次区分和立法区别。对于居民之间生活污染适用过错责任，主要由物权法规定的相邻关系解决。而企业生产污染等污染环境的适用无过错责任，主要由侵权责任法、环境保护法、大气污染防治法、水污染防治法等相关法律调整。[①] 所以，本书所研究的环境共同侵权，主要也是指因产业污染而导致的共同侵权，不包括相邻关系妨害中的共同侵权。前述《最高人民法院关于审理环境侵权责任纠纷案件适用法律若干问题的解释》第 18 条也明确规定，相邻污染侵害纠纷不适用本解释。

与传统的侵权行为相比，环境侵权具有间接性、高度科技性、损害程度深刻性、损害范围广泛性、损害后果多元性、损害过程累积性等特点，导致在发现加害人、确定因果关系和认定损失范围及具体数额等方面存在很大困难。[②] 而受害人与加害人相比，在经济实力和诉讼能力等方面处于明显弱势。受害人想要赢得诉讼，往往需要支出庞大的费用，尤其各种科学之测试及专家鉴定，究明因果关系，依人类现有之技术及经济能力，显然相当困难沉重，借诸诉讼程序，更是旷日废时，负担沉重。[③]

在此背景下，法律形成了一些新的规则，包括无过错责任、举证责任倒置和因果关系推定等。这些规则较好地顺应了救济受害人、保护生态环境的社会要求。

四　环境共同侵权

环境共同侵权是环境侵权与共同侵权的叠加，属于环境侵权中的特殊形态，也是共同侵权中的特殊侵权。理论界一般认为，环境共同侵权是由多个主体实施的或者多个污染源引起的侵权行为。在日本，以多个企业的活动为原因而发生的公害被称为复合公害，[④] 在我国，多个污染源排放的污染物组合产生的污染被称为复合污染。有学者称多个污染源导致的侵权

① 全国人大常委会法制工作委员会民法室编著：《中华人民共和国侵权责任法解读》，中国法制出版社 2010 年版，第 325 页。

② 陈慈阳：《环境法总论》，中国政法大学出版社 2003 年版，第 337—338 页。

③ 同上书，第 131 页。

④ ［日］原田尚彦：《环境法》，于敏译，法律出版社 1999 年版，第 28 页。

为复数污染源共同致害或共同侵权，[①] 或称两个或两个以上的加害企业的排污行为导致他人人身或财产权益遭受同一的、不可分割的损害。[②]

迄今为止，关于“环境共同侵权”的名称表述可谓五花八门。有的称为“共同环境侵权”。[③] 有的称为“环境污染共同侵权”。[④] 还有学者使用“环境损害中的共同责任”的表述，[⑤] 一篇媒体文章标题用的是“共同环境侵权”表述，而其正文中使用“环境污染共同侵权”的表述。[⑥] 由于环境侵权有时被称为环境污染侵权，因此“环境共同侵权”被称为“环境污染共同侵权”，也在情理之中。

关于“环境共同侵权”与“共同环境侵权”两个称谓，从形式上看，二者不过就是“环境”与“共同”两个词的顺序有所不同。但细加琢磨，这一词序变化似有不同侧重。本书倾向于使用“环境共同侵权”的表述，其主要理由有：

（1）在学科意义上，把“环境”放在概念之首，相对更能突出环境问题、环境保护及环境法的学理背景，体现环境法学科在该问题上的基本立场、研究特点和知识贡献。

（2）在学术意义上，把“环境”置于“共同侵权”之前，突出“环境”在构成“共同侵权”行为中的独特作用甚至决定性作用，彰显“环境共同侵权”首先具有“环境侵权”的特质而非“共同侵权”的特点。这一点，“共同环境侵权”概念显然无法传达甚至弱化了这一深意。具体分析如下。

众所周知，要构成共同侵权，至少各个侵权必须在性质上，以及根据当时的情况来看，可以引起损害结果。[⑦] 换言之，普通共同侵权通常至少要求每个行为都分别单独构成一个独立的侵权行为，或者每个行为具有侵权的危害性。

---

① 罗丽：《环境侵权中共同侵权行为责任研究——以日本法为视角》，《法律适用》2005年第2期。

② 张梓太：《环境法律责任研究》，商务印书馆2004年版，第129页。

③ 蔡守秋主编：《环境资源法教程》，高等教育出版社2004年版，第406页。

④ 王明远：《环境侵权行为研究》，《科技与法律》1994年第4期。

⑤ 乔世明：《环境损害与法律责任》，中国经济出版社1999年版，第311页。这种表述主要是指环境共同侵权所承担的“责任”，而不是环境共同侵权本身。

⑥ 叶遵义：《如何确定共同环境侵权责任？》，《中国环境报》2010年5月10日第3版。

⑦ ［德］克里斯蒂安·冯·巴尔：《大规模侵权损害责任法的改革》，贺栩栩译，中国法制出版社2010年版，第54页。

而在环境共同侵权中，各个单一行为最初并不一定具有危害性，不一定构成独立侵权行为。是否存在环境因素的影响，直接影响和决定着某些行为最后属于独立侵权行为，还是演变为环境共同侵权。甚至可以说，如果没有环境因素的关联和影响，就不可能产生或构成共同侵权，环境因素对环境共同侵权现象的产生具有决定性影响。以下两种情形最为特殊：

情形一是非侵权行为与非侵权行为结合后演变成侵权行为，因主体的复数性而为共同侵权。这就是人们通常说的几个合法或正常排放行为叠加在一起，变成侵权行为，产生了侵害后果。中国台湾学者将这种多数污染源相互结合后产生的反应称为“互补效应”①。如图 2-1 所示。

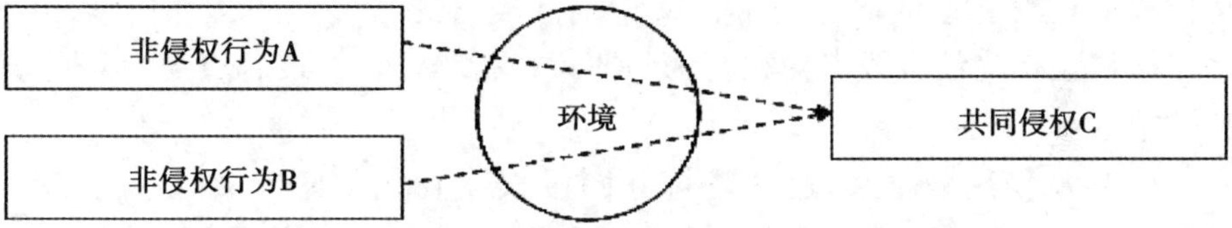

图 2-1　两个非侵权行为结合为环境共同侵权

情形二是非侵权行为与侵权行为结合后演变成另一个侵权行为，也因主体的复数性而成为一个新的侵权行为，即共同侵权。与前一情形不同的是，这种共同侵权的原因行为，有的为侵权行为，有的为非侵权行为。在这种行为组合中，若无环境的联结作用，也不可能产生共同侵权。如图 2-2所示。

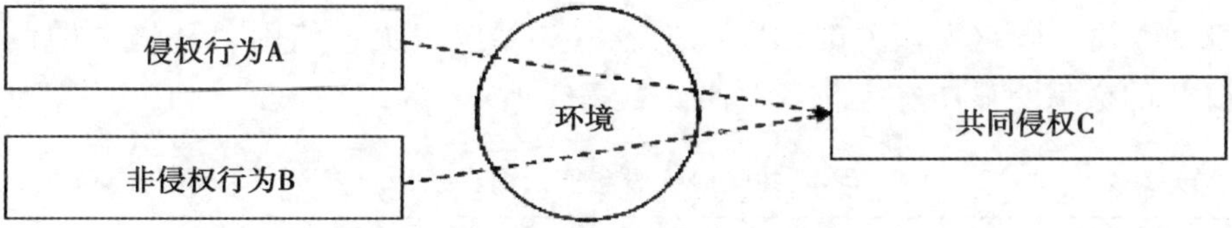

图 2-2　侵权行为与非侵权行为结合为环境共同侵权

而共同环境侵权的概念表达的是多个主体“共同实施”“环境侵权”的现象，更加突出“行为共同”甚至“主观共同”的意味，无法表达出“环境”的特殊作用导致的上述两类共同侵权行为。共同环境侵权表达的

---

① 王千维：《环境损害中多数污染源之组合形式及其在侵权行为法上责任归属之基本原则》，《政大法学评论》2000 年总第 63 期。

行为过程如图 2-3 所示。

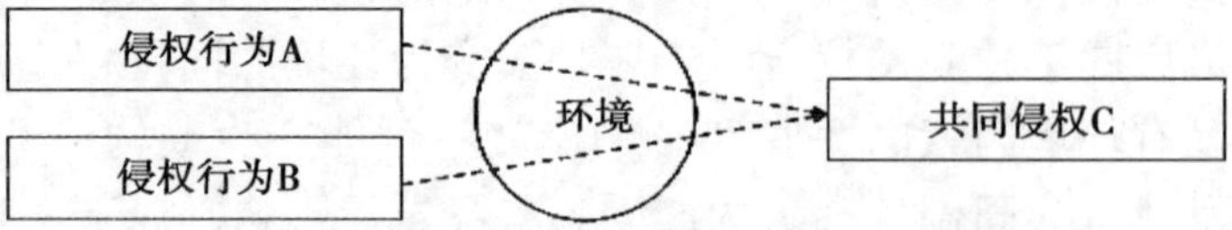

图 2-3 两个侵权行为结合为环境共同侵权

综上所述，“环境共同侵权”的概念，有两个明显特点：一是更加突出“环境”因素的影响，表达出多个主体的行为经由“环境”而产生“共同侵权”的因果逻辑过程，强调“环境”在导致“共同侵权”行为发生中的媒介作用甚至决定性作用；二是包容性更强，既涵盖“共同环境侵权”能够表达的典型情形，又特别涵盖其无法表达的特殊情形，即多个非侵权行为结合或者侵权行为与非侵权行为结合，最后演变为共同侵权的情形。

（3）从使用频率来看，“环境共同侵权”在相关研究文献中的使用频率比“共同环境侵权”更高，也更符合特殊领域共同侵权的构词习惯。

我们于 2016 年 5 月 18 日，通过中国期刊全文数据库（清华同方知网）检索，检索“环境共同侵权”和“共同环境侵权”两个概念的使用情况。以“环境共同侵权”作为“篇名”和“关键词”分别精确检索，显示的结果是：以“环境共同侵权”为“篇名”的文献共 14 篇，以它为“关键词”的文献共 6 篇；以“共同环境侵权”作为“篇名”和“关键词”分别精确检索，显示的结果：以“共同环境侵权”为“篇名”的文献共 4 篇，以它为“关键词”的文献共 2 篇。可见，使用“环境共同侵权”的文献明显居多。二者对比如表 2-1 所示。

表 2-1 环境共同侵权概念使用情况统计 （单位：篇）

	篇名	关键词	合计
环境共同侵权	14	6	20
共同环境侵权	4	2	6

我们通过对中国期刊全文数据库的检索还发现，在交通、网络、知识产权等其他很多领域也都有共同侵权现象发生，其理论上的概念模式分别

为：机动车交通事故共同侵权、专利共同侵权、商标共同侵权、网络共同侵权。[①] 这与“环境共同侵权”的构词方式完全一样。

在英文中，“环境共同侵权”被表述为“Environmental Joint Tort”，直译过来就是“环境共同侵权”。这种译法在形式和内容上均无不妥。

基于以上各方面原因，本书主题概念确定为“环境共同侵权”。当然，选择使用“环境共同侵权”并不等于说“共同环境侵权”是一个错误概念。如前所述，二者只是表述的侧重点或涵盖的内容有一些区别，如果不作细致比较，在一般意义上也可以互换使用。

第二节　环境共同侵权的案例分析

案例是环境共同侵权现象的直观反映。对环境共同侵权的个案观察和实证分析，是我们研究环境共同侵权的本质及其法律规制的基础。

本节遵循从总体到局部的分析思路，包括两个部分：首先，对 40 余个环境共同侵权案例进行集中整理和客观描述；其次，对上述环境共同侵权案件的特点进行整体性分析，提炼出若干带有普遍性或者突出性的争议要点或者疑难问题，以期对相关理论和制度设计提供有针对性的实践参照。

一　环境共同侵权案件统计分析

下面我们通过两个样本来源，统计分析环境共同侵权案件的总体情况，以期归纳环境共同侵权案件的一般特点。

1. 来自中国政法大学污染受害者法律帮助中心的案件统计

根据中国政法大学污染受害者法律帮助中心（以下简称“中心”）的统计，1999 年至 2015 年共 17 年，该中心共援助办理了 427 件环境案件。按环境要素来分，涉大气污染案件 109 件，土壤污染案件 14 件，噪声污染案件 21 件，水污染案件 95 件，电磁辐射案件 16 件，固体废物污染案件 15 件，放射性污染案件 6 件，石油污染案件 2 件，生态破坏案件 13 件，资源破坏案件 7 件，其他和综合类案件 129 件。在 427 件案件中，

① 具体可参见王康《机动车交通事故共同侵权损害赔偿中的保险责任研究》，《保险研究》2010 年第 4 期；鬲文艺《专利共同侵权初探》，《知识产权》1996 年第 6 期；郑耀汉《论商标共同侵权的连带责任》，《人民司法》1991 年第 4 期；王迁《论网络服务提供商共同侵权责任》，《当代通信》2004 年第 11 期。

有 215 起为因环境污染或资源破坏等原因而导致的侵权案件，其中环境共同侵权案件[①] 13 件。

中心办理的 13 起环境共同侵权案件的具体情况参见表 2-2。

表 2-2　中国政法大学污染受害者法律帮助中心 1999—2015 年办理的环境共同侵权案件统计[②]

序号	案件名称	起诉	一审	二审	备注
1	河北保定张流沙等 16 户诉河北保定化纤厂、保定钞票厂、保定市鲁岗污水处理厂、保定市银定庄污水处理厂水污染致鱼类死亡案	√	原告撤诉		政府调解成功
2	江苏东海县石梁河镇 97 户农民诉山东金沂蒙纸业公司、临沭化工总厂水污染致鱼类死亡案	√	原告胜诉	原告胜诉	560 万元赔偿款已执行完毕
3	河北迁安市刘华峰诉迁安市华丰造纸厂、迁安镇马家岗子造纸厂、迁安镇金宝庭造纸厂，迁安市城建局水污染致鸡死亡案	√	原告胜诉	维持原判	城建局等四被告分别承担赔偿责任
4	贵州兴义市马岭镇龙井村、光明村、平寨村 454 户村民诉马岭工业园区 8 家企业大气污染致农作物损害赔偿案	√	原告败诉	发回重审	贵州省高院裁定撤销原判，发回重审
5	广西河池市东江镇东江村 11 个村民小组诉 4 家化工厂水污染案	不具备起诉条件，不起诉	/	/	/
6	河北定州市李亲顾村民诉 31 家电镀厂地下水污染案	不具备起诉条件，不起诉	/	/	/
7	天津北辰区西堤头镇刘快庄村 11 人诉 7 家化工厂水污染案	法院不予受理	/	/	/
8	浙江平湖特种养殖场诉嘉兴化工厂等 5 家企业水污染损害赔偿案	√	原告败诉	原告败诉	经两级法院再审，2009 年 4 月 2 日，最高人民法院终审判决被告赔偿原告损失 96600 元及利息

① 从具体情况来看，由于有些案件并没有进入法院诉讼程序，是否属于共同侵权可能存在不同认识。但毫无疑问，所有案件中涉及的加害人均为两人以上。在这个意义上，我们姑且称为“环境共同侵权案件”。

② 该表系笔者根据中国政法大学污染受害者法律帮助中心的统计整理而成，统计时间范围为 1999 年 1 月至 2015 年 12 月。

续表

序号	案件名称	起诉	一审	二审	备注
9	浙江杭州萧山南阳工业园区化工企业水污染案	因原告不能统一诉求，未起诉	/	/	环保局已决定停止工业园区建设，2006 年年底所有化工企业迁出
10	浙江东阳 13 家企业水污染案	未起诉	/	/	当地政府已处理污染企业，13 家企业基本已搬迁。没有新的污染产生
11	贵州省清镇市赵焕举诉清镇华威瓷业有限公司、吉利陶瓷有限公司和英迈尔陶瓷有限公司大气污染责任纠纷案	√	原告撤诉		本案调解结案，三被告共同赔偿原告的经济损失，原告申请撤诉，并免予缴纳诉讼费
12	安徽宿州市庞传华诉三家采石场粉尘污染纠纷案	√			双方在镇政府的主持下签订了赔偿协议，原告得到赔偿
13	王树军、王占良诉天津市津西东兰电镀厂、天津市东祥五金制造有限公司等 9 被告水污染损害赔偿案	√			已和解，原告拿到 10 万元赔偿款

比较分析上述 13 起环境共同侵权案件，我们可以得出以下基本认识。

（1）区域分布。13 起案件既有发生在东部沿海地区的，也有发生在中部和西部相对欠发达地区的。① 相对而言，东部沿海地区发生环境共同侵权的案件比较多，有 10 起，中西部是 3 起。可见，环境共同侵权案件发生的地域与经济发达程度有一定的正相关关系。

（2）发生地点。13 起案件大部分发生在乡镇企业相对集中的农村地区和部分工业园区，主要是发生在河流或者水域附近。这表明，流域和农村环境污染形势比较严峻。

（3）污染类型。以水污染和大气污染为主，其中又以水污染类型最多。具体来说，水污染案件 10 起，大气污染案件 2 起，粉尘污染案件 1 起。可见，水污染相对更容易引起环境共同侵权。

（4）加害人。加害人人数众多，从 2 人到 31 人不等，属于典型的共同侵权。从加害人的行业分布来看，主要集中在化工、造纸、电镀等重污

① 参照有关文件及资料，本书对东、中、西部地区作以下划分，东部地区包括辽宁、北京、天津、河北、山东、江苏、上海、浙江、福建、广东、广西、海南 12 个省（自治区、直辖市）；中部地区包括山西、内蒙古、吉林、黑龙江、安徽、江西、河南、湖北、湖南 9 个省（自治区）；西部地区包括陕西、甘肃、青海、宁夏、新疆、四川、重庆、云南、贵州、西藏 10 个省（自治区、直辖市）。

染行业，也有污水处理厂、行政部门等特殊主体。这表明：重污染行业更容易发生环境共同侵权；污染物集中治理设施的运行效果并不总是很好；行政部门也可能成为环境侵权的加害人。

（5）受害人。受害人主要是农民。除其中3起案件受害人是一人外，其余案件受害人均人数众多，有的是同一个村的村民，有的是多个村的村民，有一个案件甚至有454户村民。这表明受污染行为影响的地区范围广、人数多。

（6）损害结果。受害人所遭受的损失以渔业养殖损失居多，这与案件以水污染类型为主的特点直接相关。另外还包括养鸡和农作物损失等。可见，环境共同侵权容易造成农民农业方面的经济损失。

（7）处理方式。在13起案件中，除通过诉讼程序解决外，有4起案件在诉前或者诉讼后经过行政机关的处理。行政处理的具体方式包括调解和将污染企业强制迁出等。这表明，行政机关在环境共同侵权纠纷处理中扮演着重要角色，行政处理是环境共同侵权纠纷处理的重要途径。

（8）诉讼情况。13起案件，共有4起案件因不符合起诉条件或者原告方的意见不统一而未予起诉，1起案件属于代理申诉，另外8起案件起诉，其中1起起诉后法院不予受理。这表明案件总体受理情况较好，解决纠纷的司法大门基本是敞开的。

（9）诉讼结果。从受害人的角度来看，在法院受理的8起案件中，3起案件一审诉讼中经法院或政府调解，或当事人和解，原告得到赔偿；2起案件一审和二审原告均胜诉；1起案件一审败诉，二审法院改判发回重审；1起案件撤诉，政府调解成功；1起案件（即浙江平湖蝌蚪案）一审二审败诉，第一次再审败诉，第二次再审胜诉。案件处理结果总体较好。

（10）责任承担。在3起原告胜诉的案件中，其中2起案件法院判决所有被告属于共同侵权，承担连带赔偿责任，另1起案件法院判决4家被告为分别侵权，各自承担赔偿责任。可见，对于环境共同侵权案件的构成要件或者“共同性”的认定，不同法院有不同的认识和判决。

当然，毫无疑问，上述13起案件，无论是因各种原因未起诉的，或者由行政机关处理的，或者通过司法途径解决的，中国政法大学污染受害者法律帮助中心及后来成立的北京环助律师事务所①都在其中发挥着不可

---

① 北京环助律师事务所是在中国政法大学污染受害者法律帮助中心的支持和指导下，由长期在该中心作为志愿者从事环境法律援助的3位公益律师于2010年12月发起成立，是以提供环境法律援助为主要工作任务的公益性律师事务所。

替代的重要作用，有力地维护了污染受害者的合法权益，推动了环境污染问题的有效解决。

2. 48 起环境共同侵权案件统计

除中国政法大学污染受害者法律帮助中心办理的 13 起环境共同侵权案件（以下简称中心案件）外，笔者还通过最高人民法院公报、中国裁判文书网、相关公开出版物、数据库、媒体报道和互联网等途径，收集到 45 起关于环境共同侵权的案件。加上中国政法大学污染受害者法律帮助中心办理的有代表性的 3 起环境共同侵权案件，[①] 总计 48 起案件。

与中心的 13 起案件相比，这 48 起案件时间跨度更大，空间范围更广，覆盖领域更宽，而且均经过了正式的诉讼程序，很多案件甚至经过一审和二审等多个程序，判决书等资料充实，不少案件还被最高人民法院作为典型案例予以选编评析并公开出版以指导地方环境案件审判工作，[②] 因此更能说明环境共同侵权司法的实际情况。这 48 起案件的基本情况见表 2–3。

从这 48 起案件的基本情况可以看出，这些案件与中心案件具有很多相似的特点，它们在区域分布、发生地点、污染类型、加害人、受害人、损害结果、处理方式、诉讼过程、诉讼结果、责任承担等方面呈现基本一致的规律。具体体现在以下方面。

（1）分布区域。分布于东部、中部和西部的 19 个省级行政区。这意味着，从东部地区到中西部地区，从沿海到内陆，几乎都发生有环境共同侵权案件。在我国，环境共同侵权案件的发生具有普遍性，并非某一地区特有的现象。当然，区域分布并不均衡。从三大分区来看，东部地区 32 起，中部和西部各 8 起。这表明案件的发生与经济发达程度有较大的正相关关系。分省来看，浙江最多，有 15 起；其次为江苏和贵州，各 4 起；重庆、广西各 3 起，辽宁、福建、内蒙古、河南各 2 起，其他省区各 1 起。作为一个普遍性和区域集中性的问题，需要引起国家和地方特别是一些高发地区的高度关注。

---

① 3 起案件分别是江苏东海石梁河镇水污染案、贵州兴义大气污染案和浙江平湖蝌蚪案。中国政法大学污染受害者法律帮助中心对这 3 起案件的受害人均提供了法律援助代理服务。

② 参见最高人民法院环境资源审判庭《环境资源典型案例选编与评析》（民事卷），人民法院出版社 2014 年版。

表 2-3

48 起环境共同侵权案件基本情况

(以发生时间先后为序)

	时间	地区	原告	被告	所属行业	污染形态	损害后果	鉴定机构	一审判决	二审判决	主要争点	备注
1	1987—1992 年	贵州贵阳	承包户卿相	贵州省一轻学校、贵阳市建材总厂	建材、建筑	矿渣导致水污染，污染鱼塘	渔业损失	贵阳市水产站、省环境监测中心	建材总厂、一轻学校、卿相按 3∶6∶1 的比例承担责任	建材总厂、一轻学校、原告卿相按 3∶1∶6 的比例承担责任	责任比例如何分配	案件经两次行政处理；分别承担责任
2	1994—2009 年	浙江平湖	平湖师范农场特种养殖场	步云乡染化厂等 5 家企业	化工、印染	污水直接排入河流导致养殖区水污染	河流养殖青蛙蝌蚪死亡损失 48.3 万元	司法部司法鉴定科学技术研究所、浙江省淡水渔业环境监测站、平湖市审计师事务所等	（1996）平民初字第 23 号民事判决：原告败诉	（1998）嘉民再终字第 2 号民事判决：原告败诉	是否存在因果关系；因果关系举证责任如何分配；损失范围	本案经四级法院审查，最高法院（2006）民二提字第 5 号判决被告承担连带赔偿责任
3	1995—1999 年	江苏南京	养殖户潘传河	第三航务工程局第三公司、刘学斌	工程、运输	建筑废渣导致水污染，污染鱼塘	鱼塘养殖渔业损失	南京市环境监测中心站	2 名被告承担连带赔偿责任	（1997）宁民终字第 932 号民事判决：维持原判	因果关系；损失大小	该案经再审，（1999）宁民再终字第 9 号重新认定了损失数额
4	1996—1997 年	河南镇平	水产公司等 3 原告	南阳华荣矿业有限公司等 24 名当事人	选矿	暴雨将污染物冲入水库	水库养殖渔业损失	南阳市环境监测站、渔政监督管理站	23 名被告分别对 3 名原告承担连带责任	无	鉴定结论有异议	法院同时划分了内部责任
5	1997—1999 年	广东广州	8 名网箱养殖户	天兴公司、海华公司、发电厂等 3 家企业	石油化工、电力	运输过程漏油导致水污染，污染水库	水库养殖渔业损失	广州市环境监测中心站、农业环境监测站、价格事务所等	2 名被告承担连带赔偿责任	（1999）穗中法民终字第 1708 号判决维持原判	责任主体；原告过错；损失大小	法院认为天兴负全责，结果海华公司愿意承担责任，法院判决两家一并承担

续表

	时间	地区	原告	被告	所属行业	污染形态	损害后果	鉴定机构	一审判决	二审判决	主要争点	备注
6	1999—2002年	江苏连云港	谢印立等97名养殖户	金沂蒙纸业有限公司和临沭化工总厂	造纸、化工	超标排放污水在泄洪闸内，泄洪时进入水库，产生水污染	水库养殖渔业损失	农业部渔业环境监测中心黄渤海区监测站	（2001）连民初字第12号民事判决：2被告承担连带赔偿责任，但未规定履行期限	（2002）苏民终字第043号判决维持原判，同时判明履行期限	水库是否具有渔业功能；鉴定机构资质；水闸管理机构的责任；达标排放是否承担侵权责任；第三人责任	二审指出第三人过错属于免责事由，应由加害方承担举证责任
7	2000年	浙江宁波	郑可弟等4名水产养殖户	瑞安市力利制革有限公司、金潮皮业有限公司	制革	化学原料因洪灾冲入江中，产生水污染	养殖渔业损失	浙江省海洋渔业环境监测站、瑞安市渔政站、瑞安市环境监测站	（2000）甬海事初字第10号判决：2被告分别承担赔偿责任	无	因果关系；损失大小	法院对责任分担依据和4原告具体获赔金额未明确
8	2000—2003年	河北乐亭	18户渔民	迁安第一造纸厂等9家企业	造纸、化工	污水排入河流进入入海口海域导致水污染	海域养殖渔业损失956.179万元	秦皇岛引青工程水质监测中心，农业部环境监测中心黄渤海监测站	天津海事法院一审判决9被告承担连带赔偿责任	天津高院（2002）津高民终字第008号判决：8家超标被告承担连带责任，1家达标企业承担个别责任	是否构成共同侵权；达标与超标对责任性质的影响；受害人本身的过错；损失大小的认定	本案一审由海事法院审理
9	2001年	浙江慈溪	建塘江水库管理所	宁波富兰特尼龙树脂有限公司、慈溪市兴安电镀有限公司、慈溪市新江涤化厂	化工、电镀	超标排放污水，污水又被引入养殖水库，产生水污染	水库养殖渔业损失	宁波市海洋环境检测中心、慈溪市环境保护监测站	（2001）慈民初字第2451号判决：3被告分别承担相应赔偿责任	无	是否存在因果关系；损失大小；第三人过错	监管问题；排污许可证问题

续表

	时间	地区	原告	被告	所属行业	污染形态	损害后果	鉴定机构	一审判决	二审判决	主要争点	备注
10	2001—2002年	浙江宁波	养殖户王守祥	宁波市北仑区白峰上阳电化一厂、宁波市北仑区白峰上阳氧化厂	化工	排放超标废水污染鱼塘	鱼塘渔业损失	北仑区海洋与水产局及北仑区价格认证中心	（2001）甬仑民初字第899号判决：2被告承担连带赔偿责任，赔偿全部直接损失和部分间接损失	（2002）甬民终字第440号判决：维持原判	是否存在因果关系；损失大小；	把损失分为直接损失和生产损失
11	2001—2005年	辽宁凌海	1名养殖户	乡政府、企业和个人3名被告	化工	化学物质倾倒导致水污染	鱼塘养殖渔业损失	辽宁省淡水渔业环境监督监测站	原一审结果不详。（2003）油中民一重字第2号判决改判分别责任和连带责任两种责任形态	（2003）辽民一权终字第242号民事裁定书，发回重审	因果关系、损失大小、责任主体	上诉后辽宁省高院发回重审。出资人乡政府与企业承担连带责任
12	2001—2005年	广东佛山	养殖户冯灶	新星石油、石油勘探队、地质勘探公司	石油勘探	石油漏出进入鱼塘产生水污染	鱼塘渔业损失	农业部渔业环境监测中心珠江流域监测部、价格事务所等	（2001）三法民壹初字第365号判决：驳回原告诉求；（2002）三法民壹重字第3号民事判决：勘探大队赔偿部分损失	（2002）佛中法民终字第52号裁定，发回重审；（2003）佛中法民一终字第3080号民事判决改判降低了赔偿额	侵权主体；因果关系举证责任；损失数额认定	一审后上诉发回重审，重审后不服再上诉，二审后再审，再审维持二审判决
13	2002—2007年	贵州兴义	580名村民	腾龙化工有限公司等7家企业	化工、建材、饲料等	氟化物等大气污染	果园柑橘经济损失	中国农科院柑橘研究所、贵州省环境监测中心等	原告败诉	无	是否存在因果关系；损失数额	法院免收诉讼费；认为不属于共同诉讼，告知单独诉讼

续表

	时间	地区	原告	被告	所属行业	污染形态	损害后果	鉴定机构	一审判决	二审判决	主要争点	备注
14	2003年	江西萍乡	汤德明等24户村民	龙台福利造纸厂、沙坪造纸厂和联兴造纸厂	造纸	造纸排放污水，导致河流水污染	农业生产和生活	环保局现场检查笔录	（2003）湘民一初字第94号判决：3被告负连带责任	无	是否造成损害、损害大小	停止排污、赔偿损失
15	2003年	北京	居民顾淼	城开公司、首创公司、市政管理处和地铁运营公司	建设、交通、市政管理	噪声污染	生活受影响	北京劳保所噪声与振动控制产品检验中心	被告城开公司单独负补偿责任	被告城开公司的补偿数额减少	噪声排放标准、承担责任主体	交通规划在先，相关主体不担责任
16	2003—2007年	重庆梁平	刘国权等111名农民	村民委员会及3名煤矿业主	采煤	采煤导致矿层破坏，地下水位下降，水资源流失	生产生活损失	法院现场勘验	（2006）梁法民重字第3号民事判决：4被告承担连带赔偿责任	（2007）渝二中民终字第141号判决维持原判	是否存在因果关系；水事纠纷还是环境侵权纠纷；是否集团诉讼	解释环境侵权；人数众多；法院组织过调解
17	2003—2011年	河南平顶山	聂胜等149户村民	平顶山天安煤业公司五矿等3家单位	采矿及医疗	地下水污染	异地取水产生的误工损失	河南科技咨询司法鉴定中心	新华区人民法院民事判决：3被告共同承担赔偿责任	平顶山市中级人民法院（2011）平民终字第118号判决：3被告共同赔偿排放生产性污水导致的误工损失；2被告承担生活性污水导致的误工损失	诉讼时效；单位是否对其职工及家属排放生活污水负责；加害人的责任划分	区分生产污水和生活污水的不同排放者

续表

	时间	地区	原告	被告	所属行业	污染形态	损害后果	鉴定机构	一审判决	二审判决	主要争点	备注
18	2004—2005年	内蒙古包头	包头市供水总公司	纸业公司等4被告	造纸、化工、总排干沟管理局	超标排放污水，总排干沟管理局允许污水排入，导致水污染	停产，无法正常供水	水利部黄河水利委员会等多个机构	（2004）包民三初字第7号判决：4被告承担连带赔偿责任	无	因果关系	3家被告排污，1家被告允许污水排入水源
19	2005—2007年	广西南宁	网箱养殖户罗洪明	南宁糖业等3家企业	制糖、化工、造纸	河流水污染	养殖渔业损失	广西渔业监测中心、南宁渔政站、青秀山事业局	（2006）海事初字第053号民事判决：3名被告赔偿原告40%损失	（2007）桂民四终字第36号判决维持原判	是否存在因果关系；养殖是否合法；责任划分；赔偿范围	法院未对被告内部责任进行划分
20	2005—2007年	广西南宁	网箱养殖户刘成祐	南宁糖业等3家企业	制糖、化工、造纸	河流水污染	河段养殖渔业损失	广西渔业监测中心、南宁渔政站、青秀山事业局	（2006）海事初字第058号民事判决：3名被告赔偿原告40%损失	（2007）桂民四终字第37号判决维持原判	是否存在因果关系；养殖是否合法；责任划分；赔偿范围	与前案属系列案件，共有24名原告起诉，最后有21名达成和解协议。
21	2005—2007年	湖北十堰	养殖户宋绥祖	房县交通建设工程公司及张玉飞等3名自然人	碎石施工	噪声污染	鳝鱼养殖损失	房县环境监测站、房县价格认证中心	房县法院判决交通公司及2名自然人共同承担赔偿责任	十堰中院（2007）十民终字第108号民事判决维持原判	施工承包方的责任；因果关系鉴定	自然人作为承包人承担连带责任
22	2005—2007年	浙江绍兴	丁金木	绍兴咸亨食品有限公司、浙江古越龙山绍兴酒股份有限公司等3被告	食品、酿酒	生产排污导致水污染	渔业养殖损失	绍兴市渔业环境检测站、环保部门作出监测报告、绍兴市价格认证中心	（2006）越民一初字第2188号判决：赔偿死鱼损失款28569.52元，3被告互负连带责任	（2007）绍中民一终字第129号判决：驳回上诉，维持原判	各被告方是否属于共同侵权，是否应当承担连带赔偿责任及均等的民事责任	法院认定被告之间不能举证证明何方为实际加害人，故可推定构成共同侵权

续表

	时间	地区	原告	被告	所属行业	污染形态	损害后果	鉴定机构	一审判决	二审判决	主要争点	备注
23	2005—2007年	浙江绍兴	高欢西	绍兴咸亨食品有限公司等3被告	食品、酿酒	生产排污导致水污染	渔业养殖损失	绍兴市渔业环境检测站、环保部门作出监测报告、绍兴市价格认证中心	(2006)越民一初字第2189号判决：赔偿死鱼损失款5568.30元，3被告互负连带责任	(2007)绍中民一终字第130号判决：驳回上诉，维持原判	各被告方是否属于共同侵权，是否应当承担连带赔偿责任及均等的民事责任	法院认定被告之间不能举证证明何方为实际加害人，故可推定构成共同侵权
24	2005—2007年	浙江绍兴	高顺昌	绍兴咸亨食品有限公司等3被告	食品、酿酒	生产排污导致水污染	渔业养殖损失	绍兴市渔业环境检测站、环保部门作出监测报告	(2006)越民一初字第2190号判决：赔偿死鱼损失款37817元，3被告互负连带责任	(2007)绍中民一终字第131号判决：驳回上诉，维持原判	各被告方是否属于共同侵权，是否应当承担连带赔偿责任及均等的民事责任	法院认定被告之间不能举证证明何方为实际加害人，故可推定构成共同侵权
25	2005—2007年	浙江绍兴	高海夫	绍兴咸亨食品有限公司等3被告	食品、酿酒	生产排污导致水污染	渔业养殖损失	绍兴市渔业环境检测站、环保部门作出监测报告	(2006)越民一初字第2191号判决：赔偿死鱼损失款27167.40元，3被告互负连带责任	(2007)绍中民一终字第132号判决：驳回上诉，维持原判	各被告方是否属于共同侵权，是否应当承担连带赔偿责任及均等的民事责任	法院认定被告之间不能举证证明何方为实际加害人，故可推定构成共同侵权
26	2005—2007年	浙江绍兴	谢金昌	绍兴咸亨食品有限公司等3被告	食品、酿酒	生产排污寻致水污染	渔业养殖损失	绍兴市渔业环境检测站、环保部门作出监测报告	(2006)越民一初字第2192号判决：赔偿死鱼损失款355元，3被告互负连带责任	(2007)绍中民一终字第133号判决：驳回上诉，维持原判	各被告方是否属于共同侵权，是否应当承担连带赔偿责任及均等的民事责任	法院认定被告之间不能举证证明何方为实际加害人，故可推定构成共同侵权

续表

	时间	地区	原告	被告	所属行业	污染形态	损害后果	鉴定机构	一审判决	二审判决	主要争点	备注
27	2005—2007年	浙江绍兴	高士根	绍兴咸亨食品有限公司等3被告	食品、酿酒	生产排污导致水污染	渔业养殖损失	绍兴市渔业环境检测站、环保部门作出监测报告	（2006）越民一初字第2193号判决：赔偿死鱼损失款3192元，3被告互负连带责任	（2007）绍中民一终字第134号判决：驳回上诉，维持原判	各被告方是否属于共同侵权，是否应当承担连带赔偿责任及均等的民事责任	法院认定被告之间不能举证证明何方为实际加害人，故可推定构成共同侵权
28	2005—2007年	浙江绍兴	高金水	绍兴咸亨食品有限公司等3被告	食品、酿酒	生产排污导致水污染	渔业养殖损失	绍兴市渔业环境检测站、环保部门作出监测报告	（2006）越民一初字第2194号判决：赔偿死鱼损失款3355.10元，3被告互负连带责任	（2007）绍中民一终字第135号判决：驳回上诉，维持原判	各被告方是否属于共同侵权，是否应当承担连带赔偿责任及均等的民事责任	法院认定被告之间不能举证证明何方为实际加害人，故可推定构成共同侵权
29	2005—2007年	浙江绍兴	钱志康	绍兴咸亨食品有限公司、浙江古越等3被告	食品、酿酒	生产排污导致水污染	渔业养殖损失	绍兴市渔业环境检测站、环保部门作出监测报告	（2006）越民一初字第2195号判决：赔偿死鱼损失款2440.10元，3被告互负连带责任	（2007）绍中民一终字第136号判决：驳回上诉，维持原判	各被告方是否属于共同侵权，是否应当承担连带赔偿责任及均等的民事责任	法院认定被告之间不能举证证明何方为实际加害人，故可推定构成共同侵权

续表

	时间	地区	原告	被告	所属行业	污染形态	损害后果	鉴定机构	一审判决	二审判决	主要争点	备注
30	2005—2009年	江苏徐州	养殖户赵先才、王军山	连云港银燕化工有限公司等2家公司、孙宝林等2自然人	化工	鱼塘水污染	渔业养殖损失	东海县环保局、东海县价格认证中心	江苏省东海县人民法院（2005）东民一初字第216号民事判决：孙宝林对鱼塘损失、监测费、评估费、鉴定费等承担赔偿责任，银燕公司负连带责任	连云港市中级人民法院（2006）连民二终字第284号民事判决：孙宝林与银燕公司共同赔偿有关损失，互负连带责任，对内承担责任比例为对等	数个加害人的责任承担问题；行政主管部门出具的检测、鉴定报告的证据效力	此案被告银燕公司向江苏省高院申请再审，省高院指定徐州中院复查，复查结果驳回了再审申请
31	2006年	内蒙古乌海	张海明等94户农民	国电石嘴山发电厂等4被告	发电、化工、冶金	大气污染	农业生产损失	不详	（2006）海南民一初字第547号裁定：达成调解协议，4被告承担赔偿责任	无	无	代表人诉讼；调解结案；未明确被告是连带责任还是按份责任
32	2006—2009年	重庆梁平	刘邦元等26户农民	乡政府、村委会、2名矿主	采煤	采煤导致矿层破坏，地下水位下降，水资源流失	生产生活损失	重庆市地质矿产勘查开发局205地质队、重庆大唐建设工程咨询有限公司	（2007）忠法民初字第225号民事判决：两名矿主对房屋损失承担连带赔偿责任	（2009）渝二中法民终字第3号判决：维持原判，免收上诉村民二审案件受理费	案件性质是地质灾害还是环境侵权；不同诉讼还是集团诉讼；损失大小；责任划分	解释环境侵权；指定异地管辖；灵活裁决；缓解矛盾

续表

	时间	地区	原告	被告	所属行业	污染形态	损害后果	鉴定机构	一审判决	二审判决	主要争点	备注
33	2007—2008年	四川成都	养殖户邓青福	恒立达公司及张明远等11户养殖户村民	畜禽养殖	鱼塘水污染	渔业养殖损失	双流县渔政管理站	双流县人民法院判决公司与11户村民承担不同的赔偿份额，互负连带责任	成都市中级人民法院（2008）成民终字第1230号民事判决：被告承担不同的赔偿份额	被告提出还有其他污染单位，二审法院认为只要有证据证明还有其他排污者，可以行使追偿权	二审判决未明确是否为连带责任
34	2007—2011年	广西南宁	农民李治军	武鸣县苞桥林化厂等2家企业	化工、烧砖	排放二氧化硫导致大气污染	农作物损失	武鸣县农业局	武鸣县法院判决2企业共同赔偿损失；企业投资人对各自企业责任承担连带责任	南宁中院（2011）南市民二终字第274号判决：2企业分别承担责任；企业投资人对各自企业责任承担连带责任	数人环境侵权因果关系判定；数人的责任方式；达标排放的责任	达标排放者承担次要责任
35	2008—2009年	江苏徐州	渔业养殖户徐长升	畜禽养殖户朱振辉等2人	畜禽养殖	鱼塘水污染	渔业养殖损失	铜山县渔政渔港监督管理站	铜山县人民法院民事判决2被告承担连带赔偿责任	江苏省徐州市中级人民法院（2009）徐民一终字第1774号判决：维持原判	因果关系推定；损失评估	铜山县价格认定中心无法进行损失鉴定，法官在咨询相关行业人士的基础上作了酌情认定
36	2009年	浙江宁波	虞甲、张甲	宁波市××光电池配件厂等8家企业	化工、制造	水污染	渔业养殖损失	宁波市海洋与渔业研究院分析测试中心	（2009）甬海民初字第292号民事判决：驳回诉讼	（2009）浙甬民一终字第1109号判决：驳回上诉，维持原判	排污行为及损害后果的举证责任	原告未提供证明污染行为的证据

续表

	时间	地区	原告	被告	所属行业	污染形态	损害后果	鉴定机构	一审判决	二审判决	主要争点	备注
37	2010年	浙江义乌	王甲	徐某某、王乙、王丙、王丁、杨某某与徐某某、王乙等	养殖	养猪场排放污水，产生水污染	养殖珍珠蚌死亡产生的经济损失	义乌市价格事务所	（2010）金义民初字第2609号判决：被告徐某某赔偿原告王甲损失15345元，被告王乙等4人赔偿原告损失25575元，并负连带责任	无	原告对损失发生负有一定过错；案涉6个养猪场业主构成共同侵权，但原告放弃了对其中2人的求偿权	养殖场农地承包人承担单独责任；养殖场业主承担连带责任
38	2010—2015年	贵州清镇	承包户吴国金	中铁五局（集团）有限公司、中铁五局集团路桥工程有限责任公司	养殖	施工产生噪声污染	蛋鸡养殖损失	专家鉴定	2被告赔偿损失35万余元	2被告赔偿损失45万余元	损失的具体数额	法院以养殖手册及专家意见建立参数模型，确定实际损失
39	2011年	贵州清镇	赵焕举	清镇华威瓷业有限公司、吉利陶瓷有限公司和英迈尔陶瓷有限公司3被告	墙砖、地砖陶瓷	大气污染	农作物减产、绝收	贵阳市环境监测中心站	（2011）清环保民初字第1号民事裁定书，（2011）清环保行初字第2、3、4号行政裁定书，裁定准予原告撤诉	无	无	清镇市法院环保法庭受理，调解，3被告共同赔偿原告20万元

续表

	时间	地区	原告	被告	所属行业	污染形态	损害后果	鉴定机构	一审判决	二审判决	主要争点	备注
40	2011—2012年	上海	松江区叶榭镇政府	蒋荣祥等2自然人和3家公司	危险废物处置	固体废物污染、水污染	治理恢复河道污染、生态环境破坏所产生的经济成本（损失）	松江区叶榭水务站、上海市云间建设工程咨询有限公司	上海市松江茈法院（2012）松民一初字第4022号民事判决：2自然人对经济损失承担连带责任；3公司按比例承担连带责任	无	原告主体适格问题；自然人和公司是否承担连带责任；责任划分	2名自然人被告还承担了刑事责任；3家公司承担了行政责任（罚款）
41	2011—2012年	吉林磐石	王成山	黑龙江省嘉昌路桥建筑公司、吉林省高速公路集团有限公司	公路施工	修路造成的石油类污染导致水污染	渔业损失	东北农业大学司法鉴定中心、磐石市环境监测站	（2012）磐民一初字第27号判决：2被告共同赔偿原告渔业损失179910.00元	无	原告资格；因果关系；过错	无
42	2011—2015年	福建福州	江隆圣、何江玫等8人	福州开发区天信贸易有限公司、福州港台江港务公司等	港口、运输	港口作业产生粉尘、噪声污染	疾病、死亡等人身损害	有关医院	（2011）厦海法事初字第67—2号判决：驳回全部诉讼请求	（2015）闽民终字第255号判决：驳回上诉，维持原判	疾病与污染之间是否存在直接因素关系	港口污染侵权案件一审由海事法院审查
43	2012年	安徽宿州	庞传华	三汉采石场、开元采石场、沈齐采石场	采石	大气污染（粉尘）	村民身体疾病、作物减产、房屋损坏	无	案外调解	无	无	双方在镇政府的组织下签订赔偿协议，原告得到赔偿

续表

	时间	地区	原告	被告	所属行业	污染形态	损害后果	鉴定机构	一审判决	二审判决	主要争点	备注
44	2012—2014年	辽宁大连	史剑斐	裕景兴业（大连）有限公司、中国建筑第八工程局有限公司大连分公司等	建筑施工	生活噪声污染	人身及财产损害	无	（2012）中民初字第3709号民事判决：驳回诉讼请求	（2014）大民一终字第645号判决：驳回上诉，维持原判。	环境噪声污染以噪声超过国家规定的排放标准为必备要件	原告未举证证明噪声超标
45	2013年	福建厦门	卢丽群	厦门市博钧工贸有限公司、颜进普	工业	工业危险废物排放导致水污染	养猪损失	厦门市翔安区动物卫生监督所、厦门市环境保护局翔安分局	（2013）翔民初字第373号判决：被告公司赔偿39000元	无	因果关系；损失大小；连带责任	颜进普系职务行为，不构成共同侵权
46	2013年	天津	王树军 王占良	天津市津西东兰电镀厂等9被告	五金、化工	大气污染	排污超标，棉花受损	天津西青区环境保护监测站；天津市海河公证处；天津市气象服务中心；国家统计局西青调查队；天津市棉花协会；	无	无	棉花受损是否是上述企业污染导致	和解，原告拿到10万元赔偿

续表

	时间	地区	原告	被告	所属行业	污染形态	损害后果	鉴定机构	一审判决	二审判决	主要争点	备注
47	2014—2015年	浙江宁波	宁海县顺利水产养殖专业合作社	宁波国盛食品有限公司、宁海县国盛果蔬专业合作社	工业固体废物处置	固体废物污染	原告为清除污染采取各种措施的支出（清污药品费等经济损失）	宁海县水产技术推广站宁海县海洋渔业局	（2014）甬宁力民初字第166号判决：赔偿经济损失117446元，但预期养殖收益损失未予支持	（2015）浙甬民一二终字第560号判决：持续原判	污染与损害后果是否存在因果关系	法院适用举证责任倒置规则
48	2015年	重庆涪陵	黄治群	丰都县宗厚养鸡场、丰都县玉润养殖有限公司等3被告	养殖	畜禽养殖排放污染物导致水污染	渔业养殖损失	丰都县环境监测站	（2015）涪法环民初字第00005号判决：3被告分别赔偿原告损失10657.13元、5015.12元、6268.9元	无	污染行为与损害后果是否存在因果关系；损失额；责任划分	法院认定3被告无共同故意或过失，构成无意思联络数人侵权

（2）分布行业。所有环境共同侵权案件都发生在产业活动中，其行业分布主要集中在化工、造纸、印染、发电、冶金、采矿、电镀等高污染或污染风险较大的行业，这些行业很多为“十小”企业[①]，其他行业相对较少。加强对重点产业特别是“十小”产业污染问题的治理，是预防和解决环境共同侵权问题的必然要求。

（3）分布地点。多数环境共同侵权案件分布在河流、湖泊、水库和池塘等水域沿线或周边，有的发生在工业园区。这些地点一般都位于农村或者城市郊区。长期以来，我国对城市环境保护工作非常重视，效果也比较良好，而农村和城市郊区环境问题相对比较突出，特别是农业和渔业养殖面临的环境问题突出，也是环境监管的弱点和难点。所以，解决环境共同侵权问题，重点在加强农村和城市郊区的环境监管。

（4）发生时间。2000 年以前发生的 6 起，其余均为 2000 年以后发生。其中，2001 年、2003 年和 2011 年各发生 4 起，2005 年发生 12 起，其他年份分别有 1—2 起。这似乎在一定程度上表明，环境共同侵权案件的发生频率没有明显的规律，但在某一特定时期，案件数量有呈现抛物线式涨落的倾向。

（5）污染类型。包括水污染、大气污染、固体废物污染、噪声污染等多种类型。其中水污染 33 起（4 起由畜禽养殖导致的水污染），大气污染 6 起，噪声污染 5 起，固体废物污染 6 起（4 起同时引起水污染，因此重复统计），地下水资源破坏 2 起。以水污染为主的污染形态，一方面与我国水污染问题十分突出的环境形势直接呼应，另一方面也与水具有地表和地下流动性容易产生复合污染的特点有关。可见，控制水污染，是预防环境共同侵权问题的最重要领域。

（6）加害人。绝大多数为工业企业，少数情况下有自然人和承包经营者，特殊情况下还包括行政机关。作为企业主体，在性质上，既有中央企业和地方国有企业，也有民营企业；在实力上，既有大企业，也有中小企业，一些企业全国知名，还有一些企业属于上市公司。因此，与受害人相比，作为被告的企业往往拥有更为雄厚的经济实力，在诉讼上也占有更多的主动地位。

（7）受害人。与分布地点相关，受害人通常是从事渔业、农业养殖

---

① 按照《水污染防治法》等的规定，“十小”企业是指不符合国家产业政策的小型造纸、制革、印染、染料、炼焦、炼硫、炼砷、炼油、电镀、农药严重污染水环境的生产项目。

或者农作物种植的农民，特殊情况下也有其他类型主体。在目前的社会结构下，环境共同侵权案件的受害人在经济、文化、社会等各方面均处于天然的弱势地位。很多案件的受害人人数都比较多，有的甚至达到580人之多（贵州兴义案）。所以，环境共同侵权案件的社会影响往往比较广泛，极容易被定性为“群体性事件”。

（8）污染行为。与污染类型相对应，大部分加害人的污染行为是各自分别向河流、水库等水体排放污染物，各种污染物借助水环境融合到一起，对环境产生污染，进而造成损害结果。从具体表现来看，环境污染过程与损害发生过程几乎融为一体，都是在水体中发生，很难区分开污染与结果之间的关系。可以说，排放行为的结合点，就是损害结果的发生点。复合污染的直接表现形态，就是导致共同（同一）损害结果的发生。大气污染物复合污染的过程也是如此。

（9）损害结果。受污染类型、污染行为和受害人的行业所决定，损害结果主要为渔业、农业方面的经济损失，个别案件是生活、营业受到影响。可以说，污染所损害的对象，是以农民为主体的弱势群体赖以生存的基本生活保障。

（10）解决方式。很多案件最初都经过行政机关的调解处理，但几乎所有案件受害人最后往往都选择了通过诉讼途径解决。可见，行政调解和司法诉讼是解决环境共同侵权纠纷的最主要方式。

（11）技术鉴定。绝大多数的案件都有专门的技术单位对污染原因、损害结果、损失大小、因果关系等专业技术问题进行评估或者鉴定。这些技术单位一般来源于渔业、农业、价格、环境监测等主要相关领域。其中污染行为与损害后果之间的因果关系通常是由渔业、农业、环境等行业主管部门或其下属专业机构进行技术鉴定，损失大小通常由价格认证中心或司法鉴定中心进行评估。这反映了环境共同侵权案件具有复杂的专业技术性。

（12）诉讼程序。绝大多数案件都经过一审和二审，有的还经历过重审、再审程序。持续时间一般都在2年以上，有的案件持续时间甚至在5年或者10年以上。这一方面反映了环境共同侵权案件漫长的诉讼周期，另一方面也反映了案件的复杂性和各方的利益冲突比较明显。

（13）诉讼模式。由于加害人和受害人众多，很多案件都采取了共同诉讼和代表人诉讼的模式。但也有的受害人众多的案件，法院采取分别立案分别审理的模式，这无疑增加了当事人的诉讼负担，降低了诉讼效率。

（14）案件争点。从有关裁判文书归纳的情况来看，环境共同侵权案件的争点主要集中在以下几个方面：污染行为与损害结果之间的因果关系；原告与被告的举证责任分配；鉴定机构的资质与鉴定结论的合理性；损失范围及大小的评估方法和评估结论的合理性；共同侵权的构成要件（决定责任主体、责任形态）；加害人内部责任的划分；诉讼形式是共同诉讼还是分别诉讼。在有的案件中，法院对法律适用问题也会加以释明。[①] 在是否构成共同侵权这个问题上，不同法院往往表现出不同的意见，并且一些法院几乎没有对是否构成共同侵权作出详细而有说服力的论证，在这一点上往往含糊其词，最后径行作出承担连带责任或是分别责任的判决结论。不少法院作出由若干被告共同承担赔偿责任的判决。有的判决对共同责任人的内部责任划分未作出说明。上述争点，后面将进一步分析。

（15）诉讼结果。从受害人的角度来看，48 起案件的诉讼结果差异较大，具体情况如表 2-4 所示。

表 2-4　　　48 起环境共同侵权案件诉讼结果统计　　　（单位：起）

	案件总数	胜诉		败诉	调解	和解/撤诉
		连带责任	分别责任			
一　审	48	33	6	6	2	1
二　审	31	23	4*	4	/	/
重审一审	3	2	1	/	/	/
重审二审	2	1	1	/	/	/
再　审	4	3	1	/	/	/

注：* 有 2 起案件二审判决改判部分被告承担连带责任，部分被告承担分别责任（独立责任）。

在这些案件中，有 3 起案件在二审时发回重审，之后又经历一审和二审。从胜诉情况来看，3/4 以上的案件受害人获得胜诉，胜诉率超过 80%，如果加上调解、和解的结果，这个比例更高。在胜诉案件中，绝大多数案件是判决加害人承担连带责任，承担连带责任的案件比例超过 68%。有的案件既判决部分加害人承担连带责任，又判决其中的部分加害人独立承担分别责任；有的只判决部分加害人承担独立责任。判决结果可谓五花八门。可见，环境共同侵权案件的诉讼结果具有多样性和较大的弹性。

① 譬如，重庆梁平水资源流失案中，法院对案件的法律适用问题进行了阐释，明确案件类型是环境侵权案件。

以上通过48起案例，从不同侧面对环境共同侵权案件的基本情况及特点作了一个大致描述。必须指出，上述有关分析及结论，基本建立在对48起案件的统计基础上。由于统计案例来源、数量等的有限性，上述对环境共同侵权案件相关特点的描述仍然是初步的、有条件的，具有一定的局限性，有的结论可能还不一定完全符合环境共同侵权案件的实际情况，需要结合更丰富、更广泛的统计资料和实践观察予以校正、完善。

二　环境共同侵权案件要点归纳

梳理分析上述环境共同侵权案件，我们既可以发现一些规律性特点，也可以看到案件在法律方面存在的一些突出问题或者疑难问题。归纳起来，主要有以下法律问题值得关注。

(1) 关于排放标准的地位

多数法院都明确认为污染物排放标准不是判断污染者承担侵权责任的标准。譬如，在河北乐亭渔业污染案中①，天津海事法院和天津市高级人民法院均判令污染物达标排放的企业也必须承担赔偿责任。法院的这一做法无疑是对环境侵权无过错责任原则及其构成要件的正确理解和适用。

但也有部分法院以超标排放污染作为构成侵权的要件之一。辽宁大连史剑斐诉裕景兴业（大连）有限公司、中国建筑第八工程局有限公司大连分公司等关于建筑施工噪声污染一案中，一审和二审法院均以环境噪声污染以噪声超过国家规定的排放标准为必备要件，据此驳回了原告的相关诉讼请求。在北京居民顾森诉城开公司等生活噪声污染一案中，法院也是以专业鉴定机构鉴定的噪声超标为理据之一来支持原告有关诉讼请求的。

虽然越来越多的人认识到排放标准不是判断是否承担侵权责任的依据，但排放标准对是否构成共同侵权以及承担何种责任形态的影响，仍存在不同看法。在同一个案件中，如何区分达标排放企业与未达标排放企业的侵权责任，它们是承担连带责任还是分别承担不同责任，不同法院判决不一。

以河北乐亭渔业污染案为例。一审法院未加区分达标排放与未达标排

---

① 可参见以下资料及媒体报道：郄建荣《法院开出逾千万“赔单”渔民将获国内最高赔偿》，《法制日报》2002年4月18日；朱瑞良、王静《乐亭特大渔业污染案终审改判》，《中国海洋报》2003年3月28日；张晓敏《天津审结乐亭重大渔业污染案》，《人民法院报》2003年5月5日；李少平主编《审判案例研究》（第一卷），中国法制出版社2011年版，第352—358页。

放对企业责任的影响，而是判定 9 家企业承担连带责任。二审法院在实行无过错责任的同时，又试图区分有过错与无过错所导致的不同民事责任，一方面判令 8 家未达标企业承担连带责任，另一方面判令另一家达标企业（迁安化工）单独承担赔偿责任，不与 8 家企业承担连带责任。

有学者认为，二审法院以一家企业达标排放为由作出的其不构成共同侵权的判决，是对复数污染源共同致害有关构成要件的曲解。[①] 还有学者发出疑问：这一判决看上去合情、合理，可是法理依据是什么？或许是民法中的公平原则促使办案法官对迁安化工区别对待。假如，另外 8 家企业同样达标排污，是否迁安化工便要承担连带责任？这样一来，9 家达标排污的企业所承担的法律责任，是否完全等同于超标排污的企业？公平原则如何体现？[②] 另外，在加害人作为整体对受害人承担连带责任的问题上，是否需要考虑不同加害人超标排放的过错因素？

从企业角度来说，二审法院将达标排放企业与超标排放企业的责任作出区分有一定道理。这种区分可以理解为法院对企业达标排放行为的肯定和对超标排放行为的否定。但从环境共同侵权构成要件的角度来看，以排污是否达标作为区分是否构成共同侵权以及责任形态的依据，似乎有些牵强。

本书认为，排放标准（超标）可以作为企业最终责任分担的考虑因素，但不应当作为企业是否构成共同侵权的考虑因素。只要各个企业的排污行为共同导致了环境侵权损害后果，不管是否超标，所有企业对受害人应当构成共同侵权，一并承担连带责任。在此基础上，再通过考虑达标等因素，来进一步具体分配各个企业的责任份额。否则，在环境共同侵权案件中，这必然意味着无过错责任原则并没有完全彻底地适用，同时意味着共同侵权责任构成要件加入了排放标准因素。这对受害人而言显然十分不利。理由是，在部分加害人因为没有超标而被排除出共同侵权范围的情形下，如果被排除出去的这部分加害人正好赔偿能力很强，而另一部分加害人的赔偿能力很弱，则产生的后果是：赔偿能力弱的加害人虽然承担连带责任，但其总体赔偿能力有限，这部分赔偿总额可能难以全部实现；而赔偿能力强的加害人虽然可以全部赔偿，但其赔偿额在所有赔偿额中可能所占比例很低（因为达标排放），这样受害人的整体受偿能力就被大大削弱。[③]

---

① 罗丽：《中日环境侵权民事责任比较研究》，吉林大学出版社 2004 年版，第 243 页。

② 赵宇红：《重新审视环境污染民事责任制度——从河北乐亭水污染纠纷谈起》，《水资源、水环境与水法制建设问题研究——2003 年中国环境资源法学研讨会论文集》，第 532 页。

③ 关于排放标准在环境共同侵权案件中的司法适用问题，本书在后面还有进一步分析。

(2) 关于责任构成要件

责任构成要件是环境共同侵权立法和司法的核心问题之一。从更广的视野来看，这个问题的重要性，源于责任构成要件在侵权法理论及实务中的重要地位和作用。从一般意义来看，侵权责任法是关于一方（加害人或者对准侵权行为负有责任的人）对另一方遭受的损害承担责任的法律。加害人一方对受害人一方遭受的损害承担诸如赔偿一类的法律责任，需要存在某些主观上和客观上的条件，以证明这种对他人之损害承担责任的公正的合理性。这些主观和客观上的条件即为侵权责任的构成要件。主观条件与人的行为（及“准行为”）、行为人的内心状态有关，客观条件则与损害后果和因果关系相联系。某一案件符合侵权责任的全部构成要件，加害人一方则依法应当承担侵权责任；缺乏任何数个或一个构成要件，则不承担侵权责任。①

具体到环境领域，关于环境侵权的构成要件，理论和实务有不同认识。理论上主要有两种观点。一种理解是，其构成要件主要有 3 个：一是侵权行为具有违法性，二是发生了损害事实，三是侵权行为与损害后果具有因果关系。另一种理解是，只要有污染环境造成损害的事实及污染与损害后果间存在因果关系，并不需要有行为的违法性。上述分歧很大程度上源于立法上的不同规定。《民法通则》以“违反国家保护环境防止污染的规定”为承担民事责任的前提。而《环境保护法》并无该等要求。② 随着《侵权责任法》的颁布实施，③ 污染行为及污染与损害事实间存在因果关系的“两要件说”已成为环境侵权责任构成要件的主流观点。

而关于环境共同侵权的责任构成要件，理论上也有多种不同观点。对此，本书将在“环境共同侵权本质论”一章作深入分析。而从司法实践来看，不同法院对这个问题的认识也是存在一定差异的。

在浙江省平湖师范农场特种养殖场一案中，不同法院对环境共同侵权的构成要件认识是不一样的。嘉兴中院认为需要“有污染水域的违法行

① 有关侵权责任构成要件的深入研究可参见张新宝《侵权责任构成要件研究》，法律出版社 2007 年版。

② 《民法通则》第 124 条规定：“违反国家保护环境防止污染的规定，污染环境造成他人损害的，应当依法承担民事责任。”《环境保护法》(1989 年) 第 41 条规定：“造成环境污染危害的，有责任排除危害，并对直接受到损害的单位或者个人赔偿损失。”

③ 《侵权责任法》第 65 条规定：“因污染环境造成损害的，污染者应当承担侵权责任。”2014 年修订的《环境保护法》第 64 条进一步规定：“因污染环境和破坏生态造成损害的，应当依照《中华人民共和国侵权责任法》的有关规定承担侵权责任。”

为”，更直接的是要有“5 家企业超标准违法排污的行为”。这是对“行为违法性”的要求。而最高人民法院的判决则认为，“位于上游的 5 家企业污染了水源，同时段，下游约 6 公里的养殖场发生了饲养物非正常死亡的后果，5 家企业又没有足够的证据否定其污染行为与损害后果之间的因果关系，作为加害人的 5 家企业，应当向养殖场承担侵权损害赔偿责任”。这里就明确排除了对“行为违法性”的要求。

在重庆丰都县黄治群与丰都县宗厚养鸡场等 3 被告一案中，[①] 法院认定本案 3 家养殖场均有向水库排污的行为，均应当承担相应的责任，“但不属于共同的故意或过失，不构成共同侵权，而构成无意思联络数人侵权”，因而应分别承担相应的赔偿责任。在这里，法院以“共同的故意或过失”作为环境共同侵权的构成要件之一。显然，这一认定与环境侵权不以主观上过错为前提的要求是相悖的。

在丁金木、高欢西等 8 被告分别与绍兴咸亨食品有限公司等 3 被告的系列案中，[②] 各被告方是否属于共同侵权、是否应当承担连带赔偿责任，也是该系列案的焦点问题。在这个问题上，一审和二审法院均认定，各被告“排污行为均系水污染，存在时间、地域及致损物质的同一性，在各被告之间不能举证证明何方为造成原告损失之实际加害人的前提下，可推定各被告方行为构成共同侵权，应就原告损失承担连带赔偿责任”。在这里，法院运用客观事实（污染时间、地域及致损物质）的同一性及因果关系推定规则，明确认定 3 被告构成共同侵权，其对责任构成要件的要求显然是“污染行为及其与损害后果之间的因果关系”。

总体来看，随着立法和司法解释的逐步完善以及司法实践的发展，理论和实务界对环境共同侵权构成要件的一致性认识越来越清晰。共同的污染行为、相同的损害后果以及行为与后果之间存在因果关系，成为对构成要件的最普遍理解。而行为人主观上的共同故意或过失、污染行为的超标性或违法性等，基本上被剔除出构成要件体系。后面关于环境共同侵权本质的分析，也将在此基础上展开。

（3）关于诉讼形式

环境共同侵权案件在诉讼形式上面临的问题主要是单独诉讼和共同诉讼的选择。由于被告为 2 人以上，所以环境共同侵权诉讼一般为必要共同

---

① 具体案情可通过最高人民法院中国裁判文书网（http：//wenshu. court. gov. cn/）予以检索。

② 同上。

诉讼。这一点毫无疑问。如果原告为2人以上，则作为普通共同诉讼，法院可以合并审理，也可以分开审理。当然，如果受害人人数众多，达10人以上，则实行代表人诉讼，即所有受害人作为共同原告提起诉讼，但所有受害人并不需要同时出庭，而是可以推选代表来参加诉讼。从性质上讲，代表人诉讼也属于普通共同诉讼。

在实践中，如果原告为2人以上，法院可能会作出不同的选择，有的作为普通共同诉讼受理和审理，而有的则分别受理分别审理。

譬如，在贵州省黔西南自治州兴义市马岭镇大气污染导致柑橘损失案中，该州中级人民法院在判决书中就指出："本案中涉案的农户每家损失情况均有不同，有绝收的、有减产的、有改良的、有被征用的，其诉讼标的不仅不是共同的，也不是同种类的，不符合共同诉讼的条件。如农户坚持要求赔偿，可以户为单位（主体），单独个案另行诉讼。"而实际上，在原告提交的起诉状及证据中，均表明其所请求的损失是由于被告污染行为所导致的原告柑橘经济损失。虽然各个原告的损失数额各有大小，但属于同一种类，而且均是由7名被告的污染行为所造成，损害原因具有相同性，因此完全符合普通共同诉讼的条件，基于诉讼经济和方便当事人诉讼等因素，法院应当作为共同诉讼案件合并审理。而中院以不符合共同诉讼条件为由而判决农户败诉，导致各个农户再提起单独诉讼的话，将面临复杂的诉讼程序、高昂的诉讼成本和漫长的诉讼周期。

可见，在环境共同侵权的司法实践中，面对当事人提起的代表人诉讼或者共同诉讼，有的法院可能会强行变更当事人的诉讼形式，将代表人诉讼和共同诉讼拆分为一个个的独立诉讼。这种做法无疑大大增加了当事人的诉讼成本，给当事人的权利救济带来了极大困难。可以想见，被拆分的代表人诉讼或者共同诉讼，以单一案件分别独立起诉和审理时，受害人无疑陷入了"单打独斗"的弱势境地。

（4）关于举证责任倒置和因果关系推定

很多法院对举证责任倒置和因果关系推定的适用是准确的，但也有一些法院在这个问题上出现错误。最典型的就是浙江平湖蝌蚪死亡案。[①]

在该案中，从平湖市人民法院的一审判决，到嘉兴市中级人民法院的二审判决，再到浙江省高级人民法院的再审判决，均对举证责任倒置和因

---

① 关于本案，可参见张俊《这不是我一个人的胜利》，《中国环境法》2009年6月30日第3版；郄建荣《两级检院抗诉四级法院审理　最高院终审一污染案》，2009年12月11日，法制日报网（http：//legaldaily. com. cn/2007shyf/2009-05/04/content_ 1086155. htm）。

果关系推定有不当认识。一审法院认为，受害人提供的现有证据不能证实蝌蚪即死于水污染，故无法确定养殖场损害事实与5家企业污染环境行为之间存在必然的因果关系。

二审法院承认，5家企业超标准违法排污的行为，养殖场（受害人）已充分举证证实，但法院同时认为，构成水污染致害责任前提条件的损害事实，即青蛙蝌蚪的死因及青蛙蝌蚪体内含致死物质化学成分与5家企业排放的污水所含成分相符的鉴定结论，养殖场不能举证。法院还分析认为，水污染致害责任属于特殊侵权责任，在举证责任上虽适用举证责任倒置原则，但举证责任倒置只是在证明过错责任问题上的倒置，有关有污染水域的违法行为及水污染造成青蛙蝌蚪死亡的损害事实的证据，须由养殖场举证。二审法院对举证责任倒置的上述理解很有特色，它将举证责任倒置原则适用于过错责任的证明上。按其意思，加害人的过错不需要受害人（原告）举证，而由加害人来证明，此即举证责任倒置的要求。受这种思维的影响，法院把对因果关系的证明责任判归受害人承担。

本书认为，二审法院的判决至少存在两个方面的不当：一是没有认识到环境侵权作为特殊侵权行为，其归责原则是无过错责任原则，而非过错责任原则。在证明责任上，责任的成立不需要任何一方对过错的举证。二是错误理解举证责任倒置的要求。法院将完全不需要举证证明的事项（即加害人的过错）拿来作为举证责任倒置的要求，而将本来需要举证证明并且需要实行举证责任倒置的事项，排除在举证责任倒置的要求之外。正如有学者指出的，法院的上述判决，既违反了我国《水污染防治法》有关无过错责任原则的规定，又背离了设立举证责任倒置原则的目的，要求养殖场提供“青蛙蝌蚪的死因及青蛙蝌蚪体内含致死物质化学成分与原审5被告排放的污水所含成分相符的鉴定结论”，就是要求原告就污染事实与损害之间的因果关系承担证明责任。[①]

在再审判决书中，浙江省高级人民法院（以下称省高院）坦率承认，因果关系推定原则与举证责任倒置原则是世界各国处理环境污染侵权案件中普遍适用的原则，本着公平正义的法律精神，予以认可。法院进一步分析指出，根据因果关系推定原则，受损人需举证证明5家企业排放污染物的事实及自身因该污染物遭受损害的事实，且在一般情况下这类污染环境的行为能够造成这种损害；本案养殖场所举证据可以证实5家企业的污染

---

① 杨素娟：《举证责任倒置与因果关系推定——平湖“蝌蚪”索赔案之评析》，《中国环境报》2002年7月6日第3版。

环境行为及可能引起渔业损害两个事实。但法院最后认为，由于养殖场所养殖的青蛙蝌蚪的死因不明，故不能证明系被何特定物质所致，故养殖场所举证据未能达到适用因果关系推定的前提；养殖场据以推定的损害原因不明、证据有限，其所主张的因果关系推定不能成立。省高院的判决，仍然错误地分配证明责任，执意让受害人承担污染行为与损害结果之间存在因果关系的证明责任，这实际上与一审法院和二审法院的意见一样。不同的是，省高院在因果关系推定问题上颇费笔墨，反复论证受害人提供的证据有限，尚不足以推定因果关系成立。

在最后审理中，最高人民法院认为，本案的举证责任应由5家企业承担，原审法院要求受损害的养殖场举证证明该因果关系存在不当。法院还认为：5家企业所举证据既不能证明其污染行为不会导致蝌蚪死亡，也不能证明导致蝌蚪非正常死亡的结果确系其他原因所致，因此对于本案中污染行为和蝌蚪死亡之间的因果关系，5家企业均不能提出足够证据予以否定。这是对因果关系推定的准确适用。

(5) 关于损失的认定

在几乎所有的环境共同侵权案件中，原告、被告、鉴定机构和法院之间，对于损失范围和损失额的认定存在不同程度的认识差异。通常的情况是：原告主张的损失数额最大，评估鉴定机构评估的损失数额会比原告的预期要少，法院判决支持的赔偿数额相对最小，而加害人往往否认行为与损失的因果关系。在环境共同侵权的司法实践中，就原告主张的数额而言，少有法院全额支持的个案，更多的情形是在原告主张数额的基础上不同程度地打了折扣。从司法实践来看，这也是可以理解的正常现象。

当然，也有的案件，在原告提供的证据难以证明其所受损失大小的情况下，法院依职权主义论证并明确了损失具体数额。在承包户吴国金诉中铁五局（集团）有限公司、中铁五局集团路桥工程有限责任公司施工噪声致蛋鸡死亡一案中，[①] 原告所举证据无法证明其所受损失具体数额时，一审法院贵州省清镇市法院并没有机械地因原告受损证据不足而判决驳回其诉讼请求，而是在认定两被告侵权行为，并基于其愿意承担赔偿责任的基础上，通过充分运用专家证言、养殖手册等确定损失基础数据，并在专家的帮助下建立损失参数模型，得出损失数额，并支持了原告诉请。应该说，这种定损模式，在确定环境损害数额问题上具有积极探索意义。而且

---

① 参见《最高法发布10起环境侵权典型案例》，2016年6月5日，人民网法治频道（http：//legal. people. com. cn/n1/2015/1229/c42510-27990351. html）。

有意思的是，二审法院贵阳市中院在进一步合理测算并科学化定损模型的基础上，判决两被告赔偿原告损失 45 万元，比一审判赔金额 35 万元还高，进一步保障了受害人的合法权益。

而就评估机构评估的数额而言，法院有时会认可，有时亦会打些折扣，只是折扣比例相对比针对原告的请求数额折扣要小一些。在河北乐亭水污染案中，原告主张总损失额为 2000 万元，天津海事法院委托农业部专门机关作出的损失评估报告显示总损失额合计为 1365. 97 万元，这一数额得到海事法院判决的认可。而二审天津市高级人民法院认为，养殖户的水产品不可能以市场零售价出售，而零售价与批量出售的价格有区别，因此应对评估报告认定的数额进行适当调整，在原数额 1365. 97 万元的基础上减去 30%，即 409. 791 万元，实际损失为 956. 179 万元。

在这里，我们看到，二审法院支持的赔偿数额明显“缩水”，与评估报告和一审法院认定的数额差距较大。也许纯粹数额上的差异并不是最重要的。最重要的是支持这种差异变化的相关证据和逻辑。从表面上看，二审法院似乎并没有通过证据的事实分析来说明为什么养殖户的水产品不可能以市场零售价格出卖，只是笼统地描述一个生活经验：零售价与批发价之间有区别。但是这种区别到底有多大？法院最后的意见是零售价与批发价之间存在 30% 的差价。这个差价如何得来？合理性在哪里？显然，法院似乎并没有给出足够有说服力的事实和理由来消除人们的疑惑。这直接影响到判决的合理性和对受害人的救济。

实际上，如果科学地认定损失范围和损失大小，不仅是一个技术问题，更是一个司法程序和实体正义问题，既需要确保评估机构的权威中立，同时也需要由各方当事人共同参与的评估程序，还应当赋予各方对评估过程和评估结论提出辩论、质疑和寻求救济的权利。

（6）关于合法排污与国家的法律责任

很多案件都存在下述普遍现象：企业完全达标排放，却仍然承担侵权责任。虽然达标排放不免除侵权责任，但这似乎也表明，排污标准在科学性和规范性方面存在问题，既不能通过达标排放来保证环境安全和人身财产安全，也不能为企业的排污行为提供规范化引导。在这种情况下，作为排放标准的制定者，国家（或者环保主管部门）是否需要承担某种法律责任？

在欧盟，《环境责任白皮书》指出，基于衡平原则，环保主管部门可能要对合法排污所造成的损害后果承担赔偿责任：“如营运人能够证明其所造成的损害完全彻底（entirely and exclusively）由于合法排污所造成，那么，批出相关排污许可的环保行政部门就要对合法排污所造成的那部分损害承担赔偿责任。”①

在国内，徐国栋教授的《绿色民法典草案》第1602条第3款也规定：“符合国家规定的污染标准排污，仍然污染环境造成他人人身、财产损害的，环境污染人应首先向受害人承担损害赔偿责任。国家承担最终责任。”② 可见，在行为人达标排污仍然造成损害的情况下，让国家或者环保主管部门承担损害赔偿责任是有道理的。而且让排污方先承担替代责任，再由国家承担最终责任，这种程序设计也有利于保护受害人和生态环境。其原理正如《侵权责任法》第68条的第三人责任一样。

如果立法对国家或者环保主管部门课以如上的民事责任，可以预言，国家或者环保主管部门一定会更加科学慎重地制定污染物排放标准，并会随时跟踪科学技术的发展和环境质量的变化，以及时修订或更新污染物排放标准，从而为企业污染物排放活动提供更加科学合理的指引，促使企业不断改进生产工艺和技术，以达到规定的排放标准。

除了以上6个方面的问题外，在其他方面也有一些值得关注的问题。譬如，在法院管辖上，有的案件由普通法院管辖，有的由专门法院管辖；在鉴定问题上，各个案件均有不同的鉴定机构或者专家出现，有的鉴定意见被法院认可，而有的则不被采纳；在责任形态上，有的法院判决被告承担连带责任的同时也对被告内部的责任分担比例作了判决，而有的法院却没有对被告内部责任进行划分。这些问题，有的是环境侵权的共性问题，有的是环境共同侵权的特殊问题，我们将在后面有关环境共同侵权的责任形态和司法救济等部分进一步分析研究。

以上是本书从不同角度对环境共同侵权案件基本情况的梳理分析。以管窥豹，从中我们可以对环境共同侵权案件有一些比较直观的把握和认识。这些信息，为后面进一步研究环境共同侵权的本质、划分环境共同侵权的类型、分析环境共同侵权的构成要件、确定合理的责任形态、构建顺畅的纠纷解决机制、寻求有效的预防和控制手段，奠定了必要的案例基础。

---

① Commission of the European Communities, *White Paper of Environmental Liability*, 18 (Brussels, 2000).

② 徐国栋主编：《绿色民法典草案》，社会科学文献出版社2004年版，第720页。

第三节　环境共同侵权的发生原因

从前面的案例统计可以看出，环境共同侵权案件在不同地区均有发生。值得追问的是，各个地区为什么均会发生环境共同侵权？本节主要回答这个问题。

所有的环境共同侵权，无一例外，均起因于各种形式的环境污染。所以，产生环境污染的原因，也是环境共同侵权的发生原因。本书把这部分原因称为环境共同侵权的间接原因。但是，发生环境污染，并不必然导致共同侵权，有的是导致单一环境侵权，有的是导致环境共同侵权。可见，发生污染后，可能还有更特殊更直接的原因，才会导致共同侵权。这些特殊原因，可称为产生环境共同侵权的直接原因。当然，这种区分只是一种相对意义的。

一　间接原因

间接原因是指包括环境共同侵权在内的所有环境侵权发生的原因，也是一般原因。引起环境侵权的原因非常多，包括经济、政治、文化甚至历史等诸多方面。这里主要简述社会、企业、政策和执法监管 4 个方面的原因。

（一）社会方面的原因

环境污染问题是人类活动和经济社会发展到一定阶段的必然产物。人类对更高标准生活品质的追求，要求不断提高改造自然的能力，不断生产更丰富、更优质、更能满足人的多样性多元化需求的产品。在这个过程中，人类活动的范围不断扩张、影响不断扩大、实力不断扩充，以致日益超出环境本身的承载能力和自我调控能力，最终导致环境污染的产生。所以有学者很中肯同时也带着些许无奈地指出，现代公害从根本上说，是伴随人类活动的物理性扩大不可避免的现象。[①] 而环境污染一旦对他人人身或者财产权益造成损害，就构成环境侵权。如果有多个污染源导致同一损害结果，就构成共同侵权。所以，环境共同侵权的发生，在客观上是一定时期经济社会快速发展的附属物。

---

① ［日］原田尚彦：《环境法》，于敏译，法律出版社 1999 年版，第 11 页。

（二）企业方面的原因

环境共同侵权的发生，与企业的逐利天性也密不可分。企业经营活动以利润最大化、企业成本外部化为目标。企业一旦以追求经济利益为主要目标，忽视甚至无视周边的环境保护等社会责任，那么环境污染以及环境侵权的发生就是不可避免的。所以有学者指出，把企业收益作为唯一目的的经济本位体制，是使得现代公害普遍化严重化的重要原因。[①] 当抱有唯经济利益至上而无视环境利益的企业为数众多时，环境违法现象也会相应增多，从而不可避免地产生复合污染以及环境共同侵权。

（三）政策方面的原因

环境共同侵权的发生也有政策方面的因素。在产业社会中，国家也受产业理论的支配，偏重于经济优先的政策，常常实施以国民收入的最大发展为至上目的的政策。[②] 在中国，“唯 GDP 是从”的经济增长论在相当长一段时期内成为社会经济发展的主流意识形态。“十五小”企业[③]的快速发展导致农村环境的严重污染。各地竞相上马重化工业导致环境容量急剧下降。这一系列举措，客观上都是在向环境宣战，挑战环境的极限承载能力。

在现行以 GDP 为主要评价指标的政绩体制下，地方政府拼命拉“项目”发展各项产业。有研究指出，从激励结构来说，我国地方官员具有双重特征：他们一方面是“经济参与人”，即像任何经济主体一样关注经济利益；但另一方面，这些地方官员同时也是“政治参与人”，他们关注政治晋升和政治收益，各地的官员不仅在经济上为财税和利润而竞争，同时也在“官场”上为晋升而竞争。[④] 在这种经济发展理念和经济发展政策的导向下，地方政府及其领导者对经济发展的重视必然远远高于对环境保护的关注。为保护和促进地方经济发展而放纵企业污染行为也就在其政经逻辑之中。纵容日久，企业违法排污现象就会慢慢变多，环境共同侵权也随之产生。

---

① ［日］原田尚彦：《环境法》，于敏译，法律出版社 1999 年版，第 11 页。

② 同上。

③ “十五小”企业是指 1996 年《国务院关于加强环境保护若干问题的决定》中明令取缔关停的 15 种重污染小企业，具体包括小造纸、小制革、小染料、土炼焦、土炼硫、土炼砷、土炼汞、土炼铅锌、土炼油、土选金、小农药、小电镀、土法生产石棉制品、土法生产放射性制品和小漂染。

④ 周黎安：《晋升博弈中政府官员的激励与合作——兼论我国地方保护主义和重复建设问题长期存在的原因》，《经济研究》2004 年第 6 期。

（四）执法监管方面的原因

环境保护主管部门疏于执法、宽松执法、选择性执法，也是导致环境共同侵权发生的原因。疏于执法是主管部门玩忽职守，不履行自己的监管职责；宽松执法是主管部门降低执法标准，容忍违法行为；选择性执法是主管部门任意执法，无视法律的统一规定而随意执法。这些都是执法不到位。在这里，特别需要说明的是选择性执法。有学者指出，选择性执法（selective enforcement of law），是指这样一种执法方式：什么时候严格执行哪部法律，采取什么执法手段，什么时候放松哪部法律的执行，什么时候严格执行哪个具体的案件，采取什么执法手段，什么时候对哪个案件执行特别对待的视具体情况而定的执法方式（law by law，case by case）。[①] 这种随意而不确定的执法方式，极可能放纵违法行为，从而使违法行为更加肆无忌惮变本加厉。可以说，包括选择性执法在内的执法监管不到位，是导致复合污染以致共同侵权发生的重要诱因。

另外，在我国，环境资源使用的无偿性或低价性，受害人提起环境侵权诉讼的高成本和高风险，也是导致环境侵权以及共同侵权有增无减的间接原因。

二　直接原因

除了上述产生环境侵权和环境共同侵权的间接原因，以下几个方面是引起环境共同侵权发生的更直接更具体的原因。

（一）环境的媒介作用

与其他共同侵权相比，环境共同侵权的一个显著特点是有环境因素的连接介入，使各个独立的行为能够联系在一起。这也是导致环境侵权领域与其他侵权领域相比，更容易发生共同侵权的一个重要客观原因。有学者就此指出，环境侵权以环境为媒介的特性决定了由多个侵权主体共同致害的情况更为普遍，由此而带来的损害赔偿责任承担就成了环境侵权领域中常见的棘手问题。[②] 可以说，生态环境的存在，对环境共同侵权现象的发生，在客观上发挥着不可替代的物质媒介作用。从个案观察中也可以看出，流动性强的水环境往往更容易发生环境共同侵权，因为水环境使单个的污染行为相互联系结合变得容易起来。

---

① 戴治勇、杨晓维：《间接执法成本、间接损害与选择性执法》，《经济研究》2006 年第 9 期。

② 蔡守秋主编：《环境资源法教程》，高等教育出版社 2004 年版，第 406 页。

（二）污染源集中趋势

城镇化、工业化和农业现代化是人类社会发展的客观趋势，是国家现代化的重要标志。[①] 当今中国，城镇化与工业化、农业现代化同步发展，是现代化建设的核心内容，是当前和今后一个时期经济社会发展的基本趋势。伴随着这个趋势，各地大兴产业活动，集中规划工业园区，企业不断集中，客观上也促使污染源不断集中成片。由于工业企业在数量和种类上的迅猛发展，企业排放污染物的种类越来越多、数量越来越大。

一些行业对特定环境的依赖也导致了行业企业不断集中。从实践案例来看，化工、造纸等耗水型行业往往集中在河流两岸或者水库周围。这类企业一多，极易发生复合污染，导致环境共同侵权。

（三）污染物聚合效应

引起环境共同侵权发生的直接原因是多个污染源聚集组合在一起。而污染源的聚合，一方面有环境的媒介作用，另一方面从根本上是由于不同污染物本身具有聚合性。污染源的集中为发生复合污染创造了前提条件，污染物的聚合则直接导致复合污染的发生。

在我国，多个污染物聚合以至产生复合污染已经成为环境污染的主要特征之一。多年前，就有水污染研究专家指出：由于越来越多的有机和无机污染物进入水体以及这些污染物在水环境中的长期积累和暴露，水体污染的复合性特征也表现得越来越突出：多种污染共存并联合作用；多种污染过程同时发生；多种污染效应表现出协同或拮抗作用；污染物在环境中的行为涉及多介质、多界面；同时发生的物理、化学和生物过程致使我国水体污染问题更加复杂。近年来在我国的许多地表、地下水中检测出了上百甚至几百种有机物、重金属以及氮磷等污染物质，水质污染呈明显的复合特征。[②]

大气污染亦是如此。随着中国社会经济的快速发展和城市化进程的加速，大气环境污染问题逐渐呈现区域性复合型污染的新特点。以二氧化硫、氮氧化物等为特征的传统大气污染依然严峻，臭氧和细颗粒物等污染又接踵而至。两种污染形式叠加在一起，形成了大气复合型污染，给生产、生活和人体健康带来新的威胁。而且，大气污染的范围已不再局限于传统印象中的某个城市或单个区域周围，城市间和城市群大气污染的相互影响和叠加效应日渐突出。近年来，我国中东部大气复合污染的态势日益

① 《国家新型城镇化规划（2014—2020 年）》。

② 曲久辉：《我国水体复合污染与控制》，《科学对社会的影响》2000 年第 1 期。

严峻，突出表现在京津冀、长三角和珠三角等城市群区域重度雾霾现象频发，有关研究和反思也日益增多。[①] 从实践来看，复合污染不仅出现在大气环境中，在水污染、土壤污染等各个领域也已经广泛存在。[②]

鉴于复合污染的日益严重，国家和地方者在明显提高对复合污染的重视程度，加强对复合污染的防治力度。2005 年，《国务院关于落实科学发展观加强环境保护的决定》中明确指出，发达国家上百年工业化过程中分阶段出现的环境问题，在我国近 20 年来集中出现，呈现结构型、复合型、压缩型的特点。[③] 表明国家对复合污染问题已经有了清醒认识。

据报道，在 2008 年年底，为治理珠江三角洲地区的大气复合污染，科技部与广东省签署合作协议，在珠三角地区共同推进“重点城市群大气复合污染防治技术与集成示范”项目，该项目的总投资高达 2.5 亿元，是中国第一次针对区域大气复合污染问题而系统开展的科技攻关。[④] 近年来，中国科学院生态环境研究中心和清华大学等单位承担的中科院战略性先导科技专项“大气灰霾追因与控制”专项和国家自然科学重点基金等项目在复合污染致霾效应的研究中取得了新进展。[⑤]

虽然国家和地方在科学研究、政策措施等方面已经采取了积极行动应对复合污染，但无论是城市群还是工业区乃至更小范围内的复合污染，在一定时期内仍将会大量存在。这也是环境共同侵权很难在短期内消除的重要原因。

（四）普遍性违法

环境共同侵权案件的多发，与企业生产经营活动的普遍性违法有很大关系。在我国，环境立法已经相当发达，相关立法纵横交错如织如麻。据

---

① 可参见贺泓、江桂斌《科学理性认识我国的雾霾问题》，《求是》2014 年第 6 期；钱振华、刘家华《关于环境治理的责任伦理反思——基于中外雾霾问题治理的比较分析》，《北京科技大学学报》（社会科学版）2015 年第 3 期；律严励《关于我国雾霾问题与国外治理对策的研究》，《经营管理者》2015 年第 10 期。

② 可参见以下文献：何勇田、熊先哲《复合污染研究进展》，《环境科学》1994 年第 6 期；曲久辉《我国水体复合污染与控制》，《科学对社会的影响》2000 年第 1 期；叶海波《重金属复合污染的研究进展》，《台州学院学报》2005 年第 6 期；孟昭福《土壤中重金属复合污染的表征》，《农业环境保护》1999 年第 2 期。

③ 参见《国务院关于落实科学发展观加强环境保护的决定》。

④ 李虎军：《中国将斥资 2.5 亿元研究大气复合污染》，2010 年 11 月 6 日，财经网（http：//www.caijing.com.cn/2008-12-11/110037116.html）。

⑤ 《复合污染致霾效应研究取得进展》，2016 年 10 月 7 日，中国科学院官方网站（http：//www.cas.cn/ky/kyjz/201403/t20140312_ 4050819.shtml）。

统计，截至目前，国家层面的环境保护法律已达 32 部，行政法规也有 200 部左右，部门规章则更多。

尽管如此，受经济利益驱动等各方面因素的影响，企业不遵守环境法律规范的现象仍然普遍存在。环评项目未批先建、超标超总量排放污染物等传统的违法形态继续蔓延，一些新的违法形态相继“诞生”。一些企业以私设暗管等各种方式逃避监管，一些企业通过第三者将污染物非法转移到异地排放或者处理。据媒体报道，在山东已经发生多起非法的污染物转移排放案件。[①] 正是违法排放和处理污染物的主体众多，才使“共同”侵权屡屡发生。

以上 4 个方面，作为环境共同侵权发生的直接原因，并不是同等程度地导致环境共同侵权现象发生。比较而言，环境的媒介作用是一个客观性的促成因素，而污染源的集中趋势、污染物的聚合效应等，加速了环境共同侵权现象的发生。从根本上说，企业的普遍性违法是导致环境共同侵权发生的主观性原因。

当然，以上所谓间接原因和直接原因，只是一种相对区分，并且都不是孤立存在或者单独发生作用的，相反，它们往往相辅相成共同作用。基于此，本书认为，考察环境共同侵权发生的多重原因，有助于我们积极探求更具综合性和集成性的治理方案，为从整体上预防和控制环境共同侵权现象发生提供支撑。

第四节　环境共同侵权的基本特征

对环境共同侵权案件的梳理及其发生原因的分析，有助于准确把握环境共同侵权的基本特征。一般来讲，环境侵权所具有的各种特征，在环境共同侵权中均有同样体现。譬如，加害行为的间接性、复杂性、地域性、高度科技性、损害程度的深刻性、损害范围的广泛性、损害利益的多元性、加害行为与损害形成的继续性、潜伏性等[②]，都是环境侵权与环境共同侵权的共同特征。

但是，与单一环境侵权相比，环境共同侵权又有自身的特殊性。综合前面有关环境共同侵权的个案观察及其与其他现象的比较分析，本书认为

---

① 《山东今年多起污染物转移排放　追责遭遇求证难》，《齐鲁晚报》2009 年 8 月 24 日。

② 陈慈阳：《环境法总论》，中国政法大学出版社 2003 年版，第 337—338 页。

环境共同侵权的基本法律特征主要体现在以下几个方面。

一 侵权主体的复数性

环境共同侵权的基本特征是加害人（侵权主体）为两人以上。

从主体性质来看，加害人可能是自然人，也可能是法人或其他组织，还可以是自然人与法人或其他组织的结合。在实践中，主要是企业法人，其他的还有行政部门、农业养殖户和个人等。

从主体类别来看，加害人包括直接排放污染物的产生者，也包括污染物的处置者，还包括污染物集中治理设施运营者，[①] 有时还涉及相关行政机关。[②] 在各国的环境法中，国家或行政机关承担环境侵权责任的情形并不少见。在美国《清洁空气法》和《清洁水法》中都有这样的规定。在日本的公害诉讼中，也有的判决认可国家与污染企业之间可以构成环境共同侵权。[③]

侵权主体的复数性不同于受害主体的复数性。如果受害人众多，则可能形成大规模侵权。所谓大规模侵权，简化理解是“涉及大量受害人的权利和法益的损害事实的发生”[④]。可见，大规模侵权主要是从受害人的角度而言。当然，污染源为复数的大规模侵权，也可以构成共同侵权。同时，环境共同侵权中受害人人数众多、分布广泛或者影响后果严重的，也可以构成大规模侵权。

二 污染行为的复合性

在环境共同侵权案件中，污染主体的复数性与污染行为的复合性密不可分。很多环境共同侵权案件之所以会发生，其直接原因就是两个以上的污染源排放污染物，通过环境的媒介作用互相结合在一起，产生组合效应，污染环境并导致侵权现象的发生。有时，单一的排污行为还不至于造成侵权，但是众多的排污行为掺和在一起便容易形成侵害。这是环境共同

① 《环境保护法》第65条规定的虽然不属于环境共同侵权，但它实际上为环境中介服务机构与污染者的共同侵权行为及其连带责任适用提供了间接法律依据。

② 譬如，在河北省迁安市刘华峰诉迁安市华丰造纸厂等4被告水污染致鸡死亡案中，迁安市城建局就属于行政机关；在辽宁省凌海养殖户水污染案中，被告之一就包括乡政府。

③ ［日］黑川哲志：《环境行政的法理与方法》，肖军译，中国法制出版社2008年版，第231—233页。

④ ［德］克里斯蒂安·冯·巴尔：《大规模侵权损害责任法的改革》，贺栩栩译，中国法制出版社2010年版，第1页。

侵权与单独环境侵权的一个显著区别，所以，有的将环境共同侵权称为复合污染或者集合公害，[①] 其意亦在表明环境共同侵权中污染行为的复合性。

污染行为的复合性还体现在排污行为产生的污染物质具有多样性和相互融合性。在环境共同侵权中，污染来源多种多样，致害物质也是形形色色。譬如空气污染，就来源而言，含有生产活动、交通运输、消费活动、倾倒废污、使用冷暖气机等；就致害物质而言，包括煤烟、尘埃、微粒状物、一氧化硫、一氧化碳、一氧化氮、氯及其他光化学氧化物等。[②] 凡此种种，不一而足。

两个以上污染源排放的污染物质相互组合所产生的复合效应，无论是在环境科学上还是在法律上，其表现形式都非常复杂。

在环境科学上，所谓复合污染，是指 2 种或 2 种以上不同种类不同性质的污染物或同种污染物的不同来源或 2 种及 2 种以上不同类型的污染在同一环境中同时存在所形成的环境污染现象。它既包括水体复合污染这样的同源复合污染，也包括大气—水体复合型污染这样的异源复合污染；既包括由多种相同污染物组成的复合污染，也包括由多种不同污染物组合而成的复合污染。[③]

以上是环境科学上关于复合污染的基本定义和分类。它是我们构建环境法上有关复合污染概念的科学基础。由于研究目的、研究意义和研究对象的不同，环境法上的复合污染，特别是本书从环境共同侵权的角度所界定的复合污染，并不完全等同于环境科学上的复合污染定义。

从环境共同侵权的角度而言，复合污染主要是从侵权法律主体的角度强调污染责任者或者污染物来源的复数性和复合性，即不同主体排放的污染物在同一环境中同时存在并发生相关反应而形成的环境污染现象。它不以污染物的种类、性质和环境介质等因素作为判断复合污染的标准。如果是同一主体（同一污染源）排放的 2 种或 2 种以上不同种类、不同性质或不同类型的污染物在同一介质或不同介质结合后所产生的污染，不属于本书所指的复合污染。这与环境科学上所指的以环境介质是否同一的标准来界定的同源复合污染和异源复合污染并不相同。

---

① ［日］原田尚彦：《环境法》，于敏译，法律出版社 1999 年版，第 28 页；邱聪智：《公害法原理》，三民书局 1984 年版，第 193 页。

② 陈慈阳：《环境法总论》，中国政法大学出版社 2003 年版，第 122 页。

③ 何勇田、熊先哲：《复合污染研究进展》，《环境科学》1994 年第 6 期。

在侵权法上，我国台湾学者邱聪智先生将复合污染分为一般的集合公害、累加的集合公害和渐减的集合公害3种类型[①]。而我国台湾学者王千维将多数污染源分别排放的物质相互结合后所产生的效果总结为七种不同的类型[②]，兹分别简述如下。

（1）等加效应。其具体表现形式是：个别的污染源所排放的物质互相结合后所产生的效果，等于未结合前，各个污染源各别所排放的物质原始效力相加之总和。例如：A污染源所排放的物质原本可以造成5个单位的污染[③]，而B污染源所排放的物质原本亦可以造成5个单位的污染，A与B两个污染源相结合后，产生了10个单位的污染。

（2）相抵效应。具体表现形式是：个别的污染源所排放的物质互相结合后，却在效力上产生相互抵消的效果，亦即其结合后所产生的效果，少于未结合前，各个污染源各别所排放的物质原始效力相加之总和。例如：A污染源所排放的物质原本可以造成5个单位的污染，而B污染源所排放的物质原本亦可以造成5个单位的污染，A与B两者相结合后，并未产生10个单位的污染，而仅仅产生8个单位的污染。

（3）累进效应。具体表现形式是：个别的污染源所排放的物质相互结合后所产生的效果，超过未结合前，各个污染源各别排放的物质原始效力相加之总和。例如：A污染源所排放的物质原本可以造成5个单位的污染，而B污染源所排放的物质原本亦可以造成5个单位的污染，A与B两者相结合后，产生12个单位的污染。

（4）互补效应。具体表现形式是：各个物质相互结合之后始造成某一种现实损害，但此等个别的物质在其结合之前，分别都无法单独造成该现实损害的一部分或全部，换言之，这些单个排放源在相互结合前均不具有污染性，不可能造成任何现实损害。例如：A污染源所排放的物质与B污染源所排放的物质原本皆为无害，亦即A与B原本产生0个单位的污染，但A与B两者相互结合后，竟然产生了10个单位的污染。

（5）竞合效应。其具体表现形式是：各个污染源所排放的物质相互结合之后造成某一现实损害，但此等个别的污染源所排放的物质尽管没有

---

① 邱聪智：《公害法原理》，三民书局1984年版，第193页，转引自陈泉生《环境法原理》，法律出版社1997年版，第244—245页。

② 王千维：《环境损害中多数污染源之组合形式及其在侵权行为法上责任归属之基本原则》，《政大法学评论》2000年总第63期。

③ 在本书中，所谓X个单位的污染是指污染的数量单位（数量级）。

互相结合，其原始效力分别都足以单独造成此一现实损害。亦即此等个别的污染源各别所排放的物质，在以“条件理论”为判断基础的因果关系上互相竞合。例如：在某一条河流上游的甲乙两个工厂，其分别排放的废水均可以单独导致下游丙所经营的养殖场内的鱼类全部死亡。而今丙所经营的养殖场内的鱼类确实全部死亡，系因上游甲乙两个工厂排放的废水所致，甲乙两个工厂对于丙的鱼类的死亡在因果关系上互相竞合。在这种情形中，各个污染源的个别行为均足以导致全部损害后果，从因果关系的角度看，这种效应被称为聚合因果关系。[①]

（6）持分不明效应。具体表现形式是：各个污染源分别仅仅单独造成某一部分损害，但是每个污染源到底造成哪一部分的损害，实际上无法清楚查明。

（7）多者择一的因果关系。除了以上 6 种情形，还需要特别加以说明的是学者所列举的第七种情形，即多者择一的因果关系。其具体表现形式是：有多数污染源均为可疑的加害人，但是真正的因果关系或是真正的加害人却无法澄清。[②] 在多者择一的因果关系上，真正的加害人只有一个，但无法确认。在侵权法上，这种现象称为共同危险行为，很多国家和地区的侵权法均有规定。[③] 学说上称为择一因果关系，英美法上则称为不确定因果关系（indeterminate cause），但王泽鉴教授认为其实这并不是因果关系，而是证明的问题，是为了保护受害人，减轻举证责任的困难。[④]本书赞同该观点。虽然多者择一的因果关系中所谓的“多个污染源”并没有真正组合在一起，而且无法确定实质污染源，但是各个污染源均具有危险性，均有可能导致损害结果，在这个意义上，多者择一的因果关系就是共同危险行为，所以也属于本书所探讨的环境共同侵权的范畴。

以上介绍的是多数污染源组合形式的七种基本类型。在实践发生的环境共同侵权案件中，可能会有两种甚至更多种污染源组合效应同时出现。例如，甲污染源同时排放 A 和 B 两种物质，其中 A 物质能产生 5 个单位的污染，B 物质无害；乙污染源同时排放 C 和 D 两种物质，其中 D 物质能产生 5 个单位的污染，C 物质无害。现甲乙两个污染源汇合产生了奇妙

---

① 王泽鉴：《侵权行为》，北京大学出版社 2009 年版，第 188 页。

② 王千维：《环境损害中多数污染源之组合形式及其在侵权行为法上责任归属之基本原则》，《政大法学评论》2000 年总第 63 期。

③ 参见《侵权责任法》第 10 条后段、我国台湾地区“民法”第 185 条第 1 款后段。

④ 王泽鉴：《侵权行为》，北京大学出版社 2009 年版，第 189 页。

的反应，其中A物质与D物质相互结合产生了10个单位的污染，等同于两种物质结合前各自产生的污染总和，而B物质与C物质原本单独排放皆为无害，不产生任何污染，但两者相互结合后，竟然产生了10个单位的污染。这样甲乙两个污染源总共产生了20个单位的污染，比原来各个污染源分别排放产生的污染多出10个单位。这就是累进效应和互补效应同时出现的情形。客观而言，多种效应同时出现的情形比起单一效应要复杂很多，但在具体案例中，仍然可以将多种效应一一分解，析出不同的效应种类，进而分别适用不同的规则。

除了复合污染这种导致环境共同侵权的情形外，还有的情形虽然不是复合污染，但也可能导致环境共同侵权。譬如，产生危险废物的主体为逃避监管，将危险废物非法委托给不具有处置资格的第三人处理，导致损害结果发生的，产生者和处置者具有共同过错，可构成共同侵权。在实践中存在的帮助或者教唆他人非法排放或者处理污染物，导致损害结果发生的，均可能构成帮助型或者教唆型环境共同侵权。这些均体现了污染行为的复合性。①

三　损害结果的同一性

虽然环境共同侵权的主体为复数，污染源或者行为人为多人，甚至各个侵权行为的时间和空间可能不一致，但最后导致的却是一个共同结果，即同一个无法分割的损害后果。②

尽管损害结果同一，但并不意味着损害结果轻微。相反，由于环境共同侵权中责任主体为多人，污染源和污染物质可能有很多种，行为与物质相互积聚，其所产生的后果往往较为严重。③实践中的环境共同侵权往往就比单独环境侵权产生的影响更广泛、损失额更大。

与一般的共同侵权相比，环境共同侵权的危害后果还具有滞后性。释放一种污染物质进入环境的时间和这种污染物质对人类健康有显著影响的时间之间存在滞后性。这种滞后包括污染物质通过空气、河流或土壤进入食品链的通道，也包括从人类摄取或吸收这种污染物质，直到临床症状出

① 污染行为的复合性主要强调行为具有多样性、多主体性，不完全等于污染行为的结合性。多个主体的行为（即为复合），不一定结合，但也可能产生环境共同侵权。后文将会详细说明。

② 关于损害结果同一的判断标准，后文“共同结果的基本内涵”中将作具体分析。

③ 陈慈阳：《环境法总论》，中国政法大学出版社2003年版，第122页。

现为止的时间。第二种滞后，就某些致癌物质来说，可以长达20年。[①]

严重的危害后果具有双面性，既影响受害人，也影响加害人。由于危害后果带来的巨额赔偿费用，对加害人来说无疑是一个沉重的经济负担，甚至可能导致有的加害人因无力支付巨额赔偿而经营困难、生产停顿甚至破产倒闭。

四 侵权责任的连带性

环境共同侵权意味着侵权人在整体上对受害人承担连带责任，同时侵权人内部相互之间按照一定的比例分配责任大小。连带性是共同侵权责任的外部特征，分配性是其内部特征。在连带责任机制下，受害者不必对加害行为的责任比例一个一个地举证，而可以从共同侵权行为者中的任意一个事业者得到全额的损害赔偿，损害赔偿的分担关系只作为共同侵权行为者内部关系中的求偿问题来处理。[②] 所以，外部连带责任确保了对受害人最大限度的救济，而内部责任分担机制则保证了加害人之间的责任公平。而如何分配内部责任，在实体上主要依据各污染源的排放情况和行为人具体情况等各方面因素综合确定，在程序上则需要各行为人各自就上述因素加以证明，对此将在后文具体分析。

五 与大规模环境侵权的比较

大规模环境侵权的概念来源于大规模侵权。大规模侵权并不是一个严格的法律概念。德国学者对它的简化理解是“涉及大量受害人的权利和法益的损害事实的发生”[③]。在国内，有学者认为，大规模侵权，是指基于一个不法行为或者多个具有同质性的事由，给大量的受害人造成人身损害、财产损害或者同时造成上述两种损害。[④] 该定义具体包括以下4个方面的含义：（1）大规模侵权的受害人必须达到一定的数量；（2）侵权的发生原因必须是同一个侵权行为；（3）必须造成大范围的损害；（4）针对大规模侵权行为应当采取责任加重的方式，如在因果关系认定上采取推

---

① ［美］丹尼斯·米都斯等：《增长的极限——罗马俱乐部关于人类困境的报告》，李宝恒译，吉林人民出版社1997年版，第107—108页。

② ［日］原田尚彦：《环境法》，于敏译，法律出版社1999年版，第30页。

③ ［德］克里斯蒂安·冯·巴尔：《大规模侵权损害责任法的改革》，贺栩栩译，中国法制出版社2010年版，第1页。

④ 朱岩：《大规模侵权的实体法问题初探》，《法律适用》2006年第10期。

定方式，由加害人承担更多的抗辩事由举证责任。[①] 该定义表明，大规模侵权的显著特征是影响后果的广泛性。

大规模侵权在食品卫生、药品安全和环境污染等领域都有发生。在我国，近年来发生了多起大规模环境侵权案件，譬如吉林石化松花江水污染案、四川沱江水污染案等。不过有德国学者认为，在生态侵权领域，大规模侵权仅指对自然和环境造成重大损失的损害事实的发生，它也包括对无主自然物质和资源，以及对生态关系链的破坏，至于个体的私法上法律地位是否受到影响，在所不问。[②] 这似乎表明大规模环境侵权主要是指对生态环境利益的损害，而不涉及对私人财产和人身利益的损害。显然，这与前面有关大规模侵权的一般定义有明显不同，也与我国及其他很多国家有关环境侵权的内涵规定不一样。

据考察，在德国，大规模侵权在环境侵权领域所表现出的上述特殊性，在很大程度上归因于其环境侵权概念在立法和学理上的特殊性。德国《环境责任法》第 3 条第 1 款对环境侵权的定义是“由于物质、震动、气味、压力、光线、气、汽、热以及其他现象所导致的环境干涉和影响扩散到土壤、大气和水域中，所引起的损害结果”。这个解释纯粹是一个客观事实描述，没有对环境侵权所影响的权利范围作出说明。在学理上，学者认为，环境侵权作为一个集合性名词，并不是理论体系上的一种分类，而是对现实生活关系中各式各样环境污染与生态破坏导致的权益侵害的总称。而这些现实生活关系因为各自处于完全不同的法律规范领域，因而“环境侵权”这个概念在不同的法律规范领域存在着冲突的可能性。[③] 前面有学者认为大规模环境侵权中不包括对个体权益的侵害，而一般环境侵权必然涉及个体权益侵害，这就是“环境侵权”概念发生冲突的典型表现。冲突的根源就在于，环境侵权有时作为公法上的概念，从救济和保护生态环境公共利益的角度而言，有时又作为纯粹的私法概念，从保护个人利益而言。其实，这种规范性冲突不只是发生在德国，在其他大陆法系国家也同样存在，只是由于德国长期以来形成的严谨规范的法律传统导致这种冲突更加明显而已。

---

① 朱岩：《大规模侵权的实体法问题初探》，《法律适用》2006 年第 10 期。

② 转引自［德］克里斯蒂安·冯·巴尔《大规模侵权损害责任法的改革》，贺栩栩译，中国法制出版社 2010 年版，第 1 页。

③ ［德］克里斯蒂安·冯·巴尔：《大规模侵权损害责任法的改革》，贺栩栩译，中国法制出版社 2010 年版，第 47—48 页。

抛开大规模侵权在环境领域的特殊性争论，从一般意义而言，大规模环境侵权是指由于一个或多个排污行为，导致大量或大规模的人身或者财产损害以及生态环境损害的侵权现象。这一定义保持了与环境侵权在内涵上的逻辑一致性，突出的主要是大规模环境侵权被影响的受害人人数或者分布范围。大规模环境侵权的典型案例如福建省屏南县1721人诉榕屏化工厂环境污染损害赔偿纠纷案。近年来发生的很多重金属污染案，包括陕西凤翔儿童血铅超标案、湖南浏阳儿童镉超标案、湖南武冈儿童血铅超标案等，也都属于该类案件。在现实生活中，大规模环境侵权以及其他类型的大规模侵权，往往被定性为“群体性事件”，从而获得比普通侵权“案件”更具影响和更为瞩目的政治性或社会性意义。

作为两个相对独立的概念，大规模环境侵权与环境共同侵权对环境侵权的观察角度存在明显不同。大规模环境侵权主要是从侵权后果的影响广泛性角度而言，而环境共同侵权主要是从加害人为复数的角度而言。它们的区别主要体现在：

（1）从加害人数量来看，大规模环境侵权的加害人可能仅为一人，而环境共同侵权的加害人必须为两人以上。

（2）从受害人数量来看，大规模环境侵权的受害人往往人数规模庞大，并且地域分布范围广泛，通常会跨市甚至跨省至全国范围。而环境共同侵权的受害人可能只有一人，即使有多人，一般都集中在某一较小范围的区域内，如某一村落。

（3）从影响后果来看，大规模环境侵权的损害后果通常特别严重，尤其是对身体健康造成严重伤害，从而产生巨额赔偿，给加害人带来沉重经济负担甚至导致其破产。而环境共同侵权的后果不一定有如此严重。

（4）从侵权性质来看，大规模环境侵权往往具有公共事件和“群体性事件”的性质，而不是一个简单的“案件”，它影响到不特定多数人的人身、财产特别是社会秩序的维护等公共利益，体现出明显的公共危害性，而环境共同侵权在本质上属于私法范围内的侵权案件，主要是对于特定私人权益的侵犯，其公共属性不及大规模侵权案件强烈，主要体现为对生态环境的污染。

（5）从处理方式来看，大规模环境侵权主要都是通过行政方式解决，[①] 行政机关扮演着关键角色。因为大规模侵权不仅仅是民事纠纷的事

---

① 譬如，吉林石化松花江水污染案、四川沱江水污染案等，均是通过行政方式得以处理，即使有人提起民事诉讼，法院也未予受理。

情，还涉及当地官员的执政能力和执政业绩，对于维护地方稳定有很大的负面影响。所以，大规模侵权事件中很少看到司法的力量，主要是行政力量在主导整个处理过程。[①] 而从实践来看，诉诸司法途径加以解决的环境共同侵权案件不在少数，当然也有通过行政手段解决的。

（6）从诉讼形式来看，大规模侵权诉讼与环境共同侵权诉讼也不一样。那些有幸能够进入司法程序的大规模环境侵权，有的法院会以人数确定的代表人诉讼的形式[②]进行立案和审理，[③] 这极大地方便了当事人的诉讼，节约了诉讼成本。当然，情况并非总是如此。有的法院受维护社会稳定等政治思维影响，对大规模侵权案件往往不适用代表人诉讼，而主要采取单独立案合并审理或者单独立案分案审理的方式。譬如，在“三鹿奶粉事件”中，受害人也是几经曲折才使法院受理诉讼，但法院要求将受害人的集体起诉分拆，每个人单独起诉、独立立案。从受害人的角度看，采取单个立案、分开审理的形式处理，无疑增加了诉讼成本，耗费了时间、人力和财力。尤其是当受害人所受损害不是太大的时候，考虑到所要缴纳的诉讼费、律师费，以及提起诉讼所花费的精力和时间，往往倾向于选择放弃索赔。[④] 总体而言，对于大规模侵权案件，《民事诉讼法》第 54 条确立的人数确定的代表人诉讼在一些法院仍有适用，但适用数量很少。至于该法第 55 条确立的人数不确定的代表人诉讼，法院几乎不予适用。

而环境共同侵权一般不采用代表人诉讼的模式，而是采用共同诉讼模式[⑤]，即多个受害人作为共同原告提起诉讼，然后由法院合并审理。在庭

---

① 朱岩：《大规模侵权的实体法问题初探》，《法律适用》2006 年第 10 期。

② 代表人诉讼规定于《民事诉讼法》第 54 条：当事人一方人数众多的共同诉讼，可以由当事人推选代表人进行诉讼。代表人的诉讼行为对其所代表的当事人发生效力。但代表人变更、放弃诉讼请求或者承认对方当事人的诉讼请求，进行和解，必须经被代表的当事人同意。

③ 譬如，福建省屏南县 1721 人诉榕屏化工厂环境污染损害赔偿纠纷案中，该案原告方人数众多，众多一方当事人的人数在起诉时已经确定。一审法院宁德市中级人民法院根据这一情况，采用了我国《民事诉讼法》第 54 条规定的代表人诉讼模式，将所有 1721 人的诉讼作为一个案件合并审理。同时，由于 1721 人无法全部出庭诉讼，他们推选了 5 位诉讼代表人，当事人的诉讼标的是同一种类，他们之间相当于普通共同诉讼人之间的关系。

④ 林丹红：《大规模人身损害侵权救济中的国家责任》，《法学》2009 年第 7 期。

⑤ 从性质上讲，代表人诉讼属于普通共同诉讼，但代表人诉讼中一方当事人的人数特别是受害人的人数，往往要比普通共同诉讼中一方当事人的人数多出很多，所以才有选出代表进行诉讼的必要。

审中，数个受害人均作为原告一起出庭，不需要推选代表来参加诉讼。当然，实践中的环境共同侵权案件，也并非都按共同诉讼模式审理。譬如，在贵州省黔西南自治州兴义市马岭镇大气污染导致柑橘损失案中，该州中级人民法院在判决书中就明确指出："本案中涉案的农户每家损失情况均有不同，有绝收的、有减产的、有改良的、有被征用的，其诉讼标的不仅不是共同的，也不是同种类的，不符合共同诉讼的条件。如农户坚持要求赔偿，可以户为单位（主体），单独个案另行诉讼。"

而实际上，在原告提交的起诉状及证据中，均表明其所请求的损失是由于被告污染行为所导致的原告柑橘经济损失。虽然每个原告的损失数额各有大小，但属于同一种类，而且均是由7名被告的污染行为所造成，损害原因具有相同性，因此完全符合普通共同诉讼的条件，基于诉讼经济和方便当事人诉讼等因素，法院应当作为共同诉讼案件合并审理。而由于中院以不符合共同诉讼条件为由而判决农户败诉，导致各个农户再提起单独诉讼的话，将面临复杂的诉讼程序、高昂的诉讼成本和漫长的诉讼周期。

所以，无论是大规模环境侵权案件，还是环境共同侵权案件，在司法实践中都有可能无法按照法定的诉讼模式进行审理。面对当事人提起的代表人诉讼或者共同诉讼，有的法院可能会强行变更当事人的诉讼形式，将代表人诉讼和共同诉讼拆分为一个个的独立诉讼。这种做法无疑大大增加了当事人的诉讼成本，给当事人的权利救济带来了极大困难。可以想见，被拆分的代表人诉讼或者共同诉讼，以单一案件分别独立起诉和审理时，受害人无疑陷入被"各个击破"的境地。

当然，大规模侵权与环境共同侵权并非只有差异，它们也具有一定的相似性和关联性。污染源为复数的大规模侵权，可能构成环境共同侵权。同时，环境共同侵权中受害人人数众多、分布广泛或者影响后果严重的，也可能构成大规模侵权。这就意味着，大规模环境侵权与环境共同侵权在预防、监管和救济方面具有一些共通之处，可以互为借鉴。

面对环境共同侵权问题的严峻性和复杂性，立法和司法如何作出相应的调整规范？现行纠纷解决机制和预防机制能否对环境共同侵权问题提供周全妥善的解决方案？同时，现有理论是否能够对环境共同侵权现象给出具有自身特色而又令人信服的解释和分析？要回答这些问题，需要深入研究环境共同侵权的规则、理论及其调控机制。

第三章　环境共同侵权规则论

环境共同侵权作为一类特殊侵权现象，受到各国立法者的广泛关注。有的国家立法按照普通共同侵权行为进行规定，有的作出专门立法规定，有的通过司法判例不断发展和完善相应的法律规则。我国的侵权责任法及有关司法解释也有相关规定。梳理中外各国环境共同侵权的立法和司法解释等规则，对准确理解、把握和适用我国的环境共同侵权规则、推动环境共同侵权立法和司法完善具有积极意义。

第一节　域外的立法和司法规则

环境共同侵权渊源于普通共同侵权制度。世界上首次规定共同侵权制度的立法是1900年施行的《德国民法典》，此后，《意大利民法典》第2055条第1款、《瑞士债务法》第50条第1款、《韩国民法典》第760条第1款、我国《民法通则》以及台湾地区“民法”等均规定数人共同不法侵害他人应负连带赔偿责任。在共同侵权一般立法的基础上，部分国家对环境共同侵权也作了专门的规范。

本部分选取域外部分代表性国家（地区）的环境共同侵权立法、司法及国际法进行梳理和分析。考虑到不同国家或地区有的在立法方面的规定比较突出，有的在司法实践方面比较有特色，本书在具体分析某国（地区）的环境共同侵权法治状况时，并不面面俱到地对其立法和司法作全面介绍，而是选取其中有特色的立法或者司法方面有关规定加以具体分析。

一　德国

就世界范围而言，德国是大陆法系中环境法比较发达的国家，其有关环境侵权和环境共同侵权的规定不但历史较早，而且比较先进。

在德国，环境共同侵权作为共同侵权的特殊类型，离不开共同侵权的一般规定。其有关共同侵权的一般规定主要体现在民法典中。

1. 共同侵权的一般规定

《德国民法典》是世界上最早规定共同侵权的民法典。该法典第 830 条规定：“（1）二人以上以共同实施的侵权行为引起损害的，每一个人就损害负责任。不能查明两个以上参与人中孰以其行为引起损害的，亦同。（2）教唆人和帮助人，视为共同行为人。”上述条文以简明精确的语言，概括了通常所指的狭义共同侵权和共同危险行为，并明确了共同侵权人包括教唆者和帮助者。

该法典第 840 条还规定：“（1）二人以上一同就因侵权行为而发生的损害负责任的，作为连带债务人负责任。（2）他人也与依照第 831 条、第 832 条就该他人所引起的损害负有义务的人一起，就损害负责任的，在他们的相互关系中，该他人单独负有义务，在第 829 条的情况下，监督义务人单独负有义务。（3）第三人与依照第 833 条至第 838 条负损害赔偿义务的人一起，就损害负责任的，在他们的相互关系中，该第三人单独负有义务。”该条在第 830 条规定的基础上，明确规定共同侵权中各加害人对受害人承担连带责任。

2. 环境共同侵权的专门规定

除了以上两条对共同侵权的一般规定外，德国立法也对环境共同侵权有专门规定。在德国统一之前，联邦德国（即西德）的立法就有对环境共同侵权的具体规定。如《西德水法》（1976 年）第 22 条第 1 款和第 2 款规定①：

“任何人凡将某种物质引入或排入水源或采取某种行动，其结果将导致水的物理、化学或生物成分发生变化时，应对他的行动给他者所造成的损害负赔偿责任。假如应对此行动负责任的为若干人，则他们应共同和分别对于造成的损害承担责任。

为制造、加工、贮存、处理、向别处输送某种物质而设计的装置排放的任何物质，倘若无意进入或排入任何水源，则该装置的所有人应对由此造成的损害向他人负赔偿责任。第一段第二句同样适用（即上款第二句的规定——笔者注）。然而，倘若这种损害是由于不可抗力所致，则不应负赔偿责任。”

---

① 该译本引自中国社会科学院法学研究所编译室编《外国环境保护法规选编》之《西德水法》，中国社会科学出版社 1979 年版，第 253—254 页。

从内容来看，以上两款是关于因水污染而导致的侵权损害赔偿责任的规定，其中专门规定了污染者为若干人（两人或两人以上）的情形时的侵权责任。该法及上述两款后来基本上为统一后的联邦德国所继承。在中国，该法的名称有的译为《德国水利法》，有的译为《德国水管理法》。

西德和东德统一后，《德国水利法》的译本将第 22 条第 1 款译为："向水体（包括河流、湖泊、沿海和地下水）投放或导入物质，或者变更水体原来的物理、化学或生物性质，致损害他人者，就其所生损害负赔偿责任。如果是多人使水域产生影响，那他们作为整体负债人而承担责任。"①

《德国水管理法》（1998 年版）的译本将第 22 条第 1 款译为："谁往水源排放物质，或者谁给水源施加影响，使水的特性发生物理、化学或生物的变化，那他对此产生的损失负责。如果是多人使水域产生影响，那他们作为整体负债人而承担责任。"②

虽然以上各个译本对于同一条款的翻译表述并不完全一致，但条文内容却无差异。对上述 3 个不同版本的条文参照互解后可以看出，该条有关共同侵权的规定的含义是，如果两人以上对水体造成污染因而导致对他人的损害时，那么他们应当作为一个整体对损害承担责任。显然，水污染导致的共同侵权，各相关加害人承担连带责任。在这个条文中，不同行为人对水体产生影响的大小，以及影响是否可分，都在所不问，不妨碍行为人"作为整体负债人而承担责任"。可见，该法对水污染共同侵权行为的认定标准强调共同的影响后果。这也说明德国法对水资源保护非常严格。

《德国土壤保护法》对土壤污染的共同侵权也有规定。按照该法第 24 条第 2 款规定，涉及多方义务当事人时，当事人有权在彼此之间进行索赔；如果没有其他的处理方案，那么当事人提供赔偿的义务和程度，取决于一方或另一方造成危害或损害的程度；上述规则在具体适用时可按照民法典有关规定作适当调整。而按照民法典规定，连带债务人中的一人无法偿还其所应分担债务的，无法偿还的部分由其他有分担义务的债务人负担。有学者就此研究认为，在土壤污染共同侵权中，多方责任主体对外承担连带责任，实施修复的主管机关也有权向义务人索赔。土地所有人支出的土壤污染修复费用，可以依法向污染者求偿。但是如果污染者破产或倒

---

① 王胜明主编：《中华人民共和国侵权责任法解读》，中国法制出版社 2010 年版，第 336 页。

② 赵国青主编：《外国环境法选编》，中国政法大学出版社 2000 年版，第 822—823 页。

闭，最后的责任和费用将由土地所有人来实际承担。[①]

3. 其他规定

除了一般共同侵权及水污染和土壤污染共同侵权的规定外，《德国环境责任法》[②] 对环境侵权及其法律责任作了专门规定，其中关于责任限制、因果关系推定的规定属于环境侵权的特殊规则。

该法第 5 条是关于赔偿责任限制的规定。按照规定，如果企业生产设备运行遵守特定操作义务，且运行中未发生故障，在这种情况下，如果他人财产仅遭受轻微损害，或者根据当地普遍状况，损害在可以容忍的合理限度内，那么行为人对于该财产损失的赔偿责任应予免除。

该法第 6 条是关于因果关系推定的规定。具体内容是：

“（1）根据特定案件之状况，如果某设备可以引起相应损害之发生，应推定损害是由该设备造成。在个案中该设备能否引发损害，其应根据其操作流程、所使用的装置和设施、所使用和排放物质的种类及浓度、气象状况、损害发生的时间与地点、损害的性质与范围以及与损害发生相关的其他所有因素来确定。

（2）前款规定不适用于设备按照预期目标和相关规定运行的情形。该情形是指遵守特定操作义务，且此过程中未发生故障。

（3）特定操作义务，是指依行政法所颁发之许可、须履行之负担、可执行之命令或法律条款中具体规定之义务，其意旨在于避免与损害发生可能相关的环境影响。

（4）如果检验某操作是否符合此类许可、负担、可执行之命令和法律条款中规定之特定操作义务，于下列情形，应推定遵循了该义务：

a. 在该设备能够引发相关环境影响的期限内进行检验，但并找到违反相关操作义务的证据，或者

b. 诉求损害赔偿的时间距相关环境影响发生已逾 10 年。”[③]

该法第 7 条对因果关系推定的排除规则作了规定：“（1）如果多个设

---

① 林昱梅：《土地所有人之土壤污染整治责任及其界限——德国联邦宪法法院判决（1 BvR 242/91；315/99）评释》，《黄宗乐教授六秩祝贺·公法学篇（二）》，台湾学林文化事业有限公司 2002 年版，第 247 页，转引自胡静《污染场地修复的行为责任和状态责任》，《北京理工大学学报》（社会科学版）2015 年第 6 期。

② 相关条文的中译本参见张一粟译《德国环境责任法》，2010 年 4 月 1 日，北大法律信息网（http：//article. chinalawinfo. com/Article_ Detail. asp？ArticleId = 40280）。

③ 参见张一粟译《德国环境责任法》，2010 年 4 月 1 日，北大法律信息网（http：//article. chinalawinfo. com/Article_ Detail. asp？ArticleId = 40280）。

备可以引起损害之发生，根据案件特定事实，另外因素可以引起损害发生时，上述因果关系推定应不予适用。此因素在个案中能否引起损害发生，应根据发生损害的时间和地点、损害的性质与范围以及与损害发生相关的其他所有情况来确定。（2）仅有一个设备可以引起损害之发生，但根据个案，其他事实也可以引起损害发生时，因果关系推定应不适用。”该规则表明，如果环境侵权是由多个因素引起时，适用于一般环境侵权的因果关系推定规则不能适用，换言之，多个侵权行为与损害后果之间的因果关系不能推定，必须由权利请求人加以证明。

《德国环境责任法》的上述规定，同样适用于环境共同侵权，对环境共同侵权纠纷处理具有直接约束力。

二　日本

在日本，环境问题被称为公害问题。从渊源看，依靠法律手段处理公害问题，起源于公害受害人根据民法规定对加害企业提出的损害赔偿诉求。因此可以说，日本的公害法是以民事救济为基础而形成和发展起来的。①

1. 一般规定

在公害早期，环境侵权的受害人在对加害人请求损害赔偿时，除法律上有特别规定的场合之外，必须足以证明符合《民法典》第 709 条规定的侵权行为的成立要件。该条规定，因故意或过失侵害他人权利者，对因之而产生的损害负赔偿责任。这是传统法律对于侵权损害赔偿的一般规定。而对于共同侵权，则适用《民法典》第 719 条。该条规定：“数人因共同侵权给他人造成损害时，各自对其损害的赔偿负连带责任。在不能知晓共同行为人中由何人加害时，亦同。教唆或帮助侵权行为人的人视为共同行为人，适用前项规定。”②

随着公害问题的日益严重，日本制定了专门的《大气污染防治法》③和《水污染防治法》④，其中分别对大气污染和水污染的共同侵权问题作了相应规定。

---

① ［日］原田尚彦：《环境法》，于敏译，法律出版社 1999 年版，第 21 页。

② 渠涛编译：《最新日本民法》，法律出版社 2006 年版，第 151 页。

③ 该法制定于 1968 年，最新修订于 1995 年。本书所引该法条文出自最新修订版本。

④ 同上。

2. 大气污染防治法的规定

日本《大气污染防治法》[①] 第25条专门对大气污染导致的一般侵权和共同侵权作了规定。

其中第25.1条是对一般侵权的规定。该条明确:“企业因伴随其活动而向大气中排放（包括飞散，以下在本章中同）有害于人体健康的物质（指烟尘、特定物质或粉尘。而作为仅对生活环境有害的物质则是政令规定以外的物质，以下在本章中同)，从而危害了人的生命或健康时，与该排放有关的企业者对由此而引起的损害应承担赔偿责任。

当一种物质已成为有害健康的物质时，前款的规定则适用于该物质已成为危害健康的物质之日以后因排放该物质而引起的损害。”

第25.2条是对共同侵权的规定。该条指出:“前条第1款规定的损害，如果是由两个以上的企业向大气中排放有害健康的物质所引起的，那么，在对该损害赔偿责任适用《民法典》（1897年第89号法律）第719条第1款的规定时，关于该损害的发生，当认定有构成其原因的程度明显轻微的企业时，法院对其损害赔偿额的认定，可以斟酌这一情况。”[②]

3. 水污染防治法的规定

《水污染防治法》与《大气污染防治法》一样，也对因水污染导致的一般侵权和共同侵权作了规定。

其中第19条规定了一般侵权行为:“伴随企业的活动排放含有有害物质的废水或废液，或者向地下渗透而危害了人的生命和身体时，与该排放或向地下渗透有关的企业者，应该承担由此而引起的损害赔偿责任。

当一种物质新成为有害物质时，前款的规定适用于该物质成为有害物质之日后，仍在排放含有该物质的废液或向地下渗透所造成的损害。”

第20.1条规定了共同侵权行为:“前条第1款规定的损害，是在含有两个以上企业排放有害物质或废液或向地下渗透所造成的损害。对于该损害赔偿责任，在适用《民法典》（1941年第89号法律）第719条第1款的规定时，法院对于赔偿责任明显轻微的企业者，可以酌情减少其赔

① 有的译为“大气污染防止法”，其与“大气污染防治法”系同一立法，名称不同纯系翻译所致。

② 赵国青主编:《外国环境法选编》，中国政法大学出版社2000年版，第1034页。王胜明主编:《中华人民共和国侵权责任法解读》（中国法制出版社2010年版，第337页）仅引用了该法第25.2条。为便于全面理解，笔者在此完整引用。

偿额。”[①]

4. 土壤污染对策法的规定

《土壤污染对策法》规定土地所有者是“基本责任人”（basic responsible parties）。民事责任首先由所有者承担，但有“合理理由”可以归咎于污染行为人的，则由污染行为人承担。土地所有者承担责任后可以向污染行为人求偿。该法对土壤污染的民事责任采用了严格责任和溯及责任，但对连带责任的适用范围作出了限制，规定在污染者之间无特别联系的情况下，不采用连带责任。[②] 有研究认为，对于受污染地块的修复责任，在土地所有者、管理者或占有者（统称所有者等）和污染者的关系上，所有者等承担不真正连带责任，即污染者是终局责任人，其基础是因果关系和与人的连接，属于行为责任，体现污染者负担原则；污染场地权利人在时间上往往作为第一责任人，其基础是对场地的管领力和对物的连接，属于状态责任，体现场地控制者负担原则。[③] 此观点不无道理。

5. 司法实践

在日本，不仅立法上一直坚持数人环境侵权行为构成共同侵权并应当适用连带责任的规定，晚近的判例也有强化连带责任制度的倾向。在共同侵权行为中，即使各行为人主观上不存在共谋性，但客观上存在紧密的一体关系时，尽管每个原因行为与造成结果之间不存在事实上的因果关系，也应负连带赔偿责任（可以视为存在因果关系）。[④] 可见，日本立法和司法实践在对待数人环境侵权问题上，明显淡化了意思联络对于行为“共同性”的影响，使对行为“共同性”的判断标准越来越趋向于客观化，并有意模糊有意思联络的数人侵权与无意思联络的数人侵权的界限，统一认定为环境共同侵权，借此进一步扩大连带责任在数人环境侵权行为中的适用范围。

当然，有一个历史现象也应当得到承认，即为追求加害人之间的公平，日本判例和学说也曾经出现过限制连带责任适用的倾向。如淡路刚久教授 1967 年倡导的“分割责任论”成为引人注目的学说。该理论主张分

---

① 赵国青主编：《外国环境法选编》，中国政法大学出版社 2000 年版，第 1051 页。

② 转引自邱秋《日本、韩国的土壤污染防治法及其对我国的借鉴》，《生态与农村环境学报》2008 年第 1 期。

③ 胡静：《污染场地修复的行为责任和状态责任》，《北京理工大学学报》（社会科学版）2015 年第 6 期。

④ 陈泉生：《环境法原理》，法律出版社 1997 年版，第 248 页。

别情况而论责任。①

但是在公害事件的几乎所有场合，不仅难以确定污染物的最大容许浓度，而且即使根据现代科技水平，也很难判明从各污染源排出的污染物是如何到达被害地并参与污染的。因此，以已知各污染者的排出量和最大容许浓度为前提的分割责任论，因缺乏现实意义被认为是“纸上谈兵”“毫无实用性的解释游戏”。②

还需要注意的是，无论是《大气污染防治法》，还是《水污染防治法》，其有关环境（共同）侵权的特别规定，均仅仅涉及该污染行为危害人的生命和身体时应当承担的损害赔偿责任。而对于污染行为造成人的财产损失如何承担责任的问题，两部法律的相关条款均未涉及。

这是一个值得关注的很有意思的现象。日本学者指出，日本国的法律在公害的损害赔偿方面，只对因大气污染和水质污染造成的损害实行无过错责任，且只限于生命健康的损害，不包括财产损失。③ 这意味着，在日本，由于水污染和大气污染而导致的共同侵权案件中，如果造成的是人身损害，则可依据环境立法的规定适用无过错责任原则，进而由各加害人承担连带责任；而如果造成的是财产损失，则不能适用无过错责任原则和连带责任，而应适用过错责任原则，其依据则是《民法典》及其他民事立法中有关侵权责任的规定。所以学者认为，还不能说日本现行法对公害的救济已完全摆脱了过失责任主义的影响而全部实现了无过错责任原则。④ 这与我国的情况是不同的。

上述现象表明，无过错责任和连带责任的适用范围在各国环境立法中并非无边无际，而是受到明确限制。在我国，学者也不无慎重地指出，不

---

① ［日］淡路刚久：《因果关系》，载加藤一郎编《公害法的生成与展开》，岩波书店 1970 年版，第 422 页，转引自罗丽《中日环境侵权民事责任比较研究》，吉林大学出版社 2004 年版，第 254—255 页；罗丽《环境侵权中共同侵权行为责任研究——以日本法为视角》，《法律适用》2005 年第 2 期。

② ［日］吉村良一：《公害·环境私法的展开与现在的课题》，法律文化社 2002 年版，第 252 页，转引自罗丽《中日环境侵权民事责任比较研究》，吉林大学出版社 2004 年版，第 255 页；罗丽《环境侵权中共同侵权行为责任研究——以日本法为视角》，《法律适用》2005 年第 2 期。

③ ［日］野村好弘：《日本公害法概论》，康树华译，中国环境、经济与法学学会 1982 年版，第 294—295 页。

④ 冷罗生：《日本公害诉讼理论与案例评析》，商务印书馆 2005 年版，第 38 页。

应当把公害民事责任中的无过错责任原则任意适用于其他领域。①

日本立法关于环境共同侵权的责任形态，本书在后面有关环境共同侵权责任形态的比较中还将作更进一步的分析。

三　美国

美国是判例法国家，其有关环境共同侵权的法律规则更多地体现在司法实践中。但是，美国环境法与侵权法等传统法律部门不同，拥有很多成文法。其中一些规则对两人以上环境侵权行为具有法律适用性。

1. 相关立法规定

美国《综合环境反应、赔偿和责任法》（CERCLA）是有关环境侵权损害赔偿的重要立法。该法第113（f）（1）节是关于“对于潜在责任人的反应费用分摊权”的规定。该节有以下规定：“任何主体都可以在根据本法第106节或107（a）节被提起的民事诉讼中或诉讼后，向任何根据本法第107（a）节规定的应当承担责任或可能承担责任的主体主张责任分摊。该种请求的提出应当符合本节以及《联邦民事程序规则》的相关规定，并受联邦立法约束。在处理潜在责任人之间的责任分摊诉讼请求时，法院可以利用其认为适当的衡平法上理由对潜在责任人之间的反应费用进行分配。本项下的任何条款不得减损任何人在不存在根据本法第106节或107（a）节规定提起的民事诉讼时而提起一项分摊诉讼的权利。”

众议院的报告对这个条款作了以下解释：“该条款是为了澄清和确认一个根据CERCLA的规定承担连带责任的主体向其他潜在责任人主张责任分摊的权利。”② 这个解释说明了两个问题：一是最初审议通过的CERCLA法案没有为承担连带责任的多个主体的责任分摊提供明确的救济途径，因此需要一个责任分摊条款去弥补立法上的空白。二是该法案第113（f）节的立法目的在于为多个潜在责任人之间责任份额的分摊提供一个解决途径。

在有关CERCLA法案第113（f）节的立法资料中，并没有表明国会在明确规定多个潜在责任人反应费用分摊权的同时，有意消减或者剥夺先前已经经过联邦法院确认的潜在责任人根据第107（a）节取得的反应费用恢复请求权，不论该潜在责任人是因自愿实施的清理行动还是响应EPA（联邦环保署）的行政命令而实施的清理行动下享有的上述权利。

---

① 韩德培主编：《环境保护法教程》（第四版），法律出版社2003年版，第413页。

② S. REP. NO. 99-11，at 44（1985）.

因此，有人认为潜在责任人提起反应费用恢复诉讼的权利不应因为CERCLA法案第113（f）节的增加而受到影响。[①]

从上述条款可以看出，该法没有对环境共同侵权的构成作出规定，而是规定承担连带责任的责任人在承担全部责任之后所享有的责任分摊请求权，也就是关于责任人之间内部份额如何确定的规定。

2. 立法示范文件的规定

美国法律协会编写的《侵权法重述·第三次·责任分担》并不是立法，但它却是美国非常重要的立法示范文件，对立法和司法实践具有重要影响。该法对数人侵权的责任分担问题作了比较具体的规定。

该法第8条规定了分配各个侵权人的责任份额时应当考虑的因素：

“向法律责任已被确定的各方分配责任比例时应考虑的因素包括：

（a）该方造成风险之行为的性质，包括任何对该行为所造成风险的认识或漠视，以及任何对该行为所造成损害的意图；及

（b）该方造成风险之行为与该损害之间因果关系的强度。”

第10条规定了数个侵权行为人对不可分损害的连带责任的效力：“当依据适用的法律，有数人对某一受害人承担连带责任时，该受害人可以起诉任一承担连带责任的加害人并要求他就全部损失承担赔偿责任。”这一规定与其他国家关于连带责任效力的规定是一样的。

第12条规定了故意侵权行为人：“每个实施以故意为要件的侵权行为的人，均应对按法律规定是由该侵权行为所造成的任何不可分损害承担连带责任。”该条实际上是对我们通常所指的狭义共同侵权的规定。

第15条规定了共同侵权行为人：“当数人因共同行为而承担责任时，所有各方应对分配给参与该共同行为的每一方的比较责任份额承担连带责任。”该规定是对第10条有关连带责任效力规定的承袭。

第16条规定对连带责任人之责任所做部分和解的效力：“原告可从一负连带责任的侵权行为人处获得的赔偿应减去应分配给另一已和解，否则将对负连带责任的其他未和解被告承担分摊责任的侵权行为人的比较赔偿份额。该已和解侵权行为人的比较赔偿份额是分配给该已和解侵权行为人的比较责任份额与原告赔偿总额的乘积。”

第17条是对独立侵权行为人的连带责任或单独责任的规定：“如有两人或多人的独立侵权行为构成某一不可分损害的法律原因，将由该案司

---

① 李冬梅：《美国〈综合环境反应、赔偿和责任法〉上的环境民事责任研究》，博士学位论文，吉林大学，2008年。

法管辖区的法律确定这些侵权人应否承担连带责任、单独责任或连带责任与单独责任的某种混合责任。”

另外，由美国统一州法委员会制定的《统一比较过错法案》（1979年修订版）第5条（c）规定：“提起分摊之诉必须在判决作出并成为终局判决（一年）之内。如果尚未作出判决，那么提起分摊之诉的当事人必须要么已经（1）在适用于原告针对其提起诉讼的法定时效内通过支付履行共同责任并且在支付后一年内已经提起其分摊诉讼，或者（2）在针对其诉讼未决之时已经同意履行共同责任并且达成协议一年之内支付赔偿且提起分摊诉讼。”该规定表明，承担连带责任的数个侵权人提起分摊之诉是有条件限制的。

3. 司法实践

美国有关环境共同侵权的司法实践比较发达。其中最典型的案例是1952年由得克萨斯州最高法院判决的 Landers v. East Texas Salt Water Disposal Co. 案。

这个案件的具体案情是：原告拥有一个小湖，他花费了大量成本将这个小湖的湖水排干并进行清洗，然后养上了鱼。根据原告的说法，大约在1949年4月1日前后，被告东得克萨斯盐水处理公司的管道破裂，10000—15000桶盐水从管道溢出，流入原告的土地及湖里，导致湖里的鱼死亡，并造成了其他损害。原告还主张，大约在同一天，另一个被告“太阳石油公司”（一个油井的所有者），也发生了管道爆裂，使大量的石油和盐水流入原告的湖中，从而也导致了鱼的死亡和其他损害。基于上述情形，原告对两个被告提起了侵权行为之诉，请求两个被告对其损失承担连带责任。①

该案后来上诉到了得克萨斯州最高法院。审理该案的卡尔维特（Calvert）大法官就连带责任问题提出了他的意见。他指出，此案首先要解决的法律问题是，原告是否能够举出证据，来证明两名被告应当为原告的损失承担共同的和个别的责任。他引用了一个先例创立的法律规则，这个规则阐述了连带责任的适用条件，即两个侵权行为人在侵权时必须要有一致的行为（concert of action），或者有共同的计划（unity of design）。如果两个行为人在主观意思和客观行为这两个方面都没有共同之处，就不存在连

① Landers v. East Tex. Salt Water Disposal Co., Supreme Court of Texas, 151 Tex. 251, 248 S. W. 2d 731. 转引自曾青《论美国法上的共同侵权》，硕士学位论文，对外经济贸易大学，2006年。

带责任的问题。[①] 这个在 1930 年作出的先例判决，即 Sun Oil Co. v. Robicheaux 案，[②] 对于该规则的表述如下：

> 这项规则不仅在本州得到确立，而且几乎得到全国所有司法辖区的广泛支持，即如果每一个被告的行为都是独立的行为，被告之间没有一致的行为或共同的计划，那么法院就不会判决这些被告承担连带的侵权赔偿责任。如果每个被告的行为是单独的，那么就不会因为后来其行为的结果与其他多个侵权人造成的损害后果相联系，而承担连带责任。每一个侵权行为人只对他自己造成的那一部分损害承担责任……如果他的行为是独立的，与其他侵权人的行为不存在共同性，那么他只对自己行为所造成的直接的和最接近的（directly and proximately）结果承担责任。[③]

卡尔维特大法官说：随着时间的推移，一些意见要求重新考虑 Robicheaux 案所确立的规则，特别是要回归到侵权法规定连带责任意在减轻令原告难以忍受的举证责任负担这样的初衷。这位大法官指出，如果严格遵循 Robicheaux 案确立的规则，本案的原告就不能在一个诉讼中同时对两个被告主张要求承担连带责任，因为虽然这两个被告的不当行为共同导致了原告的损失，但他们的行为是相互独立的。从理论上讲，原告所受到的损害是可分的，而从实际和现实的角度考虑，原告的损失是单一的、不可分的。这位大法官认为，那种毋宁使违法的一方当事人过多地承担责任，还不如使受损的一方当事人得不到赔偿的规则不应当成为法律，对 Robicheaux 案所确立的规则应当予以推翻。[④] 卡尔维特大法官继而阐述了新的规则：

> 如果两个或两个以上的不当行为人的侵权行为共同造成了不可分的损害，也就是说，如果对于该损害，在性质上不能合理划分出每个

---

① 曾青：《论美国法上的共同侵权》，硕士学位论文，对外经济贸易大学，2006 年。

② Sun Oil Co. v. Robicheaux，3 S. W. 2d 713，Tex. Com. App.，1930. 转引自曾青《论美国法上的共同侵权》，硕士学位论文，对外经济贸易大学，2006 年。

③ Sun Oil Co. v. Robicheaux，3 S. W. 2d 713，Tex. Com. App.，1930.

④ Landers v. East Tex. Salt Water Disposal Co.，Supreme Court of Texas，151 Tex. 251，248 S. W. 2d 731. 转引自曾青《论美国法上的共同侵权》，硕士学位论文，对外经济贸易大学，2006 年。

> 不当行为人应该承担责任的比例，那么，所有不当行为人都将对整个损害承担共同的和个别的责任，受害方可以单独起诉任何一方，也可以在一个诉讼中起诉所有的侵权方。①

但是，不适用 Robicheaux 案规则也是有前提的，即造成原告损害的过失行为，应当同时进行。而在本案中，原告并未主张从两个被告的管道里溢出的盐水是同时进入湖中的。因此，该大法官最后总结指出，在管道里溢出的盐水进入原告的湖之前，被告东得克萨斯盐水处理公司并不存在赔偿的连带责任。②

该判例可以说明以下两个方面的问题：（1）美国的共同侵权在举证责任上仍然适用“谁主张谁举证”的规则，不适用举证责任倒置的规定。（2）如果原告受害人能够证明两个以上加害人的行为对原告造成的损害是单一的、不可分割的且同时进行的，或者能够证明两个以上加害人的行为具有共同故意或者有共同的行为，那么应当判定所有加害人对受害人承担连带责任。可见，美国司法实践对加害人承担连带责任的范围是相对比较宽泛的。

四 我国台湾地区

在我国台湾地区，环境法比较发达，其有关环境共同侵权的规定包括实体法和程序法。在实体法上，包括有关共同侵权的一般规定和有关环境共同侵权的专门规定。

1. 相关实体法

我国台湾地区对共同侵权的规定包括“民法”及相关司法解释。“民法”第 185 条规定：“数人共同不法侵害他人之权利者，连带负损害赔偿责任。不能知其中孰为加害人者，亦同。造意人及帮助人，视为共同行为人。”

我国台湾地区“民法”中还有一个很重要的条款，即第 191 条之 3 规定的危险制造人之责任，对于环境侵权具有重要意义。该条规定：“经营一定事业或从事其他工作或活动之人，其工作或活动之性质或其使用之

---

① Landers v. East Tex. Salt Water Disposal Co , Supreme Court of Texas, 151 Tex. 251, 248 S. W. 2d 731. 转引自曾青《论美国法上的共同侵权》，硕士学位论文，对外经济贸易大学，2006 年。

② 曾青：《论美国法上的共同侵权》，硕士学位论文，对外经济贸易大学，2006 年。

工具或方法有生损害于他人之危险者，对他人之损害应负赔偿责任。但损害非由于其工作或活动或其使用之工具或方法所致，或于防止损害之发生已尽相当之注意者，不在此限。”①

对于该条，我国台湾地区学者意见颇有分歧。有人认为该条款将危险责任的一般性原则引入了“民法”，借以宣示侵权行为的归责事由已经由单一的过失责任转变为过失责任与危险责任并重的双重责任，同时通过特别立法规定了个别类型或危险责任的主要内容，从而使得该条变成关于危险责任的一般性规定。也有人认为，因为该条规定有免责事由，被告可以举证免责，所以该条应为推定过失责任。还有人认为该条从解释上看范围不明，有破坏传统的侵权行为法律体系之虞，应该将该条适用范围仅限于公害事件。②

我国台湾地区学者对于“民法”第 191 条之 3 的归责原则有不同的认识，有的根据该条“防止损害之发生已尽相当之注意者”的免责事由来推断该条的归责原则为过失推定责任原则。③ 也有的根据该条适用范围与立法理由来推断该条的归责原则为无过失责任原则。④

在关于免责事由方面，该条规定污染环境致人损害的侵权行为的免责事由有两个方面：一是因果关系之缺失，二是已尽相当注意义务。由此可见，危险责任的免责事由非常少，而且仅有的两个免责事由，对于加害人而言，要举出有力的证据加以证明，并非易事，这意味着对加害人追究责任的概率非常之大，换言之，一旦碰上该等侵权行为，加害人免除责任的可能性几乎没有。

有关共同侵权的司法解释主要是“司法院”例变字第 1 号扩大解释。根据该解释，“民法”第 185 条第 1 项前段的“共同”，即在主观（意思联络）共同加害行为之外，另外创设了客观行为关联的加害行为。例如，甲、乙、丙三人无意思联络，排放废水，共同导致丁鱼池中的鱼死亡时，无论是出于故意或过失，他们都应分别按“民法”第 185 条前段对丁负赔偿责任。例变字第 1 号创设行为关联共同加害行为，是在使多个加害人

---

① 对于该条解释还可参见邱聪智《民法研究》（二），中国人民大学出版社 2003 年版。

② 苏惠卿：《自危险责任之生成与发展论民法第 191 条之三》，《法学丛刊》2001 年第 181 期。

③ 王千维：《由民法第 184 条到民法 191 条之 3——以违法性的思考以及客观证据负担的例置为中心》，《民法七十年之回顾与展望纪念论文集》，五南图书出版公司 1999 年版，第 154 页。

④ 陈聪富：《危险责任与过失推定》，《月旦法学》1999 年总第 55 期。

负连带赔偿责任，使被害人就同一损害不得请求多数赔偿，并规范各加害人内部求偿关系。因此，它具有限制责任的功能。甲、乙或丙应证明其行为对鱼的死亡不具有因果关系，从而免除侵权责任。[①]

在我国台湾地区，除了民事立法关于共同侵权的内容，在一些环境法中，还有关于环境共同侵权的专门规定。譬如：

“土壤及地下水污染整治法”（2000 年制定，2003 年和 2010 年两次修订）第 52 条规定：“土壤及地下水污染致他人受损害时，污染行为人或潜在污染责任人有数人者，应连带负损害赔偿责任。有重大过失之污染土地关系人，亦同。”

该条明确了土壤和地下水领域的环境污染共同侵权应当承担连带责任，同时特别说明，有重大过失的加害人也要承担连带责任。这似乎表明，数个加害人要承担连带责任，各加害人在主观上必须存在故意或者重大过失，如果无故意或者重大过失的，不承担连带责任。将连带责任与过错挂钩，表明连带责任奉行过错责任原则，这与单一环境侵权适用无过错责任原则的规定显然不同。

值得注意的是，该条将污染者分为污染行为人和潜在污染责任人，纳入了潜在污染责任人的观念，只要有排放污染物到土壤或地下水中，均可能成为潜在污染责任人，对污染场址负相关责任。“潜在污染责任人”不属于真正的污染行为人，我国台湾地区环保主管部门表示对责任的认定应从严解释，应当恪遵善尽查证责任后才能加以处分，以避免对经济层面造成重大冲击。潜在污染责任人在主管机关代为履行相关义务支出费用金额上仅缴纳一半，凸显和污染行为人在责任轻重上的区别。[②]

除了民事立法和环境立法对（环境）共同侵权的直接规定以外，更多的立法并不专门针对环境共同侵权设定规则，而只是对环境侵权、共同侵权或者一般侵权作出规定。这些一般规定很多均适用于环境共同侵权。譬如，“民法”第 191 条之 3 有关危险制造人之责任的规定[③]，在环境侵权案件中具有广泛的适用性；该法第 192、193 条等有关侵害生命权、身体和健

① 王泽鉴：《侵权行为》，北京大学出版社 2009 年版，第 364—365 页。

② 胡静：《污染场地修复的行为责任和状态责任》，《北京理工大学学报》（社会科学版）2015 年第 6 期。

③ 该条的具体内容是：“经营一定事业或从事其他工作或活动之人，其工作或活动之性质或其使用之工具或方法有生损害于他人之危险者，对他人之损害应负赔偿责任。但损害非由于其工作或活动或其使用之工具或方法所致，或于防止损害之发生已尽相当之注意者，不在此限。”

康而致损害赔偿范围的规定，也适用于造成人身损害的环境共同侵权案件。

一些环境立法也对普通环境侵权作出了规定。“水利法”第69条及该法施行细则第117条、“水污染防治法”第61条、“空气污染防治法”第52条等。尽管形式上规定于环境法之中，但是这些条款基本上仍然持守着传统侵权法的基本理念和制度框架。当然，也有的个别条款增加了一些行政色彩浓郁的管制措施。如“水利法”第69—1条规定：“蓄水人对于水库集水区域内可能被淹没之土地及土地改良物，应详为调查，拟具收购、补偿及迁移办法，报经有关主管机关核准后实施。”显然，这一规定是在传统侵权法之外增加的关于侵权补偿的行政监管措施。这样规定表面上限制了当事人（蓄水人）的行为自由，增加了当事人的行为成本，但它有助于保障受害人的赔偿权利得以落实，从而促成社会实质正义之实现。

2. 相关程序法

除了实体法规定外，一些程序立法也成为应对环境共同侵权的法律依据。我国台湾地区“民事诉讼法”对共同诉讼制度作了专门规定。而为了解决环境纠纷，我国台湾地区还专门制定了“公害纠纷处理法”。该法自1992年制定以来，已经历1998年、2001年、2003年和2009年4次修订。该法可以适用于环境共同侵权纠纷解决的规定主要有以下几点。

（1）共同当事人的确定

该法第19条规定：“多数有共同利益之公害纠纷当事人，得共同申请调处。调处事件进行中，主张与当事人之一方有共同利益之第三人，得经调处委员会之许可，加入该调处程序为当事人。调处委员会为前项许可者，应斟酌当事人之意见。”

在环境共同侵权纠纷中，数个加害人之间具有共同利害关系。因此，根据该规定，如果要申请调解处理纠纷，数个加害人应当向调处委员会共同提出申请；第三人主张与加害人有共同利害关系的，也可以申请加入该调处程序，但需要调处委员会的许可，调处委员会同时还应当征求各方当事人的意见。但是，在环境共同侵权案件中，任何一方加害人通常都倾向于否认自身与侵权有关系，所以不大可能会主动申请加入该调处程序，调处委员会也没有权力强制要求某一加害人参加。所以，该条规定主要适用于加害人已经确定特别是受害人众多的环境共同侵权纠纷调处，而对加害人不明或者不愿意参加调解的环境共同侵权纠纷很难发挥约束作用。

（2）代表人的选取

该法第20条规定：“多数有共同利益之公害纠纷当事人，得由其中选定一人或数人为全体申请或进行调处。

被选定之人得予更换或增减之。

第一项之选定及前项之更换或增减，应以书面为之，并通知相对人。”

第 21 条规定：“调处委员会认为多数有共同利益之人，以选定当事人进行调处为当者，得建议或协助当事人为选定。”

第 22 条规定：“前二条被选定之人，对于撤回调处、达成协议或同意调处方案，须经选定人以书面特别授权。”

上述规定主要是为了解决当事人人数众多时代表人的选定、更换或增减问题以及代表人的代表权限问题，以方便纠纷解决程序的高效进行。其中第 21 条规定的是调处委员会在代表人选取工作中的职责。

（3）调解方案的达成

该法第 27 条规定：“调处事件，达成协议有困难者，调处委员会得斟酌一切情形，求双方当事人利益之平衡，经全体委员过半数之同意，作成调处方案，并定四十五日以下期间劝导双方当事人同意；必要时，得再延长四十五日。

当事人未于前项所定期间内为不同意之表示者，视为双方当事人依调处方案调处成立。

多数具有共同利益之一造当事人，其中一人或数人于第一项所定期间内为不同意之表示者，该调处方案对之失其效力，对其他当事人，视为调处成立。但为不同意表示当事人之人数超过该造全体当事人人数之半数时，视为调处不成立。

调处委员会依第一项规定为劝导者，视适当情形公开该调处方案。”

上述条文特别说明，在一方当事人人数众多时，调处方案对每个人的效力状况并不一样：调处方案只对同意方案的人产生约束力，如不同意的，则调处方案对该人不具有约束力，但如果任何一方不同意的人数超过该方总人数半数的，该调处失败，对双方均不具有效力。

“公害纠纷处理法”的上述规定，同样适用于环境共同侵权纠纷的调解过程。

总之，从条文内容来看，以上这些规定于民事立法、环境立法和程序立法中的一般条款和特殊条款，对环境共同侵权纠纷的解决同样具有适用性，它们与关于环境共同侵权的专门规定一道，成为我国台湾地区环境共同侵权制度立法的重要组成部分。

五　其他国家和地区

除了上面一些国家和地区外，还有一些国家（地区）也在立法中对环境共同侵权有相应的规定。

1. 瑞典

瑞典专门的《环境损害赔偿法》第三章第8条规定：

"赔偿责任人为2人或2人以上的，应当依照本法共同承担连带赔偿责任。但是，赔偿责任明确者除外。

共同承担连带赔偿责任的，应当根据损害事实和责任人能够采取的预防损害或伤害的措施以及其他情况合理区分各自的责任和赔偿数额。但是，另有协议者除外。"①

该条第1款明确环境共同侵权承担连带责任，并规定了一个例外情形，即，如果能够确定具体责任者的，则由具体责任人承担责任。第1款规定了连带责任的内部分担依据。同时规定，如果各责任人之间对内部责任有协议的，按协议来确定责任分担。允许加害人可以通过协议对责任分担问题作出约定，这个规定是非常灵活的。

2. 奥地利

奥地利《森林法》对损害森林的共同侵权作了规定。该法第53条第2款明确："倘若导致森林损害的是多个设备，则森林损害推定是源于设备的共同作用，多个设备的持有人仅根据导致损害的份额承担责任；无法确定份额时则平均承担责任。"②

该条规定表明两个意思：（1）森林损害的共同侵权责任适用因果关系推定规则。（2）共同侵权人根据原因力大小承担按份责任，不能确定份额的则承担平均责任，这里规定的是一种按份责任。

3. 韩国

韩国于1995年出台《土壤环境保护法》，并经多次修改，最近一次修改发生在2011年。修订后的法律第10—3条第1款规定，土壤污染损害实行严格责任，当由于土壤污染造成的损害发生时，造成土壤污染的主体应对这些损害作出补偿并净化被污染的土壤，自然灾害或者战争造成的除外。第10—4条将土壤污染损害的责任主体分为污染者、污染设施的所

① 赵国青主编：《外国环境法选编》，中国政法大学出版社2000年版，第1160页。

② 转引自［德］克里斯蒂安·冯·巴尔《欧洲比较侵权行为法》（下卷），焦美华译，法律出版社2001年版，第509页。

有者、占有者、经营者 4 类。

而第 10—3 条对共同侵权的连带责任作了明确规定：两人以上造成土壤污染，无法确定到底是谁造成的，每人必须对损害的补偿和被污染的土壤的净化承担连带责任。这项规定表明，韩国对于连带责任的适用较为谨慎，只有在污染者无法确定的共同侵权下，才适用连带责任。[①]

4. 蒙古国

《蒙古国民法典》[②] 也有关于共同侵权的规定。该法第 379 条规定："1. 高度危险来源造成的损害，由高度危险来源的持有人予以赔偿。2. 如果损害是由于意外事件或不可抗力性质的特殊情况、受害人故意的作为或不作为、疏忽所致，应免除从事高度危险来源之持有人的责任。"

该条是对危险责任的规定，完全可以适用于某些环境共同侵权。而且该条的特色在于，将高度危险责任的承担者规定为高度危险来源的持有人。这一立法规定印证了"危险持有说"法理的合理性。

另外该法第 385 条规定："如果共同造成了损害，则各加害人对受害人承担连带责任。"这是对共同侵权的一般规定，对环境共同侵权行为亦具有适用性。

5. 加拿大魁北克省

虽然加拿大整体上属于普通法系，不过也有一个例外，就是其魁北克省。受历史影响，加拿大魁北克省秉持大陆法系的成文法传统。其民法典对共同侵权责任也作了规定。《魁北克民法典》[③] 第 1478 条规定："数人引起的损害，依他们各自过错的严重程度的比例分担责任。受害人自己的过错部分地导致了损害的，也要分担责任。"第 1479 条规定："负有损害赔偿责任的人就受害人可以避免的损害加重不负责任。"这两条规定共同侵权的各加害人按照过错大小分担侵权责任，受害人有过错的，也需要分担相应的责任。

同时，该法第 1480 条规定："数人共同参与了导致损害的过错行为或分别犯有可以导致损害的过错的，在这两种情形，如不能确定损害实际上

---

① 邱秋：《日本、韩国的土壤污染防治法及其对我国的借鉴》，《生态与农村环境学报》2008 年第 1 期。

② 海棠、吴振平译：《蒙古国民法典》，中国法制出版社 2002 年版。后文所引蒙古国民法典条文，均出自该版本。

③ 孙建江等译：《魁北克民法典》，中国人民大学出版社 2005 年版。后文所引魁北克民法典条文均出自该版本。

由他们中的何人或诸过错中的何过错引起，则他们就赔偿此等损害负连带责任。”这一条是对共同危险行为的规定，它规定了共同危险行为的两种表现形式：一种是数人共同参与某一活动而形成的共同危险行为，一种是数人分别实施某类活动而形成的共同危险行为。不管哪一种，都有一个共同特点，即无法确定最终损害是由何人所造成。因此，立法规定所有加害人对损害承担连带责任。显然，该规定因增加了共同危险行为的表现形态而相应扩大了连带责任的适用范围。

另外第1481条规定：“如损害由数人引起，他们中的一人根据特别法令的明示规定免除所有责任，该人应承担的责任份额由其他损害责任人平均承担。”这是一个比较有意思的规定，它表明，共同侵权行为中部分责任人免除责任后，被免除的该部分责任仍然要由其他责任人共同均摊。

以上这些条款，对于环境共同侵权而言，亦是适用的。

六 国际法

除了各国（地区）立法和司法对环境共同侵权作出相应的调整外，一些国际法律文件或者示范文本也有相应的规定。

1. 国际条约

在国际社会，有一些国际条约和相关文件也涉及相关领域的环境共同侵权问题，并作出了一些具体规定。具有代表性的文件是《1969年国际油污损害民事责任公约》（以下简称公约）及其1992年议定书。该公约是国际社会就国际油污导致的损害赔偿问题达成的第一个公约。我国于1980年1月30日加入该公约，公约于1982年4月29日对我国正式生效。

该公约第4条规定：“如发生两艘或多艘船舶逸出或排放油类，因而造成油污损害时，则全部有关船舶的所有人，除非依第三条免责，都应对按情理分不开的损害共同地和个别地负责任。”

很明显，根据上述规定，在两艘以上船舶溢出油类造成油污损害的环境共同侵权，全部侵权行为人（即船舶的所有人）对损害承担连带责任。

该公约第5条第5款和第6款规定，在部分侵权人因为连带责任而承担超出其责任份额的责任之后，还享有追偿权：

“如船舶所有人或其任何工作人员或代理人，或向其提供保险或其他财务保证的任何人员，由于所述事件而支付油污损害赔偿，则上述人员在其支付数额范围内应以代位获得受赔偿的人根据本公约所应享有的权利。

本条第5款所规定的代位行使权利也可由该款所提到的人员以外的对油污损害已支付任何赔偿金额的任何人行使，但这种代位行使权利仅以所适用的国内法所许可者为限。”

当然，该公约也规定了当事人承担连带责任的免责事由。公约第 3 条规定：

“1. 除本条第 2 款和第 3 款另有规定以外，在事件发生时，或如事件包括一系列事故，在此种事故第一次发生时，船舶所有人应对该事件引起的漏油或排油所造成的污染损害负责。

2. 船舶所有人如能证实损害系属于以下情况，即对之不负责任：

（1）由于战争行为、敌对行为、内战或武装暴动，或特殊的、不可避免的和不可抗拒性质的自然现象所引起的损害；

（2）完全是由于第三者有意造成损害的行为或怠慢所引起的损害；

（3）完全是由于负责灯塔或其他助航设备的政府或其他主管当局在执行其职责时，疏忽或其他过失行为所造成的损害。

3. 如船舶所有人证明，污染损害完全或部分地由于遭受损害人有意造成损害的行为或怠慢而引起，或是由于该人的疏忽所造成，则该船舶所有人即可全部或部分地免除对该人所负的责任。

4. 不得要求船舶所有人对本公约没有规定的污染损害作出赔偿。不得要求船舶所有人的工作人员或代理人对本公约规定的或其他的污染损害作出赔偿。

5. 本公约的任何条款不得有损于船舶所有人向第三者要求赔偿的权利。”

1992 年，国际海事组织依法对该公约进行了补充和细化，最后形成了《1992 年国际油污损害民事责任公约议定书》（以下简称议定书）。我国是该议定书的缔约国。该议定书对公约中有关共同油污损害责任的规定作了相应的修订。具体修订内容是：

议定书第 5 条对原公约第 4 条的内容进行了修正：

“当发生涉及两艘或更多船舶的事故并造成污染损害时，所有有关船舶的所有人，除按第Ⅲ条被豁免者外，应对所有无法合理区分的此种损害负连带责任。”

在该条中，所谓“按第Ⅲ条被豁免者”，就是 1969 年公约规定的原第 3 条第 2 款和第 3 款规定的免责事由。不过议定书对免责事由也作了相应的修订。该议定书第 4 条对《1969 年责任公约》第Ⅲ条（即前文所指第 3 条）作了下列修正：

1. 对下列条文取代第 1 款：

“1. 除本条第 2 款和第 3 款规定者外，在事故发生时的船舶所有人，或者，如果该事故系由一系列事件构成，则第一个此种事件发生时的船舶所有人，应对船舶因该事故而造成的任何污染损害负责。”

2. 以下列条文取代第 4 款：

“4. 除非符合本公约，否则不得向所有人提出污染损害赔偿请求。以本条第 5 款为准，不得根据本公约或其他规定向下述人员提出污染损害赔偿请求：

(a) 船舶所有人的雇员或代理人，或船员；

(b) 引航员或为船舶提供服务但非属船员的任何其他人；

(c) 船舶的任何租赁人（不论如何定义，包括光船租赁人）、管理人或经营人；

(d) 经船舶所有人同意或根据主管公共当局指示进行救助作业的任何人；

(e) 采取预防措施的任何人；

(f) 第（c）、(d) 和（e）项中所述人员的所有雇员或代理人；

除非该损害系由故意造成或明知可能造成此种损害而轻率地作为或不作为所致。”

与之前的规定相比，上述修正后的条款对油污损害赔偿的免责事由作了更加细化的规定，使司法实践的操作性明显增强。

2. 欧盟示范文本

由欧洲侵权法小组起草制定的《欧洲侵权法基本原则：文本及其评注》中对共同侵权也有一般规定。①

第一篇“基本概念”第三章“因果原则”中第 101 条规定：“若无某一活动或行为（以下简称为行为），损失就不会发生，则此行为被认为是造成受害方损失的原因。”该条对损害发生的必要条件作了说明。

第 102 条进一步规定了共同原因：“在多方行为的情况下，若任一方的单独行为足以造成损失，则每一方的行为都被认定为造成受害方损失的原因。”该条规定的情形，与我国《侵权责任法》第 11 条规定的情形完全一致。后者规定：“二人以上分别实施侵权行为造成同一损害，每个人的侵权行为都足以造成全部损害的，行为人承担连带责任。”这种情形的特点在于两个行为分别同时发生，可称为并发的共同侵权。

第 103 条其他原因中规定：“（1）在多方行为的情况下，若任一方的

---

① 下文引用的该文本中文版相关条文参见 *European Group on Tort Law*：*Principles of European Tort Law*：*Text and Commentary*，Springer Wien New York，2005，pp. 191–195。

单独行为都可能足以造成损失，但事实上并不明确哪一方的行为造成此损失，则每一方的行为依据其可能造成受害方损失的可能性来判定其作为造成受害方损失的原因的程度。”

第 104 条潜在原因中规定：“（1）若某一行为绝对且不可避免地造成受害方遭受损害，则相继的可单独造成同样损失的行为不被采纳为造成损害的原因。（2）但若相继行为导致额外损失或加重损失，则仍应考虑此行为。（3）若第一个行为造成持续的损失，后发的相继行为本来也可能造成此损失，则这两个行为都被视为持续损失的原因。”这里规定了先后发生的两个均足以造成同样损失的行为也构成共同侵权。这种情形的特点在于两个行为分别先后发生，可称为相继的共同侵权，与并发的共同侵权有所区别。

第五篇第 9 章专门规定了多方共同侵权。第 9 章第 101 条关于“连带责任：受害方与共同侵权人之间的关系”中规定：

“（1）受害方所遭受的全部或大部分损害由两个或两个以上行为人造成时，行为人应共同承担责任。下列情况下，行为人应共同承担连带责任：

（a）行为人有意参加，或教唆或煽动其他方不法行为，造成受害方的损失；或

（b）某一行为人的独立行为或活动造成受害方的损失，而另一方的行为也促成此损害。

（c）行为人对其附属机构应负责的损害也承担连带赔偿责任。

（2）行为人承担连带责任时，受害方可向其中任何一个或多个行为请求全部赔偿，但赔偿总额不应超过受害方所遭受的损害。

（3）在无合理依据确定某一部分损害应由共同责任人中的某一个人负责时，本款所述损害赔偿与上述（1）款（b）项的规定相同。同样，主张该损害与上不同的也须证明此主张。当有此合理依据时，行为人应各自承担责任，即，每一行为人只承担与其所造成的损害相应的责任”。

该条第（1）款（a）项规定的是传统的狭义共同侵权，即共同故意、教唆和帮助型共同侵权，（b）项规定的是促成的共同侵权，（c）项规定的是行为人与其附属机构的共同侵权。

该条第（2）款规定受害人请求赔偿的额度，第（3）款规定了举证责任倒置规则，即如果行为人不能证明某一部分损害由共同行为人中的一人负责时，共同行为人按第（1）款（b）项的规定对所有损害承担连带责任。

第 9 章第 102 条还规定了连带责任人之间的关系。该条规定：

“（1）连带责任人承担损害赔偿责任后，有权要求其他连带责任人偿付他应当负担的份额。此追偿权不影响当事人之间决定损失分配的合同或法律规定或代位求偿权（法定让与）或不当得利。

（2）根据本条第（3）款，合理的责任份额应考虑到责任人的相对损害责任，各自过错程度和其他与确立或减少其责任有关的事项。赔偿责任份额可以是全额赔偿。若无法确定责任人的相对责任份额，责任人应被视为负同等责任。

（3）若行为人根据第 9 章第 101 条对其附属机构造成的损害承担责任，在决定其附属机构与其他侵权责任人的责任分配时，该行为人被视为承担其附属机构的全部责任份额。

（4）责任人应各自承担其赔偿责任的份额，即责任人承担的责任仅限于本条规定的其应承担的损害赔偿责任的份额；当某一责任人无法履行其赔偿责任时，他所应承担的赔偿份额应在其他责任方之间依据其所承担的责任份额比例进行分摊。”

该条从不同角度，区分不同情形，对连带责任人之间的内部责任分担关系作出了具体规定。

第二节　中国的立法和司法规则

我国有关环境共同侵权的立法包括全国人大的相关立法和国务院的有关政策性文件，还包括最高人民法院作出的有关司法解释。

一　立法规定

我国有关环境共同侵权的立法实际上包括两部分，一部分是全国人大的法律，另一部分是国务院的政策性文件。从内容上来看，一部分是适用于所有共同侵权行为的共通性规定，包括《民法通则》和《侵权责任法》总则中的相关规定。另一部分是专门针对环境共同侵权的规定，包括《侵权责任法》的有关条款和国务院《关于核事故损害赔偿责任问题的批复》。

我国最早规定共同侵权的立法是 1986 年的《民法通则》。该法第 130 条规定：“二人以上共同侵权造成他人损害的，应当承担连带责任。”这是我国立法第一次对共同侵权行为作出专门规定，它确立了共同侵权承担连带责任的规则。这也是司法实践中审理各类共同侵权案件援用最频繁的法律依据之一。

2009 年，《侵权责任法》颁布实施。这是我国共同侵权立法的里程碑。该法对共同侵权及相关侵权行为作了比较详细的规定。

该法第 9 条规定："二人以上共同实施侵权行为，造成他人损害的，应当承担连带责任"，"教唆、帮助他人实施侵权行为的，应当与行为人承担连带责任；教唆、帮助无民事行为能力人、限制民事行为能力人实施侵权行为的，应当承担侵权责任；该无民事行为能力人、限制民事行为能力人的监护人未尽到监护责任的，应当承担相应的责任"。

第 10 条规定："二人以上实施危及他人人身、财产安全的行为，其中一人或者数人的行为造成他人损害，能够确定具体侵权人的，由侵权人承担责任；不能确定具体侵权人的，行为人承担连带责任。"

第 11 条规定："二人以上分别实施侵权行为造成同一损害，每个人的侵权都足以造成全部损害的，行为人承担连带责任。"

第 12 条规定："二人以上分别实施侵权行为造成同一损害，能够确定责任大小的，各自承担相应的责任；难以确定责任大小的，平均承担赔偿责任。"

第 67 条规定："两个以上污染者污染环境，污染者承担责任的大小，根据污染物的种类、排放量等因素确定。"

关于《民法通则》和《侵权责任法》相关条款的理解，本书将在后面第四章和第五章相关部分作具体分析。

除了民事法律有关共同侵权和环境共同侵权的一般规定外，2014 年新修订的《环境保护法》对环境共同侵权作了新的规定。该法第 65 条规定："环境影响评价机构、环境监测机构以及从事环境监测设备和防治污染设施维护、运营的机构，在有关环境服务活动中弄虚作假，对造成的环境污染和生态破坏负有责任的，除依照有关法律法规规定予以处罚外，还应当与造成环境污染和生态破坏的其他责任者承担连带责任。"之后，最高人民法院发布的《关于审理环境侵权责任纠纷案件适用法律若干问题的解释》，以及环保部出台的《环境监测数据弄虚作假行为判定及处理办法》[①]，对上述条款有关机构"弄虚作假"的具体情形作出了细化规定，进一步增强了立法对环评机构等与污染者构成共同侵权适用连带责任规定

① 参见《最高人民法院关于审理环境侵权责任纠纷案件适用法律若干问题的解释》（法释〔2015〕12 号）第 16 条，《环境监测数据弄虚作假行为判定及处理办法》第 2—6 条。

的可操作性。上述条文所规定的环境影响评价机构、环境监测机构以及从事环境监测设备和防治污染设施维护、运营的机构，可以统称为环境中介服务机构。从字面上理解，第 65 条没有明确规定环境中介服务机构与污染者造成“环境污染和生态破坏”之后是否造成他人人身或财产损害，因此不能确定其是否构成本研究所指的环境共同侵权。换言之，“共同”导致的环境污染和生态破坏并不必然转换为环境共同侵权。但该条也没有排除环境中介服务机构与污染者构成共同侵权的可能。因此，该条仍有可能作为受害人向有关环境中介服务机构与污染者主张承担环境共同侵权连带责任的法律依据之一。

除了全国人大的上述立法规定外，国务院也有相关的规定。国务院 2007 年给国家原子能机构作出的《关于核事故损害赔偿责任问题的批复》中，专门对核事故损害赔偿责任问题进行了规范。批复第五点指出：“核事故损害涉及 2 个以上营运者，且不能明确区分各营运者所应承担的责任的，相关营运者应当承担连带责任。”根据该点规定，如果两个以上营运者造成核事故损害，在能够明确区分各自责任的情况下，相关营运者分别承担责任；如果不能明确区分各自责任，则所有相关营运者对受害人承担连带责任。这里，没有对如何区分各营运者责任的标准作出说明。

该批复还有一个非常重要的规定，即其中第二点：“营运者应当对核事故造成的人身伤亡、财产损失或者环境受到的损害承担赔偿责任。营运者以外的其他人不承担赔偿责任。”该点明确规定营运者应当赔偿的损失不仅包括人身伤亡和财产损失，而且还包括环境受到的损害。

该批复还规定了赔偿限额。第七点规定：“核电站的营运者和乏燃料贮存、运输、后处理的营运者，对一次核事故所造成的核事故损害的最高赔偿额为 3 亿元人民币；其他营运者对一次核事故所造成的核事故损害的最高赔偿额为 1 亿元人民币。核事故损害的应赔总额超过规定的最高赔偿额的，国家提供最高限额为 8 亿元人民币的财政补偿。对非常核事故造成的核事故损害赔偿，需要国家增加财政补偿金额的，由国务院评估后决定。”

该批复虽然不是立法，但由于发文主体是国务院，因而在解决有关核事故的共同侵权纠纷中仍然具有重要的规范指引意义。

二　司法解释

除了立法上对环境共同侵权有专门具体的规定外，司法上也采取了相应的对策和措施，对环境共同侵权案件的审理发挥了积极作用。

一方面是出台了一批司法解释文件。这些司法解释文件，有的是关于环境侵权的专门解释，其中对环境共同侵权作出了特别规定；有的虽然不是专门针对环境共同侵权案件，但与环境共同侵权具有密切关联，对审理环境共同侵权案件具有重要指导或参考价值。

2015 年 6 月发布的《最高人民法院关于审理环境侵权责任纠纷案件适用法律若干问题的解释》（法释〔2015〕12 号）（以下简称《环境侵权司法解释》）是目前关于环境侵权的唯一司法解释文件。该司法解释共 19 条，从 8 个方面对环境侵权案件的法律适用问题进行了说明。一是明确解释的适用范围，既包括环境私益诉讼案件，也适用于环境公益诉讼案件；既适用于污染环境案件，又适用于破坏生态案件。二是明确了环境侵权责任纠纷案件的归责原则和减免事由。三是明确了数人分别或者共同排污时，污染者对内对外的责任承担方式。四是明确了因第三人的过错污染环境造成损害的，第三人和污染者的诉讼地位和责任承担。五是明确了被侵权人和污染者之间的举证证明责任分配原则。六是明确了环境污染案件中有关鉴定意见、检验检测或者监测报告以及专家辅助人的意见等有关证据的适用。七是明确了环境污染案件中有关行为保全和证据保全措施的适用条件和程序。八是明确了环境侵权责任纠纷案件中侵权的承担责任的方式。

该司法解释多个条文对环境共同侵权作出规定。其中第 2 条和第 3 条对环境共同侵权的认定标准、类型和责任形态作出了规定，第 4 条对多个侵权行为人内部责任的分担问题作出了解释。该司法解释有关环境共同侵权的条款内涵，本书在后文将作进一步评析。

该司法解释的发布实施，是环境侵权司法实践的重要里程碑。司法解释有助于统一环境侵权责任纠纷案件的裁判标准，解决司法实践中环境污染责任归责原则、责任构成以及数人侵权责任划分等法律适用不统一等疑难问题，对指导法官正确审理环境侵权责任纠纷案件，切实保护受害人的民事权益和良好的生态环境具有重要意义。

1988 年最高人民法院《关于贯彻执行〈中华人民共和国民法通则〉若干问题的意见（试行）》第 148 条对《民法通则》第 130 条规定的共同侵权人的内涵作出了细化：“教唆、帮助他人实施侵权行为的人，为共同侵权人，应当承担连带民事责任；教唆、帮助无民事行为能力人实施侵权行为的人，为侵权人，应当承担民事责任；教唆、帮助限制民事行为能力人实施侵权行为的人，为共同侵权人，应当承担主要民事责任；无民事行为能力人、限制民事行为能力人的监护人未尽到监护职责的，应当承担相应的责任。”

2003年《最高人民法院关于审理人身损害赔偿案件适用法律若干问题的解释》（以下简称《人身损害赔偿司法解释》）对涉及人身侵害的环境共同侵权案件具有重要指导意义。该《人身损害赔偿司法解释》是一个非常重要的司法文件，它的最重要意义，在于确认和凸显了人的价值、人的法律地位和权利本位思想。生命权、健康权和身体权，是人的最基本、最重要的权利。人的生命权、健康权和身体权受到侵害，是对人的最严重的侵害。突出人的价值、突出人的地位，就是要更好地保护这些权利，救济这些权利的损害，以保护人的价值、维护人的尊严和地位。《人身损害赔偿司法解释》立足于这一立场，凸显民事司法的人文主义立场，全面保护人的权利，救济人的生命权、健康权和身体权的损害。[①] 在司法实践中，生命权和健康权等人身权，也正是环境共同侵权行为所经常侵害的权利类型。因此，该司法解释，对于审理涉及人身权侵害的环境共同侵权案件，具有非常重要的意义。

《人身损害赔偿司法解释》共36条，其中与环境共同侵权相关的条款包括第1条（赔偿权利人和赔偿义务人的定义）、第2条（过失相抵）、第3—5条（共同侵权行为）、第8条（职务侵权和国家赔偿）、第17—35条（赔偿范围、标准、计算方法等）。特别是第3、4、5条，对共同侵权行为作出了非常细致的规定，具体如下：

“第三条　二人以上共同故意或者共同过失致人损害，或者虽无共同故意、共同过失，但其侵害行为直接结合发生同一损害后果的，构成共同侵权，应当依照民法通则第一百三十条规定承担连带责任。

二人以上没有共同故意或者共同过失，但其分别实施的数个行为间接结合发生同一损害后果的，应当根据过失大小或者原因力比例各自承担相应的赔偿责任。

第四条　二人以上共同实施危及他人人身安全的行为并造成损害后果，不能确定实际侵害行为人的，应当依照民法通则第一百三十条规定承担连带责任。共同危险行为人能够证明损害后果不是由其行为造成的，不承担赔偿责任。

第五条　赔偿权利人起诉部分共同侵权人的，人民法院应当追加其他共同侵权人作为共同被告。赔偿权利人在诉讼中放弃对部分共同侵权人的

---

① 王利明、公丕祥主编：《人身损害赔偿司法解释若干问题释评》，人民法院出版社2005年版，第4页。

诉讼请求的，其他共同侵权人对被放弃诉讼请求的被告应当承担的赔偿份额不承担连带责任。责任范围难以确定的，推定各共同侵权人承担同等责任。

人民法院应当将放弃诉讼请求的法律后果告知赔偿权利人，并将放弃诉讼请求的情况在法律文书中叙明。”

相比较《民法通则》及其司法解释的规定，《人身损害赔偿司法解释》对于共同侵权行为在多个方面作出了突破性规定：一是改变了理论上和实践中关于共同侵权行为“共同过错说”的通说立场，转而采用客观标准，将“虽无共同故意、共同过失，但其侵害行为直接结合发生同一损害后果的”侵权行为作为共同侵权行为对待，各侵权人应当承担“连带责任”；而“二人以上没有共同故意或者共同过失，但其分别实施的数个行为间接结合发生同一损害后果的，应当根据过失大小或者原因力比例各自承担相应的赔偿责任”。二是规定了共同危险行为制度，补充了立法的不足，为司法实践中处理共同危险行为案件提供了具体依据。

最高人民法院 2005 年 12 月 26 日下发的《第二次全国涉外商事海事审判工作会议纪要》（以下简称为《纪要》）第 149 条第 2 款规定：“对于不受 1992 年油污公约调整的油污损害赔偿纠纷，因船舶碰撞造成油污损害的，由碰撞船舶所有人承担连带赔偿责任，但不影响油污损害赔偿责任人之间的追偿。”①

近年来，最高人民法院还发布了《关于充分发挥审判职能作用为推进生态文明建设与绿色发展提供司法服务和保障的意见》，进一步完善和发展了环境资源审判理念，提出了要树立严格执法、维护权益、注重预防、修复为主、公众参与等现代环境资源司法理念。制定出台了《关于办理环境污染刑事案件适用法律若干问题的解释》《关于审理环境民事公益诉讼案件适用法律若干问题的解释》《关于贯彻实施环境民事公益诉讼制度的通知》等司法解释和规范性文件，不断完善环境侵权及相关案件的审判规则，有效指导审判实践，环境司法制度保障得到进一步加强。

除了在制定出台司法解释和规范性文件方面所取得的努力和成就之外，各级法院还审理了一批环境共同侵权案件，其中包括一些具有重大社会影响的知名案件，譬如：天津海事法院审理的河北乐亭海域污染案，历

---

① 对该《纪要》的评论可参见韩立新、初北平《船舶碰撞油污损害承担连带赔偿责任的法理分析——兼评最高人民法院 2005 年〈纪要〉第 149 条》，《辽宁大学学报》（哲学社会科学版）2008 年第 4 期。

经14年、两级检察院抗诉、四级法院审理的浙江平湖蝌蚪案等。法院对这类案件的审理，为解决环境共同侵权中的民事纠纷、保障当事人的合法权益、维护社会和谐稳定发挥了重要作用。

在环境共同侵权案件审理过程中，法院对相关法律依据的适用情况也值得梳理。从整理的司法判例来看，在各个法院援引的实体法依据中，《民法通则》第124、130条、《环境保护法》第41条是法院援引最频繁的法律依据之一。另外，《水污染防治法》等单行法也是引用频次较高的实体法之一。随着环境侵权司法解释的发布实施，该司法解释也成为环境共同侵权司法实践中各方频繁引用的重要文件之一。

在程序法方面，《民事诉讼法》第119条、最高人民法院《关于适用〈中华人民共和国民事诉讼法〉若干问题的意见》第57、58条以及《关于审理人身损害赔偿案件适用法律若干问题的解释》《关于民事诉讼证据的若干规定》等司法解释，是审理环境共同侵权案件中经常会涉及的程序性依据。

第三节 小结与启示

从国内外有关共同侵权和环境共同侵权的立法规定和司法实践来看，世界各国关于环境共同侵权的法律应对既有明显的差异，也有不少相同之处。

从规则形式来看，一些国家既规定了一般共同侵权，同时也规定了一些特殊领域的环境共同侵权，比较典型的是德国、日本和中国；另外一些国家主要通过司法判例来确立环境共同侵权的某些规则，譬如美国。

从规则内容来看，多数国家都明确，环境共同侵权的构成必须有共同的加害行为。在此基础上，环境共同侵权的加害人应当承担连带责任，加害人内部则按照原因与损害的关联程度等因素来确定各自的责任份额，甚至可以通过协议来约定内部责任大小。同时，一些立法还规定了相应的免责事由。这些做法，对中国相关立法和司法具有一定的启示意义。

特别引人注目的是美国有关环境共同侵权的司法实践。从前面的分析可以看出，美国的环境共同侵权不适用举证责任倒置规则，但它有一个对受害人非常有利的规则，即如果数个加害人造成的损害结果是单一且不可分割的，那么加害人对受害人承担连带责任。这实际上表明，在美国，连带责任的适用范围是比较广泛的。

通说认为，美国普通法上的连带责任产生于以下 3 种情况：第一，施加于原告的不可分割损害是由两个或两个以上行为人的行为导致的。第二，数个行为人的共同侵权行为导致了原告遭受损害，无论损害是否可分割。第三，依据法律规定而应负连带责任（例如雇主责任的法律规定）。[①]第一种情况主要强调造成损害结果的不可分割性，而不论数个行为人的行为是独立实施还是共同实施。第二种情况主要强调行为的共同性，而不论造成的损害结果可分还是不可分。第三种情况是在前两种情况之外由法律规定的一些特殊情形。

美国的司法实践还表明，连带责任并非只在共同侵权行为中才会产生。从另外一个角度来看，这一做法也启发我们：判断共同侵权行为的标准，是否不止有行为的共同性这一标准，还可以包括损害结果不可分割性这个标准？甚至法律还可以特别规定除这两种情形外的一些行为也属于共同侵权？

我们认为，在环境共同侵权法律规范中，将共同侵权的认定标准从传统的行为关联性这一单一标准扩展到行为关联性和损害结果的不可分割性这两个标准，既符合环境共同侵权的实际情况，而且有利于对受害人提供更充分有效的救济，更有利于促进排污企业加强环境保护，改善和提高环境质量。

首先，环境共同侵权认定标准的扩大，符合实际情况。在环境保护的实践中，有时数个行为人均是独立实施污染行为，各方既没有主观上的意思联络，也没有行为上的互相关联，但各自行为产生了一个共同不可分的结果，受害人必须将该数人列为共同被告才能有效救济其合法权益。这种情形在环境侵权中甚至具有一定的普遍性。因此，如果不将这类情形纳入环境共同侵权的范畴，显然不符合客观情况。

其次，环境共同侵权认定标准的扩大有利于对受害人权益给予更充分的保障。共同侵权认定标准扩大以后，一些分别实施的环境侵权行为也被纳入环境共同侵权的范畴而适用连带责任的规定，这与单一侵权行为下对受害人的救济相比，明显增强了加害人的整体受偿能力，减少了因为单一加害人经济实力有限而使受害人陷入客观求偿不能的危险境地。可以说，损害结果的不可分性，作为环境共同侵权重要而独立的认定标准，极大地加强了环境受害人的权益保障力度。

---

① ［美］文森特·R. 约翰逊：《美国侵权法》，赵秀文等译，中国人民大学出版社 2004 年版，第 230 页。

最后，环境共同侵权认定标准的扩大也有利于更好地保护环境。环境共同侵权认定标准的扩大同时意味着连带责任适用范围的扩大，这对潜在加害人而言无疑具有较大的威慑力。这种威慑力可以促使排污企业更加积极主动地采取各种措施，控制污染物排放行为，这既有利于预防污染侵权行为的发生，更有利于促进环境保护工作，改善环境质量。

我们也意识到，环境共同侵权认定标准的扩大，其实质是对环境共同侵权本质的再认识，由此还将导致连锁反应，既需要对环境共同侵权的构成要件进行反思和重构，同时也需要对环境共同侵权的类型作出新的调整和划分。

第四章　环境共同侵权本质论

共同侵权的本质问题即“共同性”问题，围绕着如何认定共同侵权的“共同性”，人们形成了关于共同侵权本质的不同认识或者判断标准。环境共同侵权的本质是关于如何认定环境共同侵权行为人“共同性”的问题。以普通共同侵权“共同性”相关学说和立法为基础，人们对环境共同侵权的本质也形成了各种认识。

本章承接前一章环境共同侵权现象考察的背景，以有关共同侵权本质的学理与立法以及环境共同侵权本质的学说为基础，论证环境共同侵权的本质及其正当性，分析环境共同侵权的内涵、构成要件和具体类型。

第一节　共同侵权本质的学理与立法述评

人们认为，共同侵权的本质是关于如何认定共同侵权行为人之间“共同性”的问题。① 它决定着共同侵权的构成要件、类型和责任形态。

关于共同侵权的“共同性”如何认定，理论界存在各种不同主张，立法和司法解释亦通过对共同侵权的规定演绎着对“共同性”的不同理解。

一　六种理论观点

通过对相关理论成果的整理归纳，共同侵权的本质主要有以下六种观点。

---

① 王利明：《共同侵权行为的概念和本质》，载姚辉主编《判解研究》2004 年第 3 期，人民法院出版社 2004 年版，第 5 页；张铁薇：《共同侵权制度研究》，法律出版社 2007 年版，第 126 页。

1. 共同过错论

有学者认为，共同侵权行为的本质特征在于数个行为人对损害结果具有共同过错，既包括共同故意，也包括共同过失，[①] 甚至还可以包括故意行为与过失行为的结合。[②] 数个行为人对其行为或结果具有共同的认识或对某种结果的发生应该共同尽到合理的注意而没有注意的情形，即表明有共同过错。[③]

在共同过错论看来，共同过错是共同侵权行为的逻辑起点和正当性基础。[④] 共同过错强调数个行为人主观心态的过错因素及其过错的共同性。只是，如何判断行为人具有“过错”而且具有“共同”过错，该观点似乎并没有详细说明。

而且，在共同过错论看来，共同侵权行为似乎只存在于以过错为归责原则的侵权行为当中，不存在于以无过错为归责原则的侵权行为当中。如果数个行为均为过错行为，则构成共同侵权，如果均没有过错或其中之一，则不构成共同侵权。这意味着，以无过错责任为归责原则的特殊侵权领域，不存在共同侵权现象。显然，这一逻辑推论不符合实际情况。对此，我们将在后面进一步分析。

2. 意思联络论

有的学者认为，共同加害人之间必须要有主观上的意思联络，才能构成共同侵权。如无主体间的意思联络，则各人的行为就无法在实质上统一起来，因而也不构成共同侵权行为。[⑤] 共同意思联络，又称共同通谋或者共同故意。意思联络使主体间产生了两个方面的统一：一是主体意志的统一，二是主体行为的统一。[⑥]

从表面来看，与共同过错论不同，意思联络强调数人主观上经过共同通谋后实施侵权行为，而共同过错论侧重于数人主观上的过错心态具有同样的内容，此过错心态是各自产生，而不是联络后产生。

---

① 杨立新：《侵权损害赔偿》，吉林人民出版社 1990 年版，第 135—137 页。

② 王胜明主编：《中华人民共和国侵权责任法解读》，中国法制出版社 2010 年版，第 42 页。

③ 同上书，第 41 页。

④ 王利明：《共同侵权行为的概念和本质》，载姚辉主编《判解研究》2004 年第 3 期，人民法院出版社 2004 年版，第 5 页。

⑤ 伍再阳：《意思联络是共同侵权行为人的必备要件》，《法学季刊》1984 年第 2 期。

⑥ 王胜明主编：《中华人民共和国侵权责任法解读》，中国法制出版社 2010 年版，第 41 页。

但从实质来看，意思联络论与共同过错论都属于主观性标准，具有内在的联系。共同过错论没有指明如何判断共同过错。而意思联络论为证明数人的共同过错提供了一个标准。从某种意义上说，行为人之间在主观上产生意思联络，必然意味着他们有共同过错（特别是有共同故意）。没有意思联络，则无从判断共同过错。意思的“联络性”构成判断共同过错的基本标准。因此，本书认为，意思联络论在本质上可以纳入共同过错论的范畴，甚至可以整合在共同过错论之中。

3. 共同行为论

有学者认为，共同行为是共同加害人承担连带责任的基础，共同加害结果的发生总是同共同加害行为紧密联系，不可分割。[①] 没有共同实施的加害行为，就不可能构成共同侵权。共同行为说强调侵权行为必须是数人共同实施的，而不要求数人主观上有共同过错或者有意思联络。

一般来说，共同实施加害行为意味着数个加害人的行为在时间、地点和对象上具有相同性，否则便不能成立共同侵权。

4. 关联共同论

关联共同又称关连共同。有学者认为，共同侵权行为以各个侵权行为所引起的结果，有客观的关联共同为已足，各行为人间不必有意思联络。数人为侵权行为的时间或地点，虽无须为统一，但损害必须不可分离，始成立关联共同。[②] 换言之，即使是行为人分别在不同时间或者不同地点实施的行为，但只要各个行为结合在一起，造成同一个损害结果，即构成共同侵权。由于关联共同论不要求行为共同，而只是要求行为关联，因此又称为行为关联论。

关联共同论与共同过错论、意思联络论和共同行为均不相同。关联共同论下，不要求行为人有共同过错，也不要求有意思联络，甚至不要求各个行为在时间、地点上统一，只要分别实施的行为能够相互结合或者统一在一起，并产生同一结果，即可构成共同侵权。

关联共同论的关键概念是“行为结合”。关于行为结合，人们也有不同认识。典型的是以“直接性”和“间接性”来区分结合的性质，如果行为是直接结合后造成同一损害，则构成共同侵权，如果行为是间接结合

---

① 邓大榜.《共同侵权行为人的民事责任初探》,《法学季刊》1982 年第 3 期。

② 欧阳宇经:《民法债编通则实用》，台北汉林出版社 1978 年版，第 78 页，转引自杨立新《共同侵权行为及其责任的侵权责任法立法抉择》，《河南省政法管理干部学院学报》2006 年第 5 期。

后造成同一损害，则不构成共同侵权。以行为“直接结合”还是“间接结合”来判断共同侵权的观点，在理论上曾引起广泛的争议。后面将进一步分析。

5. 共同结果论

早期有学者认为，虽然数人主观上无意思联络，仅因行为偶合导致损害后果发生，若各人的加害部分无法单独确定则应以共同侵权论，各人对损害应承担连带赔偿责任。[①] 按该观点，在有意思联络或者共同实施的情况下，固然成立共同侵权行为，但即使没有意思联络，行为也不是必然结合，行为偶然结合在一起，并且其所产生的结果是同一结果的，也构成共同侵权行为。这里的“必然结合”相当于“直接结合”，而“偶然结合”相当于“间接结合”。显然，该主张突破了共同侵权要求行为“直接结合”的要求，拓宽到“间接结合”的行为造成同一损害结果的，也构成共同侵权。这比关联共同论对共同侵权的要求更低，实质上几乎已经等于对行为的结合没有作实质性要求，而根本的要求是结果共同。该观点可称为共同结果论，或称为共同结果论。

正如有学者指出的，共同造成损害的概念要求损害是数人行为的共同结果，不一定要求几个参加人有共同的目的和统一的行为。[②] 这表明，只要有共同的损害结果，也可以成立共同侵权。

共同结果论与关联共同论的不同在于，它不要求行为人分别实施的行为相互直接结合，即使间接结合，但产生同一个不可分割的损害结果即可构成共同侵权。共同结果论大大简化了共同侵权的判断标准。

6. 折中论

除了上述五种观点，还有折中论。有学者认为，单纯的主观说或者客观说都不足取，在共同侵权行为的构成要件上既要考虑各行为人的主观方面，也要考虑各行为人的行为之间的客观联系。从主观方面而言，各加害人应均有过错，或为故意或为过失，但是不要求共同的故意或者意思上的联络；过错的内容应当是相同或者相似的。从客观方面而言，各加害人的行为应当具有关联性，构成一个统一的不可分割的整体，而且都是损害发

① 蓝承烈：《连带侵权责任及其内部求偿权》，《法学与实践》1991 年第 1 期。

② ［苏联］坚金 · 布拉图斯主编：《苏维埃民法》，中国人民大学民法教研室译，法律出版社 1957 年版，第 199 页，转引自杨立新《共同侵权行为及其责任的侵权责任法立法抉择》，《河南省政法管理干部学院学报》2006 年第 5 期。

生不可或缺的共同原因。① 根据该观点，除狭义共同侵权行为、共同危险行为和教唆帮助侵权行为外，共同侵权行为还包括：基于数个加害人内容相同或者相似的过失侵害同一受害人相同或者相近的民事权益的行为、基于相同内容的过失与故意的结合，或者基于内容相同或相近的过失行为的结合，而侵害同一受害人相同或者相近民事权益的行为。

折中论其实在本质上仍然属于关联共同论。它一方面认可共同过错或者意思联络可以构成共同侵权，另一方面也指出只要行为相互关联并且都是损害结果的原因，仍可构成共同侵权。这种主张与关联共同论并无实质性区别。所以，我们把共同侵权本质的观点主要归纳为上述五种。

以上五种观点，可分为两大派别。前两种观点为主观派，以主观标准来判断共同侵权行为，后三种观点为客观派，以客观标准来认定共同侵权行为。五种观点既具有各自的特色，同时又具有内在联系，前后观点在逻辑上具有明显的递进关系，一步一步放宽对于共同侵权行为的认定标准。

从主张上看，后一种学说既包含着对于前一种学说部分内容的肯定，又对前一种学说进行了超越。譬如，在共同结果论看来，数个行为共同关联并产生同一结果的当然构成共同侵权，这是应予肯定的，同时，如果数个行为没有共同关联但产生同一结果的，也构成共同侵权。

上述五种观点的基本主张的比较如表 4-1 所示。

表 4-1　　共同侵权本质的五种观点

具体要求 观点	是否要求 共同过错	是否要求 意思联络	是否要求 共同行为	是否要求 行为关联	是否要求 同一结果
共同过错论	是	是	是	是	是
意思联络论	否	是	是	是	是
共同行为论	否	否	是	是	是
关联共同论	否	否	否	是	是
共同结果论	否	否	否	否	是

从表 4-1 中可以看出，五种观点对共同侵权本质的认定标准从严格到宽松，不断降低。具体而言，共同过错论对共同侵权的认定标准最严格，共同结果论最宽松，中间依次是意思联络论、共同行为论和关联共同

① 转引自王胜明主编《中华人民共和国侵权责任法解读》，中国法制出版社 2010 年版，第 42 页。

论。无一例外，所有五种观点对共同侵权本质的一致要求是：结果共同。

从目前有关共同侵权本质的理论研究来看，关联共同论似乎已经成为主流观点。譬如，有学者认为，在以客观标准界定共同侵权行为的共同行为说、共同结果说和关联共同说三种主张中，共同行为实际上很难把握，缺少界定其界限的标准；共同结果的标准则会使连带责任的范围失之过宽，不能采用。因此，只有客观的关联共同，也就是把共同因果关系作为客观的共同侵权行为的界定标准，才最为可行。[①] 不过，虽然关联共同论放宽了共同侵权行为的认定标准，但它并没有否定共同侵权行为中可能存在基于共同过错、意思联络或者共同行为等不同情形的共同侵权行为。

二 相关立法规定

理论上对共同侵权行为本质的认识众说纷纭，立法和司法解释中是如何规定的呢？我们从《民法通则》《侵权责任法》及相关司法解释中有关共同侵权（构成要件）的规定中可以推出其背后对共同侵权本质的立场。

1.《民法通则》及相关司法解释

这方面规定共同侵权的主要包括 1986 年《民法通则》、1988 年最高人民法院《关于贯彻执行〈中华人民共和国民法通则〉若干问题的意见（试行）》（以下简称《民法通则司法解释》）和 2003 年《最高人民法院关于审理人身损害赔偿案件适用法律若干问题的解释》（以下简称《人身损害赔偿司法解释》）。

《民法通则》第 130 条规定："二人以上共同侵权造成他人损害的，应当承担连带责任。"这是我国民事基本法对共同侵权行为作出的专门规定，也是司法实践中审理各类共同侵权案件援用最频繁的法律依据之一。

《民法通则司法解释》第 148 条对《民法通则》第 130 条规定的共同侵权人的内涵作出了细化："教唆、帮助他人实施侵权行为的人，为共同侵权人，应当承担连带民事责任；教唆、帮助无民事行为能力人实施侵权行为的人，为侵权人，应当承担民事责任；教唆、帮助限制民事行为能力人实施侵权行为的人，为共同侵权人，应当承担主要民事责任；无民事行为能力人、限制民事行为能力人的监护人未尽到监护职责的，应当承担相应的责任。"

学者普遍认为，《民法通则》及其司法解释对于共同侵权的规定，坚

---

① 杨立新：《共同侵权行为及其责任的侵权责任法立法抉择》，《河南省政法管理干部学院学报》2006 年第 5 期。

持的是共同过错论的立场，即要求行为人具有共同过错才能构成共同侵权。

《人身损害赔偿司法解释》对共同侵权行为本质的规定集中体现在第3条和第4条。第3条规定：

“二人以上共同故意或者共同过失致人损害，或者虽无共同故意、共同过失，但其侵害行为直接结合发生同一损害后果的，构成共同侵权，应当依照民法通则第一百三十条规定承担连带责任。

二人以上没有共同故意或者共同过失，但其分别实施的数个行为间接结合发生同一损害后果的，应当根据过失大小或者原因力比例各自承担相应的赔偿责任。”

该条共两款，前款规定两类共同侵权：一类是基于共同故意或者共同过失的共同侵权；另一类是在没有共同过错的情况下，如果侵害行为直接结合发生同一损害后果的，也构成共同侵权。而后款规定，在没有共同过错的情况下，如果数个行为间接结合发生同一损害后果的，不构成共同侵权。理论上关于行为“直接结合”与“间接结合”的讨论，即渊源于此。

该条继承了《民法通则》对于共同过错导致共同侵权的规定，同时在《民法通则》的基础上进行了创新，改变了理论上和实践中关于共同侵权行为“共同过错说”的固有立场，转而采用主观与客观相互结合的标准，既规定共同过错侵权行为，同时将“虽无共同故意、共同过失，但其侵害行为直接结合发生同一损害后果的”侵权行为作为共同侵权行为对待。

该解释第4条还规定：“二人以上共同实施危及他人人身安全的行为并造成损害后果，不能确定实际侵害行为人的，应当依照民法通则第一百三十条规定承担连带责任。共同危险行为人能够证明损害后果不是由其行为造成的，不承担赔偿责任。”

这一条规定了共同危险行为制度，将共同危险行为纳入共同侵权的范畴。这一规定呼应了理论界对于共同侵权包括共同危险行为的通说，补充了《民法通则》的立法不足，为司法实践中处理共同危险行为案件提供了具体依据。

从上述司法解释的规定来看，其对共同侵权本质的认识，兼顾了共同过错论、关联共同论和共同行为论三种理论主张，从而将基于共同过错的共同侵权、没有共同过错但行为直接结合的共同侵权和共同危险行为均纳入共同侵权的范畴，使对共同侵权本质和类型的认识更加全面深入。后来制定的《侵权责任法》有关共同侵权的规定也在很大程度上受到该司法解释的影响。

2.《侵权责任法》

2009年《侵权责任法》对共同侵权制度作了更加详细的规定。即使如此，并不意味着其有关共同侵权的规定是明确的甚至是完美的。相反，人们对它的理解存在很大差异，有的甚至是完全不同的理解。试具体分析之。

该法第8条规定："二人以上共同实施侵权行为，造成他人损害的，应当承担连带责任。"第9条规定："教唆、帮助他人实施侵权行为的，应当与行为人承担连带责任；教唆、帮助无民事行为能力人、限制民事行为能力人实施侵权行为的，应当承担侵权责任；该无民事行为能力人、限制民事行为能力人的监护人未尽到监护责任的，应当承担相应的责任。"

表面看来，这两条基本继承了《民法通则》及其司法解释关于共同过错侵权行为的规定。不过，第8条规定的"二人以上共同实施侵权行为造成他人损害"，所表述的共同侵权的类型似乎并不明确，而且与《民法通则》第130条规定的"二人以上共同侵权造成他人损害"的表述存在一些细微的差别。那么，第8条规定的共同侵权行为到底是什么含义呢？对此，人们有不同的认识。

《侵权责任法》的官方起草者认为，第8条规定的共同实施侵权行为，其"共同"主要包括三层含义：一是共同故意，二是共同过失，三是故意行为与过失行为相结合。[①] 这意味着，第8条规定的是基于共同过错的共同侵权行为。

与上述观点不同的是，参与起草《侵权责任法》的一些学者认为，第8条所指的共同侵权行为，既包括主观的共同侵权行为，也包括客观的共同侵权行为。换言之，《侵权责任法》并不反对最高人民法院司法解释关于共同侵权行为的立场。[②] 这表明，第8条规定的共同侵权既包括共同过错的共同侵权，又包括基于行为关联（直接结合）的共同侵权。

这是两种完全不同的观点，它们对第8条共同侵权行为的内涵认识差异很大：前者缩小了共同侵权的范围，后者则扩大了其范围。从条文表述的角度看，第8条似乎仍然沿袭了《民法通则》第130条的规定，但与《人身损害赔偿司法解释》关于行为关联共同侵权行为的规定在文字表述

① 王胜明主编：《中华人民共和国侵权责任法解读》，中国法制出版社2010年版，第42页。

② 杨立新：《侵权责任法：条文背后的故事与难题》，法律出版社2011年版，第50页。

上存在明显的差异。从司法适用的角度看，新法异于司法解释的表述显然会对司法实务造成影响，特别容易使法官面临不知如何适用法律依据的困惑。不过，《侵权责任法》的官方起草者也认为，第 8 条“可以根据社会发展的需要作出相应的限缩或者扩张解释，便于司法实践灵活掌握”①。从这个意义上讲，我们认同对第 8 条的扩张解释，即它所指的“共同实施侵权行为”，既包括基于共同过错而实施的共同侵权，又包括基于行为直接结合而实施的共同侵权。这样可与司法解释的规定保持一致。

第 10 条规定：“二人以上实施危及他人人身、财产安全的行为，其中一人或者数人的行为造成他人损害，能够确定具体侵权人的，由侵权人承担责任；不能确定具体侵权人的，行为人承担连带责任。”大家一致认为，该条是对共同危险行为的规定，在条文表述上基本上沿袭了《人身损害赔偿司法解释》第 4 条的规定。这也是共同侵权行为的一种类型。

第 11 条规定：“二人以上分别实施侵权行为造成同一损害，每个人的侵权都足以造成全部损害的，行为人承担连带责任。”对于这条，人们也存在不同理解。

《侵权责任法》官方起草者认为，该条是对无意思联络分别实施侵权行为但都能造成全部损害时承担连带责任的规定。② 换言之，该条虽然规定的是行为人承担连带责任，但属于分别侵权行为。

对分别侵权行为规定连带责任，体现了对受害人权益的保护。在德国，这被称为不真正连带责任。其构成要件有三：一是二人以上分别实施侵权行为；二是造成同一损害后果，“同一损害”指数个侵权行为所造成损害的性质是相同的，都是身体伤害或者财产损失，并且损害内容具有关联性；三是每个人的侵权行为都足以造成全部损害。这里的“足以”，并不是指每个侵权行为都实际上造成了全部损害，而是指即便没有其他侵权行为的共同作用，独立的单个侵权行为也有可能造成全部损害。③

通常，二人以上分别实施侵权行为，行为人对所造成的损害承担按份责任。但是，按该条的规定，虽然数人分别实施侵权行为，但每个行为都能造成全部损害，这种情况下由所有行为人承担连带责任。这样规定，一方面考虑到每个行为都可以成立独立的侵权行为，由各行为人承担连带责

① 王胜明主编：《中华人民共和国侵权责任法解读》，中国法制出版社 2010 年版，第 43 页。

② 同上书，第 53 页。

③ 同上书，第 54 页。

任不会实质增加加害人的责任[①]；另一方面考虑到由于结果不可分，受害人很难具体判断哪一部分损害是由其中一人造成，因此如果不承担连带责任，将对受害人的利益救济不利。

而参与起草该法的有些学者认为，这是一种特殊的共同侵权行为，叫作叠加的共同侵权行为，尽管每一个人都足以造成这个损害，但毕竟是一个损害事实，因此，这个责任就是一个责任，就把它认定为共同侵权行为，承担连带责任。各个行为与同一损害结果之间的因果关系，叫作叠加的或者累积的因果关系。[②]

本书赞成后面一种理解，认为第 11 条规定的也是共同侵权行为。因为从表现形式来看，该种侵权行为与行为直接结合产生同一损害结果的共同侵权行为并无实质区别，加害人对损害结果的原因力都是百分之百，承担连带责任既对受害人有利，也对各个加害人很公平。

《侵权责任法》第 12 条还规定："二人以上分别实施侵权行为造成同一损害，能够确定责任大小的，各自承担相应的责任；难以确定责任大小的，平均承担赔偿责任。"该条是对无意思联络造成同一损害并承担分别责任的分别侵权行为的规定。对于该条，一致的看法是不属于共同侵权行为。由此可见，《侵权责任法》不认可单一的共同结果论作为共同侵权行为的判断标准。

该条的特殊性在于，虽然是分别侵权，但造成的损害是同一的。这一特点与第 11 条要求的"结果同一"相似。但与第 11 条相比，各个行为与结果之间的原因力有明显区别。第 11 条中，每个行为与结果之间的原因力是同等的百分之百，而且结果在性质上无法分割，各个行为与结果之间的因果关系具有整体性和不可分割性，因此所有行为人承担的是连带责任。而在本条中，每个行为与结果之间的原因力有大有小，或者相同，但均未达到百分之百的程度，而且损害结果一般是可分的，各个行为与结果之间的因果关系具有数量集合性和可分割性，所以各个行为人承担的是分别责任。其所造成的同一结果，完全是多个侵权行为分别产生的结果简单叠加的结果。这是本条与第 11 条的根本区别，恐怕也是理论上不认其为共同侵权行为的原因。而第 11 条之所以可以被认为属于共同侵权并且规定要承担连带责任，是由于造成了一个不可分割的损害结果，每一行为对

---

① 王胜明主编：《中华人民共和国侵权责任法解读》，中国法制出版社 2010 年版，第 53 页。

② 杨立新：《侵权责任法：条文背后的故事与难题》，法律出版社 2011 年版，第 59 页。

损害结果的原因力都达到足够（百分之百），并且原因与结果之间的因果关系不可分割，体现了“行为直接结合”和结果相同的要求，所以按共同侵权行为处理并规定承担连带责任。

综合不同方面对于上述各个条文的解释意见，本书认为，《侵权责任法》对于共同侵权本质的认定，坚持了共同过错论、共同行为论和关联共同论相互结合的立场。这样一方面与共同侵权的主流理论主张相呼应，同时也符合《人身损害赔偿司法解释》和司法实践的一贯做法，有利于保持司法适用的延续性和连贯性。更重要的是，这有利于合理扩大共同侵权的适用范围，更充分地保护受害人的合法权益以及维护生态环境。

除了上述民事立法及司法解释，国务院 2007 年给国家原子能机构作出的《关于核事故损害赔偿责任问题的批复》① 第五点有这样的规定：“核事故损害涉及 2 个以上营运者，且不能明确区分各营运者所应承担的责任的，相关营运者应当承担连带责任。”根据该规定，如果两个以上营运者造成核事故损害，在能够明确区分各自责任的情况下，相关营运者分别承担责任；如果不能明确区分各自责任，则所有相关营运者对受害人承担连带责任。

国务院的上述批复文件似乎没有表明数人行为属于共同侵权还是分别侵权，而是以是否能够明确区分各自责任为判断标准，来认定行为人的责任。而区分各自责任，主要通过行为与损害结果之间的因果关系（即原因力）来加以判断。当然，从该规定“不能明显区分各自责任”的表述来看，似乎也可以推论认为规定倾向于认定数人损害行为属于共同侵权。显然，这一推论的意义在于扩大共同侵权和连带责任的适用范围，对受害人予以了更充分的保护。

三　三点基本启示

从前面有关共同侵权本质的理论观点和法律政策规定来看，可以归纳出如下三点基本启示，或称规律性认识。

1. 对共同侵权的本质认定归根结底是一个价值衡量问题

从前面有关共同侵权本质的各种理论分析和立法条文中可以看出，如何认定共同侵权的本质，是法学家和立法者对于侵权法的价值衡量问题。而价值衡量的两个基本维度，一是受害人的利益，二是加害人的利益。

无论是主观说还是客观说，其主张的背后都是受害人利益与加害人利

① 《关于核事故损害赔偿责任问题的批复》。

益的不断博弈。存在于共同侵权行为本质的不同学说背后的价值判断可以归结为两个，即受害者的充分保护和行为者之间的公平，核心问题在于：客观说建基于应该尽量对受害者有利这一政策性判断之下，宽缓地解释行为的“共同性”要件，从而为受害人寻找到更多的责任人，提高损害赔偿的概率；主观说则建基于损害发生作用小的加害者负担全部损害额欠缺合理性这一政策性判断之下，严格“共同性”要件或者主张限定过错程度小的行为人的责任承担。①

在上述价值判断之下，主观说害怕扩大共同侵权及连带责任之适用而加重加害人的负担，客观说则试图寻求对受害人提供更有力的保护与救济。② 那些放宽共同侵权认定标准的主张，都有更好地保护受害人和其他法益的价值追求。而那些严格共同侵权认定标准的主张，都不希望侵权法成为过分妨害加害人行为自由的立法。

实际上，不管是共同侵权制度，还是侵权法的其他制度，其核心价值问题都是在受害人利益与加害人利益之间进行平衡协调。但不管是平衡保护，还是倾斜保护，其背后都应当体现法的实质价值，反映和关照社会现实。这样的共同侵权制度设计才会保持其正当性与有效性。

2. 共同侵权本质的认定标准日益客观化

从前面有关共同侵权本质的学说发展和立法演变情况来看，从共同过错到意思联络，从共同行为到行为关联，每一次变化都意味着共同侵权行为的判断标准越来越宽，而且相互关联、层层递进，日益客观化。

共同侵权制度的历史演变情况也表明，关于共同侵权的判断标准从来就不是一成不变的，而是随着社会形势的发展变化而与时俱进，从主观走向客观。

在历史上，《德国民法典》当初规定共同侵权制度时，要求数个行为人必须在主观上具有共同故意才能构成共同侵权，除此之外，其他类型的数人侵权都属于分别侵权。这符合当时资本主义初期彰显个人自由的法治精神。但随着风险社会的来临，危险事故不断增加，共同侵权制度的适用范围不断变宽，一些国家和地区对共同侵权逐渐采取客观说，将部分原属于分别侵权范畴的无意思联络数人侵权纳入共同侵权的范畴，“共同”与

---

① 张铁薇：《共同侵权制度研究》，法律出版社 2007 年版，第 144—145 页。

② 张新宝：《侵权责任法原理》，中国人民大学出版社 2005 年版，第 81 页。

“分别”之间的区别越来越模糊。[①]

根据波斯纳的考察，共同侵权行为最初仅指由于多个行为人通力协作行为或基于共同目的的行为而导致的损害。然而，最近以来共同侵权行为开始包含多个行为人的独立行为相结合而产生单一的、不可分割的损害的情况。[②] 按照该观点，只要损害结果具有单一性，便可成立共同侵权行为而课以连带责任。虽然有学者对此评论认为，这是一种将复杂问题简单处理的分析模式。[③] 但不可否认，这种做法无论是在价值理念上，还是在司法实践中，都具有相当的合理性。显然，这种放宽共同侵权认定标准的主张，与共同侵权制度的历史发展轨迹是同向的。

总之，共同侵权的认定标准在不断客观化，认定范围日益扩大。即使是曾经极力倡导主观标准而反对采用客观标准认定共同侵权行为的学者也已经转而赞成客观标准。因为他们也不得不承认，按照意思联络论界定共同侵权行为，所确定的连带责任的范围毕竟太窄了，不能够使更多的受害人得到侵权连带责任的保护。如果立法者认为需要更好地保护受害人的利益，进一步扩大连带责任保护受害人的范围，那么，采用折中说界定共同侵权行为的本质特征，使连带责任的范围适当扩大，以更好地保护受害人的赔偿权利，也不是不可接受的。[④]

共同侵权本质发展变化趋势的核心规律在于：不断淡化行为人之间的主观过错、意思联络以及行为合作的要求，而日益强化行为人之间的客观行为联系和损害结果同一化。与这一规律相呼应，本书认为，《侵权责任法》第 11 条和《环境侵权司法解释》第 3 条将各个单一主体侵权足以导致全部损害的分别侵权并承担连带责任的情形，均纳入共同侵权行为的范畴，这不应当理解为一种偶然现象，它实际上顺应了共同侵权本质的发展趋势。

3. 共同侵权与连带责任具有互动互补关系

从前面的分析也可以看出，共同侵权制度与连带责任之间不仅具有静态意义上的联系，而且在功能上也具有互动互补关系。

---

① 王胜明主编：《中华人民共和国侵权责任法解读》，中国法制出版社 2010 年版，第 57 页。

② Thomas J. Miceli and Kathleen Segerson, “Joint Liability in Marginal and Infra-Marginal Efficiency”, *International Review of Law and Economics*, 11 (1991).

③ 张铁薇：《共同侵权制度研究》，法律出版社 2007 年版，第 24 页。

④ 杨立新：《共同侵权行为及其责任的侵权责任法立法抉择》，《河南省政法管理干部学院学报》2006 年第 5 期。

一方面，共同侵权必然导致连带责任的适用。有学者指出，确定共同侵权行为本质的目的在于确定连带责任范围的宽窄，立法者认为应当将侵权连带责任限制在什么样的范围，就决定采用什么样的表述。[①] 这表明，如果扩大共同侵权行为的适用范围，必然意味着扩大适用连带责任。而如果缩小共同侵权的适用范围，则意味着相应地缩小适用连带责任。

另一方面，连带责任可以并且实际上已经发挥了弥补传统共同侵权不足的功能。传统共同侵权行为理论认为，有共同侵权必有连带责任，而共同侵权是有严格构成要件的，也就是要有共同的故意或者过失，这使连带责任的适用受制于共同侵权。而随着实践的发展，连带责任不一定只在那种基于共同故意或过失的共同侵权中适用，它还可能在分别侵权行为中适用。譬如，《侵权责任法》第 11 条，是“无意思联络但承担连带责任”的数人侵权，很多人认为这是关于分别侵权的规定，只不过责任形态是连带责任。对此，本书将就后面分析，该条实际上也是共同侵权行为，只是区别于传统基于共同过错的共同侵权。另外，连带责任也可能在其他一些性质完全不同的两个以上主体的侵权情形中适用。譬如，2014 年修订的《环境保护法》第 65 条规定：“环境影响评价机构、环境监测机构以及从事环境监测设备和防治污染设施维护、运营的机构，在有关环境服务活动中弄虚作假，对造成的环境污染和生态破坏负有责任的，除依照有关法律法规规定予以处罚外，还应当与造成环境污染和生态破坏的其他责任者承担连带责任。”这里的连带责任，其实并不是关于两个以上污染者的共同侵权行为，而是关于环境服务机构与污染者承担连带责任的规定。[②] 而且，这种共同“侵权”，是“造成的环境污染和生态破坏”，是对生态环境本身的损害，并不是“环境共同侵权”中所指的侵害他人人身或财产权益的侵权行为。当然，因这种“造成的环境污染和生态破坏”而最终使人身或财产权益受损的个人或单位，只要符合环境共同侵权的构成要件，受害者仍然可以共同侵权为由要求环境中介服务机构与污染者承担连带责任，并可依该条款佐证其共同侵权行为。类似于《环境保护法》第 65 条这样的情形，在实践中是存在的。这样的规定，虽然不属于严格意义上的环境共同侵权，但它不仅在理论上弥补了传统共同侵权制度的不足，而且在实践上更有利于保护社会公共利益。这种实践和立法的变化，扩大了连带责任的适用范围，使连带责任不局限于传统共同侵权的场合，

---

① 杨立新：《侵权法论》（第三版），人民法院出版社 2005 年版，第 597 页。

② 信春鹰主编：《中华人民共和国环境保护法释义》，法律出版社 2014 年版，第 226 页。

从而更有利于发挥连带责任保护受害人权益以及其他合法利益的价值功能。

基于共同侵权与连带责任的互动互补关系，本书认为，为实现更充分地保护受害人和其他法益的价值追求，侵权法可以有两个方面的制度选择。第一种方式是，放宽共同侵权的认定标准，扩大共同侵权的适用范围，从而相应地扩大连带责任的适用范围。如果第一种方式难以做到，那么第二种可供选择的方式是，扩大连带责任的适用范围，将两个以上行为产生同一不可分割损害的情形规定承担连带责任。这样，共同侵权与连带责任就实现了动态平衡的制度效果。

第二节　环境共同侵权的本质分析

在考察和总结共同侵权一般理论及其本质诸学说和立法的基础上，环境法学界针对环境共同侵权的本质和内涵，也提出了各种观点和学说。梳理这些观点，对我们准确把握环境共同侵权的本质，具有重要意义。

一　四种理论观点

归纳起来，主要有以下几种代表性主张。

1. 共同危险责任论

早期有学者认为，在环境共同侵权中，如果损害已经发生，只要各行为人的行为都有造成这一损害发生的危险，各行为人就必须共同或分别地对该损害承担责任。[①] 该观点被称为共同危险责任论，该理论是以共同侵权行为所致损害为责任依据，而不论各行为人之间有无共同侵害的意思联络。也就是说，这一理论强调的是客观结果，认为既然各行为人对侵害的发生都有直接或间接的因果关系，那么各行为人就应当共同地或分别不同程度地承担赔偿责任。[②]

上述观点突破了普通共同侵权意思联络的必然要求，以造成危险的“共同性”和损害结果的同一性作为环境共同侵权的显著判断标准，既与无过错责任原则的精神一脉相承，也反映了环境共同侵权与普通共同侵权

① 程正康：《环境法概要》，光明日报出版社 1986 年版，第 138 页。

② 陈泉生：《论环境共同侵权行为的危险责任》，《福建论坛》（经济社会版）1996 年第 4 期。

相比不同的特点。共同危险责任论既兼顾了共同过错论，又体现了共同结果论的合理内核，还创造性地提出了危险共同论，标志着环境共同侵权本质理论在普通共同侵权本质理论的基础上，有了新的发展和自身特色。

后来，又有学者进一步指出，共同危险责任，是指数个行为人实施了排污行为并造成同一损害，数人均有造成该损害的可能，却又无法确知由哪一个造成，因而由数行为人共同承担对该损害的赔偿责任。① 这一观点与早期的共同危险责任论具有相似性，均突出数人行为造成损害的可能性，但与共同危险责任论不同的是，它包含着加害人无法确定以及行为人承担连带责任的思想，其本质上反映的是共同侵权中的共同危险行为。

正如该观点所进一步认为的，环境损害共同责任有以下法律特征：（1）共同行为人实施了共同危险行为；（2）各行为人的危险行为均有可能造成损害结果；（3）损害后果已经发生，但不知何人所为。② 从上述定义和特征描述来看，该观点实际上是将环境共同侵权等同于共同危险行为。从有关共同侵权类型的立法和理论来看，这种理解显然不够全面。如前所述，共同侵权的类型不仅包括共同危险行为，还包括最典型的狭义共同侵权。这些类型在环境共同侵权中也同样存在。

更重要的是，对于如何判断各个行为对损害结果都具有的“危险性”，以及所谓的“共同危险性”，上述各个观点均语焉不详。虽然强调行为的危险性及危险的共同性体现了环境法的风险预防原则和环境侵权的无过错责任原则，但以行为的危险性作为环境共同侵权的判断标准，在实践中无疑充满了操作上的不确定性，从而可能无法给司法裁判提供确切的和合理的技术指引。

2. 客观共同行为论

有学者指出，环境共同侵权行为，是由两个或两个以上的行为人共同污染或破坏环境，而致他人损害的（行为）。环境共同侵权行为的各行为人并无故意或过失的心态，并不认为其单一的合法排污行为或环境开发行为足以造成环境侵害，甚至各个行为人之间也不存在有意思的联络，即彼此之间并无主观上的致害联络。③ 该观点明确宣称环境共同侵权不仅包括

① 乔世明：《环境损害与法律责任》，中国经济出版社 1999 年版，第 311 页。

② 这些特征实际上是对共同侵权的行为描述，而非对共同侵权的责任描述。乔世明：《环境损害与法律责任》，中国经济出版社 1999 年版，第 311—312 页。

③ 陈泉生：《论环境共同侵权行为的危险责任》，《福建论坛》（经济社会版）1996 年第 4 期。

以共同过错和意思联络等因素为基础的环境共同侵权，而且还包括没有意思联络或共同过错的环境共同侵权。这体现了环境共同侵权从主观共同性到客观共同性的发展。这与共同危险责任论的基本精神是一致的，也与共同侵权本质的发展规律是一致的。在此之后有关环境共同侵权的研究中，客观共同行为论得到很多人的认可。但是，如何判断客观行为的共同性，该观点也没有明确说明。而且，“共同行为”的要求，与普通共同侵权“行为关联”的要求相比，明显要严格得多。所以，客观共同行为论下的环境共同侵权的适用范围仍然比较有限。

3. 直接结合论

由于客观共同行为论要求在客观上必须实施共同的行为，有学者就此进行了新的突破性研究。有学者认为，复数污染源共同致害的情况，应当理解为无论复数污染源主观上是否存在共同故意或者共同过失，只要各污染源的环境侵害行为直接结合发生同一损害后果的，各环境侵权人之间就构成共同侵权，应对因此而产生的全部损害承担连带责任。[①] 这一定义有四个特点：一是不要求行为人主观因素作为环境共同侵权的必备构成要件；二是强调构成环境共同侵权的各个侵权行为必须直接结合；三是突出损害后果的同一性；四是表明各行为直接结合与同一损害后果之间的因果关系。与共同行为论相比，这个观点的核心突破是行为“直接结合”即可构成共同侵权，而不需要“共同实施行为”。

各个排污行为直接结合即可构成环境共同侵权，这一主张渊源并契合于《人身损害赔偿司法解释》第3条“虽无共同故意、共同过失，但其侵害行为直接结合发生同一损害后果的，构成共同侵权”的规定，同时也与该规定不要求共同侵权具有主观要件的精神相吻合。因此，上述关于环境共同侵权的主张可称为“直接结合论”（在前面关于一般共同侵权本质的学说介绍中我们称为“关联共同说”）。

“直接结合论”在坚持“共同危险责任论”和“客观共同行为论”之客观性基础上，将行为共同性的研究往前推进了一大步，其对数个行为之间的关系给出了更加宽松的要求，并提出了更具体的判断标准，从而有利于司法实践的操作和执行。虽然“直接结合论”渊源于一般共同侵权的本质，但无疑对研究环境共同侵权的本质及其构成要件极具启示意义。

---

① 罗丽：《中日环境侵权民事责任比较研究》，吉林大学出版社2004年版，第242页；罗丽：《环境侵权中共同侵权行为责任研究——以日本法为视角》，《法律适用》2005年第2期。

当然，“直接结合论”也招致了一些批评，它直接移植于普通共同侵权本质理论中的“直接结合论”，不可避免地带着原来固有的缺陷。特别是它与“间接结合”在理论和实践方面均很难明确区分开来。譬如有研究指出，对法官来讲，要进行“直接结合”与“间接结合”的区分判断，是非常困难的心证过程。因为要判断数个加害行为是“直接结合”或是“间接结合”，不仅要对行为结合的紧密程度进行量的判断，还要准确分析原因力对损害后果的作用，同时还要对加害行为是否是一个不可分割的整体进行判断，这诸多心证过程，对法官来讲要求过于苛刻，难免会出现偏差。在具体的案件审判过程中，将会给扩大或者缩小共同侵权行为的适用创造更多的空间。[①] 所以，“直接结合论”不仅没有真正解决环境共同侵权司法实践的难题，反而带来了新的困惑。

4. 结合整体论

有学者认为，数个行为之间如果存在某种关联共同性，并且造成了同一的损害结果，则构成共同环境侵权，对损害结果应该承担连带责任。共同环境侵权的本质就在于数个环境污染致人损害行为之间具有客观的关联共同性，也就是说数个行为之间的客观关联共同性是判断是否构成共同环境侵权最主要的标准。[②] 至于何谓关联共同性，作者进一步指出，数个侵害行为关联共同性的内容随环境侵权原因行为类型的不同而有所不同，不应也不可能建立一个认定关联共同性的统一标准，只要数个环境侵权原因行为之间具有结合性或通过综合考虑而具有社会公认是一个共同行为的那种程度的整体性，即可认为是共同的违法行为。[③] 归纳起来，上述观点主要表达两个意思：一是认为应以关联共同性作为环境共同侵权的本质特征和主要判断标准，二是以行为的结合性或整体性作为关联共同性的具体认定标准。与“直接结合论”不同，该观点认为只要数个侵权行为具有结合性或整体性，即可构成环境共同侵权，对此，可称为“结合整体论”。

根据该学说的主张，数个排污行为直接结合或间接结合，或具有公认的整体性，均可构成环境共同侵权。显然，与“直接结合论”相比，“结合整体论”对环境共同侵权的认定条件更为宽泛，将结合性和整体性作为两个并行的认定标准加以考虑，承认间接结合的环境共同侵权，从而扩

---

① 李新：《数人侵权形态划分及其责任承担标准的法律探析——兼评中国〈侵权责任法〉的相关规定》，《法学杂志》2010 年第 1 期。

② 张浩强：《论共同环境侵权》，《当代法学》2002 年第 2 期。

③ 同上。

大了环境共同侵权的适用范围。

对于“结合性”与“整体性”的关系，从论者的意图来说，他是希望以整体性标准来弥补结合性标准的不足。或言之，即使数个排污行为并没有相互结合，但如果“通过综合考虑而具有社会公认是一个共同行为的那种程度的整体性”，也构成环境共同侵权。是否被社会公认为是一个共同行为，需要综合考虑相关因素，包括工厂之间的物理上的接近、作业状态、地域性、排放的必要性以及排放的时间性等客观要素之间是否具有相同性和相关性。①

上述对“整体性”的判断标准具有很大程度的客观性，也方便了诉讼指引和司法裁判。但也要注意到，所谓物理上接近等这些客观要素之间具有相同性和相关性，判断标准仍然比较含糊，甚至带有一定的“主观”色彩。何谓接近？多大距离算作接近？排放的必要性如何把握？这些因素都很难有一个客观的判断标准。更何况，“整体性”概念中还引进了“社会公认”这个模糊的判断主体。由于判断主体和判断依据均具有相当程度的模糊性和主观性，导致“整体性”标准很可能成为一个“橡皮泥”，不同主体想怎么捏就怎么捏。这样就可能导致对环境共同侵权的随意认定和司法适用的混乱不堪。所以，本书认为，整体性标准不宜作为判断环境共同侵权的一个独立标准。

与整体性标准相比，结合性标准可能更为客观，也更便于实践操作。只要数个排污行为相互融合或混合在一块，如数个工厂排放的污水流入同一条河流的同一个区域，并通过监测、化验、鉴定等相关技术手段加以证明，就可以认定为行为结合。另外，整体性标准完全可以融入结合性标准当中。地理距离、排放时间等因素，均可以作为判断行为结合程度的参考因素之一。特别是在“行为结合”构成共同侵权后的内部责任分担上，判断整体性的上述诸因素对于认定加害人内部责任分担比例具有重要的参考意义。所以，本书认为，整体性标准与其作为环境共同侵权的一个独立标准，毋宁融入结合性标准，更具有合理性可行性。

二 相关司法解释

与众说纷纭的理论研究不同，关于环境共同侵权的司法解释在表述有关环境共同侵权的判断标准和构成要件时，与上位法有关普通共同侵权的规定保持了有机衔接，从环境侵权领域进一步强化了上位法的有关立法

---

① 张浩强：《论共同环境侵权》，《当代法学》2002 年第 2 期。

精神。

《环境侵权司法解释》作为目前关于环境侵权责任的专门司法解释，在总体上与《侵权责任法》相呼应，其对环境共同侵权的认定标准与《侵权责任法》有关共同侵权的判断标准基本上是一致的，具体体现在该解释第 2 条和第 3 条对环境共同侵权的专门规定中。

《环境侵权司法解释》第 3 条第 1 款规定："两个以上污染者分别实施污染行为造成同一损害，每一个污染者的污染行为都足以造成全部损害，被侵权人根据侵权责任法第十一条规定请求污染者承担连带责任的，人民法院应予支持。"该款规定是对《侵权责任法》第 11 条的规定在环境侵权领域的具体适用，属于环境共同侵权中的共同损害行为。

该司法解释第 3 条第 3 款还规定："两个以上污染者分别实施污染行为造成同一损害，部分污染者的污染行为足以造成全部损害，部分污染者的污染行为只造成部分损害，被侵权人根据侵权责任法第十一条规定请求足以造成全部损害的污染者与其他污染者就共同造成的损害部分承担连带责任，并对全部损害承担责任的，人民法院应予支持。"这一款实际上包含两种侵权类型。一种是共同损害行为，即部分污染者足以造成全部损害的污染行为与只造成部分损害的污染者行为构成叠加的共同损害，该共同损害的范围只限于部分污染者共同造成的损害部分。第二种是单独损害行为，即部分污染者共同造成损害以外的其他损害。第一种共同损害行为表现为行为的"分别"、结果的同一。这样规定，一方面是对实践中形态各异的环境共同侵权类型的丰富和确认，另一方面发展和完善了《侵权责任法》有关共同侵权的法律规定。对第二种损害，因不属于共同结果，自然就不属于环境共同侵权的具体类型。

而该司法解释第 3 条第 2 款的规定则相对比较复杂。该款规定："两个以上污染者分别实施污染行为造成同一损害，每一个污染者的污染行为都不足以造成全部损害，被侵权人根据侵权责任法第十二条规定请求污染者承担责任的，人民法院应予支持。"该款是对无意思联络的分别侵权行为的规定。细加比较，会发现该款所规定的侵权行为表现形式与《侵权责任法》第 12 条规定的侵权情形其实是有差异的。该款强调每个污染行为都不足以造成全部损害，是就侵权行为对损害后果的原因力大小而言。而《侵权责任法》第 12 条则是从损害后果的可分割性而言。我们认为，不管原因力大小（是否足以造成全部损害），如果造成的部分损害后果属于竞合，以至于不可分割，即司法解释该款所指的每个污染行为造成的后果难以分割，则就该部分损害后果，构成环境共同侵权；而如果损害后果可分，当然就属于分别侵权行为，应当按照《侵权责任法》第 12 条的规定予以适用。所以，即使抛开司法解释该款对于分别责任的规定是否合理不说，仅仅从逻辑上判断，它与《侵权责任法》第 12 条所规定的侵权行为类型并不一一匹配。

不管怎样，上述司法解释从环境侵权领域，对《侵权责任法》有关共同侵权的一般规定作了较为明确而具体的细化，这对环境共同侵权案件的司法实践无疑具有重要指引作用。该解释与《侵权责任法》对环境共同侵权的判断标准与类型划分是一致的，均融合了共同过错论、共同行为论和关联共同论三种类型，并且越来越强调“同一损害结果”的要求。面对司法规则对环境共同侵权认定标准和类型的确认，我们如何从理论上进一步解释环境共同侵权的本质？

三　三点基本认识

从上面对于环境共同侵权本质的不同观点和司法解释来看，我们可以总结出如下三个方面的基本认识。

1. 环境共同侵权的本质与普通共同侵权一脉相承

从内容来看，关于环境共同侵权本质的认识，直接受共同侵权本质认识的影响，在很多方面表现出惊人的相似性。

无论是关于普通共同侵权的本质，还是环境共同侵权的本质，都承认共同过错论和意思联络论等主观性标准对共同侵权类型的划分，这就将狭义共同侵权和帮助型及教唆型共同侵权纳入了环境共同侵权的类型当中。

另外，环境共同侵权的“客观共同行为论”，与共同侵权的“共同行为论”几乎如出一辙，它们都认为共同侵权既包括共同过错的共同侵权，还包括“共同实施”的侵权行为。环境共同侵权的“直接结合论”，与共同侵权的“关联共同论”也基本一致。

从发展规律来看，环境共同侵权也与普通共同侵权一样，表现出从主观主义的立场向客观主义的立场不断进化的趋势，体现出发展的同步性。

这表明，对共同侵权本质的认识，是人们认识环境共同侵权本质的基础，二者具有天然的不可分割的历史联系。

2. 环境共同侵权的本质具有自身特色

虽然环境共同侵权的本质认识发源于普通共同侵权，但也具有自身特色，特别是基于环境侵权的特色。这集中体现在“共同危险责任论”的观点上。

在普通共同侵权中，受归责原则的影响，不可能存在危险责任及其共同性。而在环境共同侵权中，由于环境侵权的特点和无过错责任（危险责任）原则的适用，产生了“共同危险责任论”的思想，提出了“危险共同性”的观点。这是普通共同侵权中不曾有的。换言之，如果数个行为具有“共同的危险结果”，也可以构成环境共同侵权。

另外，结合整体论用数个行为的整体性标准来判断行为的结合性，也是人们对环境共同侵权本质认识的一个创新，体现了行为结合性不断客观化的过程。

3. 环境共同侵权的本质有朝着共同结果发展的趋势

如果说从共同过错论到共同行为论再到共同结果论是人们对共同侵权本质的认识不断向客观化发展的趋势的话，那么人们有关环境共同侵权本质的理解，也隐含着不断客观化的过程。

从结合整体论来看，它将污染源的整体性作为判断污染源结合性的重要依据，显示出结合性标准越来越具体化和客观化，可操作性不断增强，对“行为的关联性”要求有淡化的倾向。

而“共同危险责任论”所体现的对危险结果的重视而不是对行为本身的关注，更是使环境共同侵权本质朝着共同结果的方向前进了一大步。

四　环境共同侵权的本质是共同结果

根据上述关于共同侵权的三个规律性认识，本书认为，以结果共同作为判断环境共同侵权本质的根本标准，既符合共同侵权行为判断标准发展变化的基本规律，同时又能够充分体现和反映环境共同侵权不同于一般共同侵权的特点，在适用效果上也不会导致无限扩大连带责任适用范围以致在加害人与受害人之间出现利益失衡的情况。本书把环境共同侵权本质是共同结果的观点称为“共同结果论”。共同结果论的实质是放宽环境共同侵权的认定标准，扩大环境共同侵权的适用范围。

1. 共同结果论符合共同侵权本质的发展规律

无论是理论上还是立法上，共同侵权本质发展的基本规律是，逐步放宽共同侵权本质的判断标准。从共同过错论到意思联络论，再到共同行为论，再到行为关联论，从主观到客观的发展趋势，不仅已经得到学理的广泛支持，而且得到立法和司法的认可。

按照这一规律，共同结果论可以作为行为关联论之后的新标准。与共同行为论和行为关联论等以客观行为为核心的主张相比，共同结果论既坚持了客观主义的基本立场，又实现了从行为到结果的跨越，符合环境共同侵权本质的发展规律。

从共同结果论的主张来看，只要各个行为造成同一性质且不可分割的损害结果，就构成共同侵权，即使是各个行为偶然结合或者没有结合。该主张其实是行为关联论的自然延伸，甚至可以认为，共同结果是比行为关联更具有客观性和可操作性的判断标准。

从前面的分析可知，已经有不少学者提出以共同结果论作为共同侵权的本质，一些立法也已经显露出共同结果论的端倪，譬如《侵权责任法》第 11 条和第 12 条的规定。在本书看来，共同结果论的合理性，主要是它比其他理论主张更加切合环境共同侵权的本质特点。

2. 共同结果论契合环境共同侵权特点

通过前面对环境共同侵权现象及其特征的考察分析可以看出，环境共同侵权既有普通共同侵权的共性特点，又有普通共同侵权所不具备的个性特点。环境共同侵权行为与结果的时空间隔性、污染者之间的无过错和无意思联络、污染源的不确定性和多种复合性、加害人与受害人力量对比的悬殊性，都显示出环境共同侵权与众不同的个性。

无论是共同过错论、意思联络论还是行为关联论，均无法完全覆盖环境共同侵权的所有情形。环境侵权实行无过错责任原则，实践中发生的环境共同侵权现象，少数情形中污染者可能存在共同过错或者意思联络，但绝大多数情形下的污染者都没有共同过错和意思联络。所以共同过错论和意思联络论并不能体现多数环境共同侵权的情形。司法实践中，有法院将共同故意或过失作为认定环境共同侵权的标准。① 这种认识及做法，既是对环境共同侵权构成要件的误解，也是对环境侵权无过错责任原则的忽视。

而行为关联，在环境共同侵权中既难以判断，也有不适用的时候。很多环境共同侵权现象，多个污染源造成了同一个损害结果，但污染源之间是否结合，是如何结合的，以及每个污染源对于损害结果造成影响多大，在技术上很难判断。

以污染源的复合性为例。譬如，在环境污染侵权中，有一类复合污染侵权行为被称为竞合效应。其表现形式是：各个污染源所排放的物质相互结合之后造成某一现实损害，但此等个别的污染源所排放的物质在没有结

① 参见《黄治群与丰都县宗厚养鸡场、丰都县玉润养殖有限公司等水污染责任纠纷一审民事判决书》，中国裁判文书网（http：//wenshu. court. gov. cn）。

合的情况下，其原始效力分别都足以单独造成此一现实损害。[①] 从因果关系的角度看，这种效应被称为聚合因果关系。[②] 从具体表现来看，竞合效应下的数人环境侵权在主观上没有意思联络，但损害结果具有同一不可分割性，各个行为与同一结果在因果关系上具有整体性，在技术上很难区分不同行为对结果的不同影响。即使是在各个行为的关系上，由于环境的媒介作用，虽然是偶然结合，但这并不影响各个行为产生同一个损害结果。

而且有的情况下，污染源相互之间只产生一个损害结果，在损害结果产生前并无相互结合的可能。譬如大气污染物与水污染物同时作用于农作物，这种结合也只有在产生损害结果后才能发生。

从这几个方面判断，无意思联络、行为未直接结合但造成同一损害结果的数人环境侵权，也应当纳入环境共同侵权的范畴。对于这样的共同侵权，行为关联就不是它的本质，只有结果共同才是它的本质。

所以，如果把《侵权责任法》第 11 条和第 12 条的规定理解为，数人侵权产生同一损害结果的情形不属于共同侵权，这样的理解显然没有充分顾及环境共同侵权纠纷发生及其处理的特殊性。它既没有考虑到数个污染行为只能通过“环境”——甚至有的只能通过环境污染和生态破坏这样的“结果”——才能加以结合的特殊性，也没有考虑到环境共同侵权中受害人维权处境的艰难性。

如果以共同结果论作为环境共同侵权的认定标准，则受害人既不需要证明各个污染行为与损害结果之间的因果关系，甚至也不需要证明污染行为是否存在以及是否结合，只要证明其所遭受的是一个不可分割的损害结果即可。事实上，即使是加害人或者专门的技术鉴定机构，也很难证明各个排污行为的结合程度及其与损害结果之间具有多大的因果关系。

而且，如前所述，在理论上，人们关于环境共同侵权本质的认识也在逐步向客观化和结果论的方向发展。无论是结合整体论还是共同危险责任论，都包含着以结果因素来判断行为的“结合性”或者“共同性”的意思。所以，共同结果论也符合环境共同侵权本质理论发展的趋势。

3. 共同结果论能够平衡各方利益

与其他较为宽松的共同侵权认定标准一样，共同结果论扩大了环境共同侵权和连带责任的适用范围，在价值追求上也更突出对受害人利益的保

① 王千维：《环境损害中多数污染源之组合形式及其在侵权行为法上责任归属之基本原则》，《政大法学评论》2000 年总第 63 期。

② 王泽鉴：《侵权行为》，北京大学出版社 2009 年版，第 188 页。

护。但这并不必然导致受害人利益与加害人利益的失衡。

虽然共同结果论使加害人被追究连带责任的概率增加，但他仍然有机会避免毫无道理地承担侵权责任，这就是对免责事由的有效运用。

根据《环境保护法》以及其他环境单行法的规定，环境侵权的免责事由主要包括不可抗力、受害人故意、第三人责任和因果关系不存在等。特别是因果关系不存在，可作为免责的重要事由。当然，在共同结果论下，加害人需要证明不存在的因果关系，是其个别污染行为与整体损害结果之间的（条件）因果关系。加害人如能证明该因果关系不存在，则排除其侵权责任，相应地排除其作为共同侵权人的可能，进而避免连带责任适用其身。

4. 共同结果论更加方便司法裁判

从司法实践的角度来看，如果环境共同侵权适用行为关联论加以判断，其复杂性不可想象。对于行为关联论中的行为关联性，无论是直接结合还是间接结合，或者引入时空一致性等更细的判断标准，都无法摆脱人们认为它过于抽象的批判，使得行为关联的司法实践往往陷入难以操作的困境。

而共同结果论中的结果同一，是一个相对客观且极具操作性的标准。所谓结果同一，即同一个损害对象（权利主体）、同种性质的损害（人身权或者财产权）、无法分割的损害后果。这些具体指标，无论是对法官还是对当事人，都更容易判断或者证明。所以，共同结果论更加简化和方便了环境共同侵权的司法审判。

正是在这个意义上，《环境侵权司法解释》关于环境共同侵权的有关规定，不仅抛弃了有关行为属于直接结合或者间接结合这样的抽象划分标准，而且进一步强化了结果共同作为环境共同侵权认定标准的重要性。该司法解释承袭和发展了《侵权责任法》对共同侵权的认定标准及有关精神，不仅把共同实施侵权行为（该解释第 2 条）纳入环境共同侵权的范畴，也把造成同一不可分割损害结果的多个行为（该解释第 3 条第 1 款）纳入共同侵权行为，甚至把造成部分不可分割损害结果的多个行为（该解释第 3 条第 3 款）也纳入了共同侵权的范畴。这是在坚持《侵权责任法》对环境共同侵权"同一损害结果"判断标准的基础上，对《侵权责任法》有关环境共同侵权具体类型和表现形式的进一步拓展，这也从规范层面进一步支持了本书所主张的共同结果论的观点。这样规定，不仅有利于实体上保障受害人权益，促进社会公平，也有利于程序上的案件处理，为法官提供更操作可行的裁判规则。

五　共同结果的具体要求

共同结果的本质特征在于损害结果的同一性。何谓损害结果的同一性？对此，本书认为，损害结果的同一性包括三个方面的具体要求：一是受害主体同一，二是受害权利同一，三是损害不可分割。

所谓受害主体同一性，是指数个加害行为所针对的对象具有同一性。对象的同一性，并非仅限于一人，可以是同一个人，也可以是同一受影响地域或时间范围内的数人或者人群（在具体特征上可特定化）。

所谓受害权利同一性，这一点判断起来相对比较复杂。有学者指出同一损害系指所侵害的权利具有同一性和可预见性。数个行为同时发生并且产生同一个权利受侵害的结果，必然构成共同侵权行为。如果数个行为先后发生，最后产生同一权利受侵害的结果，此时同样构成共同侵权行为。如果发生一个加害行为侵害权利的情况后，后一个加害行为导致权利侵害范围扩大或是造成更严重的权利侵害时，前一加害人如果对于权利侵害的范围扩大或是造成更严重的权利侵害这一结果具有可预见性，并且两个加害行为先后所侵害的权利为同一，此时两个行为构成共同侵权行为。如果先后侵害的权利不是同一种权利，或者即使为同一种权利，但前一行为人对后一行为人的侵害行为无法正常预见时，则不构成共同侵权。[①] 根据上述观点，损害的同一性，可以由两个指标加以判断：一是在客观上，先后侵害的权利属于同一性质或种类；二是在主观上，前一行为人在正常思维（或社会一般人的通常认识标准）情况下能够预见到后一行为人侵害的会是同一种权利。比较而言，客观指标简单方便，不会给任何一方增加举证上的特别负担。而主观指标必须放在环境法的特定语境下加以衡量。对于污染物排放行为人而言，不应当将其对排放污染物后果的认识水平降低到社会一般人通常的认识标准，而应当作基本且必要的专业认识标准的要求，即以其生产经营活动中的正常专业知识，能够合理预见到其侵害行为的后果及所侵害的权利性质。

所谓损害的不可分割性，按美国《侵权法（第二次）重述》第 433 条 A 评述中的建议，是指“损害不能进行逻辑的、合理的或实际的分割”[②]。从这里可以看出，不能分割包括既不能在事实上（物质形态）进

---

① 姚志明：《侵权行为法》，元照出版公司 2005 年版，第 88—89 页。

② ［美］文森特 · R. 约翰逊：《美国侵权法》，赵秀文等译，中国人民大学出版社 2004 年版，第 231 页。

行分割，也不能在法律上（权利属性）进行分割。结果同一是环境共同侵权的重要特征和显著标志。如果没有同一个结果，即使行为相互结合，也不一定构成环境共同侵权。事实也是如此。在实践中，由于环境的联系，把多个排放行为联结在一起，最后产生了损害结果。但是如果多个行为结合产生的损害结果是分别的、可分离的，仍然属于分别侵权，不构成环境共同侵权。只有在多个行为结合后产生了同一且不可分割的损害结果，才是真正的环境共同侵权。

所以，如果各个行为人针对不同的受害人实施了侵权行为，或者即使针对同一受害人，但是不同的权利分别遭受侵害，或者即使是侵害同一权利，但损害后果在事实上和法律上能够分开，则有可能构成分别的侵权行为或并发的侵权行为，而非共同侵权行为。①

对于共同结果论的主张，还需要补充说明三点。一是共同结果论隐含着各个行为与同一结果的因果关系要求。所谓结果共同，当然是指各个行为共同导致了同一个损害结果，而不论各个行为之间存在怎样的关系。共同结果论强调损害后果的同一，其实也包含了各个行为对于损害后果而言不可或缺这样的意思。换言之，共同结果论不仅不否认，反而坚持单独行为与损害后果之间不可割裂的因果关系。在这一点上，共同结果论与共同过错论和共同行为论等主张没有区别。

二是共同结果论是对环境共同侵权本质内涵的丰富和发展。共同结果论并不完全否定和取代共同过错论、意思联络论、共同行为论和行为关联论等主张的合理内核，而是对上述各主张的扬弃发展。共同结果论承认共同过错、意思联络、共同行为和行为关联等因素在环境共同侵权现象中的客观存在，同时认识到上述各因素并不能完全涵盖环境共同侵权的所有现象，不能真正体现环境共同侵权的本质特色。所以，共同结果论是在承认上述各因素合理性的基础上，对环境共同侵权本质和类型的新发现和新发展。

三是共同结果论作为关于环境共同侵权本质的判断标准，它只是符合环境共同侵权行为的特殊性。正是基于适用领域的特殊性，所以共同结果论并不能推广到当然适用于所有共同侵权行为，它能否成为一般共同侵权本质的认定标准，还需要另外专门研究。

---

① 李新：《数人侵权形态划分及其责任承担标准的法律探析——兼评中国〈侵权责任法〉的相关规定》，《法学杂志》2010 年第 1 期。

第三节 共同结果论的正当性论证

共同结果论在本质上具有规范性，它宣示着环境共同侵权的认定标准更加宽松，对受害人和环境的保护更加充分。共同结果论不仅符合共同侵权行为本质发展变化的客观规律，同时充分反映环境共同侵权的自身特点，并且具有司法裁量的方便性。但是，它所体现的正当性在哪里？

一般认为，法的正当性（legitimacy）应当而且只能依赖于道德伦理角度的证成，最终归结为伦理正当性。伦理是法律的条件，也是法律的目标。[①] 合乎伦理道德的法律是正当的，背离道德的法律不具有正当性。法律应该体现时代的伦理精神，也应追求永恒的道德价值。正当性不同于合法性（legality）。法律的合法性是指下位法符合上位法或者至少不与上位法冲突，是内在于实在法的概念；法的正当性是用外在于实在法的标准来对实在法进行判定。如果二者符合，实在法就具有正当性。法的正当性说明法律必须得到遵守的理由。法作为当代社会自我控制的主要工具，主要依赖社会成员的自觉遵守，而遵守的理由不是法律背后的制裁力量，而是得到社会成员的认同。[②] 研究环境法正当性的方法以价值分析法为主。[③]

在上述意义上，本节主要探讨共同结果论体现的更有益于保护受害人和生态环境的基本精神的道德哲学基础和人文社会根源。

一 共同结果论以矫正正义为基石

矫正正义与分配正义是亚里士多德首倡的正义理念。在亚里士多德看来，分配的公正是分配公共财富的公正，如果要从公共物中分配，就要按照人们各自对公共事业的贡献来进行。[④] 分配的公正在于成比例，因此它属于几何比例的公正。而矫正的公正是在出于意愿的或违反意愿的私人交易中的公正，这种公正不是几何的比例，而是算术的比例。[⑤] 可以认为，

---

① ［德］魏德士：《法理学》，吴越等译，法律出版社 2005 年版，第 180—183 页。

② 胡静：《环境法的正当性与制度选择》，博士学位论文，中国政法大学，2007 年。

③ 同上。

④ ［古希腊］亚里士多德：《尼各马可伦理学》，廖申白译注，商务印书馆 2003 年版，第 136—137 页。

⑤ 同上。

基于财富的匮乏而对财富的分配是传统社会或者前现代社会分配的基本状况。

当一条分配正义的规范被一个社会成员违反时，矫正正义便开始发挥作用，因为在这种情况下，要求对过失作出赔偿或剥夺一方当事人的不当得利，就成为势在必行了。[①] 所以，矫正正义一直以来被人们视为侵权法的法哲学基础。即使是到今天，矫正正义仍然是当前为侵权行为法正当性进行辩护的最常见理由，而且自从侵权行为法开始以来，矫正正义就与其紧密联系在一起，这种巧合使得侵权行为法理论具有合法性。[②] 在加害人与受害人之间进行的利益分配，在本质上是基于矫正正义的要求。

共同结果论调整利益关系的重心在于加害人与受害人之间，它使利益的天平更加偏重于受害人而不是加害人。这仍然符合矫正正义的基本精神。所以，矫正正义仍然是共同结果论的正义基石。

同时也要注意到，一直以来，在矫正正义和分配正义的视野中，被分配的客体主要是指社会财富，这也是亚里士多德创立这两个概念的原初含义。当然，这里的财富应当作广义理解。就社会财富来说，就是去处理人们所需求的稀缺物品如消费品、收入、教育机会和财产等问题。以上这些，有的是物质财富，有的是表现于荣誉或其他可析分的[③]、以财富换算的东西。但是随着社会的发展，现代社会中财富短缺的状况已经基本不复存在，或者对物质需求的紧迫性已经远远不如前现代社会。在现代化进程中，生产力的指数式增长，使危险和潜在威胁的释放达到了一个我们前所未知的程度。[④] 现代社会已经进入风险社会。所以，传统矫正正义下加害人与受害人的财富分配规则面临调整进化的需要。

二　共同结果论以风险社会为背景

在风险社会中，分配规则亦发生了相应的变化，即从短缺社会的财富分配逻辑向晚期现代性的风险分配逻辑的转变。[⑤] 风险社会下，正义分配

---

① ［美］E. 博登海默：《法理学：法律哲学与法律方法》，邓正来译，中国政法大学出版社 1999 年版，第 257 页。

② ［英］卡罗尔·哈洛：《国家责任——以侵权法为中心展开》，涂永前、马佳昌译，北京大学出版社 2009 年版，第 23 页。

③ ［古希腊］亚里士多德：《尼各马可伦理学》，廖申白译注，商务印书馆 2003 年版，第 134 页。

④ ［德］乌尔里希·贝克：《风险社会》，何博闻译，译林出版社 2004 年版，第 15 页。

⑤ 同上。

的客体已经不再是单纯的财富，还包括面临的各种风险。

在风险社会，不明的和无法预料的后果成为历史和社会的主宰力量。这种风险，在本质上是与财富不同的。它首先是指完全逃脱人类感知能力的放射性，空气、水和食物中的毒素和污染物，以及相伴随的短期和长期的对植物、动物和人的影响。它们引致系统的、常常是不可逆的伤害，而且这些伤害一般是不可见的。[①] 与财富相比，风险是在现代化背景下社会财富达到相对比较丰裕的状况下出现的附带问题和负面问题。

风险的根本意义在于启示未来。在根本的意义上，风险既是现实的又是非现实的。一方面，有很多危险和破坏今天已经发生了：水体的污染和减少，森林的破坏，新的疾病，等等；另一方面，风险实际对社会的刺激在于未来预期的风险。在这个意义上，存在一旦发生就意味着规模大到以至于在其后不可能采取任何行动的破坏的风险。因而，风险意识的核心不在于现在，而在于未来。[②] 不在于现在对行为的批判与责难，而在于未来对风险及其损害的分配。在分配客体发生重大变化的前提下，原来的分配正义的分配规则相应地必须作出调整。

以风险社会为背景，站在保障现代人权的法理基础之上，面对民法保护私有财产权与宪法保障生存权的冲突及拉扯的紧张关系，向来偏重于保护私有财产权、注重平均正义的民法解释论势将面临价值观的转换，代之以保障生存权为主的重视分配正义的新的诠释论，这不独是侵权行为法的发展趋势。[③]

顺应侵权法保障生存权的发展趋势，将环境污染的风险（形式上是加害人的赔偿风险）分配给加害人，是侵权法发展的必然要求。为什么要把风险分配给加害人特别是实力较强的加害人？对此，人们给出了四种代表性解释。

财富责任论认为，财富产生债务。[④] 谁掌握着更多的财富，谁就应当承担更多的责任。该论以单纯的财富多少来决定责任大小，而不问财富与损害后果之间的具体关系，不考虑财富的创造与责任是否存在因果关联，

---

① ［德］乌尔里希·贝克：《风险社会》，何博闻译，译林出版社 2004 年版，第 20 页。

② 同上。

③ 林美惠：《侵权行为法上交易安全义务》，博士学位论文，台湾大学，1999 年，转载于张铁薇《共同侵权制度研究》，法律出版社 2007 年版，第 86 页。

④ 刘甲一：《私法上交易自由的发展及其限制》，载郑玉波主编《民法债编论文选辑》（上），五南图书出版公司 1984 年版，第 130 页。

有失武断，显失公平。因此，“财富”标准不能作为在侵权责任分担领域实现分配正义的分配标准。[①] 它也不符合风险社会背景下分配客体主要体现为风险的基本现实。

报偿责任论认为，利益的归属之处即是损失的归属之处。[②] 谁获得了更多的利益，谁就应当承担遭受的损失。该论在本质上与财富责任论相同，亦不足取。

危险责任论认为，“自己制造危险的人对其结果应负责任”。让开启这种危险的人来承担是比较合理的。[③] 该论强调危险的制造责任。与之类似的观点是，危险的持有人对危险造成的损害负责。[④] 这两种观点没有考虑危险是否可控，没有考虑危险的可控性对责任的影响，因此亦不太妥当。

利益风险论认为，获取利益者，负担危险，系公平正义之要求。谁获取了利益，控制着风险，谁就应当承担更多的责任。这就是风险与收益一致原则。在某些无意思联络数人侵权的场合，数人均为经营营利单位，且是因为经营行为导致了侵权的发生，这种情况下要他们承担连带责任的理由之一就是因为他们在侵权中获得了利益。特别在环境污染等公害领域，这一原则适用的余地更大。[⑤] 该论将报偿责任论与危险责任论结合起来，将利益与风险控制能力同时作为分配风险的依据，特别强调风险控制力对责任的影响。这一思路非常切合共同结果论下加害人与受害人之间的利益公平正义理念，也合理地解释了环境共同侵权诉讼中存在的“深口袋”加害人现象。

一方面，从利益角度来说，加害人在生产经营中获得了相应的收益，但他同时使受害人蒙受损失，为此他应当付出相应的代价；另一方面，从风险控制能力来说，加害人在生产经营中最有能力和条件来控制污染物排放，而受害人几乎只能被动接受污染排放。让风险控制能力强而更合适控制的加害人来承受因没有有效控制风险而导致污染侵权的损失，相对比较公平。正如人们所认为的，相对于生命、身体、健康无辜遭受侵害的受害

---

① 王竹：《侵权责任分担论》，《法学家》2009 年第 5 期。

② 于敏：《日本侵权行为法》，法律出版社 2006 年第 2 版，第 14 页。

③ 同上。

④ 可参见《蒙古国民法典》第 379 条。

⑤ 李新：《数人侵权形态划分及其责任承担标准的法律探析——兼评中国〈侵权责任法〉的相关规定》，《法学杂志》2010 年第 1 期。

人而言，与其让加害人承担按份责任而使受害人求偿不能，毋宁使加害人承担连带责任而致其追偿不能，在利益衡量上更为妥当。[①] 而共同结果论的确立，使加害人承担连带责任成为必然要求。

而且，在加害人之间，风险分配更倾向于“深口袋”加害人，这一点也完全可以从利益风险理论中得到论证。

三 共同结果论符合人性基本需求

共同结果论在价值追求和政策取向上倾向于强化对污染受害者的保护，在本质上是响应人性的基本需求。

卢梭认为，人性的首要法则，是要维护自身的生存。[②] 可见生存对于人而言具有绝对价值。即使是按照美国著名心理学家马斯洛的观点，人类的基本需要是由不同层次的需求组成的序列，在这序列中，生存与安全需要也是比较靠前的。

马斯洛认为，在人类的需要中，生理需要在所有需要中占绝对优势。具体说，假如一个人在生活中所有需要都没有得到满足，那么是生理需要而不是其他需要最有可能成为他的主要动机。一个同时缺乏食物、安全、爱和尊重的人，对于食物的渴望可能最为强烈。[③] 如果生理需要相对充分地得到了满足，接着就会出现一整套新的需要，我们可以把它们大致归纳为安全类型的需要（安全、稳定、依赖、保护、免受恐吓、焦躁和混乱的折磨、对体制的需要、对秩序的需要、对法律的需要、对界限的需要以及对保护者实力的要求等）。[④] 由此可见，对于安全的需要在人的基本需要层次系统中是仅次于生理需要的最基本最重要的需要。

现代风险社会，人的生存和人身安全面临着来自各方面特别是环境污染的威胁。在存在着对法律、秩序、社会权威的真实威胁的社会环境中，对安全的需要可能会变得非常急迫。[⑤] 按照这个逻辑，当个体的人身或者赖以生存的安全基础受到威胁时，其对安全需要的渴望甚为强烈。

从前面展示的共同侵权案例可以看出，受害人所遭受的损失，表面上

---

① 陈现杰：《最高人民法院人身损害赔偿司法解释精髓诠释》，载王利明主编《判解研究》（2004 年第 3 卷），人民法院出版社 2004 年版，第 18 页。

② ［法］卢梭：《社会契约论》，何兆武译，商务印书馆 1980 年版，第 9 页。

③ ［美］亚伯拉罕·马斯洛：《动机与人格》（第三版），许金声等译，中国人民大学出版社 2007 年版，第 19 页。

④ 同上书，第 21 页。

⑤ 同上书，第 26 页。

是财产性损失，但那些财产几乎都是维系农民、渔民等弱势群体基本生存需要的保障。正是由于这层特殊的意义，在生存和生活保障遭受来自外界的威胁和伤害时，他们才会一直不屈不挠地坚持斗争，甚至为维护自身权益而不惜一切代价。以至于很多案件都经历过一审、二审甚至重审、再审等漫长的周期。原因何在？就在于那些损失是他们整个家庭“安身立命”的基础。

共同结果论正是定位于对人的基本安全需求的满足，确保主体特别是弱势群体基本的人身安全和生存保障。共同结果论形式上是简化环境共同侵权的构成要件，强化加害人的责任负担，实质上的价值追求是为污染受害者提供更加安全的生存保障。有学者指出，对公害造成的受害者进行救济，就成了生存权保障的典型的样式。① 正是在这个意义上，以保护受害人为宗旨的共同结果论是人性基本生存需求的客观要求。

无论是环境共同侵权本质的认定，还是环境法上其他任何制度的设计，都应当定位于适应和满足人的最基本最重要的需要。正如习近平同志指出的，良好生态环境是最公平的公共产品，是最普惠的民生福祉。② 如果背离或者不能满足人的最基本最重要的需要，则环境共同侵权本质的正当性与合理性值得怀疑。

四　共同结果论隐含环境价值理念

人类对于周围这个世界的思考方式，很重要的一个方面就是论证自己对于环境所采取态度的合理性，为自己在这整个结构中所扮演的角色提供解释。③ 环境价值理念就是这样一个理论解释。

环境价值，其基本含义是指，任何事物包括人的行为在内，对于人的环境本性和环境方面需求的意义。其意在表明，对一定环境的依赖已被确认为是现实人的一种基本需要，而满足和实现这种需要则成为对人的一种直接价值。④ 环境价值不同于环境的价值。环境的价值是指：环境作为客体，它对于人的生存发展所具有和可能具有的意义，它所引导的思考是

---

① ［日］大须贺明：《生存权论》，林浩译，法律出版社 2001 年版，第 193 页。

② 《绿水青山就是金山银山——关于大力推进生态文明建设》，《人民日报》2014 年 7 月 11 日第 12 版。

③ ［英］克莱夫·庞廷：《绿色世界史：环境与伟大文明的衰落》（新版），王毅译，中国政法大学出版社 2015 年版，第 98 页。

④ 李德顺：《价值论》（第 2 版），中国人民大学出版社 2007 年版，第 445—446 页。

“环境能够在哪些方面满足人的需要”。而“环境价值”概念所引导的思考是：如何保护和优化人的生存发展环境以保全人自身？[①] 环境价值理念的取向，与通常意义上的认为人类应该与自然和谐共处而不是凌驾于自然之上的环保主义思想[②]，其实是一致的。

环境价值理念表明，人们开始把周围环境的良性循环，当成人自己生存发展的内容和标志、权利和责任之一，当作人的全面健康发展目的之内的一个有机成分。所以，环境价值在本质上是人的价值，是符合人性的以保障人的生存发展为根本目标的价值。

一些极端或偏激的环境生态主义者，实际上主张人类或者是一部分国家地区放弃社会经济和工业发展的目标，单纯地为保存现有的环境和生态服务；而另一些强调社会经济发展为紧迫目标的人，尤其是承担地区性建设重任的人，则容易从另一方面否定环境价值的意义。[③] 前一种观念是极端环境保护主义者，它为环境保护而环境保护，轻视经济发展对于满足人的基本生存需要和权利保障的重要意义，忽略了环境保护的主体性价值，使环境保护失去了权利正当性和合目的性。后一种观念，实际上与片面追求 GDP 增长，重 GDP 增长轻环境保护的观念如出一辙。在当前我国环境污染形势依然十分严峻的情况下，轻视甚至否定环境价值、片面追求经济增长指标的观念与科学发展、包容性增长的主旨和要求相背离，具有更大的危害性。

环境价值要求站在人类的立场上，既不脱离自然环境去追求人和社会的发展，又不脱离人和社会的发展去保护自然环境，同时也不能把二者当作彼此无关的平行过程，任其自发地相互抗衡、相互抵消。[④] 所以，环境价值论既不是人类中心主义的，也不是环境中心主义的，而是在肯定人的利益基础上的环境保护。从制度正义的视角来理解环境价值理念的内涵，就成为环境正义理念。

共同结果论与环境价值的理念深度契合。共同结果论的延伸作用在于扩大连带责任的适用范围。只要造成同一个损害即可构成环境共同侵权，相应地，所有加害人就应当一体承担连带责任。连带责任相对确保了加害

---

① 李德顺：《价值论》（第 2 版），中国人民大学出版社 2007 年版，第 446 页。

② ［美］J. R. 麦克尼尔：《阳光下的新事物：20 世纪世界环境史》，韩莉、韩晓雯译，商务印书馆 2013 年版，第 345 页。

③ 李德顺：《价值论》（第 2 版），中国人民大学出版社 2007 年版，第 448 页。

④ 同上书，第 447 页。

人的赔偿能力，不仅对受害人有利，而且对环境保护有益。如欲避免连带责任的发生，行为人会时时提醒自己注意其生产经营活动的环境影响，尽力不实施环境违法行为。当这样的行为人日益增多时，普遍性违法现象就会相应减少，环境污染自然得到减轻，环境质量也就逐步提高。所以，共同结果论在功能上更加有益于环境保护。

同时，共同结果论对环境保护的追求，是以保障人的生存为基础和前提的。共同结果论的制度设计并不以极端环境保护主义思想为指导，而是以保护和优化人的生存与发展为起点和归依，在这个过程中实现对环境的保护。所以，共同结果论隐含着环境价值的思想理念，是环境价值理念的体现和表达。

以上四个方面的正当性论证，并非毫无逻辑的理论堆砌，相反，它们之间具有内在联系和层次序列。矫正正义是加害人与受害人之间利益分配的基石理念。风险社会理论是在现代环境风险高度密集下矫正正义与分配正义的客体进化。需求层次理论从人性角度对风险社会下受害人生存保障的优先性给出了新的论证。环境价值理念既是对受害人利益的进一步肯定，更是对共同结果论的环境保护意义的强化。矫正正义、风险社会和需求层次理论确立了共同结果论下通过私法上的制度安排来保护受害人利益的伦理和社会基础，环境价值理念为共同结果论下通过公法和政策上的规制来保护受害人利益及生态环境利益提供了理论解释。

第四节　环境共同侵权的内涵构成

本质决定内涵和形式。环境共同侵权的本质决定了环境共同侵权的内涵、构成要件和具体类型。

一　环境共同侵权的内涵

在对环境共同侵权现象的考察和对环境共同侵权的本质给予重新认识的基础上，我们对环境共同侵权的内涵作以下理解。

（1）环境共同侵权的行为主体必须包括两个以上的加害人，不包括由若干受害人或第三人和一个加害人共同导致的环境侵权。如果污染损害是由排污单位与第三者（或者受害者）的过错共同造成的，称混合责任。

此时，应按照双方各自的行为的情节确定各方的责任。[①] 这种情形，不是本书所界定的环境共同侵权。当然，这并非意味着受害人或第三人的过错在环境共同侵权行为中没有意义。我们意识到，在多个加害人导致的环境共同侵权中，如果还有受害人或者第三人的因素的介入，该等因素可能会构成加害人免责或减轻责任的抗辩事由，对所有加害人的外部整体责任大小产生影响，进而影响到各别加害人最终分担的责任大小。因此，本书在相关部分会对该等因素加以考虑。

（2）环境共同侵权强调环境的媒介作用。环境共同侵权首先是环境侵权，而环境侵权的特殊性仅在于损害结果的引起是通过“环境”这一介质。[②] 从实践表现来看，环境共同侵权往往是两个以上单独行为在环境的连接下结合而发生的产物。各个行为人通常事先并不会预料到（或者并不欲求）其排放行为会（要）与其他行为人的排放行为结合在一起。所以，环境共同侵权不一定是“共同”实施的行为，换言之，环境共同侵权并不必然具有行为的共同性，这恰好与主观上的非过错和非意思联络彼此对应。而之所以会发生共同侵权，是多个行为借助环境的联系，直接或者间接结合在一起后才发生的。没有环境作为关联纽带，就不可能有行为的结合。所以，环境共同侵权发生的外在条件是环境的纽带作用。

（3）环境共同侵权包括但不必须要求加害人具有主观共同过错的情形。环境侵权属于特殊侵权行为，适用无过错责任原则，环境共同侵权作为环境侵权的一种，相应地也同样应当坚持适用无过错责任原则。倘若环境侵权和环境共同侵权适用不同的归责原则，必然导致二者在归责原则上的逻辑冲突[③]和司法实践的操作混乱。在有的环境共同侵权中，加害人之间可能具有共同过错或者意思联络。但在判断复数污染源的共同致害行为是否构成共同侵权行为时，不应该考虑各侵权人之间的主观共同性。[④] 因此，有关共同过错、意思联络等主观因素的表述，不应当作为环境共同侵权概念内涵的必备组成部分。主观因素不是体现环境共同侵权核心本质的要素。

---

① 韩德培主编：《环境保护法教程》（第二版），法律出版社 1991 年版，第 227 页。

② ［德］克里斯蒂安·冯·巴尔：《大规模侵权损害责任法的改革》，贺栩栩译，中国法制出版社 2010 年版，第 48 页。

③ 张浩强：《论共同环境侵权》，《当代法学》2002 年第 2 期。

④ 罗丽：《环境侵权中共同侵权行为责任研究——以日本法为视角》，《法律适用》2005 年第 2 期。

当然，环境共同侵权不要求必须具有主观共同过错或意思联络，不等于说环境共同侵权中就不存在行为人的共同过错或者意思联络的情形。实践中，有不少环境共同侵权情形，多个行为人在主观上确实具有共同的故意或者意思联络。这是共同侵权的一种形式，特别体现在一般共同侵权立法中。另外，主观因素在环境共同侵权的司法实践中也具有重要意义，特别是在划分加害人内部的责任分担比例时，主观过错的比较是一个重要的衡量标准。对此，后面将有具体分析。

（4）环境共同侵权包括行为“直接结合”“间接结合”以及行为不结合但产生同一结果的情形。从前面有关环境共同侵权“共同性”各种学说的分析综述中已然看出，无论是“直接结合论”，还是“结合整体论”，都不能如实准确地反映环境共同侵权现象在实践中的具体表现形态。只有“直接结合”与“间接结合”组成“相互结合”，亦即广义的“结合”，才能更客观地反映环境共同侵权的实际样态，更广泛地涵盖环境共同侵权的实践类型。

行为的“结合性”并不要求行为的“同时性”。对此，民法学者多有论述。如我国台湾地区孙森焱教授认为，共同关联性系着重数人所为之违法行为，致生同一损害为要件，故数人为违法行为不以同时为之为必要，即使加害行为有先后，如发生同一损害，亦应认为共同加害行为。[①] 此论已成为通说。[②] 对于环境侵权而言，只要数个行为结合并产生同一结果，不管是何种形式的结合，均构成共同侵权，这体现了环境共同侵权的特色。

更重要的是，在有的行为没有结合的情况下，只要产生同一结果，也构成环境共同侵权。这是环境共同侵权区别于其他共同侵权的本质。

将结果同一性作为判断环境共同侵权是否构成的新标准，避开了怎样判断各个行为是否结合以及如何结合的技术难题，扩大了承担连带责任的适用范围，从而可以最大限度地保护污染受害者的合法权益，在客观上也有助于促使加害人增强环境责任意识，改善环境质量。

在上述内涵理解的基础上，环境共同侵权可以作以下定义：两个以上不同主体在排放或者处理污染物的过程中，导致同一不可分割损害结果的侵权行为。这个定义以客观描述的视角，坚持无过错责任原则，坚持共同

---

① 孙森焱：《民法债编总论》（上），三民书局 2001 年版，第 274 页，转引自姚志明《侵权行为法》，元照出版公司 2005 年版，第 88 页。

② 姚志明：《侵权行为法》，元照出版公司 2005 年版，第 88 页。

结果论的基本内核，是对环境共同侵权作的最具包容性的定义。

二 共同损害行为的确立

环境共同侵权的新定义，既涵盖了以共同过错和意思联络为基础的共同侵权，又包括了以行为结合并产生同一结果的共同侵权，还包括行为虽未结合但结果同一的环境共同侵权。行为未结合但产生同一结果的环境共同侵权，我们称之为共同损害行为。环境共同侵权共同结果论的形成，标志着共同损害行为作为独立的环境共同侵权类型的确立。

正如有研究指出的那样，共同侵权的类型，除了传统所谓的共同加害行为、共同危险行为、造意行为和帮助行为四种，还应当包括共同损害行为。所谓共同损害行为，系指加害人各为侵害行为，即侵害行为复数，然所造成之损害结果具有一体性（即其中哪部分为何者所造成之损害不明了）。[①] 在该分类中，共同加害行为主要强调行为的主观过错和道德非难性，而共同损害行为注重损害结果的共同性，以受害人的损害填补为中心，行为的主观因素在所不问。

共同损害行为的确立，不仅突破了《侵权责任法》以共同过错或者共同行为为基础的共同侵权行为类型，而且突破了《人身损害赔偿司法解释》中构成共同侵权的数个行为必须具有“直接结合性”的要求，以更广泛的结合和结果共同作为新的判断标准。这是环境共同侵权定义和类型的创新之处。

按照《侵权责任法》第 8、9、10 条的规定，构成环境共同侵权，要么存在主观上的共同过错，要么存在客观上的共同行为。如果不是共同实施的行为，行为之间不管任何形式的结合，均不构成共同侵权。这是对环境共同侵权甚至所有共同侵权的最基本也是最狭窄的理解。显然，《侵权责任法》关于共同侵权的规定，既没有涵盖《人身损害赔偿司法解释》中“直接结合型”的共同侵权，当然更不可能对“直接结合”作出新的突破。

按照人身损害赔偿司法解释的规定，共同侵权所要求的数个行为结合，如果是数个行为直接结合产生同一损害结果的，则承担连带责任；而如果是数个行为间接结合产生同一损害结果的，则数人各自承担相应责任。司法解释以行为的直接结合性与间接结合性为判断依据，区分共同侵

---

① 张钰光：《共同侵权行为类型化之初探》，《迈入二十一世纪之民事法学研究》，元照出版公司 2006 年版，第 523 页。

权和分别侵权。对此规定，理论上多有批判，认为在司法实践中很难区分操作。有学者指出："对于所谓直接、间接的区分过于模糊和抽象，而不同的责任形态对于当事人利害关系甚巨，这极大地损害了司法解释应有的确定性和操作性。结合的紧密程度只能依据法官判断，赋予了法官过大的自由裁量权，法官实际上可以自由认定直接和间接标准，任意选择适用连带责任和按份责任，可能有权力滥用之虞。"①

环境共同侵权的新定义，共同损害行为的确立，相对《侵权责任法》而言向前迈出了两步：第一步是使环境共同侵权包含了"直接结合型"的共同侵权；第二步是使环境共同侵权包含了行为未结合但结果同一的共同侵权。而相对《人身损害赔偿司法解释》而言，共同损害行为也前进了一步：将间接结合或未结合但结果同一的侵权行为纳入共同侵权的范畴。

共同损害行为在环境侵权中是一个客观存在的现象。在环境侵权领域，数个单独的排污行为，几乎都要借助于环境的媒介作用才能相互结合在一起从而产生同一损害结果。这是直接结合还是间接结合？显然，按照司法解释的规定，这属于间接结合，因为数个排污行为是通过环境这一中介因素才结合到一起的。如果按照这一标准来判断，几乎所有的复合污染侵权行为都不可能构成直接结合的环境共同侵权，只能属于间接结合的"环境侵权"。在此情形下，只能适用《人身损害赔偿司法解释》第 3 条第 2 款或者《侵权责任法》第 67 条的规定，即各个行为人根据过失大小或者原因力比例各自承担相应的赔偿责任。这个责任，只能是按份责任。而《人身损害赔偿司法解释》第 3 条第 1 款，以及《侵权责任法》第 8 条有关连带责任的规定，在环境侵权领域均会被束之高阁而无用武之地。因为在实践中，数个排污行为很少有意思联络，或者难以判断其意思联络，这样只能依靠客观行为结合标准来判断是否构成环境共同侵权。而由于环境的媒介作用不可替代，因此排污行为之间的"直接结合"也是不可能发生的。甚至一些排污行为结合时，也就是其损害结果发生时。此时的行为结合，与结果同一已然没有时间差别，这样，所谓的行为结合，其实已经没有多大的意义。可以说，环境共同侵权实践中，多个行为间接结合甚至不结合，最后产生同一损害结果的情形，比比皆是。

如果按法律规范的要求，多个排污行为不具备"直接结合性"，就不能构成共同侵权。这样，无论是依据主观意思联络标准，还是依客观

① 王利明：《侵权行为法研究》，中国人民大学出版社 2004 年版，第 689 页。

“直接结合”标准，在环境侵权领域，都不可能发生承担连带责任的共同侵权。最后导致的逻辑结果是，有关共同侵权的条款在环境侵权领域变得毫无意义。显然，这样的逻辑结论不符合实际，难以让人接受。

总之，不管数个行为是否结合以及如何结合，只要产生同一损害后果，均构成环境共同侵权。从关联共同到共同结果，对环境共同侵权本质的新认识，是本书对以下两个规定的突破：《人身损害赔偿司法解释》有关“直接结合性”的规定；《侵权责任法》无意思联络数人环境侵权造成同一损害却承担分别责任的规定。

本书认为，突破“直接结合”甚至“间接结合”的硬性规定，数个行为人或者数个排污行为只要产生同一不可分割的损害后果，不管结合与否，亦不管结合的方式如何，均构成环境共同侵权。这一认识是环境共同侵权共同结果论的必然要求，是环境共同侵权客观实践的真实写照，它使司法实践对于环境共同侵权的认定更加简便，也使受害人的合法权益和环境利益更容易获得救济和保护。

三 环境共同侵权的构成要件

有观点认为，环境共同侵权的构成要件为两个：损害事实和因果关系，而行为的违法性包含于损害结果当中。① 本书认为，环境共同侵权并不需要行为违法性要件，污染行为也无法消解于损害结果当中，二者属于不同的存在状态。

基于共同结果论的认识和共同损害行为的确立，本书认为，数个行为只要造成了同一个不可分割的损害结果，即可构成环境共同侵权。这就是环境共同侵权的三个构成要件：多个主体实施污染行为；同一个损害结果；各个污染行为与损害结果之间均存在不可割裂的单一因果关系。

关于同一个损害结果，前面已经对其内涵和判断标准有具体分析，不再详述。

1. 多个主体实施污染行为

关于多个主体实施污染行为，应当作全面辨证地理解，包括两个层面的含义：

一是主体的复数性，行为人至少为二人。可以是自然人的组合，或者法人（其他组织）的组合，或者自然人与法人（其他组织）的组合。

---

① 徐正龙、赵俊峰：《环境共同侵权违法性构成要件的突破》，《人民法院报》2009 年 10 月 29 日第 5 版。

二是污染行为复合的多样性。两个以上主体实施的行为，有可能均属于排放污染物的行为，也就是复合污染，这是环境共同侵权行为最普遍的表现形式。也有可能是一个主体产生污染物，另一个主体代为排放或者处理污染物，如共同组织实施的污染物非法异地转移排放行为。还有可能是帮助或者教唆他人向环境中排放污染物等。凡此种种，不一而足。总之，所谓的污染行为，应当作广义理解，所有具有直接或者间接污染危害的行为，均可纳入污染行为之内，包括直接的产生、处理、排放污染物行为以及间接的帮助、教唆行为等。

2. 单一因果关系

关于因果关系，是指各个行为与同一个结果之间存在的单一因果关系。

因果关系是自己责任逻辑展开的必然结果，无论行为人之行为方式及行为时之主观心理状态表现为何种形式，只有当该行为确实引起了损害发生时，始产生侵权责任。共同侵权行为与作为一个整体的损害后果之间具有因果关系，亦为共同侵权行为人承担共同侵权责任的必备条件。①

在侵权法上，因果关系包括单一因果关系和复数因果关系两种。② 对于环境共同侵权而言，各个行为与同一结果之间存在的因果关系是一种单一因果关系，亦即一种整体性因果关系。这种单一因果关系，是作为原因和结果的现象在质量上的单一，而并非仅指其在数量上的单一。换言之，无论作为原因的现象是一个还是多个，它们各自单独作用均不足以导致结果的产生，而只有它们共同作用，尽数完成时始有结果的相应而生。在单一因果关系中，作为原因或结果的主体或现象无论是单数还是复数，其分别都不能单独被冠以“原因”或“结果”的称号，而被共同视作一个单一原因或结果。③

环境共同侵权中的各个行为与同一结果之间，正是这样的单一因果关系。缺少任一个行为作为“条件”，同一结果均不可能发生。同时，任一个行为作为“条件”，与同一结果均不存在“一一对应”关系，而是一个整体的不可分割的关系。

当然，基于共同危险行为的特殊性，其单一因果关系与一般环境共同

---

① 张铁薇：《共同侵权制度研究》，法律出版社 2007 年版，第 170 页。

② 王旸：《侵权行为法上因果关系理论研究》，载梁慧星主编《民商法论丛》（第 11 卷），法律出版社 1999 年版，第 457 页以下。

③ 同上书，第 457 页。

侵权的因果关系可能有所不同，它实质上是一种推定的单一因果关系。在充满不确定性的环境污染领域，推定的单一因果关系对于证成污染源不明的环境共同侵权来说，具有特别的意义。

多个污染行为、同一损害结果与单一因果关系的构成要件，对于加害人的证明责任和免责事由具有直接意义。如果想免除连带责任，加害人不需要证明其行为与其他行为是否存在关联或者结合，而必须证明其行为与损害结果之间不存在因果关系，即他的行为不可能是造成损害结果的原因因素（条件）。

四 环境共同侵权的类型划分

基于环境共同侵权“共同结果论”的确立和共同损害行为的产生，环境共同侵权的类型进一步扩大，更加全面客观。

具体而言，环境共同侵权的类型包括：（1）狭义共同侵权（基于共同故意或者过失的共同侵权和教唆、帮助共同侵权）；（2）共同危险行为；（3）行为直接结合或者间接结合的共同侵权；（4）行为没有结合但产生同一损害结果的共同侵权，即共同损害行为。共同损害行为的确立，是环境共同侵权区别于普通共同侵权的显著标志和特色。

对环境共同侵权本质和共同损害行为地位的认识，还可以放到数人环境侵权和无意思联络的数人环境侵权等这样更广泛的概念体系中加以把握。

数人环境侵权和无意思联络的数人环境侵权是民法上关于数人侵权和无意思联络数人侵权研究在环境法领域的具化。从主体角度考察，毫无疑问，数人环境侵权是环境共同侵权的上位概念，环境共同侵权是数人环境侵权的一种。

关于无意思联络的数人环境侵权，有的称为偶合环境侵权。[①] 其基本特征是，行为人为复数且相互之间无意思联络，多个行为偶然结合造成同一损害。

关于无意思联络的数人环境侵权与环境共同侵权的关系，在侵权责任法出台之前，曾引起学术上的一些讨论。侵权责任法出台以后，该法第67条有关数人环境侵权的规定再次引起人们关于无意思联络的数人环境侵权与环境共同侵权关系的思考。归纳起来，主要有以下三种观点：

---

① 唐永忠、邵培樟：《试论偶合环境侵权的民事责任》，《科技进步与对策》2004年第6期；沈彩萍：《偶合环境侵权责任之探析》，《环境科学与管理》2008年第10期。

第一种观点认为，无意思联络的数人环境侵权与环境共同侵权，二者完全不同。具有立法者背景的官方解释认为《侵权责任法》第67条是关于无意思联络数人环境侵权的规定，其构成要件之一是污染者都有污染环境的行为，但其行为之间没有意思联络，这与共同侵权要求行为人有意思联络存在不同。① 按该解释，无意思联络数人环境侵权与环境共同侵权在构成要件上显然有本质区别，它们分别适用不同的法律规则。该观点可称为“完全不同说”。

第二种观点认为，无意思联络的数人环境侵权既可能构成狭义共同侵权，也可能构成单独侵权。损害能够单独确定，并且单独行为与损害在事实上存在因果关系的情况构成单独侵权。如符合以下条件则构成共同侵权：一是各加害人的行为具有关联性，形成一个统一的不可分割的行为整体；二是各加害人的行为构成损害发生原因不可缺少的一部分；三是各加害人行为造成的损害不能单独确定。而且，无意思联络的数人环境侵权不是共同危险行为。② 该观点对环境共同侵权构成要件的要求，与关联共同论的主张基本一致，均认为无意思联络数人环境侵权在行为关联和结果共同时可构成狭义共同侵权，不同的是，它认为无意思联络数人环境侵权不可能构成共同危险行为。这种观点，可称为“狭义重合说”。

第三种观点认为，无意思联络的数人环境侵权既可能构成共同侵权，也可能构成单独侵权，还可能构成共同危险行为。有研究认为，数人环境侵权可能存在四种不同情形：一是任何一个污染者排放污染物的行为都足以造成全部损害的情形，适用《侵权责任法》第11条的规定；二是任何一个加害行为都不足以造成全部损害的情形，适用该法第12条的规定；三是真正的加害者不能确定的情形，适用该法第10条的规定；四是共同侵权的情形，适用该法第8、9条的规定。③ 可见，根据该研究，无意思联络数人环境侵权，区分不同情形，既可能属于狭义共同侵权，也可能属于单独侵权，还可能属于共同危险行为。该研究还认为，《侵权责任法》第67条并非关于无意思联络数人环境侵权的规定，从字面来看，该条并没有体现出“两个以上污染者之间不存在意思联络”的要求，因此认为

① 王胜明主编：《中华人民共和国侵权责任法解读》，中国法制出版社2010年版，第337—338页。

② 伊媛媛：《略论无意思联络的数人环境侵权及其责任》，《法学评论》2007年第1期。

③ 薄晓波：《数人环境污染侵权案件中损害赔偿责任的承担》，《环境经济》2010年第8期。

该条规定的是无意思联络数人环境侵权的观点缺乏明确依据。[①] 可见，该观点与第一种观点和第二种观点均存在不同。该观点认为无意思联络数人环境侵权既可能构成狭义共同侵权，也可能构成共同危险行为，可称为“广义重合说”。

本书认为，根据前面关于环境共同侵权“共同结果论”本质的新认识，广义重合说更为合理。从关系上看，无意思联络数人环境侵权与环境共同侵权存在较大的重合交叉关系。具体而言，无意思联络数人环境侵权类型中既可能包括狭义共同侵权，也可能包括共同危险行为，还包括单独环境侵权；而环境共同侵权中，既包括有意思联络的数人环境侵权，也包括无意思联络的数人环境侵权。从主体和法律适用的角度来看，数人环境侵权包括环境共同侵权和非共同侵权。

关于数人环境侵权、无意思联络的数人环境侵权和环境共同侵权的具体关系即数人环境侵权的类型划分，如图 4-1 所示（其中最大圆圈表示数人环境侵权）。

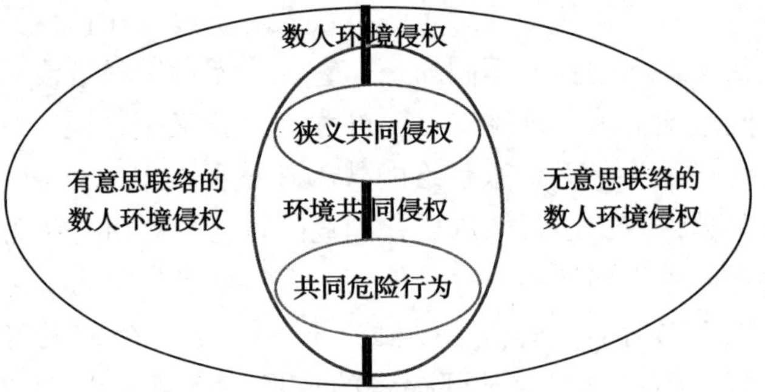

图 4-1　数人环境侵权的类型划分

对图 4-1 的大致解释如下。

（1）数人环境侵权，以是否存在意思联络为标准，分为两类：有意思联络的数人环境侵权和无意思联络的数人环境侵权。

（2）有意思联络的数人环境侵权，以是否存在行为关联和结果同一为标准，分为两类：环境共同侵权（满足行为关联和结果同一的要求）；非共同侵权（未满足行为关联和结果同一的要求，或称分别侵权）。

（3）与（2）类似，无意思联络的数人环境侵权，以是否存在行为关联和结果同一为标准，分为两类：环境共同侵权（至少满足结果同一的

① 薄晓波：《数人环境污染侵权案件中损害赔偿责任的承担》，《环境经济》2010 年第 8 期。

要求）；非共同侵权（未满足结果同一的要求，或称分别侵权）。

（4）环境共同侵权，以是否存在意思联络为标准，分为两类：有意思联络的环境共同侵权；无意思联络的环境共同侵权。

（5）环境共同侵权，以不同必备构成要件为标准，分为四类：狭义环境共同侵权；共同危险行为；关联共同侵权；共同损害行为（必须结果同一）。

（6）狭义环境共同侵权，以是否存在意思联络为标准，分为两类：有意思联络的环境共同侵权；无意思联络的环境共同侵权。

（7）共同危险行为，以是否存在意思联络为标准，分为两类：有意思联络的共同危险行为；无意思联络的共同危险行为。

（8）关联共同侵权，以行为结合的方式为标准，分为两类：行为直接结合的关联共同侵权；行为间接结合的关联共同侵权。

（9）共同损害行为，即不存在共同过错、意思联络，行为也没有结合，但产生同一损害结果的环境共同侵权。

第五章　环境共同侵权责任论

环境共同侵权应当承担连带责任，这似乎是毫无争议的逻辑推论和立法规范。前面关于共同侵权和环境共同侵权的特征分析也对此进行了明确。但是，环境共同侵权为什么要承担连带责任而不是按份责任（分别责任），其背后的依据是什么，承担按份责任有何不妥，这些问题都需要认真回答。

特别是，如前所述，随着侵权法理论和立法的不断发展，共同侵权与连带责任之间的必然逻辑关系正在面临新的挑战。我们看到了不是共同侵权但承担连带责任的侵权类型，也有学者提出共同侵权但并不承担连带责任的观点。对于共同侵权与连带责任之间的逻辑分裂，环境共同侵权领域是否同样存在？其理由是什么？本章将结合有关环境共同侵权的立法特别是我国《侵权责任法》第 67 条的规定，给予学理和规范的双重分析。

第一节　环境共同侵权的两种责任形态

连带责任和按份责任是环境共同侵权的两种主要责任形态。在前面对部分国家（地区）环境共同侵权立法作出梳理的基础上，本节从立法和学理上对国外有关环境共同侵权的两种责任形态作进一步分析，以期展示连带责任和按份责任两种责任形态在国际上的发展态势。

一　连带责任

从世界范围来看，共同侵权行为承担连带责任是很多国家（地区）民法典（债法或者侵权法）的普遍做法。那么，具体到环境共同侵权领域，责任承担形式是否就发生变化了呢？从前面对有关国家立法的梳理情况来看，德国、日本等国对环境共同侵权的责任形态均是规定连带责任，我国的立法也是规定连带责任。

1. 德国

前面提到，德国民法典中规定了共同侵权，有关环境资源立法则对环境共同侵权有专门规定。德国统一之前的《西德水法》（1976 年）第 22 条第 1 款和第 2 款是关于因水污染而导致的侵权损害赔偿责任的规定，其中特别规定污染者为若干人（两人或两人以上）的情形时的侵权责任。该法及上述两款后来基本上为统一后的联邦德国所继承，并且沿袭了环境共同侵权行为人“作为整体负债人”承担连带责任的规定。

不仅在立法上，在学理上，德国民法学近几十年来，从扩大责任范围、及时填补受害人的损失出发，认为数人虽无意思联络，但如果各人对损害所产生的部分无法确定时，则负共同侵权的连带赔偿责任。这与我们所确立的“共同结果论”何其相似！这种做法使得对共同侵权的认定标准更加客观化，从而扩大了连带责任的适用范围，更加有利于对受害人的救济，也便于司法实践操作。

2. 日本

如前所述，日本《大气污染防治法》和《水污染防治法》分别对因大气污染和水污染导致的共同侵权作了规定。

根据《大气污染防治法》第 25 条的规定，在大气污染侵权中，数人污染侵权行为被界定为共同侵权，而其承担的责任形态，适用民法典有关共同侵权行为的规定，即由各加害人承担连带赔偿责任。在连带责任的基础上，如果认定有企业对损害发生的原因程度明显轻微时，法院可以考虑减少其损害赔偿额。

日本学者认为，《大气污染防治法》的这一规定是考虑到因为让对损害的作用度比较小的事业者负担共同侵权行为的连带债务的做法施之过苛，所以作为例外减轻了这些事业者的共同侵权行为责任。[①] 这一表述，是“减轻共同侵权行为责任”，而不是抛开共同侵权责任去承担分别责任。所以，对于《大气污染防治法》上述条文的含义，应当理解为：所有加害人在统一对外承担连带责任之后，内部分担责任大小时，法院查明有的加害人对损害发生的原因力明显轻微时，可以适当考虑减少该加害人的赔偿额度。换言之，对于作用较小的加害人，法律是在内部责任分担中减少其赔偿额，并不是否定其共同侵权人的地位，因而其仍需承担连带责任。

对于上述条款，还需要注意的是，法院判定减少原因力较轻微加害人

---

① ［日］原田尚彦：《环境法》，于敏译，法律出版社 1999 年版，第 30 页。

的赔偿额度，是有条件的，即该原因力必须“明显轻微”。换言之，如果原因力并不是“明显轻微”，那么法院不可能减少其赔偿额度，而是按照其作用力大小，据实判令该加害人与其他加害人按比例分担赔偿责任，或者在无法认定作用大小时平均分担赔偿额度。至于如何认定“明显”程度，则属于法院自由裁量的权力。

另外，即使某一加害人的原因力被认定为“明显轻微”，法院也并不是必须要判定减少他的赔偿额度。根据条文，法院“可以斟酌”其原因力明显轻微这一情形对于赔偿额的影响。或者说，立法并没有强制要求法院在此情形下减少该加害人的赔偿额度，而是赋予法院自由裁量权。对于法院而言，它可以酌情减少，也可以不这样做。

但不管怎样，法院对于数个加害人赔偿金额大小的“考虑”，属于对加害人内部责任分担的认定问题，其前提条件是以各加害人构成共同侵权，并统一承担连带责任为基础。

而《水污染防治法》与《大气污染防治法》的规定是一致的。该法第 20. 1 条规定构成共同侵权行为的各加害人应当对受害人统一承担连带赔偿责任。

而且，日本立法和判例不认可分别侵权和按份责任（分担责任）具有立法和司法技术的优势。日本认为否定分担责任，可以回避各个企业排放的污染物质对各个受害人产生影响的数量、各污染源排放的污染物质多大程度上造成了受害人的疾病等难以科学、明确地进行分析阐明的问题成为诉讼争点的不便之处。① 这是适用连带责任相比按份责任的显著优势。在环境共同侵权的责任承担问题上，日本立法和司法一直坚守着连带责任的底线，按比例承担损害赔偿责任的观点，也并没有成为日本的有力通说。

3. 其他

除德国和日本外，前面提到的瑞典《环境损害赔偿法》第三章第 8 条也对环境共同侵权的连带责任作了规定。根据该条第 1 款，在责任者不明确的情形下，各责任人共同承担连带赔偿责任；在责任者明确的情形下，则各自承担相应的责任。而实际上，数人环境侵权行为中，责任通常都很不明确。这就使得司法实践中判决承担连带责任的做法更易操作、更为普遍。在承担连带赔偿责任的基础上，本条第 2 款规定了各加害人承担

---

① 王胜明主编：《中华人民共和国侵权责任法解读》，中国法制出版社 2010 年版，第 336 页。

连带责任之后的内部责任分担规则。即，根据“损害事实”“责任人能够采取的预防损害或伤害的措施”以及“其他情况”，来合理区分各自的责任和赔偿数额。该款也规定了一个例外情形，即如果各加害人之间对内部责任分担有相关协议的，则以协议为准。这体现了立法对当事人意思自治的尊重。

在英国，环境侵权属于违反制定法的责任，实行严格责任，即除极少数例外的情况，原告均只需要证明被告有违反制定法的行为即可，无须进一步证明其行为是否具有过失。[①] 而在共同侵权方面，虽然有学者认为，英国废除了共同侵权行为的连带责任原则，代之以分摊责任原则。[②] 但实际上，在共同侵权场合，数被告间负连带责任，各被告对自己未具体造成的损害也要负责；在共同危险行为中，不能证明自己没有造成具体损害但实际上确实未实施具体侵权行为的人，也要对损害负责。[③] 这表明，共同侵权承担连带责任的规定在英国不仅没有受到削弱，反而在共同危险行为中有所强化。

《1969 年国际油污损害民事责任公约》以及欧洲侵权法小组起草制定的《欧洲侵权法基本原则：文本及其评注》示范文本也都对共同侵权承担连带责任作出了相应的规定。

我国台湾地区“土壤及地下水污染整治法”（2010 年版本）第 52 条有关土壤及地下水污染致他人受损害的共同侵权，也是规定行为人“连带负损害赔偿责任”。

由此可见，让环境共同侵权中的加害人承担连带责任是一个普遍现象，不仅是德国、日本、瑞典等国家和地区的法律规定，也符合相关的国际法规则。

二　按份责任

在部分国家和地区立法及国际法规定环境共同侵权承担连带责任的同时，也有国家的立法和司法倾向于由各加害人承担按份责任。特别是近年来，共同侵权行为承担连带责任的立法和理论已经朝着按份责任的方向发生一些变化，这一趋势在美国体现得最为明显。

在美国，始于 20 世纪 80 年代的现代“侵权法改革”运动一个显著

---

① 胡雪梅：《英国侵权法》，中国政法大学出版社 2008 年版，第 258 页。

② 张铁薇：《共同侵权民事责任的新发展》，《求是学刊》2007 年第 2 期。

③ Cf Alastair Mullis & Ken Oliphant, *Torts*, London: Macmillan Press Ltd., 1997, p. 147.

的趋势就是向损害赔偿的完全分摊努力，以使侵权责任与过错真正相符，只有正确的损害分配，即仅根据判决确定的实际的过错比例承担赔偿责任，才是解决“深口袋”被告这一困境的真正答案，并且正确的责任分担能给被告带来由于历史性原因而缺失的诉讼程序上的逻辑完整性和公正感。① 侵权法改革导致很多州的侵权立法限制连带责任的适用。有的州法律修改甚至取消了连带责任，譬如阿拉斯加州、肯塔基州和佛蒙特州等。②

在理论上，有部分学者对共同侵权行为的适用范围不断变宽以及共同侵权行为承担连带责任的规定提出了批评。譬如，在法国，有学者认为连带责任与为自己行为负责之间可能存在矛盾，令共同侵权行为人负连带责任将会使那些有经济能力赔偿的人而不是过错程度较重的人承担更重的责任，破坏了加害人之间的利益平衡。而且，追偿不仅存在风险，同时也增加了最终使整个纠纷得以解决的成本投入。加害人赔偿不能的风险越来越小，尤其是因为越来越多的侵权行为人都已经投了保险，破产的风险被降低了，不至于因为分别承担责任而其中又有责任人破产，致使受害人不能得到清偿。因此，这样就没有必要一定要由一个行为人对全部的损害结果负责。③

在国内，也有学者对共同侵权的连带责任提出了批评和质疑。④ 有的学者甚至认为，如果侵权法只是关心如何分配现实损害的风险和责任，那么，“本来旨在防止侵权行为发生的侵权规则却可能‘诱发’或‘造就’大量的侵权行为出现，甚至出现法的界面与社会生活界面的严重分裂与冲突的现象”⑤。

归纳一下批评连带责任的理由，主要集中在以下四点：（1）连带责任背离了自己负责的原则，损害了加害人的行为自由。（2）连带责任使有经济能力的加害人承担了更重的责任，破坏了加害人之间的利益平衡。

---

① Alan J. Brinkmeler, *Damages*: *Apportionment Among Joint Tortfeasors*, DCBA Brief, October, 1997.

② Nancy C. Marcus, “Phantom Parties and Other Practical Problems with the Attempted Abolition of Joint and Several Liability”, 60 *Arkansas Law Review*, 437, 438 (2007).

③ 王胜明主编：《中华人民共和国侵权责任法解读》，中国法制出版社 2010 年版，第 38 页。

④ 邵世星：《侵权行为中的连带责任反思》，《国家检察官学院学报》2002 年第 10 期。

⑤ 易继明：《侵权行为法的道德基础》，载［美］格瑞尔德·J. 波斯特马《哲学与侵权行为法》，陈敏、云建芳译，北京大学出版社 2005 年版，“序言”第 6 页。

（3）连带责任因为多了一道加害人的追偿程序而增加了诉累，增加了解决纠纷的成本。（4）责任保险越来越发达，它分散了环境侵权的风险，既能保证加害人不致破产，又能使受害人得到有效救济，因此没有必要再规定连带责任。

第二节　连带责任与按份责任正当性比较

法律是利益冲突与平衡的产物。侵权法上的责任形态，无论是连带责任，还是按份责任，在本质上也是关于加害人与受害人以及加害人与加害人之间的利益协调与平衡的问题。

本节在揭示责任形态与利益衡量关系的基础上认为，基于环境共同侵权与一般侵权和普通共同侵权相比的特殊性以及我国在环境和其他方面的实际情况，按份责任的适用面临正当性不足的拷问，而连带责任显然更具合理性。

一　责任形态关涉利益衡量

法律是利益衡量的产物。侵权责任法涉及的受害人（或者将来的受害人）权益保护与加害人（或者可能的加害人）行为自由维护之间的冲突，实际上是侵权责任法所要解决的基本矛盾，这一基本矛盾决定着侵权责任法的所有原则、制度和规范的本质属性。[①]

而责任形态的确定，其实质不过是针对可能出现的部分侵权行为人经济赔偿能力不足的情形，在受害人与其他侵权行为人之间所作的一种风险分配。当然这种风险分配的确定，应当建立在双方利益平衡的基础上，以体现其公平。[②] 所以，责任形态问题，本质上也是利益衡量问题。

连带责任的原理是，所有的加害人在整体上对受害人承担赔偿责任，其中每一加害人都负有全部清偿的义务。当然，某一加害人在承担超出其应承担的责任份额以后，仍然可以根据原因力的大小向其他没有承担应有份额的加害人进行追偿。而在按份责任机制下，各加害人分别按照各自比例独立承担相应的责任。如果某一加害企业已经终止、破产或者关闭，那么此时受害人将无法得到足额的赔偿。也就是说，按份责任把求偿不能的

---

① 张新宝：《侵权责任法立法的利益衡量》，《中国法学》2009 年第 4 期。

② 张景良：《关于数人侵权责任形态的思考》，《法律适用》2009 年第 11 期。

风险分配给了受害人。

近现代法律限制连带责任的适用。从法律理念来看，这是近现代法律反对封建法律株连责任、弘扬人格平等、自由与独立的必然产物。而在侵权责任法领域，相关的制度安排又成为平衡人们的行为自由与受害人权益的重要技术工具。如果对他人造成的损害应承担责任的法律作出较多限制，则赋予人们更多的行为自由，受害人可能得到的救济相应减少；如果法律较多确认对他人造成的损害承担责任，则限制人们更多的行为自由，受害人可能得到的救济相应增加。同样道理，如果法律严格限制连带责任，则赋予人们更多的行为自由，受害人得到全面赔偿的机会减少；如果法律较多确认连带责任，则限制人们更多的行为自由，受害人得到全面赔偿的机会增加。① 这始终是一个矛盾。

但不管怎样，与按份责任相比，连带责任对受害人利益的保障是比较充分的。而且，连带责任所具有的担保的价值以及程序上的价值，都有利于对受害人这一社会弱者群体的周全保护。② 这是按份责任所不具有的优势。

在客观上，连带责任规定的共同侵权行为人的内部追偿权也并非万无一失。在受害者针对共同侵权人提起的损害赔偿诉讼中，一旦对于原告损害予以赔偿的某共同被告或者未被起诉的当事人是一个“空口袋”，追偿权的规定对“深口袋”被告则无力提供救济。③ 换言之，连带责任把加害人追偿不能的风险分配给了有经济实力和抗风险能力更强的加害者。因为有实力的加害人承担过重的责任后，再向实力不强的加害人追偿时，可能面临追偿无法实现的风险。而按份责任，则把受偿不能的风险分配给了受害人。而如前所述，将风险分配给加害人符合风险社会的矫正正义。

二　按份责任的正当性不足

在理论上，有学者认为，侵权责任法立法中的加害人与受害人的利益平衡，除了因顾及双方当事人地位的平等性与可互换性之外，更重要的理由在于受害人一方的绝对权益与可能的加害人之行为自由在法价值上的同等重要性，二者不可偏废。④ 该观点表明了受害人合法权益与加害人合法

① 张新宝：《侵权责任法立法的利益衡量》，《中国法学》2009 年第 4 期。

② 张铁薇：《共同侵权制度研究》，法律出版社 2007 年版，第 260 页。

③ 同上书，第 273 页。

④ 张新宝：《侵权责任法立法的利益衡量》，《中国法学》2009 年第 4 期。

权益都应当受到法律保护的观点，体现了法律平等保护民事权利的价值追求。

就一般情形的侵权行为或者共同侵权行为而言，该观点的合理性自不待言。毕竟，按份责任贯彻了近代以来侵权法自己责任的基本精神，每个人对自己的行为负责，这是个体主体意识觉醒和增强的体现。在此意义上，加害人行为自由与受害人绝对权益都具有同等价值。

但就环境共同侵权而言，按份责任所体现出的绝对的自己责任、个体主义以及由此推演出的加害人与受害人平等的观点，值得进一步深思。

1. 按份责任抹杀了当事人不平等地位的悬殊性

环境问题从一开始就是属于社会的不平等问题。日本学者户田清指出，就环境问题的产生而言，不是所有人都在破坏环境，那些为了经济利益而不顾环境的企业和个人才是环境破坏的主要责任人。① 这是必须明确的一个前提。

在环境侵权诉讼中，当事人实体利益差距过大，资讯不对等、进行诉讼能力不对等，受害人处于弱势，加害人处于优势。譬如日本，1965 年的熊本水俣病、1961 年的四日市哮喘病、1964 年的新潟水俣病、1967 年的富山痛痛病，这四大公害诉讼均经过了长达数十年旷日持久的诉讼过程，有的至今都未完全了结。其中的“水俣病”事件，到 2006 年为止，总共有 2955 人被认定为“水俣病”患者，但是近十倍于这个数目的受害者还没有得到官方确认。而且，这种疾病引起的破坏范围仍旧不清楚。受害者群体、应负责任的公司和地方、中央政府之间的冲突持续了近 50 年之久。② 可见，环境诉讼对于受害人是多么惨痛的境遇。

历史和现实表明，环境侵权案件本身的特性，使得受害人与加害人相比，天然地处于弱势地位。而且，双方当事人的这种加害与受害关系，自始至终固化存在，并不具有互换性，双方所谓的平等性从来就是“抽象”的产物。正因如此，各国法律均设置特别的具有利益倾斜性的规则，来修正一般法律规范中双方当事人地位的所谓“抽象”平等性和互换性，便利受害人及时得到救济。譬如，实行因果关系推定规则③，强制要求监测

---

① 转引自程鹏立《日本“水俣病”的社会学研究》，《河海大学学报》（哲学社会科学版）2008 年第 4 期。

② 同上。

③ 杨素娟：《论环境侵权诉讼中的因果关系推定》，《法学评论》2003 年第 4 期。

机构为诉讼中的当事人提供监测义务[①]，等等，这些都是对“抽象”平等性的修正，对实质平等性的追求。

而环境共同侵权中，由于加害人主体的复数性和加害行为的复合性，继续强化了加害人的经济能力和诉讼实力，增加了案件的复杂性和艰巨性，导致加害人与受害人之间力量对比的更大落差，更进一步增加了受害人获得救济的难度。

在这种情况下，如果无视加害人与受害人之间地位的天然不平等性，出于对加害人中的大企业与小企业利益平衡的考虑，作出按份责任的规定，显然，这样的规定仍然是以当事人的所谓“抽象”平等性和互换性为预设前提，它在追求加害人之间利益平衡的过程中，置受害人切身利益于不顾，将受偿不能的风险分配给受害人，使受害人对赔偿结果的期望陷于即使胜诉也可能得不到有效赔偿的诉讼之中，“赢了官司输了钱”，从而加剧受害人与加害人之间本已存在的利益失衡。

本书认为，在环境共同侵权中，加害人与受害人之间的地位不具有平等性与可互换性，加害人行为自由与受害人绝对权益不可能也不应当处于同等重要的位置。因此，按份责任在表面上实现了所谓的加害人与受害人之间以及加害人之间的利益平衡，但实质上却导致了受害人与加害人之间利益的更大不平衡。

2. 按份责任夸大了加害人的行为自由

在环境共同侵权中，加害人的行为自由通常表现为企业经营自由，受害人权益通常表现为个体人身、财产和生存权益。当一方的经营自由与另一方的人身、财产甚至生存权益产生冲突时，二者在法价值上是否同等重要？

边沁认为，立法者应该以最大多数人的最大幸福为目的，如果他不知道最大多数人的幸福究竟包括什么，他就必须对人性、对自己的民族的政治与道德、时代要求做普遍而深入的研究。[②] 当代我国的时代要求是什么？

在当代我国，生态环境整体持续恶化的趋势一直没有得到根本遏制，环境违法行为屡禁不止，公共性大规模环境问题频频爆发，每一起规模性环境问题背后都是为数众多的环境污染受害者，这些受害者往往得不到及时、充分、有效的救济，甚至在基本生存问题上苦苦挣扎，由此导致各类

① 唐忠辉：《论环境损害赔偿中的强制监测义务》，《政治与法律》2009 年第 12 期。

② 梁晓俭：《功利主义原理与环境侵权救济的原则》，《法学》2006 年第 4 期。

群体性事件接二连三地发生，严重危害社会和谐稳定。特别是环境共同侵权，由于污染者为复数主体，其对环境和他人合法权益的影响能力更强、影响范围更广、影响时间更久、影响后果更严重。弱势群体的人身、财产和基本生存权利正在受到环境侵权行为的严重威胁，这就是我国当代环境领域的一个基本情况。

侵权法必须对上述现象作出相应的回应，那就是，人的生命权、身体权或健康权作为一切个人利益和公共利益的基本载体，一定高于任何经济利益、公共利益和地区利益。[1] 在法治国家，对个体人身、财产和生存权的保障远比对企业经营自由的保障更为重要。在日本，吸收了福祉主义（社会国家）理念的法治主义提出了由自由主义向社会国家的转向，认为，“（法治主义）是标榜着矫正了自由主义式弊端的法治主义。基于保障生命、自由、财产权利的市民革命后的自由国家，为了消除在产业社会下所产生的不平等，进而转向保障生存权等社会权的社会国家”[2]。可见，现代法治社会基于产业社会的不平等现象，对生存权的保障比对自由的保障更为重要或者更为紧迫。按照马斯洛的需求层次理论，生存也是人的最低层次需求的体现。[3] 因此，其对经营自由的优位性毋庸置疑。

在社会本位的今天，如果我们还过分强调人们的行为自由而忽视社会公共利益特别是社会可持续发展的要求，那么个人的行为自由最终将导致整个社会的环境危机、秩序危机甚至生存危机。

尽管自由是珍贵的，但自由也是有限度的。这是自古以来颠扑不破的真理。人是生而自由的，但却无往不在枷锁之中。[4] 自从秩序包括现代法治秩序以来，人的行为自由从来就不是绝对的，要受到诸多限制，包括受到法律和社会秩序的限制。社会秩序乃是为其他一切权利提供了基础的一项神圣权利。[5] 正是因为有社会秩序的规范和约束，行为自由才有基础和保障。

自由必须以法律作为边界。唯有服从人们自己为自己所规定的法律，

---

① 梁晓俭：《功利主义原理与环境侵权救济的原则》，《法学》2006 年第 4 期。

② ［日］竹下贤：《环境法的体系理念与法治主义的实质化》，李桦佩译，《太平洋学报》2009 年第 7 期。

③ 具体可参见［美］亚伯拉罕·马斯洛《动机与人格》（第二版），许金声等译，中国人民大学出版社 2007 年版。

④ ［法］卢梭：《社会契约论》，何兆武译，商务印书馆 1980 年版，第 8 页。

⑤ 同上。

才是自由。[①] 一个人的行为自由，如果不能遵守他所在社会为保护每一个人的人身、财产等权益而制定的法律，不能受这些法律的约束，那他还有什么自由呢？加害人所要求的行为自由，难道是建立在侵犯他人人身和财产权益甚至基本生存权益之上的行为自由？显然，有秩序的社会生活中不可能存在这样的绝对行为自由。

如果以保障加害人的行为自由为理据而规定按份责任，一方面无视我国环境问题的严峻性，另一方面也是对现代社会企业行为自由的误读和夸大。按份责任的适用将使加害人的责任缩小到传统自由主义社会价值理念下的非常小的范围，以至于可以不顾受害人利益甚至人类赖以生存的公共环境利益。这种规定依旧抱残守缺，固执于古典自由主义时代自己责任的理念，罔顾现代社会环境危机的存在，极易导致企业经营行为“自由主义”的泛滥。同时，它也背离了侵权责任法对于救济和惩罚的双重价值追求以及经济发展以人为本的根本宗旨。

3. 按份责任无益于环境质量的改善

经济发展与环境保护均为人类社会发展过程中的正当利益诉求。人类的进步和社会的发展在极大程度上有赖于经济发展。“确保适度的经济增长……对于人类社会来说是一种至上的命令。”因此，“伴随着生产活动的扩大和自然的开发，总会产生或多或少的对自然环境的污染和破坏”[②]。正是在这个意义上，公害被认为是由社会允许的日常行为所产生的。因此，经济发展的正当性必须得到承认，经济发展所伴随的一定程度的可接受的环境危害需要加以容忍。[③]

但是，我们今天所处的环境污染，已经远远超出了环境本身的自净能力以及正常情况下人们的身体和生活可以合理忍受的限度。产业活动对环境的影响和威胁已经达到了无以复加的地步。在很多地区，“伴随着产业开发而来的严重破坏，已导致了环境不可挽回的恶化，在这样的阶段再进行两者并列性的利益衡量，就会压倒性地不利于环境保护的一面。这一点已经明显是无须详述之论”[④]。

---

① ［法］卢梭：《社会契约论》，何兆武译，商务印书馆 1980 年版，第 30 页。

② ［日］原田尚彦：《环境法》，于敏译，法律出版社 1999 年版，第 1 页。

③ 正是在这个意义上，日本法学说和判例认为环境污染只有超过受忍限度才构成侵权行为。关于受忍限度论，可参见冷罗生《日本公害诉讼理论与案例评析》，商务印书馆 2005 年版，第 39—45 页。

④ ［日］大须贺明：《生存权论》，林浩译，法律出版社 2001 年版，第 205 页。

目前，我国整体环境状况并没有根本扭转。[①]《2017 年中国环境状况公报》显示，2017 年，全国地表水 1940 个水质断面（点位）中，Ⅳ、Ⅴ类 462 个，占 23.8%；劣Ⅴ类 161 个，占 8.3%。其中，黄河、淮河、松花江辽河流域轻度污染，海河中度污染；山东半岛独流入海河流中度污染，劣Ⅴ类水比上一年上升 9.5 个百分点；辽河主要支流为重度污染，劣Ⅴ类水上升 19 个百分点；112 个重要湖泊（水库）中，Ⅳ类、Ⅴ类和劣Ⅴ类仍占 37.4%，其中劣Ⅴ类占 10.7%。原国土资源部门对全国 5100 个监测点开展的地下水水质监测评价结果显示：水质为较差级和极差级的监测点分别占 51.8%和 14.8%，总占比高达 2/3。全国近岸海域水质中，四类和劣四类水质总计比 2016 年上升 5.8 个百分点，海洋渔业水域中化学需氧量超标面积也比上一年度增加。全国 338 个地级及以上城市中，239 个城市环境空气质量超标，占 70.7%。与 2015 年相比，723 个县域中，2017 年生态环境“变好”的县域有 57 个，占 7.9%；“基本稳定”的县域有 585 个，占 80.9%；而“变差”的县域有 81 个，占 11.2%，数量超过“变好”的县域数。[②] 可见，我国面临的环境形势依然十分严峻，旧的环境污染尚未消除，新的环境问题仍在产生。

在此背景下，如果过分强调企业（特别是大企业）行为自由的重要，在环境共同侵权中规定按份责任，实际上是忽略了严峻环境形势下对企业环境责任更为严格的要求，这与国家加强环境管制的政策取向明显背道而驰。可以说，按份责任的规定，既没有体现侵权法的预防、惩戒功能，也没有体现环境法的可持续发展要求和风险预防原则。按份责任的规定，很可能使企业在污染环境后逃脱侵权责任，如果没有剩余加害人的连带责任作为保障，受害人的利益无法得到救济。这必将纵容企业环境违法行为，无益于生态环境的改善。

三　连带责任的正当性分析

与按份责任相比，在环境共同侵权中适用连带责任的理由更充分，更具有正当性。具体可以从以下五个方面加以理解。

1. 连带责任更有利于救济受害人

在环境共同侵权中，加害人与受害人双方天然存在实质不平等。对于这种不平等性如何加以矫正才能实现公平正义呢？罗尔斯提出的制度矫正

---

① 具体可参见国家环保部门发布的 2004—2017 年历年环境状况公报中相关数据指标变化。

② 《2017 年中国环境状况公报》。

方案认为，“在与正义的储存原则一致的情况下，适合于最少受惠者的最大利益（差别原则）”①，这样就是符合正义原则的。本书认为，连带责任对受害人给予的差别对待，有利于实现加害人与受害人之间的实质平等，是一种正义的制度安排。

对受害人而言，获得全面足额的赔偿是其对司法正义的根本要求。在环境共同侵权案件中，不可避免地会出现不同加害人经济实力和赔偿能力相差悬殊的情形，以及加害人难以确定的情形。如果实行按份责任，受害人就有可能会因为某一或某些加害人难以确定或者赔付能力弱小而无法实现充分足够的赔偿。

由加害人承担连带责任，受害人就不必因为共同侵权行为人中的一人或数人难以确定，因行为人的过错程序以及其行为对损害所起的作用难以认定，或因为共同侵权行为人中的一人或数人没有足够的财产支付赔偿而妨碍其应获得的全部赔偿数额。② 所以，连带责任对受害人而言是最安全的权利救济机制。

2. 连带责任有助于扩大自由和公平

从经济自由的角度来看，表面上，连带责任的适用在某种程度上减少或者妨碍了企业的经济自由，这是不平等的。但是，“当某些不平等最大限度地提高或至少有助于提高社会最不幸阶层的长远期望时，这些不平等就是可以允许的”③。连带责任通过对强势主体经济自由的限制，保障并且扩大了作为弱势群体的受害人的人身自由、财产自由和经济自由。从这个角度看，连带责任实现了更多的自由和更具实质意义的平等公平。

连带责任损害加害人行为自由的说法也具有片面性。考察一下社会发展和法律发展的历史，我们就知道，今天的社会已经不是资本主义早期的社会。古典自由主义时期民法的过错责任原则已经发生了很大的变化。自己责任早已不是一个绝对的原则，替代责任、责任社会化等现象普遍存在。行为自由也从来就不绝对。尤其是在现代社会风险不断强化的背景下，每个人都是弱者，每个人的责任能力都很有限，每个人的行为自由都要受到适当的限制，否则行为自由对社会造成的损害将无法弥补。对加害

---

① ［美］约翰·罗尔斯：《正义论》，何怀宏等译，中国社会科学出版社1988年版，第302页。

② 张铁薇：《共同侵权制度研究》，法律出版社2007年版，第251页。

③ ［美］约翰·罗尔斯：《正义论》，何怀宏等译，中国社会科学出版社1988年版，第150页。

人行为自由作适当而合法的限制，实质上是对其行为所可能产生的社会风险的预防和控制。

在环境风险不断加大的当代社会，必须对风险进行有效预防。连带责任制度试图通过整体上的“牵连”责任提醒和告诫所有的潜在加害人注意防范其行为可能具有的危害性，从而促使潜在加害人积极采取相应措施，防范或者减少风险的发生，尽量控制其行为的社会危害。这种风险预防理念，是对潜在受害人甚至全社会整体利益的事前保障。而对于环境案件而言，一旦风险发生，损害必不可避免。此时，再填补损害，终无法挽回整体社会财富受损的既成事实。因此，与其亡羊补牢，不如未雨绸缪。

从风险分配的角度来看，与受害人相比，加害人在风险抵御和承受能力方面处于优势。而如前所述，由于加害人之间经济能力存在差异，有的加害人赔偿能力非常有限，因此不同的责任形态会导致对受害人不同的救济。如果适用按份责任，受害人一旦只能找到赔偿能力弱的加害人，此时求偿不能的风险落到受害人身上。如果适用连带责任，受害人就不存在求偿不能的风险，可以向赔偿能力强的加害人请求全额赔偿，此时追偿不能的风险落到赔偿能力较强的加害人身上。虽然这会导致加害人之间的利益不平衡，但相对于更加弱势的受害人而言，与其让加害人承担按份责任而使受害人求偿不能，还不如使加害人承担连带责任而致其追偿不能，这样在利益衡量上更加妥当。① 从风险管理的角度而言，从按份责任到连带责任，实际上是将追偿不能的风险从受害人转移到加害人内部，因此连带责任不失为一种更为公平的风险分配机制。

从加害人的角度而言，连带责任亦有助于加害人之间的公平。连带责任机制使各加害人为了“摆脱”自身免受更重责任，在诉讼过程中必然尽力提供更多证据信息，这样可以更好地查明事实、分清责任，实现加害人之间的责任公平。

3. 连带责任更有利于简化诉讼程序并提高司法效率

对受害人而言，及时获得赔偿是其对司法程序正义的基本期待。如前所述，环境共同侵权案件中，有时加害人无法确定，有时各加害人与损害结果之间的因果关系难以判定，有时各加害人对损害结果的原因力大小无法辨别，有时损害结果不具有可分割性。在存在这些因素的情况下，如果适用按份责任，无疑加大了受害人寻求救济的难度，使诉讼程序变得复杂

① 陈现杰：《最高人民法院人身损害赔偿司法解释精髓诠释》，载王利明主编《判解研究》（第3卷），人民法院出版社2004年版，第18页。

而漫长，甚至对受害人而言举步维艰。对受害人而言，“寻找所有应当承担责任的行为人，并把他们带到法庭是困难的”①。而适用连带责任的话，在诉讼程序中不需要受害人找到所有的加害人，也不需要受害人证明各加害人与损害结果之间的原因力大小，从而减轻了受害人的诉讼成本，简化了诉讼程序，提高了司法效率。

立法者不赞成连带责任的一个重要理由是：部分排污者承担连带责任后还需另行起诉，根据污染物排放量等因素在排污者之间追偿，增加诉累。②

对此，我国台湾地区的邱聪智先生也有同样的认识：“对外连带赔偿，将来各恶害源亦须另谋分担之程序。故只要受害人之赔偿合理解决，为求一劳永逸计，亦非必须采取连带赔偿责任不可。”③

确实，连带责任制度在很大程度上会增加诉累，导致加害人的整体负担加重。但是，连带责任制度的这一缺陷并非不可克服。在环境共同侵权案件中，受害人针对加害人的连带责任诉讼和加害人之间的按份责任分配，完全可以在一个程序中加以解决。譬如，美国统一州法委员会制定的《统一比较过错法案》（1979 年修订版）第 4 条（a）关于分摊请求权就规定：“在两个或者两个以上为同一不可分的人身伤害、死亡或者财产损害承担连带的当事人之间，无论判决是否已经针对他们中的全部或者部分得到执行，均产生分摊请求权。该分摊请求权可以通过原诉讼或者为此目的单独提起诉讼来强制执行。”④ 该条针对各加害人的责任分担，提供了原诉讼和单独诉讼两条解决路径。显然，原诉讼即是指受害人针对加害人提起的共同侵权诉讼。

因此，对于共同侵权人而言，他们“在连带赔偿受害人损失的诉讼中，可以要求法院按照行为人的过错程度确定他们需要承担的最终责任”⑤。即使共同侵权人不提出这样的主张，法院出于诉讼方便和经济的考量，仍然可以通过行使自由裁量权而将这两个密切相关的事项依法一并审理并在同一裁判文书中作出。

---

① 转引自张铁薇《共同侵权制度研究》，法律出版社 2007 年版，第 252 页。

② 王胜明主编：《中华人民共和国侵权责任法解读》，中国法制出版社 2010 年版，第 337 页。

③ 邱聪智：《民法研究》（一），中国人民大学出版社 2002 年版，第 341 页。

④ National Conference of Commissioners on Uniform State Laws（NCCUSL），*Uniform Comparative Fault Act*（1979 Revised），Section 4（a）.

⑤ 徐国栋主编：《绿色民法典草案》，社会科学文献出版社 2004 年版，第 706 页。

具体来说，受害人在起诉时可以将所有的加害人作为共同被告提起连带责任之诉。而法官可以根据案情在各个加害人内部按各人的过错程度和行为轻重等具体情况，分别确定各加害人的赔偿份额，并同时规定共同侵权行为人承担的是连带责任。[①] 换言之，法院完全可以通过同一诉讼程序，在裁判文书中既明确加害人各自承担责任的比例，同时载明所有加害人承担连带责任，而不必通过另行启动新的诉讼程序来解决责任分担和追偿问题。

在我国的司法实践中，很多法院在有关共同侵权案件的裁判文书中均按照上述方式，既判明所有加害人的整体连带责任，又确定各加害人的分担责任。譬如，前引浙江平湖蝌蚪案中，法院在判决书中判令嘉兴市步云染化厂等五被告“各赔偿”原告浙江省平湖师范农场特种养殖场损失96600元及利息，并要求五被告“对上述债务承担连带清偿责任”。其他很多案例均如是操作。通过这种技术处理，消除了可能导致的再次诉讼问题，在程序上并不增加当事人的诉讼负担。

即使可以认为，连带责任相比较按份责任而言，程序上相对比较复杂。但是，如果只是单纯追求程序上的简化，那么连带责任在任何情况下都没有存在的必要性。实际上，自连带责任制度产生以来，它以程序上的相对复杂为代价，实现实体上对受害人充分有效救济的目的，以维护社会公平正义与和谐稳定。这是它优越于按份责任制度的独特价值魅力。

4. 连带责任有益于环境保护

在我国，由于执法资源有限以及违法者与执法者之间信息不对称等因素的影响，国家行政权力在监管环境违法行为方面并非细密无间，往往存在很多漏洞。

当然，这种情况也许正在逐步改变。随着环境行政执法力度的加强，在线监测等多种技术手段的运用，对企业排污行为的监管日益加强。但是，受制于各方面因素的影响，行政执法的力量毕竟有限。在线监测等高技术手段目前也只是在部分排污企业被安装，应用于所有排污者还需要一个相当长期的过程。这就意味着，如果没有具有足够威慑力的制度设计，排污者违法排污并且逃脱监管的概率仍然很大，环境行政执法中“猫与老鼠的游戏”仍然会在相当范围内持续存在。

特别是，《侵权责任法》第67条的出台，更进一步提高了环境执法的难度。该条规定，污染者承担责任的大小，根据污染物的种类、排放量

---

① 张铁薇：《共同侵权制度研究》，法律出版社2007年版，第261页。

等因素确定。那么，要明确不同污染者的责任，必须对不同污染者排放污染物的种类和排放量等情况有全面准确真实的掌握。这一任务，很大程度上落在环保执法部门身上。这就对环保部门的环境监测和行政执法提出了更加细密和严格的要求。

而实际情况是，对所有排污行为的各个细节，环保部门很难完全实施有效的监管或者监督。当个人的信息不能完全地被观测、监督的时候，集体性惩罚就是有效率的。① 因此，本书认为，如果多个违法排污行为不能得到有效监督，无法收集到各个排污者的相关信息，那么让它们承担分别责任是不可能的。

而让多个排污者承担连带责任，至少在形式上不需要考虑排污者之间排放污染物的具体细节，这样有助于对每一个排污者形成更有力的威慑。连带责任具有惩罚性，这也是侵权法的重要功能之一，通过连带责任的威慑作用，对环境污染行为起到一定的警告和预防作用。②

当然，即使没有连带责任，受害人的诉讼本身也是对环境违法行为的监督。以个人身份提起诉讼的受害人不仅仅是为了其自身利益，同时也是作为国家公权力的代理人而出现的，降低经济上的非效率的行为是国家所致力的目标，但国家资源有限，不足以做这件事；通过对受害人的救济，其实是国家创造了一种依私力而推动政策目标实现的制度，也为人们的行为自由划定了边界。③ 所以，环境诉讼有助于强化对企业行为自由的监督，也从侧面可以弥补行政管制的不足。

但是，如果有了连带责任，环境诉讼监督企业排污行为的效果会更明显。原因何在？就连带责任而言，由于它最大限度地减少了受害人受偿不能的诉讼风险，确保了受害人的胜诉预期，有助于提高受害人的诉讼积极性。诉讼次数增多，意味着对企业排污行为的监督频率提高，从而有助于增强监督效果。

而且，环境共同侵权中适用连带责任还可以促使排污者之间的相互监

---

① 张维迎、邓峰：《信息、激励与连带责任——对中国古代连坐、保甲制度的法和经济学解释》，《中国社会科学》2003 年第 3 期。

② ［美］凯斯 · R. 孙斯坦：《风险与理性——安全、法律及环境》，师帅译，中国政法大学出版社 2005 年版，第 125 页等。

③ Jules Coleman, "Tort law and Tort Theory: Preliminary Reflections on Method", Zn Gerald J. Postema (ed.), *Philosophy and the Law of Torts*, London: Cambridge University Press, 2001, pp. 187-188. 转引自张新宝《侵权责任法立法的利益衡量》，《中国法学》2009 年第 4 期。

督。有研究指出，连带责任作为一项法律制度，能够形成对相关民事主体的有效激励机制。即通过追究连带责任，可以使相互关联的多数人之间形成相互监督、互相提醒的机制，以便共同遵守法律。[①] 对于同处一片区域可能引起环境共同侵权的多个排污者而言，如果意欲避免连带责任的承担，排污者一方面可以通过改进生产技术或者安装污染防治设施来减少污染物排放，另一方面可以通过对周边其他排污者排放污染物情况的了解和掌握，举报其他排污者的违法排污行为，避免自己的合法或者轻微排污行为被无辜卷入共同侵权当中，从而避免承担连带责任。从监督成本来看，排污者之间的相互监督是一种成本较低的监督机制。因为排污者之间同处一个区域，作为区域共同体，相互之间对彼此排污情况比较了解，也更容易接触和掌握对方的相关信息。而社会公众甚至环境执法人员都不见得有这样的便利条件。信息是个人行为受到监督的基础。[②] 正是由于排污者之间对彼此信息掌握的优势，通过连带责任的警戒威慑作用，可以使部分排污者主动利用信息优势来监督其他排污者，从而减少甚至避免环境共同侵权现象发生。

连带责任还与生态环境的系统性、整体性及其治理的多主体协同性具有天然的契合。从自然属性来看，大气、水、土壤、动植物等所有生态环境要素是一个不可分割的统一整体，相互关联、相互影响。以水为例，水具有循环性，地表水与地下水可以相互循环，固态水与液态水可以相互转化；水还具有流域性，流域是一个以水为核心，并由水、土地、资源、人、生物等各类自然要素与社会、经济等人文要素组成的环境经济复合系统。[③] 从问题表现来看，环境问题的产生及其演变，是环境各要素相互影响共同作用的结果，其中也包括人类作为其中一个重要因素的影响。特别是随着人类活动能力和干预能力的增强，对环境的影响也越来越大，环境问题也越来越突出。而且，各类环境问题都是相互关联、不可分割的。从治理理念来看。解决环境污染特别是复合污染及由此产生的共同侵权，必须坚持整体性思维系统性思考。正如党的十八届三中全会指出的，“山水林田湖是一个生命共同体，如果种树的只管种树、治水的只管治水、护田的单纯护田，很容易顾此失彼，最终造成生态的系统性破坏”。从治理主

① 肖嗥明：《连带之债制度研究》，博士学位论文，中国人民大学，2006年。

② 张维迎：《产权、政府与信誉》，生活·读书·新知三联书店2001年版，第6页。

③ 冯慧娟等：《流域环境经济学：一个新的学科增长点》，《中国人口资源与环境》2010年第3期。

体及措施来看，中国及世界各国的实践表明，环境问题包括复合污染的解决，需要政府、企业、社会公众等各方面主体共同参与协同治理，需要行政、法律、技术、经济等综合性措施和手段。而连带责任，内在地要求承担共同责任、不可分割的责任。这种要求，一方面反映了环境要素的客观关联性、环境问题产生的多主体性、根源的多原因性，另一方面也体现了环境治理责任的共同性和治理主体的多元性。在理念、实践及政策等各个层面突出环境因素在环境共同侵权中的特殊地位、影响及其作用，这正是连带责任相比按份责任的优势和特点。在环境共同侵权中，当事人承担连带责任，更符合生态环境的整体性特点，更体现环境问题的多因性特征，更反映环境治理的共同性要求。

5. 连带责任可以推动责任保险的发展

首先，关于责任保险使连带责任在共同侵权责任中没有必要的说法，需要辩证分析。确实，现代社会不同于传统社会的一个重要变化就是，责任保险越来越发达。在法国以及其他很多发达国家，越来越多的侵权行为人都已经投了责任保险，这使受害人受偿不能的风险得到降低。但是，这也同时说明了按份责任必须有责任保险相互配套。如果没有发达的责任保险制度，特别是针对高度风险的环境污染事故（事件）的责任保险，那么仍将不能避免有的责任人因大规模风险或巨额赔偿而破产或者关闭的可能。这样如果是按份责任的规定，既使加害人陷于经济上的破产困局，也将使受害人处于非常不利的境地。

所以，连带责任形态是否采用，还与环境污染责任保险的发达程度具有紧密联系。责任保险与侵权行为法的发展，具有互相推展的作用。侵权责任的加重，促进了责任保险的发达，而责任保险制度的建立，也使侵权行为法可以采取较严格的责任原则而不用担心加害人破产倒闭或隐匿财产情形之发生。

连带责任和责任保险是社会发展的必然要求。在现代社会风险事故频发的背景下，受害人遭受的风险越来越大，加害人面临的赔偿负担也越来越重。传统侵权法的个体责任已经不能适应赔偿巨额化的要求。这是现代社会连带责任依然普遍存在的重要原因，也是责任保险等责任社会化机制日益流行的基本背景。如果没有相应的责任保险制度，既不利于救济受害人权益，也无助于减轻加害人负担，不足以维系侵权双方利益结构的和谐稳定。在美国，所谓侵权行为法的危机，事实上就是责任保险的危机，即企业厂商不能以合理的保险费买到责任保险，而被迫放弃开发某种具有危险性的产品或服务。[①] 这种状况，既不利于部分产业活动的发展，也不利于责任保险事业的发展。由此可见，在侵权法中，对加害人施加更为严格的法律责任，不仅有利于受害人权益的保障，而且对于促进责任保险的发展亦具有积极意义。

从国内外的实践来看，环境侵权对他人人身、财产权益以及整个社会经济生活的危害非常严重，往往产生巨额的损害赔偿金额，从而给企业带来巨大的经济风险。而环境共同侵权的危害后果更甚，要求企业的赔偿额度更高。而在当前我国，受损害赔偿责任规定畸轻、经济发展思维至上、地方保护主义盛行等因素的影响，受害人可以获得的环境侵权损害赔偿金额严重偏低，这样对导致污染损害的企业不可能产生足够的经济压力。很多企业甚至主动污染，毫不在乎环境侵权行为的发生，因为其从污染活动中所获取的巨额经济收益要远远高于其对受害人所支付的微薄赔偿费用。正是由于没有足够的赔偿风险和压力，排污者就不会有足够的动力去购买污染责任保险。没有保险买方，就不会有提供保险的卖方。这样，环境污染责任保险市场一直得不到发展，长期滞后于环境污染防治工作的实际需要。因此可以说，如果对于环境共同侵权不能规定更为严格的连带责任机制，那么当前我国环境污染责任保险薄弱的现状将难以根本改变。所以有学者指出，坚持共同侵权行为人承担连带责任，可以促使加害人将风险分散出去，从而促进我国保险业的发展和完善，最终实现侵权损害赔偿的社会综合救济机制。[②]

在我国，环境污染责任保险一直处于起步试验阶段。[③] 这是与法国等其他发达国家很不一样的地方。在这种情况下，如果在环境共同侵权行为中作出按份责任的规定，而没有责任保险等成熟配套制度的跟进，那么，与连带责任的规定相比，按份责任无法实现对受害人利益的充分保障。所以，通过环境共同侵权的连带责任机制压力，强力推动污染责任保险的发展，不只是对于受害人有利，而且对我国环境责任保险事业的发展有益。

---

① 王泽鉴：《侵权行为》，北京大学出版社 2009 年版，第 9 页。

② 张铁薇：《共同侵权制度研究》，法律出版社 2007 年版，第 261 页。

③ 可参见《国家环境保护总局、中国保险监督管理委员会关于环境污染责任保险工作的指导意见》。

第三节 《侵权责任法》相关规定评析

通过上述比较法上和学理上的论证，我们可以得出，在环境共同侵权中规定承担连带责任的做法无疑更具合理性。以此为基础，分析《侵权责任法》和《环境侵权司法解释》中的共同侵权相关规定，会让我们对环境共同侵权与连带责任获得更为全面理性的认识。

《侵权责任法》不仅对共同侵权和其他数人侵权作了一般规定，而且第八章关于“环境污染责任”的专章中也有一条关于两个以上污染者承担侵权责任的专门规定。2015 年出台的《环境侵权司法解释》对环境侵权的法律适用问题作了更加具体的规定，其中多个条文涉及环境共同侵权及其连带责任。分析这些规定的具体内容及其含义，有助于我们更加准确地理解和把握环境共同侵权及连带责任在我国的立法与司法发展。

一 关于第 11 条和第 12 条的理解

首先来看看《侵权责任法》有关共同侵权和其他数人侵权的一般规定。立法和学理普遍认为,《侵权责任法》第 8 条、第 9 条和第 10 条是关于共同侵权不同情形的规定。而且不论何种情形，均承担连带责任，这似乎没有什么争议。

比较特殊的是第 11 条和第 12 条。第 11 条是“无意思联络但承担连带责任”的数人侵权，很多人认为这是关于分别侵权的规定，只不过责任形态是连带责任。① 第 12 条是“无意思联络的分别侵权”，承担分别责任。对于这两个条文，我们在第二章有关环境共同侵权的本质分析和类型划分中已有论证。

本书认为，环境共同侵权的本质特征是共同结果，即使行为没有结合但造成同一损害结果的，也可以构成环境共同侵权。所以，如果第 11 条的情形发生在环境侵权领域，我们把它作为环境共同侵权（共同损害行为），承担连带责任也就顺理成章。如果环境侵权领域发生第 12 条所述的情形，并且造成的“同一损害”属于不可分割的同一损害，我们也认为该种情形属于环境共同侵权，加害人应当承担连带责任。

---

① 这与第 67 条正好相反，有人认为第 67 条是共同侵权，但责任形态是分别责任。对第 67 条，我们在后面详细分析。

实际上，上述立法和观点也得到了《环境侵权司法解释》的印证。《环境侵权司法解释》第 3 条第 1 款的规定，表明《侵权责任法》第 11 条规定的共同损害行为承担连带责任这一规则在司法解释中得到延续。

该司法解释第 3 条第 3 款虽然包含了共同损害行为和单独损害行为两种侵权类型，但它对共同损害行为的描述仍然是行为的“分别”、结果的同一，后果是承担连带责任。这与《侵权责任法》第 11 条规定也是一致的，并且进一步体现了环境共同侵权“共同结果”的本质属性及连带责任的必然要求。

当然，对《侵权责任法》第 11 条、第 12 条及配套司法解释的上述规定，完全限定在环境侵权这个特殊领域。对于其他侵权领域是否能够类推作出同等理解，则需要结合该具体领域的特点作出具体判断。

二 关于第 67 条的不同观点

如果说《侵权责任法》第 11 条、第 12 条及司法解释有关条款可以通过“共同结果论”的逻辑前提来认定为环境共同侵权，那么第 67 条，能否作类似理解呢？先看立法规定。

《侵权责任法》第 67 条规定：“两个以上污染者污染环境，污染者承担责任的大小，根据污染物的种类、排放量等因素确定。”

根据全国人大常委会法制工作委员会民法室（以下简称民法室）的解释，该条是关于“两个以上污染者造成损害的责任”的规定。① 这是我国立法首次专门针对两个以上污染者造成损害的责任承担问题作出明确规定，为相关司法适用提供了直接的法律依据。此前，关于这一问题的司法裁判，有的作共同侵权处理，有的作分别侵权处理。

1. 不同的观点

第 67 条规定的是哪一种侵权类型和责任形态，条文本身并没有明确说明。为此，人们给出了各种不同的解释。大致来看，有以下三种观点。

（1）无意思联络并承担按份责任的分别侵权

根据民法室的解释，67 条所规范的环境侵权行为有以下四个要件：一是多个侵权主体，有两个或者两个以上的污染者；二是污染者存在无意思联络的侵权行为，即污染者都有污染环境的行为，但其行为之间没有意思联络；三是数个侵权行为与损害有总体上的因果关系，并不是单个侵权

---

① 王胜明主编：《中华人民共和国侵权责任法解读》，中国法制出版社 2010 年版，第 336 页。

行为与损害之间有因果关系；四是造成了同一损害。

民法室进一步认为，本条规定的两个以上污染者污染环境，污染者之间不存在污染环境的意思联络。如果污染者之间有意思联络，则不是本条调整的范围，应由本法第八条规定的“二人以上共同实施侵权行为，造成他人损害的，应当承担连带责任”所调整，构成有意思联络的共同侵权，污染者承担连带责任。①

根据民法室的分析，数人环境侵权行为，即二人以上的环境侵权行为，根据污染者之间有无意思联络，可以分为有意思联络的数人环境侵权行为和无意思联络的数人环境侵权行为。如果是前者，属于共同侵权行为，污染者对受害人承担连带责任，该种情形适用《侵权责任法》第8条关于共同侵权行为的规定；如果是后者，不属于共同侵权行为，污染者对受害人承担按份责任。

根据上述理解，第67条不折不扣地属于无意思联络的分别侵权，或者至少不属于共同侵权。对该主张的理由及其评析，将在后面进一步展开。

（2）承担按份责任的共同侵权

对于无意思联络分别侵权的说法，有学者提出了不同的意见。

曾经参与起草《侵权责任法》的一些学者认为，第67条规定的是共同侵权行为中的共同危险行为的责任认定方式，即市场份额规则。不过，尽管本条规定的是共同侵权行为，但其行为的后果按照市场份额规则，适用按份责任，而不是连带责任。② 这一解释一方面主张该条情形属于共同侵权，另一方面又认为其责任形态属于按份责任而不是连带责任，似乎是很矛盾的。

为什么共同侵权不承担连带责任？研究者认为，这一条规定的共同危险行为有两点与共同危险行为不同：一是每一个污染者污染行为的情形不同，对造成损害的可能性并不一样，因此，每一个污染者的责任份额并不相同；二是承担的责任没有规定为连带责任，而是“应当承担侵权责任”，即按照市场份额规则承担按份责任。③

这个观点给出的解释存在两个问题。一方面，关于该条适用的前提，分析认为是每一个污染者污染行为不同，对造成损害的可能性并不一样。

---

① 王胜明主编：《中华人民共和国侵权责任法解读》，中国法制出版社2010年版，第337—338页。

② 杨立新：《侵权责任法：条文背后的故事与难题》，法律出版社2011年版，第220页。

③ 同上。

可是，这个前提在本条中有明确体现吗？似乎文字表述并没有这个意思。另一方面，即使条文体现了上述前提，按照这样的逻辑，污染行为不同，因此适用按份责任，那么现实生活中几乎所有的复合污染情形中每一个污染者污染行为均不同，就都要适用该规则承担按份责任，实际上就意味着连带责任根本无法在环境共同侵权中适用。而且，从前面有关连带责任的正当性分析来看，共同侵权承担按份责任存在诸多不合理性。所以，“属于共同侵权而又承担按份责任”的说法很难让人信服。

（3）污染者责任份额确定规则

还有研究指出，第 67 条从字面来看，根本没有体现出任何关于“两个以上污染者”之间是否存在意思联络的判断，因此，妄断本条规定的是无意思联络数人环境侵权中各污染者承担责任的确定标准缺乏明确依据。应当说，这一条规定的是对各污染者责任份额确定规则，而不是各污染者向受害人承担责任的方式。因此既可能是各污染者承担连带责任，之后再根据污染物的种类、排放量等因素确定各自承担的责任份额，再行追偿，也可能是各污染者直接根据上述因素确定各自承担的责任份额，然后按照此份额向受害人承担按份责任。[①]

上述分析其实提出了两个观点：一是第 67 条规定的行为并不一定是无意思联络的数人环境侵权；二是该条规定的责任形态并不一定是污染者对外承担的按份责任，而是污染者内部责任份额的确定规则。

2. 对上述观点的评析

显然，各方对第 67 条的含义存在明显不同的意见。这些意见可以归纳为两个方面：一是行为性质问题，该条属于共同侵权还是无意思联络的分别侵权？二是责任形态问题，属于外部按份责任还是内部责任份额确定规则？

对上述两个问题的不同回答，可能形成对第 67 条的四种不同理解：一是共同侵权并承担连带责任；二是共同侵权但承担按份责任；三是分别侵权并承担按份责任；四是分别侵权但承担连带责任。显然，四种理解存在于不同分析当中。

前述民法室的解释显然属于第三种理解，这很大程度上源于其对环境侵权归责原则的误解，即把过错责任原则当作环境侵权的归责原则，进而认为环境共同侵权亦需要行为人之间存在意思联络，如果没有意思联络则

① 薄晓波：《数人环境污染侵权案件中损害赔偿责任的承担》，《环境经济》2010 年第 8 期。

不属于环境共同侵权从而也不适用连带责任。其反向逻辑是，既然本条规定不适用连带责任，那么它自然不属于环境共同侵权。实际上，由于环境侵权实行无过错责任原则，环境共同侵权当然亦同样适用无过错责任原则。换言之，主观上的过错或者意思联络并非环境共同侵权的构成要件。[①] 既如此，数人环境侵权区分有无意思联络，对于是否构成环境共同侵权以及承担连带责任并无实质影响，自然也不存在“有意思联络则适用第 8 条共同侵权的规定，无意思联络则适用第 67 条的规定”这样在法律适用上的区别。所以，言之凿凿地认为该条属于关于无意思联络数人环境侵权并承担按份责任的规定是很有疑义的。

而起草专家的解释属于第二种理解。对于该理解，我们赞成其关于该条规定的是共同侵权的说法，但不认可污染者承担的是按份责任的说法。本书认为，既然属于共同侵权，当然应当承担连带责任，而按份责任完全可以作为是污染者承担连带责任之后的内部责任分担规则。这一方面符合共同侵权法律责任的基本逻辑，另一方面也是本章第二节所分析的，连带责任在环境共同侵权领域具有正当性。鉴于此，我们更加倾向于将该条解释为第一种情形，属于共同侵权，对外承担连带责任，对内按照一定的因素进行责任份额分配。

对于第四种理解，分别侵权但承担连带责任，也并非没有道理，至少《侵权责任法》有类似的规定。客观而言，两人以上污染环境导致损害，是否属于分别侵权，是否承担连带责任，这从根本上取决于污染行为是否关联，损害结果是否同一，以及环境共同侵权的本质是什么等各方面因素。

如果我们将结果共同作为环境共同侵权的本质，那么第 67 条可能属于分别侵权，也可能属于共同侵权，主要看损害结果是否同一不可分割。如果损害结果同一的，则属于共同侵权，承担连带责任；如果损害结果可分，则属于分别侵权承担按份责任。不同的理解，形式上取决于条款的文字规定和我们对共同侵权本质的不同认识，实质上是在对受害人利益与加害人利益进行衡平。

所以，第 67 条实际上可以从共同侵权和分别侵权两个不同层面加以理解。两个以上污染者污染环境，如果造成同一个损害结果的，构成共同侵权，污染者对受害者承担连带责任；污染者之间承担责任的大小，根据污染物的种类、排放量等因素确定。如果造成的损害结果是可分的，构成

---

① 本书在有关环境共同侵权的构成要件分析时已有详细论证。

分别侵权，污染者根据污染物的种类、排放量等因素各自承担相应的责任。而损害结果的分割比例，其证明责任由加害人承担，对此我们在后面救济论部分将会进一步论述。

三　第67条并非规定按份责任

已经有研究认为，数人侵权责任中，存在着“风险责任”和“最终责任”的区分。风险责任是责任人承担的超过自己责任份额部分的责任，其性质是受偿不能风险，该责任是就责任人的对外关系而言。最终责任是就责任人的对内关系而言，是指数个侵权责任人内部之间最后各自分担的责任比例大小。①

参考上述思路，第67条完全可以被解释为环境共同侵权并承担连带责任的规定，即“两个以上污染者污染环境，造成同一个损害结果的，污染者对受害者承担连带责任。污染者之间承担②（按份）责任的大小，根据污染物的种类、排放量等因素确定”。在该解释中，污染者对受害者统一承担“连带责任”，该种责任可以理解为一种对外责任，而污染者之间承担“按份责任”，该种责任是一种内部分担责任，其分担标准或者依据是“污染物的种类、排放量等因素”。前后两层意思以句号隔开，使外部连带责任与内部按份责任的逻辑关系一目了然。

如果我们还联想到《侵权责任法》出台之前的草案稿和有关的学者建议稿，也许会更进一步认识到，第67条规定的并不是按份责任。

“侵权责任法二次审议稿”第70条规定：“两个以上排污者污染环境，除能够证明与损害不存在因果关系的外，应当承担赔偿责任。排污者承担责任的大小，根据污染物排放量等情形确定。”这一条共有前后两个完整句式，以句号隔开。从纯粹字面理解，该条并没有对“承担赔偿责任”和“排污者承担责任”这两个表述中的“责任”作出任何限定说明。对于前段中的“责任”，完全可以将其理解为排污者对外统一承担“连带赔偿责任”；对于后段中的“责任”，则可以理解为排污者内部之间分担的“按份责任”。而且由于有句号这一意义符号的连接，前后两段之间完全可以理解为是一种逻辑递进关系，其意在表明：排污者对外承担连带责

① 王竹：《侵权责任分担论——侵权损害赔偿责任数人分担的一般理论》，中国人民大学出版社2009年版，第98—102页。

② 该处的承担，准确地说应是指“分担”，即污染者之间分担责任，方能体现“按份”的意味。

任后，对内承担按份责任。这种理解并非不可以。

“侵权责任法三次审议稿”第 67 条基本上沿袭了二审稿上述条文的形式和结构，其表述为：“两个以上污染者污染环境，除能够证明与损害不存在因果关系的外，应当承担侵权责任。污染者承担责任的大小，根据污染物的种类、排放量等因素确定。”从字面上，仍然可以按前述对二审稿条文的含义进行解读。

实际上，对于数人环境侵权的性质和责任形态，在目前所有学者关于“侵权（责任）法”或“民法典侵权行为编”的建议稿中，凡涉及数人环境侵权的，多数观点认为应当确立为共同侵权并且承担连带责任。譬如，梁慧星教授关于民法典草案的建议稿第 1606 条认为，两个或者两个以上排污者污染环境造成他人损害的，适用本法第 1552 条规定的连带责任。① 杨立新教授关于侵权责任法的建议稿第 118 条也认为，两个以上排污者污染环境造成他人损害的，应当承担连带责任。② 西南政法大学侯国跃博士关于侵权法的建议稿第 86 条亦认为，两个或者两个以上排污者污染环境造成他人损害的，适用本法关于共同侵权的规定，即承担连带责任。③ 而只有王利明教授的建议稿第 1931 条认为，污染源来自两个以上的原因的，应当由排放污染源的行为人根据排放量承担相应的侵权责任。④

由上可见，主张数人环境侵权属于共同侵权应当承担连带责任的观点似乎更占优势。这再一次从侧面表明，关于数人环境侵权，立法上单独提出“无意思联络数人环境侵权并承担按份责任”的规定在学理上缺乏普遍支持。

当然，第 67 条也并不排除这样的理解，即，如果造成的损害结果是可分的，则污染者之间按照污染物的种类和排放量等因素承担分别责任。该理解在本质上也是对共同结果论的体现。

总而言之，由于缺少损害结果说明，第 67 条没有对数人环境侵权的行为属于共同侵权还是分别侵权作出明确定性，因而也不是共同侵权按份责任的规定，该条只是一般意义上的对数人侵权后划分内部责任的基本规

---

① 梁慧星主编：《中国民法典草案建议稿附理由 · 侵权行为编、继承编》，法律出版社 2004 年版，第 90 页。

② 杨立新主编：《中华人民共和国侵权责任法草案建议稿及说明》，法律出版社 2007 年版，第 242 页。

③ 侯国跃：《中国侵权法立法建议稿及理由》，法律出版社 2009 年版，第 69 页。

④ 王利明主编：《中国民法典学者建议稿及立法理由 · 侵权行为编》，法律出版社 2005 年版，第 196 页。

则的说明。

与第67条的规定相呼应，《环境侵权司法解释》第4条进一步明确："两个以上污染者污染环境，对污染者承担责任的大小，人民法院应当根据污染物的种类、排放量、危害性以及有无排污许可证、是否超过污染物排放标准、是否超过重点污染物排放总量控制指标等因素确定"。这一条文进一步表明，《侵权责任法》第67条并不是关于按份责任的规定，而只是对数个侵权人如何划分内部责任的考量因素的说明。作了更具体细致的说明。借由这个司法解释更具体细致的规定，司法裁判关于加害人内部责任划分的依据会更加充分。

在此规定出台之前，司法实践一般认为，在构成共同侵权的前提下，如果排放污染物的各方均未能提供各自污水排放量的准确数据，客观上难以判断各方污染作用的大小，可以推定各被告方内部承担等份责任。浙江绍兴8家养殖户分别与绍兴咸亨食品有限公司等3被告系列案件的一审和二审裁判①即按照该规则作出相应的判决意见。这种裁判思路，与《侵权责任法》第67条及《环境侵权司法解释》第4条的要求是一致的。它一方面确保了对受害人权益的保护，另一方面也明晰了加害人的内部责任划分，体现了公平原则与操作简便的结合。

四　按份责任会带来司法困惑

如果第67条的规定作为规范无意思联络数人环境侵权承担按份责任的直接依据，对相关案件的司法审判会带来什么影响？

如前所述，在环境侵权案件中，不同企业分别向环境排放污染物，几乎没有或者很少会就有关排放污染物以及污染侵权方面的事项形成"意思联络"或者具有"共同过错"，甚至污染行为之间的关联性也不那么容易判断。即使是立法者们也承认，现实中的环境污染共同侵权，从各行为人的角度考察，在污染者彼此实施侵权行为之前，一般没有主观上的意思联络。②

而且，从第二章归纳整理的案例可以看出，在长期的司法实践中，对

---

① 参见高欢西与绍兴咸亨食品有限公司、浙江古越龙山绍兴酒股份有限公司等环境污染责任纠纷二审民事判决书等系列判决，载于中国裁判文书网（http://wenshu.court.gov.cn）。

② 王胜明主编：《中华人民共和国侵权责任法解读》，中国法制出版社2010年版，第338页。

于数人环境侵权的情形，基于污染行为（物）复合的事实基础，大多数案件被认定为共同侵权并判定加害人承担连带责任（参见第二章表2-4），不少案件在连带责任的基础上还同时对加害人的内部责任进行了划分。这几乎已经成为司法实践中法官、律师和当事人对此类案件形成的稳定司法预期。

在这种实践背景下，第67条的出台，使得原来被认定为环境共同侵权的案件，将被重新定性为“无意思联络的分别侵权”，进而适用按份责任的规定。这必将扰乱司法实践中长期形成的稳定预期。

而且，由于“意思联络”环境共同侵权的情形在现实中很少发生，或者即使有也很难判断，这样绝大多数关于数人环境侵权的案件就将被67条所控制，几乎不能或者很少能够适用于关于共同侵权连带责任的规定，实际上等于共同侵权及其连带责任的规定将在大多数环境案件审判中被束之高阁弃而不用。这对受害人和环境保护而言无疑不是一个好现象。

综上所述，按份责任没有注意到我国环境污染的严峻形势和环境责任保险尚未建立的具体现实，忽略环境侵权及其诉讼的特殊性，无视当事人地位的天然不平等性，夸大加害人的行为自由，造成加害人与受害人之间利益格局的进一步失衡，使受害人陷入更加悲惨的境地，不利于对受害人基本权益的有效保障。按份责任体现出明显的经济利益中心主义的政策导向，把企业经济利益置于受害人生存利益以及公众环境利益之上，不能对排污行为起到应有的威慑和监督作用，无法遏制排污者的违法倾向，将对环境保护产生负面影响。同时，按份责任将会背离长期以来有关数人环境侵权适用共同侵权并承担连带责任的普遍性司法实践经验，从而扰乱法官、律师和当事人的司法预期。

总之，无论是基于域外法的考察和国内法的分析，或者基于正面的正当性论证和反面的立法理由辩驳，以及基于学理的解释还是司法的适用，第67条都不应当绝对地理解为无意思联络数人分别侵权承担按份责任的规定，而应当宽泛地理解为加害人之间内部责任的划分规则。在此前提下，区分结果是否可分，再确定该数人侵权属于共同侵权还是分别侵权。

第六章　环境共同侵权救济论

无论是考察环境共同侵权现象的发生机理，还是分析环境共同侵权的本质和构成要件，抑或确定环境共同侵权的责任形态，其根本目的均在于从实体法上规范环境共同侵权法律关系，协调侵权当事人的权利义务。

以实体规范为基础，本章主要从程序上阐明环境共同侵权纠纷的基本解决机制。这些程序包括和解、调解、诉讼与社会化救济机制。从受害人的角度看，设置纠纷处理或者解决机制的目的在于权利救济，所以我们称为救济论。

需要说明的是，环境共同侵权现象中的救济其实不独为权利救济，还包括对受损环境的救济，即对环境污染的事后治理和恢复，这是环境共同侵权与普通共同侵权的重大区别。但是，在私法程序的框架内，还难以实现对环境的救济。对此，我们将在第七章有关环境共同侵权预防论中加以涉及。

第一节　基本救济机制

环境共同侵权纠纷在性质上属于民事纠纷。有学者认为，民事纠纷的救济机制包括私力救济、公力救济和社会救济三种，私力救济包括自决与和解①，公力救济包括司法救济和行政救济，社会救济介于公力救济和私力救济之间，包括仲裁、调解和部分代替性纠纷解决机制（ADR）。② 环

① 江伟：《民事诉讼法》，中国人民大学出版社 2000 年版，第 4 页。

② 徐昕：《论私力救济》，中国政法大学出版社 2005 年版，第 102 页。这里的社会救济不同于社会保障法上的社会救济，后者是指社会成员陷入生存危机或不能维持最低限度生活水平时，由国家和社会按法定标准向其提供满足最低生活需求的物质援助的社会保障制度。

境法学者将 ADR 机制与诉讼机制相对应，即把和解、（诉讼外）调解和其他非诉讼方式均纳入 ADR 范畴。[①]

从实践来看，当事人在不同情形下会选择和解、调解或者诉讼等不同的解决方式。所以，本书对环境共同侵权救济机制的研究主要集中于和解、调解和诉讼。另外，本书将环境共同侵权损害赔偿的社会化也作为一种独立的救济机制予以介绍，并称为社会化救济。这与前面介绍的社会救济的含义并不一样。

需要说明的是，调解作为一种纠纷解决机制，其主体范围非常广泛。可能是国家专门设立的人民调解机构，也可能是双方协商选定的其他主体，还可能是行政主管部门或者提供司法救济的法院等。特别是在我国特定社会背景下，还形成了人民调解、行政调解和司法调解整合和联动的所谓“大调解”机制。[②]

不过本书介绍的调解主要是指法院诉讼外的调解，诉讼过程中的法院调解作为司法救济方式加以说明。从实践来看，环境共同侵权纠纷中的诉讼外调解主要是行政主管部门开展的，所以本书研究的调解也主要针对行政主管部门的调解。

综合以上原因，本书界定的基本救济机制主要是指和解、行政调解、司法救济和社会化救济。而基于司法救济在环境共同侵权纠纷解决中的突出地位和实际效果，本书在第一节对各项基本救济机制作一总体概括的基础上，第二节专门对司法救济的规则要点进行详细论述。

一 和解

和解是最典型的私力救济方式。所谓私力救济，也称为自力救济，其含义是指：当事人认定权利遭受侵害，在没有第三方以中立名义介入纠纷解决的情形下，不通过国家机关和法定程序，而依靠自身或私人力量，解决纠纷，实现权利。[③] 私力救济的首要特征是没有第三方以中立名义介入

---

① 曹明德、毛涛：《我国环境争端非诉讼解决方式存在的问题及对策》，《中国地质大学学报》（社会科学版）2009 年第 2 期。

② 相关研究可参见朱苏力《关于能动司法与大调解》，《中国法学》2010 年第 1 期；左卫民《探寻纠纷解决的新模式——以四川“大调解”模式为关注点》，《法律适用》2010 年第 1 期；吴英姿《“大调解”的功能及限度：纠纷解决的制度供给与社会自治》，《中外法学》2008 年第 2 期；章武生《论中国大调解机制的构建——兼析大调解与 ADR 的关系》，《法商研究》2007 年第 6 期。

③ 徐昕：《论私力救济》，中国政法大学出版社 2005 年版，第 102—103 页。

纠纷解决，其解决纠纷的途径主要是依靠和运用当事人自身的力量和其他私人力量，纠纷处理过程具有非程序性。[①] 这里的私力救济主要指和解。

1. 和解的可能

在环境共同侵权的一些场合，加害人（企业）位于受害人居住区域，相互熟识，加害人所雇用的员工甚至有相当一部分直接来自受害人所在区域，甚至是受害人的亲戚朋友或者是受害人本身。加害人既是污染源，同时又是就业源。[②] 有学者称这种通过现代社会分工的力量扩展了的熟人社会为新熟人社会。[③] 新的熟人社会，为和解等非诉讼解决机制提供了新的现实基础。

在环境共同侵权中，通过和解的方式维护个体权益具有自身的优势。在和解中，私人之间主要以协商的方式交换意见和愿望，双方自由选择的空间较大，当事人可以就责任形式、赔偿范围和赔偿数额等所有具体细节充分沟通，直至达成双方满意的合议结果。而司法诉讼和行政调解给予相对人自由选择的机会相对较少。另外，在加害人比较守信的情况下，和解之后对结果的自愿履行，可以提高纠纷解决效率。由于合议结果系由双方反复协商讨论形成，可以更大程度地体现双方的共同意愿，因而有助于促进纠纷的彻底解决。

在社会矛盾不断增多、司法和执法资源日趋紧张的当下，依靠和解实现权益的救济和保障，虽然并不总是当事人的主动追求，不过在客观上有助于节约司法资源和行政成本。因而和解不只是当事人的选择，也得到了权力部门的积极推动。

2. 和解的困境

从环境共同侵权纠纷的现实处理情况来看，受害人动用和解方式的努力是存在的，但是多数情况下很难实现其预期效果，和解等私力救济面临着若干困境。

在一般情况下，当事人经济实力的大小或者转嫁成本的能力，总会影响和解中讨价还价的过程。对于环境共同侵权而言，这一点表现得更加明显。

---

① 徐昕：《论私力救济》，中国政法大学出版社2005年版，第103—119页。

② ［美］托马斯·思德纳：《环境与自然资源管理的政策工具》，张蔚文、黄祖辉译，上海三联书店、上海人民出版社2005年版。第277页。

③ 贺海仁：《无讼的世界：和解理性与新熟人社会》，北京大学出版社2009年版，“序言”第3页。

在环境共同侵权中，当事人力量对比相当悬殊。当事人之间资源分布的失衡可以从三方面影响和解。第一，贫穷的一方在收集、分析预测结果所需要的信息方面也许能力较弱，并因此在讨价还价的过程中处于不利的地位。第二，他可能需要马上得到所寻求的赔偿金并因此被诱使达成和解以作为加快付款的一种方式，尽管他已意识到和等待判决相比，自己现在的所得将会较少。所有的原告都想马上得到赔偿金，然而一个贫困的原告可能遭到富有被告的盘剥，因为他的需要是如此强烈，致使被告可以迫使他接受一个少于当下一般判决的数目。第三，贫穷的一方可能被迫和解，因为他没有资源来对诉讼进行投资，来支付其自身的预算费用，例如律师费。①

从实践案例来看，作为纠纷解决方式之一，和解的效果并不一定很好：同意常常是通过强迫而得到的。② 而且，和解无益于环境保护。和解以救济个体私益为唯一目标，这意味着和解并不追求对环境公益的保护。在和解过程中，受害人主要甚至只会关注自身利益，不可能向对方提出赔偿环境损失的请求。加害人即使愿意承担赔偿责任，也会极尽可能地希望最大限度地减轻自身的责任程度，缩小赔偿范围。所以，环境公益通过和解获得救济的可能性很小。

二　行政调解

调解之所以发生，一方面社会习俗和特定的法律促使冲突的各方寻求或允许调解者进行帮助，另一方面冲突的各方本身也在寻求调解者的帮助，这是因为，冲突的各方都有内在的需要，都认同调解者的帮助，都期望各自得到各种各样的利益。③ 另外，难以达成的和解和周期漫长的诉讼，也使部分当事人主动或者被动地选择了调解。或者说，在无望的和解和失望的诉讼之外，行政机关的调解处理就成为受害人试图抓住以希望获得救济的另一根“稻草”。

1. 行政调解的特点

有关主管部门的调解处理是解决环境共同侵权纠纷的重要方式。从

---

① ［美］斯蒂芬·B. 戈尔德堡等：《纠纷解决——谈判、调解和其他机制》，蔡彦敏等译，中国政法大学出版社 2004 年版，第 384—385 页。

② 同上书，第 384 页。

③ 胡元梓：《调解何以能促成冲突的解决：文献述评与经验研究》，《学术界》2010 年第 8 期。

《环境保护法》到各单行的环境立法，均对行政机关调解环境侵权纠纷作了规定。在实践中，调解环境共同侵权纠纷的主要是环保部门，也可能有渔业部门、海事部门等。

调解的基本特点是中立的第三方的介入。不过按照现行法律的规定，行政调解仍然奉行“当事人主义”。调解程序的启动完全依据双方当事人的合意，调解结果是否能够达成并得到遵守也在根本上取决于当事人的态度和意思，调解协议并不具有强制执行的效力。

不过在理论上，与和解和诉讼相比，行政调解具有自身的独特优势。与和解不同，行政调解引入了具有权威性的行政机关，从而使纠纷处理过程不再受加害人一方的强力控制，提升了受害人在纠纷处理中的地位，有助于达成相对公平的解决方案。与诉讼相比，行政调解的程序更为简单灵活，周期相对更短，行政机关可以广泛运用技术和行政等手段来调查收集相关证据，减少了受害人的救济成本，从而确保高效公正地解决纠纷。

更为重要的是，行政调解不只是停留在纠纷的事后个案式解决，作为调解机构的环保主管部门还可以超越其上，发挥更广泛更积极的预防作用。通过纠纷解决，从中得到的资料和情报应切实地反映到行政方针政策中去，健全对防止区域性环境污染起作用的程序。[①] 这就使行政调解同时具有化解侵权纠纷和预防污染发生的双重效果，既可以救济个体私益，又能够维护环境公益。

2. 行政调解的效果

在环境共同侵权纠纷解决的实践中，行政调解的命运如何呢？下面几个案例也许可以为我们提供一定的启示。

在贵州省黔西南自治州兴义市马岭镇大气污染导致柑橘损失的共同侵权案中，受害果农在遭受财产损失后，首先是寻求行政机关的解决。地方政府及其环保部门也多次进行调查，先后形成了多份书面报告、处理意见和文件。1999 年 9 月，兴义市政府龙井污染纠纷调查组作出《马岭镇龙井村部分农作物因污染受损的调查处理情况报告》。2000 年 8 月，兴义市农业局作出《关于马岭镇龙井村大面积柑橘异常落果、黄叶的调查结果》。2000 年 11 月，兴义市马岭镇政府作出《关于龙井等村柑橘异常落果情况报告》。2001 年 8 月，兴义市政府又作出《关于责令兴义市腾龙化工有限责任公司、富民化工公司、州丰源磷化工公司停产整改的通知》。这些调查处理工作最终没有促成双方当事人的调解，受害人最后走上了诉

① ［日］原田尚彦：《环境法》，于敏译，法律出版社 1999 年版，第 37 页。

讼之路。

在浙江平湖五家企业水污染导致养殖场蝌蚪死亡的共同侵权案中，受害人请求环保等政府部门进行调解处理，有关部门历时一年多，对案情进行了详细的调查，并作成相应的书面材料。遗憾的是，本案的行政调解最后也没有成功，诉讼成为受害人最终的选择。

在贵阳市南明区鱼塘污染导致的共同侵权案中，[1] 发生污染事故后，受害人及时将案件向有关部门反映报告，农业、水产、环境监测等有关部门进行了技术调查。贵州省环保局根据受害人的调解请求，先后两次作出处理意见。但由于受害人与两个加害人均对赔偿的具体金额不能达成一致意见，也不同意省环保局的调处意见，最后调解失败，受害人提起诉讼。

以上是我们调查收集到的三起环境共同侵权案件的调解情况。结合掌握的其他资料，大致可以得出有关环境共同侵权中行政调解的以下基本认识。

（1）行政调解处于环境共同侵权纠纷处理过程的前端，受害人对行政调解曾经寄予厚望。无论是前述三个案例，还是实践中发生的其他案例，均显示出行政调解在受害人心目中的重要性。在污染事件发生后，受害人首先都会想到环保等有关主管部门，并希望主管部门能够出面，对加害人作出相应处理，赔偿受害人相关损失。事实上也是如此。相当多的案件都首先经过行政机关的调查处理。受害人之所以首先选择行政调解，原因或许是多方面的：可能与我国长期以来形成的行政强势的历史传统和民众心理有关，也可能与受害人对相关法律的认知有关，还可能是有关部门或者相关专业或非专业人士引导的结果。

（2）环境共同侵权纠纷调解的各方意愿存在差异。行政调解遵循自愿原则，各方当事人自愿接受调解是启动调解程序的前提。就调解意愿而言，受害人的意愿应当最为强烈，一般都是受害人主动申请而使调解程序得以开启。相比受害人，加害人对调解的态度要消极得多。有的愿意调解，有的不愿意，还有的甚至阳奉阴违，表面配合，背后懈怠甚至退出调解。即使是作为调解主体的环保部门，其调解意愿有时也不见得强烈。所以行政主管部门有时也会像法院一样，紧密着它的大门，让受害人申请调解无门。

（3）环境共同侵权纠纷的行政调解是一个复杂的过程。环境共同侵

---

① 解振华主编：《中国环境典型案件与执法提要》，中国环境科学出版社 1994 年版，第 275—278 页。

权纠纷的行政调解，远比单独环境侵权纠纷的调解要复杂得多。对环保部门而言，它面临的一方当事人为两人以上，污染源为复数，污染情况复杂。在技术分析层面，环保部门要调查不同污染源排放污染物的具体情况，要判断不同污染源对于损害结果的影响大小。在责任认定层面，环保部门不仅要确定加害人对受害人承担的责任大小，而且要划分加害人内部之间的责任比例。加害人由于具有共同的利益，往往形成统一战线，对调解并不积极。而调解完全遵循自愿原则，环保部门在调解中并没有强制的权力，不能对任何一方施加有约束力的影响。这些都注定了环保部门在纠纷调解中所承担的调查任务要重得多、调解难度要大得多。这可能也是导致很多调解无果而终的原因之一。

（4）行政调解在环境共同侵权纠纷处理中的效果并不显著，① 往往以失败告终，从而使受害人不得不选择诉讼途径。由于环境共同侵权纠纷本身比较复杂，再加上加害人和其他一些因素的影响，行政调解往往过程艰辛、周期漫长，难以取得令双方当事人满意的结果。加害人出于自身利益的考虑，以及对双方实力的认知，不可能主动承担赔偿责任。调解不成，受害人最终走上诉讼之路。可以说，行政调解让受害人“怀着希望而来，带着失望而归”。

（5）行政调解虽然难以达成，但它在客观上仍然具有一定的积极意义。一般来说，环保等有关主管部门开展的调解活动，积极运用监测、鉴定等技术手段，对案件相关情况特别是污染和损失情况进行了大量的调查取证工作，由此形成的调查报告和其他书面文件，为证明加害人的污染以及受害人的损失等情况，提供了一定的证据支持，这为后面的诉讼奠定了一定的证据基础。所以，环保部门先行介入对环境共同侵权案件的调查处理，并非毫无意义。

由上可见，虽然行政调解在理论上具有独特价值，但它在环境共同侵权纠纷处理实践中并没有发挥出应有的价值。本书认为，行政调解失灵的根源在于调解本身不具有强制约束力，不能约束任何一方，特别是不能强迫加害人一方承担损害赔偿责任。也许加害人正是看到了行政调解的这一弱点，才对调解毫不在乎。这与和解失败的原因大抵相似。

当然，从实践来看，行政调解的效果并非总是不尽如人意，有时也会

---

① 在所有环境纠纷的处理实践中，包括行政调解在内的各种非诉讼纠纷解决机制的比较优势均没有充分体现。参见曹明德、毛涛《我国环境争端非诉讼解决方式存在的问题及对策》，《中国地质大学学报》（社会科学版）2009 年第 2 期。

达成双方满意的结果，甚至可能比判决的效果更好。譬如，在1992年河南省濮阳市发生的一起环境共同侵权纠纷中，市环保局在查明污染事实，分清责任的基础上，对案件进行了调解。并最终促成五名加害人和所有受害人就赔偿责任和赔偿金额达成一致意见，签订协议书。在计量损失范围上，市环保局不仅将污染造成的直接财产损失和为消除污染危害实际支付或必须支付的费用纳入损失范围，还将调查费、监测费和技术鉴定费一并纳入赔偿范围。在该案处理过程中，市环保局依据各加害人排放污染物的种类、数量、经济承受能力和排污设备运行情况等因素，对五名加害人的最终责任比例进行了具体分配。①

在该案中，从共同侵权的责任承担来看，虽然环保局的调解不像法院判决那样明确规定各加害人对受害人的损失承担连带责任，而是给各加害人分配了具体责任，但这并不意味着受害人不能得到充分足额的受偿。相反，本案中环保局的调解过程和结果甚至在某些方面比法院判决更合理更有效。

一方面，环保部门扩大了加害人承担的责任范围，不仅将污染造成的直接财产损失和为消除污染而实际支付或必须支付的费用（即实际开支和未来开支）纳入损失范围，还将案件处理中发生的调查费、监测费和技术鉴定费一并纳入到赔偿范围，这不仅扩大了对受害人的救济范围，充分保障了受害人的权益，而且促进了对环境公益的保护。要知道，在现行民事赔偿制度下，受法律的严格约束，如果通过法院判决，调查费等费用以及未发生的费用等是很难得到支持的，而调解则灵活得多。它主要强调双方合意，不一定要完全固守法律的所有僵硬规定，从而可以把现行法律不一定支持却具有合理性并且双方认可的损失费用纳入赔偿范围。这是调解的一个独特优势。

另一方面，环保部门对所有加害人的最终责任比例进行了具体分配，分配方案充分考虑了各加害人排放污染物的种类、数量、经济承受能力和排污设备运行情况等因素。这既体现了环保部门调解过程的认真、专业和细致，同时也使调解结果更加公平，更加切合实际情况，从而为调解方案的有效执行创造了条件。与之相反，司法实践中，有的判决疏于实际情况的深入调查和具体问题的详细分析，不考虑加害人的具体情况，不在连带责任的基础上作出最终责任的分配，而是笼统作出所有加害人承担连带责

① 该案例具体情况可参见解振华主编《中国环境典型案件与执法提要》，中国环境科学出版社1994年版，第218—220页。

任的一般规定，这样反而不利于判决的有效执行，使判决如同“空头支票”，无法兑现受害人的预期。

这个环境共同侵权案例的调解能够取得成功，固然与调解部门的努力和双方当事人的配合分不开，但另一方面可能在于行政调解主体所具有的监管部门地位的权威性和强制性。虽然这种权威性和强制性在调解中其实并不具有法律的约束力，但双方当事人往往在心理上受该权威性震慑。由于对主管部门的畏惧心理，再加上当事人因自身法律知识的有限性而没有认识到行政调解“软约束性”，以及希望快速了结纠纷的心理预期，行政调解有时往往能很快达成一致。又加上调解结果并不需要完全严格遵守法律的硬性规定，灵活性较强，因而有可能取得超出法律规定的“意想不到”的效果。

尽管如此，我们仍然不得不承认，与大量调解失败的案例相比，能够取得成功的调解案例可能还是占很小一部分，这使我们不得不反思行政调解制度。

3. 改革行政调解

行政调解不具有强制约束力的缺陷是内在固有的，难以通过制度设计加以克服。[①] 但是，我们应当注意的是，既然法律规定行政调解是解决纠纷的重要途径之一，那么就应当确保这一途径的畅通有效。特别是对于行政机关而言，在当事人申请行政调解时，有关行政机关应当依法受理，积极开展调解工作。而实践中有的行政机关不愿意受理调解，以各种理由推诿或者拒绝受理调解，这种状况极大地损害了调解的法律地位，影响了当事人的权益救济。

产生上述问题的症结在于，调解是行政机关的自由还是职责？如果是自由，那么是否进行调解完全取决于行政机关的意愿；如果是职责，那么如何保证和监督行政机关依法履行该职责？

从现行立法的规定来看，1989 年《环境保护法》第 41 条的表述是：“赔偿责任和赔偿金额的纠纷，可以根据当事人的请求，由环境保护行政主管部门或者其他依照法律规定行使环境监督管理权的部门处理。”该条

① 有学者建议通过赋予行政调解的公信力来加强其强制力，不过这种公信力仍然无法使调解协议获得强制执行力，当事人不能径行申请法院强制执行。参见曹明德、毛涛《我国环境争端非诉讼解决方式存在的问题及对策》，《中国地质大学学报》（社会科学版）2009 年第 2 期。

没有明确环保等主管部门的“处理”[①] 是否属于其行政职责。2000 年《大气污染防治法》第 62 条也没有明确“调解处理”的性质。而 2008 年的《水污染防治法》第 86 条规定：“因水污染引起的损害赔偿责任和赔偿金额的纠纷，可以根据当事人的请求，由环境保护主管部门或者海事管理机构、渔业主管部门按照职责分工调解处理。”该条将环保等主管部门的“调解处理”作为其“职责”加以规定。由此可见，在环境侵权纠纷中，调解处理是环保等有关主管部门的法定职责之一。[②]

既然是法定职责，那么，在双方当事人提出调解请求时，有关主管部门就应当依法受理。如果不受理，显然属于不履行法定职责，依法应当追究相应的法律责任。按《水污染防治法》第 69 条的规定：“环境保护主管部门或者其他依照本法规定行使监督管理权的部门……有其他未依照本法规定履行职责的行为的，对直接负责的主管人员和其他直接责任人员依法给予处分。”

作为纠纷当事人，也可以通过投诉、行政复议和行政诉讼等方式，请求法院责令有关主管部门依法受理其调解申请。只有这样，才能确保主管部门依法及时受理当事人提出的调解申请。当然，通过行政诉讼要求主管部门受理调解申请，与当事人对调解处理不服而向法院提起民事诉讼不同，前者是当事人基于主管部门“不履行法定职责”而对主管部门提起的行政诉讼，后者是一方当事人基于侵权纠纷而对另一方当事人提起的民事诉讼。

三　司法救济

从掌握的资料来看，司法救济是绝大多数环境共同侵权案件的主要和最后解决机制。基于司法救济的重要意义和独特作用，除这里对司法救济的价值与难题作一整体性描述之外，下节对其特殊规则予以专门论述。

1. 司法救济的价值

司法的本质功能在于定纷止争，救济和保障合法权益。所以，法院的判决首先是有助于解决双方当事人的权利义务关系，实现对受损权益的救

---

① 根据《全国人大常委会法制工作委员会关于正确理解和执行〈环境保护法〉第四十一条第 2 款的答复》（1992 年 1 月 31 日），《环境保护法》第 41 条第 2 款所规定的“处理”在性质上属于调解，而不是具体行政行为。

② 虽然调解处理民事纠纷是法律赋予有关主管部门的一项职责，但调解行为本身并非具体行政行为，不能对双方当事人的权利义务产生约束力，故不能针对调解行为及其处理结果提起行政诉讼。

济和保护。

与此同时，诉讼并不仅仅关乎“个人利益”，它同时也关乎社会公益。对此，耶林深有认识：“主张权利的人……的行动远远超出他一身的利益和效果。其行动带来的一般利益，已不只是法律的权威和尊严所自我主张的理念利益，而是任何人都感知到的极为现实、极为实际的利益。”①也就是说，私人主张权利的行动，虽出于主观自利动机，但会产生客观公益效果。②

特别是，环境诉讼不同于其他诉讼。环境诉讼攸关整个环境品质及受害人之生存权利，与如何制止侵害连续发生之问题，涉及事业活动之公众性、社会与政治性争点，属“现代型纷争”之一。③ 对环境共同侵权中个人利益的损害进行赔偿，也体现了预防环境污染和破坏这一社会共同利益的保护。譬如，有学者认为，因为如果毁损他人财产的同时也对自然或者环境进行了破坏，那么《德国民法典》第 249 条中的“恢复原状”也应该包括对生态破坏的“恢复原状”，前提是该生态破坏和物联系在一起，并且这种破坏是可以被排除的。④《德国环境责任法》的立法理由也从这一角度进行了说明，即现行法上的对自然环境恢复原状也包括对被破坏的生态环境的恢复，让毁坏的植被以及驱逐的动物在原来的生存空间继续繁衍和生活。⑤

从这个角度来讲，环境诉讼中受害人的诉讼行为具有明显的正外部性，受害人的诉讼请求一旦得到法院的支持，有助于遏制污染行为的蔓延，起到监督排污行为、促进环境保护的作用。因此，环境诉讼的效果具有普惠性，其受益范围惠及受害人以及周边广泛的社会公众。在这一点上，环境共同侵权诉讼亦然。

当然，与和解、调解一样，司法救济的主要价值无法体现出对环境的救济和保护。由于侵权诉讼以个体权利受到损害为前提，因此，这种间接通过民法来完成的保护方式，对于生态环境利益的救济而言，其作用毕竟

① [德] 鲁道夫·冯·耶林：《为权利而斗争》，胡宝海译，中国法制出版社 2005 年版，第 53 页。

② 赵红梅：《私法与社会法——第三法域之社会法基本理论范式》，中国政法大学出版社 2009 年版，第 415 页。

③ 邱联恭：《司法之现代化与程序法》，三民书局 1998 年版，第 11—12 页。

④ [德] 克里斯蒂安·冯·巴尔：《大规模侵权损害责任法的改革》，贺栩栩译，中国法制出版社 2010 年版，第 77—78 页。

⑤ 同上书，第 79 页。

很有限。这是私人诉讼无法克服的。环境利益受损不能以个人主观权利这一法律属性来提起请求权，因为自然环境是一种不隶属于任何个人的，而原则上对任何人都开放的、用于人类共同使用的物资。[①] 所以，私人诉讼很难完成保护环境公益的任务。

2. 司法救济的难题

司法救济也会面临与其他救济机制类似的困境。在我国，绝大多数环境纠纷没有进入司法程序。据统计，我国每年的环境纠纷案件有 10 多万件，但真正告到法院的不足 1%。[②] 另据统计，2004 年我国司法机关审结环境污染损害赔偿案件 4453 件，2005 年 1545 件，2006 年 2146 件。[③] 虽然这些数据可能会因为存在对环境案件的认定标准不统一等因素而不完全准确，不过在一定程度上还是反映了司法手段在解决环境侵权纠纷中所发挥的作用还是不够突出的状况。

司法救济的若干难题，与环境共同侵权本身的特殊性有关。除了前面在不同场合提到的一些困难外，这里继续说明以下三个方面。

（1）难以找到加害人

无论是私力救济还是请求司法救济，受害人都首先面临着寻找确定加害人的问题。在环境共同侵权案件中，受现有技术水平和其他各方面因素的限制，要确定造成损害后果的加害人往往并不容易。单一环境侵权的因果关系本来就比较复杂，再加上多个排污行为复合在一起，更加无法判断污染物到底是哪些企业所排放、污染后果由哪些企业所造成。这就导致受害人在寻求救济时因找不到加害人而无从诉求的问题。

（2）双方力量对比悬殊

受害人与加害人之间存在的明显实力差距，已经成为环境侵权纠纷处理的一个基本态势。前面已经指出，在环境侵权案件中，加害人与受害人之间在经济实力、知识能力和诉讼实力等方面存在巨大的差异。而在环境共同侵权案件中，这种差异由于加害人的复数性以及加害行为的复合性等因素而被进一步放大。

---

① ［德］克里斯蒂安·冯·巴尔：《大规模侵权损害责任法的改革》，贺栩栩译，中国法制出版社 2010 年版，第 83 页。

② 武卫政：《环境维权亟待走出困境》，《人民日报》2008 年 1 月 22 日第 5 版，转引自张晏《中国环境司法的现状与未来》，《中国地质大学学报》（社会科学版）2009 年第 5 期。

③ 宗边：《建议设立环境审判庭》，《中国环境报》2008 年 3 月 10 日第 1 版，转引自张晏《中国环境司法的现状与未来》，《中国地质大学学报》（社会科学版）2009 年第 5 期。

（3）司法的能力限制与消极立场

由于环境共同侵权案件的复杂性，很多法官在审理该类案件时并不具有相应的专业知识。特别是对于环境侵权的一些特殊规则，在审判实务中有被误读的可能。譬如，在实践中，对于举证责任倒置和因果关系推定规则，不同的法院法官，可能存在完全不同的理解，进而导致作出完全不同的判决。司法人员在专业知识方面的能力限制在很大程度上影响了环境共同侵权案件的合理妥善审理。

同时，在依靠司法机关居中裁判的诉讼过程中，司法活动本身立场中立、行为被动，再加上司法资源的有限性，使得法官几乎没有时间和精力，从而也不大可能采取积极的司法手段去主动调查搜集证据。这样，诉讼过程中所有相关证据的收集、证明任务的完成，基本上都需要受害人依靠自身力量才能实现。而受害人各方面能力非常有限。最后即使尽力而为，结局也是十有六七是本应得到赔偿的污染受害者败诉。[①] 消极中立的司法立场让受害人无可奈何。

另外，在监测鉴定、追诉时效、损害程度及范围等方面也存在若干困难，[②] 加大了司法救济的难度。

突破上述各方面的困境，一方面需要不断完善一些实体法规则，譬如简化环境共同侵权的构成要件，另一方面则需要更加能动的司法立场，特别是积极调整程序法规则，以更好地救济受害人权益，促进环境共同侵权纠纷的妥善解决。

四　社会化救济

无论是和解、行政调解还是诉讼，在性质上均属于私人提供的救济，由导致环境共同侵权发生的加害人对受害人提供经济或者其他方面的赔偿，其实体法依据主要是私法，因此可称为私法救济。该等救济建立在两个前提之上：一是加害人明确；二是加害人拥有足够的财力，可以提供完全充分及时的赔偿。

但是，上述两个前提性事实并非在所有的环境侵权案件中均存在。本书已经多次提到，在一些环境侵权事故发生后，下述情形往往不可避免：

---

① 张晏：《中国环境司法的现状与未来》，《中国地质大学学报》（社会科学版）2009 年第 5 期。

② 吴雪苹：《环境损害赔偿责任及其解决对策之研究》，硕士学位论文，台湾政治大学，2008 年。

难以找到或者确定加害人；或者即使找到了加害人，由于面临巨额的赔偿金额，加害人无力支付该等款项，或者加害人早已破产、倒闭、注销，没有财产可供执行。由于这些情形的存在，受害人处于无法得到全面有效救济的风险之中。

在这种情况下，私法救济机制其实已经失灵。为保护受害人，稳定社会生活秩序，必须寻找私法救济以外的其他救济机制。为此，人们找到了通过包括污染者在内的全社会的共同力量来救济污染受害者的援助机制，这就是社会化救济机制。在实践中，比较成熟的社会化救济机制主要有环境污染损害赔偿基金（以下简称赔偿基金）和环境污染责任保险（以下简称责任保险）两种。

环境共同侵权中也会发生加害人不明或无力赔偿的情形。特别是由于加害人为多数，损害后果往往更为严重，赔偿金额相应更为庞大，加害人无力支付的可能性相应大增。因此，环境共同侵权救济的社会化更加紧迫而必需。当然，由于这两种救济机制并不局限于环境共同侵权，而是通用于所有环境侵权救济，而且学界已多有论述，故在此仅就其原理和应用作简要说明。

在理论上，赔偿基金主要适用于加害人不明和未购买责任保险两种情形。基金的财源由特定区域内潜在的污染者（可以是区域内所有污染企业）负担，在损害发生而其污染者不明致无人赔偿时，由该基金补偿，等同于由污染者负责，符合污染者付费原则与正义的要求。如果污染者没有投保责任保险，以至于损害发生时无法通过保险予以理赔，基于相同的理由，也应当由基金负责补偿受害人的损失。① 当然，赔偿基金能否充分填补受害人损失，还取决于基金款项是否足够。

在我国，除了海事污染事故外，其他污染事故中还基本没有建立完事的赔偿基金制度。考虑到污染事故包括环境共同侵权事故有多发的趋势，建议国家尽早研究建立环境污染损害赔偿基金。在初期，特别应当注意扩大基金经费的来源，建立由政府拨款、企业支付和社会捐赠等多渠道筹资机制，以保障基金支付能力。

责任保险主要是基于赔偿金额巨大而分散无力支付的风险并确保受害人受偿的需要，它的价值是多方面的。利用保险制度，污染者只需负担一定的保费，即可将责任风险分摊给其他的投保人。一旦发生损害赔偿责任，则由保险人负责赔偿。这时，污染者已经将其赔偿责任分摊，不会产

① 陈慈阳：《环境法总论》，中国政法大学出版社 2003 年版，第 340 页。

生因为负担过重而无力赔偿的情形。而且对受害人来说，由保险人进行赔偿可以更加快捷，既可以节约时间和开支，又具有更充分的保障。另外还可以减轻法院的诉讼负担，有助于法律纠纷的快速解决。[①] 所以，责任保险通过分散赔偿风险，实现了受害人、加害人、保险机构、法院和社会等各方面的共赢。当然，责任保险必须作为强制险，而且应当明确所适用的污染类型和范围，否则并不能发挥其应有价值。

我国早在20世纪80年代末90年代初即在一些城市试点环境污染责任保险，但由于种种原因，一直未能正式建立该制度。时至今日，中央和一些地方仍然是采取在有限范围内试点的政策，并没有全面正式铺开，试点效果也不尽如人意。[②] 毫无疑问，强制污染责任保险的缺席，是导致环境侵权受害人不能得到及时有效救济的重要原因之一。

近年来，环境污染责任保险日益受到国家的重视。2014年新修订实施的《环境保护法》第52条明确规定，"国家鼓励投保环境污染责任保险"。这是国家法律首次对环境污染责任保险作出明确规定。2015年，《中共中央、国务院关于加快推进生态文明建设的意见》也要求，"深化环境污染责任保险试点"。同年发布的《关于印发水污染防治行动计划的通知》进一步提出，"鼓励涉重金属、石油化工、危险化学品运输等高环境风险行业投保环境污染责任保险"。2016年，经中央批准和国务院同意，由中国人民银行、环境保护部、保监会等七部门联合印发的《关于构建绿色金融体系的指导意见》中规定："在环境高风险领域建立环境污染强制责任保险制度。按程序推动制修订环境污染强制责任保险相关法律或行政法规，由环境保护部门会同保险监管机构发布实施性规章。选择环境风险较高、环境污染事件较为集中的领域，将相关企业纳入应当投保环境污染强制责任保险的范围"。上述法律和文件为建立健全环境污染责任保险制度提供了重要依据。为落实上述要求，国家有关部门正积极推进环境污染责任保险的法治化，开展了环境污染强制责任保险管理办法的研究制订工作。[③] 基于环境污染责任保险在分散环境风险中的独特价值，我们也期盼有关主管部门加快落实国家有关法律和政策文件，早日出台更具操作性、执行力和覆盖面更广的环境污染责任保险制度。这不仅对于保护受害人有利，而且对于遏制环境污染、改善环境质量大有裨益。

---

① 陈慈阳：《环境法总论》，中国政法大学出版社2003年版，第341页。

② 冯庆水、张学威：《绿色保险怎样困境突围》，《环境保护》2010年第20期。

③ 《关于公开征求〈环境污染强制责任保险管理办法（征求意见稿）〉意见的函》。

还需要说明的是，关于私法救济和社会化救济机制的关系，从短期来看，以无过错责任、连带责任为基础的私法救济机制，无疑是追究加害人责任、救济受害人损失并保护生态环境的最重要和最主要的机制。但是，私法救济无法克服加害人不明或者加害人财力有限导致的受害人利益无法得到完全弥补及环境无法得到完全保护（恢复）等特殊困境。所以，从中长期来看，加快建立环境污染损害赔偿基金和大力发展环境污染责任保险，应当作为环境共同侵权以至所有环境侵权救济的重要方式。

第二节　司法救济的规则要点

由于与普通案件存在着很大的差异，环境共同侵权案件的司法救济有一些特殊的要求。环境共同侵权不仅要求能动的司法裁判，而且在具体规则方面有一些特殊体现。本部分关于环境共同侵权诉讼的特殊规则包括被告选择、法院管辖、诉讼模式、证明责任和加害人内部责任划分等。其他一些规则，譬如支持起诉、先予执行和诉讼时效等，它们广泛应用于所有各类环境侵权诉讼，在环境共同侵权诉讼中并不特殊或突出，因此本节不再专门分析。

一　确定被告

在侵权关系中，加害人一般是直接实施侵权行为，造成受害人损害的人。加害人是承担侵权责任的主体，① 在诉讼中被称为被告，也被称为赔偿义务人。对环境共同侵权而言，加害人为复数，在诉讼中一般作为共同被告。②

对于普通侵权而言，加害行为直接作用于受害人，受害人可以直接判断出加害人。但在环境共同侵权案件中，如前所述，由于各方面因素的影响，加害人往往难以确定，从而使原告在起诉时无法确定合适的被告。在

---

① 在特定情况下，造成损害的加害人不直接承担侵权责任，由替代责任人承担侵权责任。如《侵权责任法》第32条规定的监护人责任和第34条规定的用人单位责任，均属于替代责任。

② 对于受害人而言，他将哪些加害人列为被告而提起诉讼，既是一个程序问题，也是一个实体问题。在被告确定以后，关于对被告的选择问题，我们将在后文有关共同诉讼部分加以分析。

很多情况下，受害人只能凭借直观感觉来猜测与案件可能有关联的加害人是哪些。在这种情况下，法院不应当要求原告在起诉时就锁定所有被告，这既不可能也无必要。

所谓不可能，是基于各方面的限制，不可能找到证明所有加害人的确切证据。即使是专业性的技术机构，要很快确定污染事故的全部加害人也非易事。

所谓无必要，是基于立法的规定和起诉立案程序的要求，没有必要让受害人在起诉时提出证明加害人具有被告资格的确切证据。根据《民事诉讼法》第 108 条的规定，起诉时原告只要能列出明确的被告即可。所谓明确的被告，主要是从形式上判断，只要能提供被告正确的姓名（名称）和住址等基本信息即可。[①] 至于为什么是这些被告，则属于实体问题，需要通过复杂的审判过程加以解决。对于法院而言，不应当在立案审查起诉时对这些实体问题进行实质性审查。

特别是近年来，中央提出改革法院案件受理制度，变立案审查制为立案登记制。为落实中央改革要求，最高人民法院专门出台了《关于人民法院登记立案若干问题的规定》。该文件明确规定民事起诉状关于被告应当记明的事项，如果是自然人的，则包括姓名、性别、住所等信息；如果是法人或者其他组织的，则是名称、住所等信息；而证据方面只是要求“与诉请相关的证据或者证明材料”。[②] 这样规定，对环境共同侵权的受害人而言，进一步保障了当事人诉权，便利了当事人诉讼，确保人民法院对依法应该受理的案件做到有案必立、有诉必理。

二　选择管辖

在管辖问题上，包括两个层面：一是法院与其他纠纷解决机构之间管辖权的分工，二是法院系统内部不同法院之间管辖权的分工。对于法院而言，第一个层面是关于管辖案件范围，第二个层面是关于内部管辖分工。

至少从法律的规定来看，环境共同侵权案件由法院管辖毫无疑问。确定由法院管辖后，由哪个地区的哪一级法院或者哪一类型的法院管辖的问题，这就涉及三个方面：地域管辖的选择、级别管辖的选择和专属管辖的

① 《民事诉讼法》第 110 条规定：“起诉状应当记明：当事人的姓名、性别、年龄、民族、职业、工作单位和住所，法人或者其他组织的名称、住所和法定代表人或者主要负责人的姓名、职务。”

② 《关于人民法院登记立案若干问题的规定》（法释〔2015〕8 号）。

选择。

1. 地域管辖

地域管辖是指同一级别的不同地区法院对于案件管辖权限的分工。在地域管辖方面，环境共同侵权案件具有明显的复杂性。根据《民事诉讼法》第29条、《最高人民法院关于适用〈中华人民共和国民事诉讼法〉若干问题的意见》第28条以及《最高人民法院关于贯彻执行〈中华人民共和国民法通则〉若干问题的意见（试行）》第183条、第185条等的规定，在环境共同侵权案件中，至少有以下法院可以受理案件：侵权行为实施地、侵权结果发生地、被告所在地。侵权行为实施地应指被告污染物排放行为所在地；侵权结果发生地应指被告污染物排放行为造成的损害结果所在的地方；被告所在地则有可能是其工商注册登记地，也可能是其经常营业所在地或者与损害结果有最密切关系的营业所在地。在很多情况下，原告所在地、被告所在地、侵权行为实施地和侵权结果发生地可能均不在同一个法院管辖区域，这时，原告如何选择不同地域的法院管辖？

"挑选法院"已经成为一种普遍性习惯，其宗旨就是让诉讼当事人（及其律师）受益于该诉讼法院地的制度。[①] 对于环境共同侵权案中的原告而言，从最有利于救济其合法权益的角度看，选择损害结果所在地法院诉讼最为有利。理由如下。

损害结果所在地法院往往是原告住所地所在法院。与被告所在地法院相比，选择原告住所地法院，有利于方便原告诉讼、降低原告的诉讼成本。但如果被告所在地与损害结果所在地不一致，选择损害结果所在地（一般也是原告所在地）法院也有可能带来程序上特别是执行上的风险。在原告所在地法院审理，受司法的"地方性"等因素影响，法院对被告的控制力度明显减弱。被告特别是自然人被告可能会逃匿，使诉讼进程无法正常进行。被告还有可能转移隐藏财产，使判决无法执行。所以，受害人在选择损害结果所在地即自身所在地法院时，应当提前通过有效途径，譬如财产保全、先予执行等措施，防范可能出现的执行风险。

如果同一原告或者不同原告分别向有管辖权的不同法院提起管辖，如何协调这些不同法院的管辖权呢？根据《民事诉讼法》第35条规定，由最先立案的人民法院管辖。当然，在很多案件中，原告所在地、被告所在

---

① ［英］卡罗尔·哈洛：《国家责任——以侵权法为中心展开》，涂永前、马佳昌译，北京大学出版社2009年版，第66页。

地、侵权行为实施地和结果发生地都位于同一法院管辖区域，就不存在地域管辖法院的选择问题。

2. 级别管辖

级别管辖是指不同级别的法院对案件的管辖权限。根据《民事诉讼法》及有关司法解释的规定，[①] 不同级别的法院管辖范围是有明确确定的。所以，级别管辖原则上不具有可选择性。

不过，立法和司法解释确定级别管辖的依据多样而且灵活。除了一些专门案件由特定法院管辖，其他大多数案件的级别管辖主要依据案情繁简、诉讼标的金额大小、在当地的影响等情况确定。[②] 譬如，对于被告或原告人数众多或其他具有广泛影响的案件，很多地方一般都会规定让更高一级法院来管辖，[③] 或由上级法院指定由较高级别的法院管辖。

问题在于，由于案情繁简程度、诉讼标的金额大小、在当地的影响大小等因素对于级别管辖具有重要影响，而这些因素均具有很大的弹性，有可以变通的空间。所以，对于级别管辖，从司法诉讼技巧的角度看，原告仍然可以根据具体案件有一定的选择空间并给出合法的选择理由。譬如，原告可以通过提出更高赔偿金额的请求，来选择更高一级的法院管辖。当然，不合理地刻意提高请求的赔偿金额以选择更高一级法院审理，可能会导致诉讼费增加等对原告不利的影响。

所以，对环境共同侵权案件的原告而言，无论是选择不同地域的法院管辖，还是选择不同级别的法院管辖，一方面要依法选择，另一方面要结合案件的具体情况合理确定，不可盲目选择。

3. 专属管辖

与地域管辖和级别管辖相比，专属管辖是指某些案件依法由专门法院管辖的制度。在实践中，适用专属管辖的环境共同侵权案件，主要是一部分涉及海洋环境污染、船舶碰撞等方面的案件。譬如，河北乐亭水污染案，因与渤海海域污染相关，一审即是由天津海事法院审理。

在有关环境司法的理论研究中，人们对环境案件的审判组织提出了各

---

① 具体可参见《民事诉讼法》第18—21条，以及《最高人民法院关于适用〈中华人民共和国民事诉讼法〉若干问题的意见》第1—3条有关级别管辖的规定。

② 参见《最高人民法院关于适用〈中华人民共和国民事诉讼法〉若干问题的意见》第3条规定："各省、自治区、直辖市高级人民法院可以依照民事诉讼法第十九条第（二）项、第二十条的规定，从本地实际情况出发，根据案情繁简、诉讼标的金额大小、在当地的影响等情况，对本辖区内一审案件的级别管辖提出意见，报最高人民法院批准。"

③ 譬如福建屏南大气污染案。

种设想。很早就有学者认为，由于环境案件具有高度复杂性，应当由专门的审判组织进行审理，以提高环境案件审判专业化程度。[①] 有的认为，应当扩大环保法庭的受案范围。[②] 有的认为环保法庭的设置在目前超越了制度创新的边界。[③] 有的认为应当建立环境案件的专属管辖制度。[④] 实践中，也有一些地区设置了不同形式的专门审判机构来管辖各类环境案件，并且取得了一定效果。

环境共同侵权主要是更加强化了环境侵权案件的复杂性，为环境案件需要专门审判提供了又一个重要论据。除此，环境共同侵权案件与专属管辖并无其他特殊关联，因此本书不再详细展开。

三 共同诉讼

在我国，根据有关规定，应用于人数众多的共同侵权案件的诉讼模式主要是共同诉讼和代表人诉讼。共同诉讼包括必要共同诉讼和普通共同诉讼。必要共同诉讼的诉讼标的是共同的或同一的实体法律关系争议，当事人之间存在共同的权利或义务关系，而普通共同诉讼的诉讼标的是同一种类的实体法律关系争议，当事人基于同一事实或侵害原因而享有相同性质的权利或承担相同种类的义务。

一般情况下，如果受害人为一人的共同侵权诉讼，属于必要的、不可分的共同诉讼。[⑤] 所以，环境共同侵权诉讼也相应地属于必要共同诉讼。按照必要共同诉讼的基本要求，共同侵权人都必须作为共同的被告参加诉讼。如果原告起诉部分共同侵权人的，法院会依据《民事诉讼法》第119条、《最高人民法院关于适用〈中华人民共和国民事诉讼法〉若干问题的意见》第57条[⑥]、

---

① 易先良：《设置环境法庭势在必行》，《中国环境管理》1987年第1期。

② 李挚萍：《美国佛蒙特州环境法院的发展及对中国的启示》，《中国政法大学学报》2010年第1期；黄莎：《中国环境法庭司法实践的困境及出路》，《法律适用》2010年第6期。

③ 刘超：《反思环保法庭的制度逻辑——以贵阳市环保审判庭和清镇市环保法庭为考察对象》，《法学评论》2010年第1期。

④ 黄莎：《中国环境法庭司法实践的困境及出路》，《法律适用》2010年第6期。

⑤ 江伟主编：《民事诉讼法学原理》，中国人民大学出版社1999年版，第422页；肖建华：《民事诉讼当事人研究》，中国政法大学出版社2002年版，第204页。

⑥ 该条规定："必须共同进行诉讼的当事人没有参加诉讼的，人民法院应当依照民事诉讼法第一百一十九条的规定，通知其参加；当事人也可以向人民法院申请追加。人民法院对当事人提出的申请，应当进行审查，申请无理的，裁定驳回；申请有理的，书面通知被追加的当事人参加诉讼。"

第58条①以及《最高人民法院关于审理人身损害赔偿案件适用法律若干问题的解释》第5条等立法和司法解释的规定，通知其他共同侵权人一并参加诉讼。

必要共同诉讼的这一硬性要求，本身是出于程序上的方便、经济和效率，以及实体上更便捷地实现对受害人的救济和赔偿这样的双重考虑，其用心不可谓不良苦。不过这一程序性制度的硬性要求也在一定程度上引发了与实体法上的连带责任制度之间的某种冲突。

必要共同诉讼的强制性与连带责任赋予当事人的选择权和自由处分权有内在冲突。连带责任制度的宗旨在于确保受害人求偿权利能够得以充分实现，故连带责任制度赋予受害人多重请求的选择权，即受害人得依其选择，同时或分别请求共同侵权行为人中的一人、数人或全体为全部或一部之给付。其自由选择的空间非常灵活：第一，从请求对象来看，受害人可以任意选择共同侵权行为人中的一人或数人或全体要求履行赔偿义务；第二，从请求时间来看，受害人有权同时或者先后对数人或全体提出赔偿请求；第三，从请求内容来看，受害人有权向共同侵权人中的一人或数人请求全部或者一部分赔偿。② 正是由于连带责任赋予受害人的这种多重请求选择权与必要共同诉讼的强制合并审理发生了矛盾，由此导致程序法与实体法的冲突。法院追加共同侵权行为人为共同被告的做法，将在一定程度上影响到受害人基于实体法上连带责任所赋予的对实体权利的自由处分。

我们还可以看到，环境共同侵权案件在程序上存在两个性质完全不同的诉讼：一个是受害人针对所有加害人提起的责任承担之诉，另一个是承担超过自己责任份额的加害人向未承担责任或承担责任份额不够的加害人提起的责任分担之诉或追偿之诉。这两个诉讼在事实上具有牵连关系，但又是性质完全不同的诉讼。由此可能会产生以下两个问题：一个是受害人主张加害人承担连带责任的侵权之诉与加害人之间主张责任分担的追偿之诉，可否在同一个必要共同诉讼中加以一体化解决；另一个是受害人在侵权之诉中免除某个或数个加害人的责任，是否必然导致在追偿之诉中该加

---

① 该条规定："人民法院追加共同诉讼的当事人时，应通知其他当事人。应当追加的原告，已明确表示放弃实体权利的，可不予追加；既不愿意参加诉讼，又不放弃实体权利的，仍追加为共同原告，其不参加诉讼，不影响人民法院对案件的审理和依法作出判决。"

② 张铁薇：《共同侵权制度研究》，法律出版社2007年版，第298—299页。

害人债务的免除。[①]

关于第一个问题，前已述及，从诉讼效率和彻底解决侵权纠纷的角度考虑，侵权责任之诉和责任分担之诉完全可以在同一个诉讼程序中一次性解决。司法实践也广泛实行这一做法。从司法正义的角度来考虑，应当将(共同侵权连带责任的) 外部责任和内部分担合并起来，由法院一次性地予以解决。[②] 环境共同侵权诉讼亦应遵循这一程序要求，以实现诉讼效率。

关于第二个问题，《最高人民法院关于审理人身损害赔偿案件适用法律若干问题的解释》第 5 条已经有明确规定："赔偿权利人在诉讼中放弃对部分共同侵权人的诉讼请求的，其他共同侵权人对被放弃诉讼请求的被告应当承担的赔偿份额不承担连带责任。" 可以说，这一规定，既回答了受害人免除部分加害人责任对其他加害人承担责任所产生的效力的问题，同时又巧妙地调和了前面所担心的必要共同诉讼的强制性与当事人自由处分权之间的内在张力。从该解释第 5 条的全文规定来看，它一方面通过法院在起诉阶段的强制追加权，遵循了必要共同诉讼所体现的所有加害人都必须参加诉讼的程序性要求，另一方面又基于共同侵权连带责任的要求，肯定了受害人在诉讼过程中对赔偿权利所享有的最终选择权和自由处分权，从而实现了必要共同诉讼与共同侵权之间的良性互动，实现了程序法与实体法之间的制度和谐。

环境共同侵权对必要共同诉讼基本程序的适用性，还包括以下两个方面：一是部分加害人缺席对诉讼程序的影响应予合理排除。在某一或某些加害人拒绝出庭或无法查明的情形下，环境共同侵权诉讼不应因为该等情形而妨碍纠纷的整体性解决和对原告权益的完整性救济，换言之，部分加害人拒绝出庭或无法查明所导致的责任承担的风险应由各加害人承担，这是连带责任的基本要求。二是判决的约束力应覆盖于所有的加害人，包括缺席的加害人、诉讼中未查明而诉讼结束后出现的加害人。对于诉讼结束后浮现出来的加害人，已承担超过责任份额的加害人有权对其提起责任分担之诉。

对于普通共同诉讼案件，法律没有规定必须合并审理，所以在司法实践中各个法院在面对不同案件时享有广泛的自由裁量权，由此导致不同的审理方式。有的法院分别立案、分别审理、分别判决。譬如，在广西南宁

---

① 张铁薇：《共同侵权制度研究》，法律出版社 2007 年版，第 300 页。

② 同上书，第 305 页。

市邕江发生的水污染造成养殖户渔业损失案中，虽然24名网箱养殖户遭受的损害系同一污染事故引起，损害类型完全一样，污染被告均为南宁糖业等3家企业，不过广西北海海事法院采取了分别立案、合并审理的方式。在审理过程中，法院充分引导双方当事人磋商谈判，最后有21名原告与被告达成调解协议。其余原告，法院最终分别作出判决。[①] 也有的法院分别立案、合并审理并统一判决。譬如，在北京市26户居民状告煤厂电动筛选传送带噪声及粉尘引起环境污染案中，法院针对纠纷中每户人员、房产、居住时间及具体请求均不相同的情况，及时分案进行了诉讼，开庭时又依据同一被告之事实，合并庭审，最后作出了统一判决。[②]

在受害人一方人数众多的普通共同诉讼中，还可以由受害人推选代表人进行诉讼。代表人的诉讼行为对其所代表的受害人发生效力，但代表人变更、放弃诉讼请求或者承认对方当事人的诉讼请求，进行和解，必须经被代表的受害人同意。

在我国，以共同侵权案件为代表的群体纠纷，在适用共同诉讼或者代表人诉讼这样比较经济的诉讼模式方面的状况并不太好。从目前群体纠纷的司法实践情况来看，《民事诉讼法》第54条确立的人数确定的代表人诉讼在一些法院仍有不同程度的适用，但在适用的数量上明显呈下降趋势，在一些发达地区和中心城市，普通共同诉讼基础上的代表人诉讼基本上销声匿迹。而《民事诉讼法》第55条确立的人数不确定的代表人诉讼在我国司法实践中几乎“难觅踪影”。总体而言，在对待群体纠纷案件时，大部分法院并没有积极地适用法律规定的代表人诉讼，而主要采取的是单独立案、合并审理，单独立案、分案审理的方式。法院强行变更当事人诉讼形式的方式，大大增加了当事人的诉讼成本，给当事人权利救济带来了极大的困难，许多当事人甚至不得不放弃诉讼。[③]

本书认为，为了防范法院自由裁量权的滥用，司法解释可以规定，对于环境共同侵权案件，受害人人数众多，所有受害人通过一个诉状提起诉讼或者通过不同诉状同时提起诉讼的，只要当事人没有提出明确的书面反

---

① 参见表2-3中序号为19和20的广西南宁案件的具体情况。另可参见谢桦、韦颖《北海海事法院调结21起渔业水域污染损害赔偿纠纷案》，《人民法院报》2007年2月17日第1版。

② 罗建忠：《26件环境纠纷案的启示》，《北京日报》2001年11月21日第3版。

③ 章武生：《福建省屏南县1721人诉榕屏化工厂环境污染损害赔偿纠纷案》，载法律门司法判例库（http：//www.falvm.com.cn/falvm/app/db/f_ caseshow.jsp？TID = case20100201145612745631662&KeyWord）。

对意见，法院就应当合并立案、合并审理、合并判决，以最大限度地节约司法资源、提高诉讼效率、降低当事人诉讼成本。

四 证明责任

举证责任规则在诉讼活动中具有非常重要的意义，它直接决定了当事人证明责任的大小，决定了当事人需要提供的证据范围，对案件最终结果有直接影响。

2010 年，最高人民法院发布的《关于为加快经济发展方式转变提供司法保障和服务的若干意见》中明确指出，各级人民法院要依法受理各类因环境污染引起的损害赔偿纠纷案件，正确适用环境侵权案件举证责任分配规则，准确认定环境污染与损害后果之间的因果关系，确保环境侵权受害人得到及时全面的赔偿。这从一个侧面反映了举证责任规则在环境案件中的重要性和复杂性。

1. 证明责任的具体分配

在环境侵权案件中，只要受害人提供初步证据证明自己受到损害的事实，举证责任就转移到加害人一方，如果加害人不能证明损害后果不是其造成的，那么就可推定加害人的行为与损害事实之间具有因果关系，加害人应当承担民事责任。这就是举证责任倒置和因果关系推定。它对环境共同侵权诉讼同样适用。

在《侵权责任法》出台之前，有关环境侵权举证责任倒置的规则分别存在于实体法和程序法中。其中实体法规定见于 2008 年修订的《水污染防治法》和 2004 年修订的《固体废物污染环境防治法》等环境立法。而相应程序法规定主要见于最高人民法院 1992 年《关于适用〈中华人民共和国民事诉讼法〉若干问题的意见》（以下简称《民事诉讼法意见》）和 2001 年《关于民事诉讼证据的若干规定》（以下简称《民事证据规定》）。下面试以时间先后为序作一具体分析。

《民事诉讼法意见》第 74 条规定："在诉讼中，当事人对自己提出的主张，有责任提供证据。但在下列侵权诉讼中，对原告提出的侵权事实，被告否认的，由被告负责举证……（3）因环境污染引起的损害赔偿诉讼……"该条前项是对"谁主张谁举证"规则的确认，后项则确立了举证责任倒置规则，即由被告承担侵权事实不成立的举证责任。这是正式法律文件第一次对举证责任倒置作出规定。但是，该条所指的"侵权事实"，是指污染行为还是损害结果，还是污染行为与损害结果之间的因果关系，或者兼而有之？显然，条文表述语焉不详。

可能正是由于上述规定不够严谨，使用了“侵权事实”这一模糊用语，使得法官在司法实践中对举证责任倒置出现不同的理解和适用。而有学者指出，“侵权事实”应作“加害行为与损害之间有因果关系的事实(因果关系事实)”之理解，才是符合该司法解释的目的与宗旨的。① 从举证规则来讲，这一理解应属无误。因为无论是一般侵权行为还是特殊侵权行为，对损害结果的证明责任，都是落在原告身上，这是谁主张谁举证规则的具体要求。责任倒置，通常是就因果关系的证明而言。

在《民事诉讼法意见》之后，《民事证据若干规定》出台。其中第 4 条第 3 项明确规定：“因环境污染引起的损害赔偿诉讼，由加害人就法律规定的免责事由及其行为与损害结果之间不存在因果关系承担举证责任。”该条将举证责任倒置适用的待证事项规定为“行为与损害结果之间不存在因果关系”。与《民事诉讼法意见》第 74 条对“侵权事实”的模糊性规定相比，《民事证据若干规定》第 4 条对举证责任倒置的规定得更为明确具体。并且，依据该规定第 2 条第 2 款对举证责任法律后果的规定，没有证据或者证据不足以证明当事人的事实主张的，由负有举证责任的当事人承担不利后果。这就意味着，在实行举证责任倒置的前提下，如果被告不能举证证明因果关系不存在（亦即否证因果关系的存在)，或损害结果系由其他原因造成，那么就要承担举证不能的后果，从而反向证明原告对于因果关系的推定成立。前述最高人民法院对于平湖蝌蚪案的判决意旨即在于此。

1984 年和 1996 年的《水污染防治法》均未对举证责任倒置作出规定。2004 年修订的《固体废物污染环境防治法》第 86 条规定：“因固体废物污染环境引起的损害赔偿诉讼，由加害人就法律规定的免责事由及其行为与损害结果之间不存在因果关系承担举证责任。”到 2008 年，《水污染防治法》第二次修订，第 87 条也作了与之类似的规定。而从条文内容来看，环境法上的这两条与《民事证据若干规定》第 4 条第 3 项的表述并无二致。

2009 年通过的《侵权责任法》继续强化了上述规定。该法第 66 条规定：“因污染环境发生纠纷，污染者应当就法律规定的不承担责任或者减轻责任的情形及其行为与损害之间不存在因果关系承担举证责任。”从内容来看，与《民事证据若干规定》和《水污染防治法》相比，该

① 可参见杨素娟《举证责任倒置与因果关系推定——平湖“蝌蚪”索赔案之评析》，《中国环境报》2002 年 7 月 6 日第 3 版。

条除了将原来的“法律规定的免责事由”修改为“法律规定的不承担责任或者减轻责任的情形”，对因果关系举证责任倒置的规定并无实质变动。

在很多环境共同侵权案件中，受害人一般也会提供一定的证据来初步证明加害人存在的污染事实，以确定加害人属于适格被告。法院一般也认可受害人提供的初步证据，以此建立污染事实与损害后果之间的大致因果关系。譬如在日本，通说认为只要能够对因果关系的盖然性证明就足够。根据盖然性理论，只要能够对：（1）从工厂等排放的污染物质达到并蓄积于发生损害的区域，发生了作用；（2）该地域有许多损害发生；这样两个事实举证，法院就应推定有因果关系。反之，被告企业方面只要不能举出反证，证明因果关系不存在，就不能免除其侵权责任。[①] 可见，法院并不将证明加害人污染行为的责任强行分配给受害人。而加害人要推翻因果关系，需要提供足够充分的证据。

在我国的司法实践中，受害人也一般会陈述或证明加害人的污染行为与自身遭受损害之间的关联性，或者是污染者存在污染环境并损害受害者相关合法权益的可能性。受害者只需要对这种关联性或可能性作出说明即可。[②] 换言之，这种关联性或可能性也许只是一个初步的事实判断或推定，而法律上不存在因果关系的证明责任则由污染者来承担。

综合上述规定及分析可见，在举证责任倒置和因果关系推定规则下，环境共同侵权案件的受害人，需要承担的主要证明责任是其损害事实以及具体损失大小，而加害人则需要就法律规定的不承担责任或者减轻责任的情形及其行为与损害结果之间不存在因果关系承担举证责任。

除了上述证明责任，加害人如果希望减轻或者免除责任的，也需要提供相应的证明。这就是免责事由的证明责任。法律规定的免责事由主要有三种情形，即不可抗力、受害人的过错和第三人的原因。譬如《水污染防治法》第85条规定：“由于不可抗力造成水污染损害的，排污方不承担赔偿责任；法律另有规定的除外。水污染损害是由受害人故意造

---

① ［日］原田尚彦：《环境法》，于敏译，法律出版社1999年版，第27页。该段翻译的引文在标点符号方面存在一些不妥，恰当的表述可以是：“只要能够对从工厂等排放的污染物质达到并蓄积于发生损害的区域且发生了作用以及该区域有许多类似损害发生这样两个事实举证，法院就应推定有因果关系。”

② 可参见《最高人民法院公报》2016年第3期所载“陈汝国与泰州市天源化工有限公司水污染责任纠纷案”。

成的，排污方不承担赔偿责任。水污染损害是由受害人重大过失造成的，可以减轻排污方的赔偿责任。水污染损害是由第三人造成的，排污方承担赔偿责任后，有权向第三人追偿。”从《水污染防治法》的规定来看，受害人的故意是完全免责事由，而受害人的重大过失是部分免责事由，受害人的一般过失不能成为加害人的免责事由，而第三人原因会导致加害人在承担替代责任后可以追偿。对于这些免责事由，均由加害人承担证明责任。

2. 司法实践的混乱

从前述立法和司法解释来看，不同文件有关环境侵权举证责任倒置的规定基本趋于一致，并且含义比较明确清晰，没有发生实质变化，在司法裁判中已经属于比较成熟的规则。

但是，在包括浙江平湖蝌蚪案在内的一些环境共同侵权案例中，各方当事人对环境侵权诉讼普遍运用的因果关系推定和举证责任倒置两项重要规则的认识存在严重的分歧。不仅原告（及其代理人）与被告（及其代理人）对这两项规则的认识有很大不同，即使从法院方面看来，不同的法院对于此问题的认识也存在很大差异，这从前面对浙江平湖蝌蚪案一审、二审、再审和最高法院的意见分析中即可看出。

也许需要思考，各方对这两项规则为什么会出现认识上的巨大差异？也许我们没有必要讨论当事人在法律规则认识上的差异，因为原被告双方本来就利益相互对立，诉讼就是利益冲突的集中表现。基于利益的矛盾冲突，对某一（些）事物存在不同意见理所当然。但我们需要追问的是，作为裁判机构，为什么不同的法院也会对这两项规则的基本含义产生如此不同的认识？是立法和司法解释的规定不明确，存在模糊含混之处，还是不同法官的法律素养和法律知识掌握程度各有不同？抑或加害人强大的经济实力和律师资源可能对司法裁判意见产生干扰？这些因素对法官认识差异的形成分别有多大的影响？

受各方面因素的影响，我们无法对不同法官的法律素养和当事人情况等因素对本案审理过程和司法裁判的影响作出理性分析。我们纳闷的是，各级法院在审理浙江平湖蝌蚪案时，我国有关举证责任倒置的规定已经比较清晰明确。在这种情况下，各级法院还对举证责任倒置规则的含义和要求产生太大偏差和分歧，实在令人匪夷所思。

裁判规则的不断建立和丰富，仍然无法促成各方对相关规则形成统一共识，司法实践对于规则的含义和适用仍然存在不同理解，进而形成截然不同的裁判意见。这是值得深思的现象。也许可以肯定的是，在环境侵权裁判规则进一步完备以及相关司法实践和判例日益丰富的情况下，上述现象将会逐步减少或消失。

五　专家鉴定

从实践来看，几乎所有的共同侵权案件，都有一家甚至多家专门鉴定机构对污染行为、损失大小及其范围、污染与损失之间的因果关系等高度复杂的情况进行鉴定和排查。专家鉴定的广泛使用，是环境共同侵权诉讼中的又一特点。

专家鉴定结论对于环境共同侵权案件乃至所有的环境侵权案件都具有重要意义，在诉讼中发挥着重要作用，是审理该类案件所不可缺少的证明手段。这主要因为污染源的确定、损害的发生机理、污染与损害的因果关系、损害程度及其大小等问题，都需要有权威科学的依据，而鉴定结论是由具有专业知识的专家运用先进的科学技术手段，对某些专门性问题进行分析，并作出的结论性意见，具有很强的专业性和可信性，故其证明力极高。

虽然鉴定结论有很强的证明力，但是鉴定结论的作出也会受到时间、空间等客观因素的影响和制约。所以，如果是法院委托有关机构进行鉴定，应当尽可能及早委托进行鉴定，这样的鉴定结论可能更科学更具说服力。而且，一旦作出鉴定结论，在诉讼过程中就应当采纳鉴定报告的结论。除非在庭审质证时双方对鉴定结论及其形成过程存在巨大的分歧或者疑点，否则对于时过境迁后当事人特别是加害人要求重新鉴定的诉求，法庭原则上不应再允许。实践中就有法院采取了这样的做法，以已经不具备鉴定条件为由，拒绝了加害人要求重新鉴定的请求。这既是科学原则的要求，也是诉讼程序的要求。

为了更充分地发挥鉴定机构及其人员在环境共同侵权诉讼过程中的独到作用和专业特长，查明案件事实，当事人特别是受害人还可以申请鉴定人员出庭接受询问，法庭也可以主动邀请鉴定人员出庭接受质证并给予必要的解释。

鉴定人员出庭作证，是很多国家特别是英美法系国家的普遍做法。在英美法系，一般证人于法庭作证，仅能就事实部分作证，不提供自己的意见；而专家证人与一般证人不同，专家证人可就其专业知识作出判断，如可以通过检测、鉴定等，判断加害人排放的污染物对受害人造成损害的方式、机理等。

专家证人对于法官查明案件真相具有特别的价值。[①] 正是由于专家证人对于案件事实证明具有的重要作用，英美法系对于专家证人亦有比较严格的限制，法庭通常要求专家证人必须证明其对某种专业有所精通，以防止专家证人披着专业的外衣作出非专业的证词而影响法官对于事实真相的判断和认定。

在环境共同侵权以及所有的环境侵权案件中，无论是污染物的排放与损害结果之间的因果关系，还是各加害人之间排放行为的复合性，或者损失的大小和范围，均涉及复杂的科学技术问题。因此，实行专家证人制度尤其必要。

我国还没有建立真正的专家证人制度，专家意见在诉讼中的法律作用还没有有效发挥。试以中国政法大学污染受害者法律帮助中心王灿发教授亲自代理的贵州黔西南州兴义市马岭镇大气污染导致柑橘损失的共同侵权案为例加以说明。

在该案中，七名加害人（被告方）提供的鉴定结论是由中国农业科学院柑橘研究所和西南农业大学资源环境学院两家单位作出的鉴定意见。

而受害人（原告方）不仅提供了中国农业科学院柑橘研究所出具的《对贵州省兴义市马岭镇柑橘异常落叶落果论证意见及鉴定意见的补充说明》这样的单位鉴定意见，还同时提供了来自贵州省农科院和贵州省环境监测中心等单位的 15 位专家出具的《兴义市马岭镇柑橘异常落叶、落果原因的鉴定意见》，并提供了来自中国农科院果树研究所等 5 个单位的 6 位专家出具的《关于〈对西南农大资源环境学院、中国农科院柑橘研究所出具的贵州省兴义市马岭镇龙井等村庄柑橘等农作物绝收减产原因的鉴定意见〉的专家论证意见》，以证明加害人提供的鉴定意见依据的检测数据不具有法律效力，鉴定方法缺乏科学性，存在严重的技术问题，其鉴定结论难以成立。

从形式上看，加害人提供的鉴定意见系以两家单位的名义作出，受害人提供的三份鉴定意见中有两份是以专家集体（而非单位）的名义作出，双方提供的鉴定意见均没有所谓的“单位公章”。可以说，这些意见显然属于专家个人意见。在内容上，各方提供的专业鉴定意见存在很大差异。

在双方提供的证据均没有“单位公章”而只有专家个人署名的情况

---

① 譬如，美国《联邦证据法》第 702 条规定：当事人所争执之事实，倘若有关科学知识，须由专家证人证明之；专家证人提出之证据内容须有助于法院了解客观真实，并得据以为判断基准。

下，法院并没有作谨慎细致的比较分析，而是认为：原告虽提出异议，但并未提供其他权威部门作出足以推翻该鉴定意见的结论，也未向本院提供对农户柑橘落叶落果原因重新鉴定的单位。按照法院的逻辑，受害人提供的专家意见并不是权威部门作出的结论，只是各个专家以个人名义作出的鉴定结论。所以，这些鉴定结论不能被采纳。显然，在法院的逻辑里，“单位”意见比专家个人意见要权威得多，而专家个人哪怕有数十名，哪怕都来自权威部门，那也只是“个人”意见。

在其他案例中也存在同样的情形。当专家以个人名义出具鉴定意见的时候，不管专家有多权威，专家阵容有多庞大，法院往往不会认定该意见；而当专家以单位名义出具鉴定意义的时候，只要是单位意见，该意见被法院认定的可能性要大很多。显然，在个人意见与单位意见之间，法院更相信单位意见。这种过于听信形式意义上的“单位”意见而忽视实质意义上的“专家”意见的做法，显然不是专家证人制度的真意，不符合严肃客观的科学精神。

针对环境共同侵权等具有很强专业性的案件，我们期待参考国外的先进立法例，尽快建立健全专家证人制度，以为司法审判提供更加有力的科学技术支撑。

六　责任划分

在举证责任倒置和因果关系推定的规则下，如果加害人不能提供足够充分的证据来证明免责事由，或者不能否定因果关系的存在，那么必然要承担侵权责任。接下来的问题是，在各个加害人承担连带责任后，他们的内部责任如何划分？由谁来证明加害人的责任大小？换言之，损害结果的可分割性由谁来证明？

加害人对内部责任分担的证明责任，在美国有明确规定。根据《美国侵权法重述》（第二次）第433B节的规定，关于损害的可分割性的举证责任由被告（加害人）承担。根据该规定，如果两个或两个以上行为人的侵权行为共同导致了原告的损害，并且一个或一个以上的行为人试图以“损害可以在侵权人内部进行分配”为由来限制其个人所负的责任，那么关于损害具有可分割性的举证责任应当由主张责任分配的行为人承担。Michie V. Great Lakes Steel Division 案的判决就遵循了上述规定。该案是一个空气污染案，由37名原告联合向三家公司提起诉讼。理论上，基于每位被告排放的污染物的数量和类型的不同，损害是可以被分割的。在该案中，法院判决如果陪审团没有得到足够的证据来确信损害的可分割性，那么被告们应共同承担连带责任。法院将证明被告之间损害责任分配份额的举证责任分配给了被告。① 从美国的规定可以看出，将损害结果分割性的证明责任分配给加害人承担，不仅解决了加害人内部责任的分担比例问题，而且还解决了共同侵权和连带责任的证明问题。

在我国，是否构成共同侵权，在立法上主要由共同侵权责任构成要件决定，如果满足构成要件的要求，即构成共同侵权。而我们所主张的构成要件，在环境共同侵权中是指多个行为与共同结果之间的因果关系。结果共同的判断标准已如前所述，包括三个方面：一是受害主体同一，二是受害权利同一，三是损害不可分割。而证明结果共同的责任，虽然我们并不完全赞成美国以损害结果是否可分来作为判断共同侵权连带责任标准的做法，但其将损害结果可分割性的证明责任分配给被告的做法是完全合适的。

在我国的司法实践中，法院其实也将损害结果可分割性的证明责任分配给了被告。譬如，在浙江平湖蝌蚪案中，最高人民法院的判决认为，五家企业的排污行为共同对下游造成污染，彼此之间又不能证明各自的污染行为对于造成损害后果的作用有所差别，故应认定五家企业对本案的发生负有同等责任，由五家企业按照均等比例就本案损失向养殖场承担连带赔偿责任。从这个判决可以看出，承担连带责任是基于被告的共同污染行为，而按照均等比例承担责任是基于被告彼此不能证明其污染行为对造成损害后果的作用差别。可见，内部责任分担的证明责任应当由承担连带责任的加害人承担。

在立法上，我国《民法通则》《侵权责任法》和相关司法解释对加害人内部责任分担的证明责任未作出明确规定。《侵权责任法》第 14 条规定："连带责任人根据各自责任大小确定相应的赔偿数额；难以确定责任大小的，平均承担赔偿责任。"这里规定的是责任分担的依据，没有分配责任分担的证明责任。但是从该规定推出，如果加害人不能举证证明其责任大小，法院将判定各加害人平均承担赔偿责任。这一规定与前面最高法院的判决意见是一致的。所以，在环境共同侵权连带责任人内部责任大小的证明方面，应当由加害人对其行为的原因力大小承担举证责任。

就加害人而言，如果试图证明其责任比例较低，或减轻其责任分担比例，可以考虑以下情况并提供相应的证据来证明。法院也可以根据以下因

---

①　495 F. 2D 213（6th，Cir. 1974）. 转引自李冬梅《美国〈综合环境反应、赔偿和责任法〉上的环境民事责任研究》，博士学位论文，吉林大学，2008 年。

素来合理确定加害人之间分担责任的比例大小。

1. 不同加害人的主观过错因素

在环境共同侵权中，由于实行无过错责任原则，所以受害人并不需要证明加害人存在过错才构成侵权。但加害人是否存在过错，可以成为加害人内部责任分担的重要参考因素。

判断加害人是否存在主观过错，可以从其排放行为是否合法等方面来认定。如果合法排放污染物，则可认定为没有主观过错或者过错较小，如果违法排放污染物，则可认定为存在主观过错。

合法排放主要是指遵守国家或地方有关污染物排放的法律和政策，譬如：依证排放、达标排放等。而违法排放则包括：未取得排放许可证即排放污染物的①；未按规定安装排放自动监测设备并保证监测设备正常运行的②；不正常使用水污染物处理设施的③；超标排放的④；违法设置排污口或者私设暗管排放⑤等情形。

在这里特别需要提到排放标准。虽然排放标准是主管部门开展行政执法的依据，而不是判断污染者排放行为是否构成侵权的依据，但是，在环境共同侵权案件中，排放标准仍然具有重要的司法意义。在加害人内部责任分担方面，作为主观过错的判定标准之一，排放标准对于责任划分具有重要参考价值。在综合考虑其他因素的情况下，对于达标排放的污染者，法院可以适当减轻其责任分担比例，对于超标排放的，则可以适当增加其责任比例。

---

① 譬如，《水污染防治法》第 20 条第 3 款规定：“禁止企业事业单位无排污许可证或者违反排污许可证的规定向水体排放前款规定的废水、污水。”

② 譬如，《水污染防治法》第 72 条第（二）项规定：“未按照规定安装水污染物排放自动监测设备或者未按照规定与环境保护主管部门的监控设备联网，并保证监测设备正常运行的。”

③ 譬如，《水污染防治法》第 73 条规定：“违反本法规定，不正常使用水污染物处理设施，或者未经环境保护主管部门批准拆除、闲置水污染物处理设施的，由县级以上人民政府环境保护主管部门责令限期改正，处应缴纳排污费数额一倍以上三倍以下的罚款。”

④ 譬如，《水污染防治法》第 74 条规定：“违反本法规定，排放水污染物超过国家或者地方规定的水污染物排放标准，或者超过重点水污染物排放总量控制指标的，由县级以上人民政府环境保护主管部门按照权限责令限期治理，处应缴纳排污费数额二倍以上五倍以下的罚款。”

⑤ 譬如，《水污染防治法》第 75 条规定的“在饮用水水源保护区内设置排污口、未经主管部门同意在江河、湖泊新建、改建、扩建排污口”等情形。

在环境共同侵权的司法实践中，排放标准在不同法院有时会有不同的适用结果。譬如，河北乐亭水污染一案①中，一审法院没有区分达标排放与超标排放，认定所有企业均对受害人承担连带赔偿责任。而二审法院作了明确区分，认为达标排放企业在承担民事责任上应与超标企业有所区别，最后判决所有的超标排放企业对受害人承担连带责任，而酌情判令达标排放的企业单独承担赔偿责任。法官分析认为，在肯定达标排放企业承担责任的前提下，达标排放企业的过错程度因其企业排污设施经有关部门验收达标，明显小于其他未达标企业，应根据过错与责任相一致的原则，承担较其他被告（超标排放企业）要小的责任。② 本书认为这种做法不符合环境共同侵权的法律规定和连带责任的适用逻辑。

如前所述，是否遵守排放标准并不是判断污染者是否构成侵权的依据。相应地，在判断是否构成共同侵权时，也不能以排放是否达标来区分构成共同侵权还是独立侵权，而应当严格遵守共同侵权构成要件的规定，以各个污染行为与损害结果之间是否存在整体或不可分割的因果关系为依据，来判定所有污染者是否构成共同侵权并承担连带责任。如果将是否达标排放作为是否构成共同侵权并承担连带责任的依据，仍然是把排放标准作为判断侵权的因素在考虑，显然是误解了共同侵权的构成要件，也忽略了环境共同侵权所适用的无过错责任的归责原则。

本书认为，在环境共同侵权案件的司法实践中，排放标准的作用应当区分不同场合正确应用。首先，在判断污染者是否构成侵权、是否构成共同侵权的问题上，应当严格遵循法律关于侵权和共同侵权构成要件的规定，不应当将排放标准引入其中作为判断因素。其次，在认定构成共同侵权的情况下，应当判令所有的污染者对受害人承担连带责任，而不应当以达标排放为由判决有的污染者承担独立责任。最后，在判定所有污染者对外承担连带责任的基础上，在划分污染者内部责任分担比例时，可以引入排放标准因素，考察污染者是否达标排放，达标排放者适当减少责任份额，超标排放者则适当增加责任份额，从而公平合理地分配确定污染者的内部责任。

---

① 具体情况参见李少平主编《审判案例研究》（第一卷），中国法制出版社 2011 年版，第 352—360 页。该书系天津法院案例丛书之一，所摘案例均为天津各级法院审理过的案例，包括本书所引案例。

② 李少平主编：《审判案例研究》（第一卷），中国法制出版社 2011 年版，第 359 页。

2. 不同加害人排污口的具体情况

包括排污口的位置、排污口的大小、排污口与受害人所在地或损害后果发生地之间的距离等。排污口的位置影响着排放的污染物到达受害人处的路线和距离。排污口的大小则在一定程度上反映出污染物的排放量和排放强度。在同等情况下，如果污染企业的排污口与损害结果发生地之间的距离较近，则产生危害的可能性相对较大；反之，则相对较小。

当然，排污口信息并不直接决定加害人排放污染物总量和强度等实际情况，也不直接反映污染行为与损害结果之间的联系，因此它不是划分加害人内部责任的直接依据，只能作为考察加害人排放污染物情况及其影响的一个间接因素。

3. 不同加害人排放污染物的具体情况

包括排放的污染物的种类、总量、浓度、理化性、危害性、排放时间、排放周期、与其他物质的关系、排放时间与结果发生时间的间隔程度或先后顺序等。加害人排放污染物的情况与损害结果具有直接关系，因此也是判定其内部责任大小的最重要依据。譬如，在河北乐亭水污染案中，污水水样主要来自迁安市省庄总排污口，由于客观条件所限，水质监测部门未能找到部分被告的直接排放口，或者是事隔数月后才取到水样。迁安当地有关部门出面证明，个别企业在案发前已经停产，或者其污水已经不向外排放。这些情况都表明，对排污行为的认定存在很大的困难。[①] 不同加害人的排放情况，需要分别排查和考量。

对此，《侵权责任法》第67条也对上述因素作了概括性规定：“两个以上污染者污染环境，污染者承担责任的大小，根据污染物的种类、排放量等因素确定。”该条认识到污染物的种类、排放量等因素对污染者责任大小的影响，这是值得充分肯定的，它为法院划分污染者的内部责任提供了合理的指引。当然，可能是由于立法技术的要求，该条没有对其他因素予以列举，而是以概括性的“等”字作结，这就给司法解释和法官自由裁量留下了足够的空间。

本书认为，法院将来在对该条作司法解释时，可以尽可能多地列举划分污染者内部责任的一些因素，包括排放总量、排放周期等。当然，完全列举也是不可能的。这就需要法官在审判过程中，结合特定案情，参照各方面因素具体衡量。

---

① 夏军：《乐亭一案的审判是环保法治进程重要里程碑》，2010年4月8日，中国网（http：//www.china.com.cn/chinese/huanjing/140194.htm）。

4. 不同加害人的历史守法记录

包括加害人的历史排放情况，缴纳排污费的历史情况，以往是否发生过污染事故，有没有因为环境问题而被投诉、举报、诉讼或涉嫌行政违法而被主管部门调查、处罚的情况，周边社区居民对企业排污情况的认识和评价等因素。

历史排放记录在一定程度上可以反映污染企业对于环境保护的重视程度。如果历史排污表现一贯良好的，偶然发生了一次侵权后果，法院可以考虑适当减轻其责任。而如果历史表现一直欠佳的，法院则应当加重其责任。在河北乐亭水污染一案中，二审判决分析认为，原告（受害人）等人“在签订承包合同时应考虑到上述企业多年来生产排污的历史原因，特别是华丰纸厂系国有大型企业，具有百年历史，在靠近排污的河道及入海口从事养殖业，具有一定的风险”①。言外之意是，百年历史意味着有百年“排污”历史，好像排污是“历史”造成的，产生危害不可避免，企业与造成的后果没有多大关系，受害人应当预见并接受这种由于“历史原因”产生的后果。显然，污染企业或法院以历史原因来为其排污行为开脱，这样的解释推理是不负责任的。

本书认为，污染企业的排放历史，法院应当从有利于受害人和环境保护的角度加以考察。对于那种长期以来形成的随意排污的心态或超标排污的表现，甚至已经成为一种“习惯”，其过错程度可谓非常明显。对此，法院更应当加重其责任而不是减轻其责任。这样不仅有助于加害人内部责任的公平，更重要的是有助于督促违法企业改正自己的历史“劣迹”，重视环境保护，争取达标排放。从这个意义上讲，合理认定加害人的过错情况，奖优罚劣，不仅是促进司法公平的需要，也是促进环境保护的需要。

5. 不同加害人的其他具体情况

包括企业历史、注册资本、股东情况、员工人数、年度产值、企业经营状况和盈利情况等因素，这些因素直接反映加害人实际赔偿能力的大小。

在很多行业，经济实力与污染强度直接相关，污染能力强的企业，可能经济实力也较强。对于这种情形，法院适当加重其责任，既是对其污染行为后果的反映，也有利于判决的执行。当然，也有相反的情形，企业本身很弱小，但产生污染物的能力很强，比如“十五小”企业。所以，对于加害人赔偿能力的考量，主要还是要与其污染行为挂钩。

---

① 李少平主编：《审判案例研究》（第一卷），中国法制出版社 2011 年版，第 357 页。

以上列举的五个方面因素，并不是每个案件都要考虑，即使考虑，也不见得都能全部收集到相应的证据。实际上，一般也不需要将所有各个方面的证据都收集齐备，关键要看证据的相关性和证明力。对于加害人而言，如果希望减轻自身的责任份额，尽可能多地收集和提供相关有效证据当然更好，那样可以让法院查明更多的情况，以便对加害人的最终责任作出公平合理的划分。

七 责任减免

在共同侵权案件中，有时会出现这样的情形，在起诉之前或者诉讼过程中，受害人可能与某一或某些加害人先行达成和解协议，有条件或者无条件地减轻甚至免除该加害人的损害赔偿责任，或者在起诉时放弃对部分加害人的诉讼请求。对于受害人减少或者免除部分赔偿请求的行为，其效力如何？

从立法来看，《民法通则》和《侵权责任法》均没有对受害人与部分加害人达成和解协议或免除协议的情形作出明确规定。从侵权责任的性质来看，由于侵权责任是一种法定责任，因此似乎不允许双方当事人随意自由协商责任的减轻或者免除。但从权利角度来看，侵权责任作为一种民事债权，从尊重当事人意思自治的私法精神出发，权利人有权处分自己的权利，禁止免除债务似乎和债权的性质不符。因此，应当承认受害人有权免除部分或者全部共同加害人的侵权责任。

当然，受害人与加害人就责任的免除进行和解或者约定应当是有前提条件的。这里的有条件，主要是指双方的和解约定不能违背公序良俗和法律的禁止性规定。如果是免除部分加害人的责任，该等免除还不能损害其他加害人的权利或增加他们额外的赔偿负担。

对此，《人身损害赔偿司法解释》有条件地认可了赔偿权利人放弃对部分侵权人的诉讼请求的做法。该解释第5条规定："赔偿权利人起诉部分共同侵权人的，人民法院应当追加其他共同侵权人作为共同被告。赔偿权利人在诉讼中放弃对部分共同侵权人的诉讼请求的，其他共同侵权人对被放弃诉讼请求的被告应当承担的赔偿份额不承担连带责任。责任范围难以确定的，推定各共同侵权人承担同等责任。人民法院应当将放弃诉讼请求的法律后果告知赔偿权利人，并将放弃诉讼请求的情况在法律文书中叙明。"

上述条文第一句实际上体现了共同侵权责任的法定性和连带性，即法院有义务依法追加所有的侵权人为共同被告。第二句对赔偿权利人放弃对部分侵权人的诉讼请求的效力进行了规定，即该放弃行为产生如下法律效力：其他共同侵权人对该被放弃的赔偿份额不承担连带责任。这意味着其他共同侵权人的赔偿额是原所有共同侵权人的赔偿总额减去权利人放弃部分的赔偿额。

当然，上述条文第一句中“赔偿权利人起诉部分共同侵权人”，并不当然意味着免除未被起诉的共同侵权行为人的责任。在环境共同侵权中，受害人有时无法确定到底有哪些共同侵权人，所以只能针对他已经发现或者可以推定的加害人而提起诉讼。而如果在诉讼过程中发现有遗漏的共同侵权人，法院应当在诉讼过程中追加。从这个角度看，受害人免除未被起诉的共同侵权人的责任，应当是免除其已经确知的共同侵权人的责任，而不能是未知的共同侵权人的责任。而且在形式上，该种免除应以赔偿权利人明示放弃的意思表示为必要。[①] 所以，上述解释要求法院“将放弃诉讼请求的情况在法律文书中叙明”，以防当事人事后否认其该等意思表示。

除了减免的方式和对象必须明确外，减免的赔偿金额也应当明确。在减免部分侵权人的责任之前，首先应当明确所有共同侵权人的责任比例大小。只有在确定各个侵权人责任大小的前提下，受害人才能作出减免部分侵权人多大份额责任的意思表示。否则，笼统地作出减免某一（些）共同侵权人责任的意思表示，无法确定剩余共同侵权人的责任范围。

值得注意的是，就共同侵权而言，无论是减轻责任或者免除责任，在某种意义上均意味着对连带责任性质的改变，使连带责任变成了可以分割的个别责任，这似乎消解了共同侵权连带责任的整体性要求。特别是，如果被减免责任的是清偿能力比较强的加害人，而其他加害人的赔偿能力有限，根本无法正常清偿其所应负担的责任份额。在这种情况下，责任减免后剩余部分的赔偿存在不能完全实现的风险。因此，与部分加害人签订的减免协议可能会在整体上降低加害人的实际清偿能力，从而影响受害人得到充分的救济。

所以，从风险预防的角度来看，受害人如若希望防范赔偿不能风险的发生，必须对各加害人的清偿能力进行预先判断，尽可能将清偿不能的风险分配给加害人。那种减轻或者免除清偿能力强的加害人的赔偿责任，然

---

① 王利明：《侵权行为法归责原则研究》（修订二版），中国政法大学出版社 2004 年版，第 395 页。

后对清偿能力弱的加害人提起诉讼的做法，只会导致得不偿失。就此而言，上述司法解释第 5 条要求人民法院应当将放弃诉讼请求的法律后果告知赔偿权利人的做法，有助于提醒受害人防范相关风险，而将放弃诉讼请求的情况在法律文书中叙明，则是对当事人自由处分行为的确认。

第七章　环境共同侵权预防论

以本质论、责任论和救济论为视角，我们对环境共同侵权的本质、构成要件、类型划分、责任形态和权利救济机制等方面进行了深入阐释和分析。

但是，仅有这些并不足以充分理解环境共同侵权与普通共同侵权的异质特点。我们意识到，环境共同侵权具有双重面向：就其结果而言属于多个行为人导致的侵权行为，属于侵权法的理论建构和规范调整范畴；但就其根源而言属于多主体行为引起的复合污染事件，需要环境法的理论解释和规范约束。对环境共同侵权纠纷进行的处理，可以救济受害人的合法权益，但并不能预防环境共同侵权现象的发生，更不能治理和预防环境复合污染，改善环境质量。而要实现后一目标，必须从预防和控制多主体引起的污染现象抓起。

从实践案例来看，多主体引起的复合污染是导致环境共同侵权的最主要和最特殊的原因。而预防和控制复合污染，主要依赖于行政规制。因此，本章主要从复合污染行政规制的视角，研究对环境共同侵权的预防。

本章是对第六章的补充和延伸。所谓补充，是弥补私法规制仅仅救济私人权益的不足，在救济对象中增加了包括救济环境利益的内容；所谓延伸，是提升传统私法救济仅仅停留在解决环境共同侵权纠纷的层面，运用多项制度推动实现预防环境共同侵权以及防治环境污染的更高目标。

第一节　规制复合污染的理论和思路

规制复合污染属于环境规制的重要组成部分。传统私法规制在解决环境问题时，有其自身难以克服的缺陷，这就使公法上的行政规制显得十分必要。

一 私法规制的局限

如前所述，法律意义上的规制可以分为私法规制和公法规制。关于环境共同侵权纠纷的解决就主要属于私法规制的范畴。

一直以来，私法都是解决侵权纠纷的基本手段。在传统的私法自治理念下，基本上都是依据基于个人责任的市民法原理来寻求对侵权行为的有效解决，原则上认为不得以公权力的介入来随便地混淆个人责任原则。①同样，对环境侵权纠纷的法律调整也主要是由私法（民法侵权法）来完成，环境共同侵权亦不例外。发生环境共同侵权纠纷后，当事人之间依据侵权法实体规范，通过和解、调解和诉讼等纠纷解决机制，化解矛盾，实现对受害人人身或者财产权益的救济。这一点已经为立法和司法实践所反复证明。

但是，现代的环境污染或公害不光是特定的人和特定的企业的违法排放或者环境犯罪行为造成的，还有不少是由多数人的无可非难的日常合法行为的蓄积造成的。譬如，由汽车排出的废气造成的空气污染及其他复合污染。对这些由不特定多数发生源的蓄积而造成的公害或环境侵权，很难去追究特定人的责任。②

美国著名法学家波斯纳也指出："至今没有人认为公害法已对污染产生了很大的影响。这里存在三方面的理由：第一（纯理论性的），免受污染可能是一种优质货品——对它的需求将成比例地受收入增加的影响，所以这种需求在近来才有所增加，但其在贫困国家这种需求依然很小。第二，污染者和受害者往往由于小而多以至于无法认定，污染的医学、审美和其他损害又难以衡量，汽车对空气的污染就是一个极好的例证。难以处理的大规模集团诉讼（诉讼原被告双方人数众多，面临困难的衡量和救济问题）就成为必要但却是不可行的。这提出了第三方面理由：对污染实施广泛的成文法规制已经替代了污染争议这一大领域中的公害法救济。"③ 这段话非常确切地表明了通过建立在自愿基础上的私法手段（在美国表现为普通法）来解决环境问题的重重困难，以及通过公法规制方式促进环境污染有效解决的必要性和重要性。

---

① ［日］原田尚彦：《环境法》，于敏译，法律出版社1999年版，第9—10页。

② 同上。

③ 转引自曾文慧《越界水污染规制——对中国跨行政区流域污染的考察》，复旦大学出版社2007年版，第107—108页。

归纳起来看，私法机制的局限性表现在以下五个方面。

（1）从私法救济机制的目的来看，受害人无论选择和解、行政调解还是诉讼，其目的均在于实现对私人财产利益或人身利益的保护，而并不追求对环境污染问题的解决和环境利益的保护。

（2）从救济依据来看，受害人提起私人诉讼所主要依据的民法，其对环境保护的最大的缺陷在于，民法只能保护传统的人身权和财产权，而一切生命的权利、环境品质的优良，却不是民法所直接保护的对象。[①] 私法实体法所固有的缺陷决定了它保护环境公益的有限性。我国现行的程序法律制度也不支持私人以保护环境公益的名义提起诉讼。《民事诉讼法》规定，提起诉讼的必须是与本案有直接利害关系的公民、法人或其他组织。这里所谓"直接利害关系"就是侵犯了当事人本人的受民法保护的利益，即财产利益和人身利益。《行政诉讼法》的规定也同样如此。所以，无论是私力救济的动机，还是私人诉讼所依据的法律，在保护环境公益方面都具有不可避免的局限。

（3）从救济方式和范围来看，私法救济主要以赔偿损失为主，不能对受污染的环境起到治理作用。私法上的救济只能在环境问题产生之后提出，并且它最看重的是事后损害的公平填补，而所谓"公平填补"也是私法的一厢情愿，因为环境问题所造成的社会损失已经产生，弥补只能是对加害人与受害者之间的利益分配，而不可能对整体社会利益有所增进。另外在损害范围的评价上，私法也只是计算受害人财产利益和人身利益的损害，绝不会算计环境本身所遭受的损害。

（4）从救济程序来看，无论是和解、调解或是民事诉讼，它们都属于私法程序，只有当事人能够参与，第三人以及社会公众不能参与其中。正如有学者指出的，对于处理重大的、遍布市场的外部性问题，私法手段并不是一项犀利的武器，主要是因为私法上的权利很少扩展至影响第三人，且无论是第三人还是那些"公共利益"的代表者们，都不能或者很难能够参与到诸如民事诉讼等私法上的法律程序中去。[②] 由于程序机制的局限，私法机制主要保护私人利益。

（5）从救济效果来看，虽然私法救济机制有一定的预防污染保护环

---

① 汪劲：《环境法律的理念与价值追求：环境立法目的论》，法律出版社 2000 年版，第 142 页。

② ［英］安东尼·奥格斯：《规制：法律形式与经济学理论》，骆梅英译，中国人民大学出版社 2008 年版，第 264 页。

境公益的效果，如通过排除危害之诉①，使加害人的污染行为受到司法控制，避免污染的继续扩大，但就总体而言，私力救济方式预防环境污染的效果相当有限。德国民法学者沃尔夫在讨论相邻法与环境保护的关系时说，由于涉及公共利益，克服环境污染不能再让个别相邻者来解决，他们往往也无力解决。② 更何况现代环境污染所导致的共同侵权已经超出相邻关系的范畴，非相邻制度可以调控。

私法机制解决环境问题的局限同样存在于对环境共同侵权的应对方面。总的来说，仅仅通过私法上的权利救济机制，只能在事后化解私人之间的环境共同侵权纠纷，保护人身权益或者财产权益，并不能预防侵权纠纷的发生，更不能有效救济和保护受损的环境公益。要减少或避免环境共同侵权现象的产生，必须控制和消除其发生根源。所以，在私法手段之外，必须寻求更为积极主动的法律规制，以实现对复合污染问题的有效控制和对环境共同侵权的有效预防。

二　行政规制的特点

现代社会的环境侵权问题，包括环境共同侵权，纯粹通过民法（侵权法）追究当事人侵权责任的方式来解决的模式，已经很难起到完全预防环境侵权发生并控制环境污染危害的作用。所以，要扭转这一形势，必须在私法框架之外寻求新的法律调控机制。依靠公共手段实施公害对策，正是从这种现代公害的特殊性不可避免地产生出来的要求，也正是在这里形成了环境法的萌芽。③ 这是环境法诞生的基本历史背景。私法机制的失灵使环境法的产生成为必然。从这也可以看出，环境法从其诞生之日起就被赋予了不同于传统私法的历史使命。

环境法不同于私法的最大特色即在于其属于公法规制或者行政规制。只有环境法的控制，才能从根本上消除环境共同侵权以及其他各种环境侵权的根源——环境污染及其危害。正如有日本学者指出的那样，要从根本上消除公害，不能只注意防止具体的损害，必须着眼于区域环境本身，防

① 所谓排除危害，是指消除污染环境所带来的危害结果。它实际上是一种综合性的民事责任形式。根据环境污染所带来的危害后果的不同，排除危害分别是指停止侵害、排除妨碍、消除危险等民事责任。参见张梓太《环境法律责任研究》，商务印书馆 2004 年版，第 121 页。

② ［德］弗雷德曼·沃尔夫：《物权法》，吴越等译，法律出版社 2002 年版，第 64 页。

③ ［日］原田尚彦：《环境法》，于敏译，法律出版社 1999 年版，第 10 页。

止环境的破坏与污染于未然，彻底保全良好的环境。① 而环境法正是这种通过从源头上控制和限制产生环境污染的原因行为，减少和避免环境污染，改善环境质量，防范环境侵权发生，从而保障更广泛区域内的私人人身、财产权益和公共环境利益的最重要法律机制。

以环境法为表现形式的行政规制相对和解、调解和诉讼等纠纷解决手段而言，它不仅直接着眼于环境利益的保护，而且保护的手段和措施更加积极主动，效果更佳。正如邱聪智教授指出的那样："公害民事救济理论之展开，只是公害法律对策中重要之一环。更重要的，实为全面性公害立法之及早制定与公害行政之切实推展。因为它不但可使民事救济及刑事归责之运用，日趋妥善，而且带有浓厚的积极性、预防性功能，更可进而推动技术性的防治工作，唤起集体的意志与力量。"② 正是基于这样的认识，邱聪智教授反复强调指出，对付环境污染公害，单纯依靠司法救济并不能解决大部分问题，行政立法和行政手段在其中所起的作用最为重要，最应当做的是全面推进环境立法以及环境行政。可见，行政规制相比私法规制的最大特点在于可以实施主动干预和积极预防。

三　规制复合污染的基本思路

从一般意义上讲，所有有助于减少和控制污染的规制措施，都同时有助于减少和控制复合污染。但是，规制复合污染必须立足于复合污染的基本特点和自身规律，对症下药，体现复合污染规制的独特性。这是本章关于复合污染规制的基本考虑。在此基础上，规制复合污染应当体现以下基本思路。

1. 特定型规制与通用型规制相结合

复合污染与单一污染具有紧密联系。复合污染是由多个单一污染在环境的媒介下相互作用而形成。所以，在一般情况下，适用于控制单一污染的各项制度对控制复合污染也应当有效。譬如，环境影响评价、排放标准、排污许可和限期治理等制度，它们对控制单一污染具有重要意义，同时也可以适用于复合污染。

但是，复合污染毕竟与单一污染不同。如果漠视它们之间的客观差异，完全套用单一污染的控制模式来管制复合污染，实际效果肯定会受到影响。譬如我们多次提到，即使单个污染源均达标排放，但它们组合到一

---

① ［日］原田尚彦：《环境法》，于敏译，法律出版社 1999 年版，第 60 页。

② 邱聪智：《民法研究》（一），中国人民大学出版社 2002 年版，第 342—343 页。

起仍然有可能发生复合污染。所以，包括排放标准和排污许可等制度在内，在控制复合污染时也许会有失灵的时候。这就提示我们，除了运用与控制单一污染相同的手段外，还必须积极寻求对复合污染控制更具针对性和更有实效的规制措施。

所以，基于主题的需要，本章并不宽泛地论述污染控制的所有手段，而是主要侧重于集中阐明针对复合污染的规制制度。

2. 整体型规制与单一型规制相结合

环境共同侵权不只是单一污染源引起，而是区域内多个污染源引起。控制复合污染，减少共同侵权，既需要对单一污染源进行个别规制，更需要对区域污染源进行整体规制，达到整体型规制与单一型规制相结合。

整体型规制与单一型规制相结合的思路，包括对污染源和对污染物两个方面的规制。对污染源，即排放企业，既要控制个别污染源，还要控制区域整个污染源。对污染物，即企业排放的污染物质，既要控制单因子污染物，更要控制多因子污染物。既要规制不同企业排放同一污染物的复合污染现象，又要规制不同企业排放不同污染物的复合污染现象。总量控制和集中式污染治理就是体现整体型规制的两个基本手段。在珠江三角洲地区，为加快解决区域大气复合污染，提出了“从单因子治理向多污染因子综合控制转变，多手段联合推进……构建世界先进的典型城市群大气复合污染综合体系，逐步解决区域大气复合污染问题”的思路。① 这是整体型规制的具体实践体现。

3. 强制型规制与引导型规制相结合

强制型规制即传统的命令—控制型规制，引导型规制即以行政指导和经济刺激为代表方式的规制。实践中的环境管理往往是多种规制工具综合运用的结果。

虽然现在越来越多的环境政策倾向于采取引导激励性方式来促进污染源减排，但传统的命令控制方式仍然不可或缺。有研究表明，命令—控制式的污染削减模式并不是很有效，但是这种方式对企业来说往往成本较低，对政府来说可以为特定产业准入设置有效的障碍，所以在这个意义上，经济学家所称道的经济激励政策往往不被产业界接受。②

强制型规制与引导型规制的地位并不一样。污染控制迄今为止主要依

① 《珠江三角洲环境保护一体化规划（2009—2020 年）》。

② 曾文慧：《越界水污染规制——对中国跨行政区流域污染的考察》，复旦大学出版社 2007 年版，第 33 页。

靠命令—控制方式。而且，在我国一直擅长和主要运用行政和管制式法律手段治理社会问题的历史传统和环境污染形势非常严峻的现实背景下，命令控制方式仍然会在相当长时期内占据环境问题规制体系的重要地位。

4. 预防型规制与治理型规制相结合

减少和避免环境共同侵权，不仅要在复合污染产生后给予有效治理，更要在复合污染产生前加以尽力预防。治理和预防复合污染都是防范环境共同侵权发生的预防性措施。但从时间顺序来看，复合污染的预防是防范环境共同侵权的第一道“关口”，而复合污染的治理则是第二道“关口”。第一道“关口”如果失守，还有第二道“关口”可以补救；如若第二道“关口”溃败，则复合污染发生，发生环境共同侵权几近必然。环境共同侵权的预防流程如图 7-1 所示。

图 7-1　环境共同侵权的预防流程

所以，防范环境共同侵权现象的发生，必须综合运用预防和治理等各类规制手段，全过程系统防治复合污染。

第二节　规制复合污染的基本手段

根据前面关于复合污染规制的基本思路，本节主要探讨那些特别对预防和控制复合污染具有独特价值的规制手段，这些手段包括产业集中、总量控制、集中治理、代为治理等。

为便于全面准确地理解，仍然需要申明，之所以主要选取上述四项制度，最主要的原因是这些制度相对更能体现复合污染及其规制的特点，因而对于规制复合污染具有比较独特的价值。在论述上述制度时，仍然不应忘记那些规制单一污染的预防和监管制度。实际上，以排放标准、环境影响评价、排污许可为代表的污染防治制度，以及政府积极倡导并大力推行的绿色经济、循环经济政策，不仅适用于单一污染规制，也同样适用于复合污染规制。在实践中，这些制度和政策对于规制复合污染有重要作用，对于规制单一污染也有突出价值，特别是通过产业结构转型升级，加快形成绿色生产方式和生活方式，是防治各类污染的更根本性的措施。正如本书后面所指出的，在很多情形下，譬如不具备集中规制条件，或者集中规制方式失灵时，对单一污染的规制方式仍然是规制复合污染的重要手段。所以，对于复合污染的有效规制和预防，需要所有各项相关制度的全盘考虑和综合运用，方能实现最佳效果。

一 产业集中

从有关环境共同侵权的具体案例来看，污染源相对比较多或者集中的区域（特别是河流流域和湖泊周围），往往更容易发生复合污染和环境共同侵权。而且，发生复合污染的污染源在产业上通常具有相似性或者关联性，它们所排放的污染物也往往相同、类似或者容易相互结合。这似乎意味着，如果将污染源项目分散布局，那么发生环境共同侵权的概率可能会大大降低。这样一来，产业集中的规划和布局，好像对复合污染和环境共同侵权的发生会起着推波助澜的作用。

实际并非如此。通过对各个产业特别是污染物排放量比较大的产业项目进行集中规划布局，在环保方面的直接效果是避免污染源多头分散排放带来的无序排放和违法排放，实现对所有污染源的集中监管、统一处理和达标排放，既有助于降低处理成本，又有利于提高监管效能，实现“环境友好型”排放，从根本上防范环境污染的产生，避免任何环境侵权现象包括单个环境侵权和环境共同侵权的发生。因此，在调整产业结构的过程中，从地理上集中规划产业布局，是有效控制和减少污染物排放的重要配套措施。这已经为各国实践所共同证明。

而在实践中，之所以污染源集中地区容易发生复合污染和环境共同侵权，其重要原因在于污染源集中区域内产业布局不当。譬如农村地区，受乡村自然经济的深刻影响，农村工业化实际上是一种以低技术含量的粗放经营为特征、以牺牲环境为代价的反积聚效应的工业化，村村点火、户户冒烟。在人口密集地区尤其发达地区，集约化畜禽养殖蓬勃发展。这些地区可资利用的环境容量小（没有足够的耕地消纳畜禽粪便，生产地点离人的聚居点近或者处于同一个水资源循环体系中），加之其规模和布局没有得到有效控制，没有注意避开人口聚居区和生态功能区，造成畜禽粪便还田的比例低、危害直接。[①] 这是不少复合污染发生在农村地区的重要原因。所以，产业布局不合理、缺乏集中治理设施，才是发生复合污染和共同侵权的两大原因。污染源比较集中这一客观现象并不必然导致复合污

---

① 苏杨：《中国农村环境污染调查》，2010 年 8 月 20 日，人民网（http：//theory. people. com. cn/GB/49154/49369/4027248. html）。

染，它反倒为控制复合污染创造了有利条件。

产业集中是现代政府实施宏观调控干预经济领域的必然产物。市场失灵已经被反复证明存在于市场经济的多个领域，包括产业在空间上的无序发展，因此从宏观上实施必要的产业干预对于市场经济的健康发展必不可少。谁来实施产业干预？基于市场的失灵，当然只能由政府对产业进行干预。集中的产业权力必须由集中的政府权力管理。① 而在市场经济的条件下，政府干预产业发展的基本战略手段就是规划，包括对产业形态、产业布局、准入门槛等各方面的规划。

在空间上对产业进行集中规划布局是政府调控产业发展的重要形式。如果不对污染源进行集中规划和合理布局，让排污者任意选址分散布局，在目前排污者违法排污行为和规避监管的侥幸心理普遍存在、环境监管队伍及其能力严重不足等因素的影响下，环保部门很难做到对所有的污染源实施有效监管，其所造成的环境后果必然是：排污者违法排放的情形会禁而不止，环境污染问题和单独环境侵权现象不断发生。现实情况恰恰如此。所以，污染源分散布局，也许避免了复合污染和环境共同侵权现象的发生，但却为制造更多的单一污染和单独侵权现象提供了便利条件。

因此本书认为，产业集中规划布局，有助于提高污染物处理效果和监管效能，促进守法排污，从源头上减少污染物排放，避免复合污染和各种环境侵权现象的发生。可以说，它是从更高层次防范环境共同侵权的政策措施。

通过产业集中来控制复合污染的典型形式是建设产业园区或者工业园区。② 借助产业园区形式，安排或者聚集更多的企业入驻其中。从某种意义上说，建设产业园区，将企业集聚于园区之内，意味着对污染源选址的控制和限制，或者是对土地利用用途的限制。由于我国实行土地公有制，私人不享有土地所有权，只享有土地使用权，因此不可能在公有土地上随意选址。这样，国家对土地用途实施控制具有坚实的制度基础。在这种背景下，以产业园区的形式控制污染源选址和土地用途，具有天然的便利性。

---

① ［美］伯纳德·施瓦兹：《行政法》，徐炳译，群众出版社1986年版，第12页。

② 当然，产业集中规划布局的实现形式不只是局限于产业园区。从实践来看，产业集中规划布局有不同的层次，在市县和乡镇级可能通过高新区、产业园区或者经济开发区等形式实现，在省级和国家层面可能会通过产业带、经济区等形式实现。不过本书认为，最能体现产业集中规划布局思想的应当是以高新区和经济开发区为代表的产业园区。

通过产业园区建设，合理规划土地用途，对企业选址产生有效约束，进而将污染源集中成片，实现污染物集中治理，可以从根本上减少污染物排放，降低复合污染的发生可能。所以有学者对土地用途控制作了高度评价：广域的土地利用控制，是防止将来的复合公害的最有效的手段。① 而从另一个角度来看，对土地用途和企业选址的限制其实也是产业合理规划和布局的需要。

在我国，相关立法和政策规定均体现了通过合理的产业布局和企业选址限制来控制环境污染的重要性。早在1996年，《国务院关于环境保护若干问题的决定》就指出，加强对乡镇企业的环境管理，“要全面规划、合理布局、分类指导，因地制宜地发展少污染或无污染的产业，并与村镇建设相结合，相对集中建设乡镇企业，大幅度提高乡镇企业处理污染能力，根本扭转乡镇企业对环境污染和生态破坏加剧的状况”。

现行《环境保护法》《水污染防治法》《大气污染防治法》和《固体废物污染环境防治法》等法律对有关产业合理布局、企业科学选址等作出了规定。

2014年新修订的《环境保护法》有多个条文体现了产业集中规划和布局的理念。该法第49条规定，畜禽养殖场、养殖小区、定点屠宰企业等的选址、建设和管理应当符合有关法律法规规定。第51条规定，各级人民政府应当统筹危险废物集中处置设施、场所以及其他环境保护公共设施，并保障其正常运行。

2015年修订的《大气污染防治法》第39条规定，在集中供热管网覆盖地区，禁止新建、扩建分散燃煤供热锅炉；已建成的不能达标排放的燃煤供热锅炉，应当在城市人民政府规定的期限内拆除。

2017年修订的《水污染防治法》第44条进一步强调，国务院有关部门和县级以上地方人民政府应当合理规划工业布局。

在大力推进供给侧结构性改革的新形势下，近年来国家出台的一些重要文件也对产业集中赋予了新的历史使命。《国务院关于化解产能严重过剩矛盾的指导意见》要求，优化产业空间布局，有序推进产业梯度转移和环保搬迁、退城进园，防止落后产能转移。支持跨地区产能置换，引导国内有效产能向优势企业和更具比较优势的地区集中。2016年发布实施的《长江经济带发展规划纲要》提出，加快布局分散的企业向工业园区集中，推进绿色工厂建设，促进环境综合治理。

---

① ［日］原田尚彦：《环境法》，于敏译，法律出版社1999年版，第107页。

这些立法和政策文件，从不同层面和角度体现了通过合理的产业布局和项目选址来预防控制污染物分散排放和无序排放的思路。

产业集中对防治环境污染的重要意义也得到了越来越多地方政府的认同和实践。在广东，政府按照产业入园与集中治污相统一的原则，积极推动产业向园区集中，重污染行业按照“入园管理、集中治污”的原则合理布局，产业集中发展、集中监管、集中治污，加强园区污染集中治理设施建设，与园区同步规划、同步建设、同步投入使用等。[①] 在上海，逐步将分散的涉重企业向保留工业园区集中，对涉重工业园区进行统一规划、统一定点。[②] 在吉林，化工、建材、冶金、发酵、一般工业固体废物处置等行业按照“入园管理、集中治污”的原则合理布局。[③] 这些做法，对有效控制复合污染发挥了重要作用。

尽管我国在产业集中规划布局方面已经取得很大成就，建设了大大小小为数众多的产业园区，但仍然存在一些不容忽视的问题。首先，产业园区大多分布在城市或者郊区，而广大农村区域的企业（包括乡镇企业等各类企业）仍然处于零散分布的状态。其次，即使是已经建成运营的产业园区，也一般属于综合性园区，专业园区相对较少，这无疑会增加污染物集中治理的难度，影响处理效果。再次，即使是建设有集中式污染治理设施的园区，也不是所有的企业都将通过集中式污染治理设施排放污染物，仍有少数企业私自非法向环境直接排放污染物。最后，产业集中规划制度的法律效力较弱，在实践中不容易得到贯彻落实。

要规制复合污染，必须对产业集中存在的上述四个方面问题给予应有重视，并采取实际措施加以解决。首先，产业集中规划的适用范围不仅包括城市和郊区，还应当逐步扩展到有条件的农村地区。其次，市政或者园区管理部门要积极建设运营集中式污染治理设施，环保部门要加强监管，确保进入园区的所有排污者都通过集中式污染治理设施排放污染物。最后，强化产业集中规划制度的实施。相关立法应当对产业集中规划布局制度及其法律效力作出明确规定。有关环境保护以及宏观调控的法律应当增

---

① 参见《珠江三角洲环境保护一体化规划（2009—2020年）》；《广东省实施差别化环保准入促进区域协调发展的指导意见》。

② 参见上海市环保局网（http：//www sepb. gov. on/fa/cms/shhj/shhj2272/shhj2158/2012/12/74933. htm）。

③ 参见吉林省政府网（http：//www. jl. gov. cn/xxgk/zwdt/snyw/201602/t20160203_ 2155357. html）。

加关于产业集中规划布局的规定。有关部门在制定产业规划或政策时，应当体现产业集中布局的思路。产业集中规划作出后，执行部门不得随意修改。规划部门未按照产业集中规划的具体要求批准污染源项目选址的，应当参照《城乡规划法》第60条的规定，由监察等有关部门责令改正，通报批评，并对直接负责的主管人员和其他直接责任人员依法给予处分。只有这样，才能确保产业集中政策的有关规定得到贯彻落实。

通过以上各个方面对产业集中制度的完善，特别是强化其法律效力，促进污染源项目向产业园区等特定区域相对集中，避免污染物分散排放，减少向环境直接排放的污染源数量，促进对污染源的有效监管，为污染物集中治理和防范复合污染创造有利条件。

必须指出的是，产业集中政策在本质上属于政府的行政指导行为。排污者是否进入产业园区，属于其经济自由，从根本上取决于排污者的意愿，不能通过行政强制加以实施。因此，政府应当通过各方面的政策激励措施来引导排污者进入园区。在操作步骤上，建议尊重现状，采取分类引导、分步实施的策略。即针对新污染源和老污染源两种不同类型分别采取不同的政策。对于新批准的污染源，应当通过选址审批使其进入产业园区或其他集中区域；对于老污染源，鼓励引导有条件的逐步搬入园区或其他集中区域，暂时无法搬入集中区域的，则需要继续加强监管。这样一方面能够体现政策公平，另一方面有助于增强实施效果。

从功能上讲，产业集中规划布局只是为实现污染物减排防范环境污染的一种前端措施，它既不是防治污染“包打天下”的唯一法宝，也不能对减排起到立竿见影的效果。通过产业集中政策实施，只是实现了对相关污染源的相对集中监管，并不会自动达到污染物减排的目标。要真正减少污染物的排放量，避免复合污染的产生，还必须实施总量控制和污染物集中治理等后续监管措施。

二　总量控制

在早期，控制复合污染与控制单个污染一样，主要是通过一对一进行单个点源的浓度控制，具体方法是通过设置排放标准、实施排放许可证等制度加以实现。后来发现，每个单一污染源达标排放或者不会产生污染并不意味着这些污染源叠加在一起就不会超标或不会产生污染。在大规模工厂等密集的区域，即使各个工厂遵守浓度限制，但仍会发生把各个工厂的排放量加在一起，在绝对量上仍然排放出大量的已超过自然的扩散稀释能力的有害物质，扩散不能进行，污染不断重合，从而无法维持环境标准的状况。[①] 这是复合污染的基本特征。所以，即使遵守排放标准，区域的污染负荷也在不断增加，浓度限制的方式在区域性环境保全方面显得无能为力。[②] 这就意味着，在面对复合污染的场合，浓度控制往往是失效的。即使实施排放浓度与排放量的控制相结合，在污染源比较少的区域可能有效，但在污染源密集的区域，区域总的排放浓度和排放量仍可能突破限值，从而难以取得预期效果。

所以，控制预防复合污染，除了通过浓度排放标准和许可证制度等手段对单一污染源进行控制之外，还必须对区域内所有污染源的排放总量进行整体控制。

在法律上，对区域内所有污染源的污染物排放总量进行控制，就是所谓的总量控制制度。该制度是指，勘定区域的环境容量（即调查为在该区域达到环境标准应该把污染物的排放总量控制在何种范围内），决定区域中的污染物质排放总量，根据排放总量制定总量削减计划，向区域内的事业者等个别地分配各自的污染物排放总量的额度的方式。简要地说，就是在区域的环境容量的范围以内，有计划地将区域的污染物排放总量压下去的控制方式。[③] 总量控制与对单个污染源的浓度控制和量的控制不同，它是对区域内所有污染源总排放量的整体性控制。

总量控制制度已经成为各国环境法的重要制度之一。在日本，《水污染防止法》和《大气污染防止法》等均有相关规定。在我国，《国务院关于环境保护若干问题的决定》较早地规定了总量控制制度，此后，一系列法律法规对此进行了细化。2000 年修订的《大气污染防治法》第 15 条，2017 年修订的《水污染防治法》第 10、20、21 条等条文，分别对大气污染和水污染方面的总量控制作了明确规定。

在各国立法和实践中，总量控制的实施受各方面因素的影响，特别是以下两个方面：一是技术方面的难度，区域环境容量（总排放量）很难科学测定；二是分配上的困难，即使能够测算出总排放量，也很难以合适的方式公平地分配给各个地区及其排污者。所以，总量控制的适用场合有明确限定，主要是针对特定范围的区域污染。一般是在相对比较大的区域进行总量控制，区域过小，总量控制的意义不大。而且，其所控制的污染

---

① ［日］原田尚彦：《环境法》，于敏译，法律出版社 1999 年版，第 77 页。

② 同上。

③ 同上书，第 78 页。

物常常限于该区域的主要污染物。

在我国，总量控制在水污染和大气污染方面有不同要求。根据2017年修订的《水污染防治法》第20条的规定，总量控制主要以省级行政区域为基本单位，主要针对国家确定的重点水污染物排放和省级政府确定的其他水污染物排放实施总量控制。根据2000年修订的《大气污染防治法》等的规定，总量控制限于“国务院和省、自治区、直辖市人民政府划定的尚未达到规定的大气环境质量标准的区域和国务院批准划定的酸雨控制区、二氧化硫污染控制区”，主要针对二氧化硫。① 由于总量控制的适用范围受到局限，浓度控制仍然是对单一污染源进行控制的最主要方式。尽管如此，基于总量控制的某些优势，克服技术上的难关，使控制技术合理化，扩大实施总量控制的范围仍然不可或缺。普及总量控制方式，是推进环境管理的重要手段。②

从上述理念出发，总量控制的原理和思路仍然对控制复合污染具有启示意义。从比较的角度看，复合污染与区域污染具有污染源众多的共同特点。甚至可以说，区域污染有时是复合污染的一种表现形态，是复合污染在地域和规模上的扩大化。所以，复合污染也可以借鉴总量控制的思路和方法。

对环保部门来说，通过总量控制的方法来控制复合污染，具体工作步骤包括以下几方面。

首先，选择确定需要进行总量控制的某个区域，选择的依据主要是该区域内污染源的数量是否较多、是否相对集中、排放的主要污染物是否相同等因素。

其次，测算该区域主要污染物的环境容量，这需要综合考虑该区域的经济社会发展状况、历史排放情况、未来发展空间等因素来加以确定。科学测定区域环境容量，是决定总量控制能否实现预期目标的基础和关键。

再次，公平分配主要污染物的排放指标，分配依据包括排污者的规模、历史排放记录、守法情况和未来发展情况等。

又次，对区域环境容量变化情况进行定期监测，对排污者是否遵守排放指标的情况进行动态持续监管，适时调整区域内总量指标。

最后，强化总量控制指标的约束。按照有关法律及政策要求，对超过

---

① 譬如，根据《国务院关于“十一五”期间全国主要污染物排放总量控制计划的批复》，总量控制的主要污染物限于化学需氧量和二氧化硫。

② ［日］原田尚彦：《环境法》，于敏译，法律出版社1999年版，第78页。

总量控制指标或者未完成有关目标的地区，有关主管部门应通过区域限批的方式，暂停审批其新增重点污染物排放总量的建设项目环境影响评价文件。

区域限批是原国家环保总局于2007年“环评风暴”中实施的政策措施之一。它与流域限批、行业限批和企业集团限批一起，被统称为环评限批。环评限批的基本含义是指，对超过重点污染物排放总量控制指标的区域、流域、行业或者企业集团，暂停审批新增该重点污染物排放总量的建设项目环评文件。2008年，修订后的《水污染防治法》第18条第4款正式确立区域限批制度。[①] 2009年制定的《规划环境影响评价条例》第30条也作出了相似的规定。[②] 2017年修订的《水污染防治法》第20条对区域限批作了进一步强化。区域限批成为强化总量控制指标落实的重要工具。

区域限批以一种整体化思维来控制局部环境污染，它与总量控制制度的结合运用，对改善区域环境质量具有明显效果。目前，除国家有关立法确立了区域限批制度外，河南、安徽、广东和广西等地，也制定了相应的规章。

对污染源集中区域而言，可以参照《水污染防治法》第18条和《规划环境影响评价条例》第30条的规定，采取“区域限批”，对已经超过总量指标且环境容量已经饱和的区域，暂停审批新增重点污染物排放指标的建设项目环评报告。

除了从区域层面加强污染物排放总量控制之外，强化区域内单个污染源的法律责任机制仍然不可缺少。对单个污染源，可以参照《水污染防治法》第19条的规定[③]，建立针对排污者的“黑名单”制度，对未按照要求完成主要污染物排放总量控制指标的排污者予以公布，并按超标排放情形依法进行处罚。

通过以上措施，有助于确保拟控制区域各个污染源排放主要污染物的总量基本达标，最大限度地实现总量控制的预期目标，从而减少该区域发

① 该款规定：“对超过重点水污染物排放总量控制指标的地区，有关人民政府环境保护主管部门应当暂停审批新增重点水污染物排放总量的建设项目的环境影响评价文件。”

② 该条规定：“规划实施区域的重点污染物排放总量超过国家或者地方规定的总量控制指标的，应当暂停审批该规划实施区域内新增该重点污染物排放总量的建设项日的环境影响评价文件。”

③ 该条第2款规定：“县级以上人民政府环境保护主管部门对违反本法规定、严重污染水环境的企业予以公布。”这就是所谓“黑名单”制度。

生复合污染的可能性，进而预防环境共同侵权现象的发生。

上述有关总量控制的思路，在国家近年来新出台的有关立法和政策文件中也得到了体现。2014 年修订的《环境保护法》也写入总量控制制度。该法第 44 条规定，国家实行重点污染物排放总量控制制度。重点污染物排放总量控制指标由国务院下达，省、自治区、直辖市人民政府分解落实。企业事业单位在执行国家和地方污染物排放标准的同时，应当遵守分解落实到本单位的重点污染物排放总量控制指标。对超过国家重点污染物排放总量控制指标或者未完成国家确定的环境质量目标的地区，省级以上人民政府环境保护主管部门应当暂停审批其新增重点污染物排放总量的建设项目环境影响评价文件。

2015 年修订的《大气污染防治法》第 21 条和第 22 条则从控制目标的确定及分解、重点大气污染物排污权交易、目标的约束力等方面，对重点大气污染物排放的总量控制作出了进一步细化规定。[①]

《水污染防治行动计划》提出，深化污染物排放总量控制。完善污染物统计监测体系，将工业、城镇生活、农业、移动源等各类污染源纳入调查范围。选择对水环境质量有突出影响的总氮、总磷、重金属等污染物，研究纳入流域、区域的污染物排放总量控制约束性指标体系。

中共中央十八届五中全会明确提出，扩大污染物总量控制范围，将细颗粒物等环境质量指标列入约束性指标。[②] 为落实十八届五中全会要求，《国民经济和社会发展第十三个五年规划纲要》进一步提出，改革主要污染物总量控制制度，扩大污染物总量控制范围。在重点区域、重点行业推进挥发性有机物排放总量控制，全国排放总量下降 10%以上。沿海和汇

---

① 该法第 21 条规定："国家对重点大气污染物排放实行总量控制。重点大气污染物排放总量控制目标，由国务院环境保护主管部门在征求国务院有关部门和各省、自治区、直辖市人民政府意见后，会同国务院经济综合主管部门报国务院批准并下达实施。省、自治区、直辖市人民政府应当按照国务院下达的总量控制目标，控制或者削减本行政区域的重点大气污染物排放总量。确定总量控制目标和分解总量控制指标的具体办法，由国务院环境保护主管部门会同国务院有关部门规定。省、自治区、直辖市人民政府可以根据本行政区域大气污染防治的需要，对国家重点大气污染物之外的其他大气污染物排放实行总量控制。国家逐步推行重点大气污染物排污权交易。"第 22 条规定："对超过国家重点大气污染物排放总量控制指标或者未完成国家下达的大气环境质量改善目标的地区，省级以上人民政府环境保护主管部门应当会同有关部门约谈该地区人民政府的主要负责人，并暂停审批该地区新增重点大气污染物排放总量的建设项目环境影响评价文件。约谈情况应当向社会公开。"

② 参见《中共中央关于制定国民经济和社会发展第十三个五年规划的建议》。

入富营养化湖库的河流沿线所有地级及以上城市实施总氮排放总量控制。

从上述立法和政策规定来看，总量控制制度在立法和政策层面正在逐步走向完善和成熟，具体表现在如下几个方面：一是实施范围不断扩大，区域范围、行业范围和污染物范围均呈逐步扩大的趋势。二是控制目标更加明确，既有量化的目标要求，又有具体指标分解的要求，这使得控制的针对性更强。三是控制的约束力更强，对超标的地区，将通过区域限批和约谈政府负责人的方式，直接影响其有关建设项目的审批和上马及地方政府形象。这些新的变化，对防治区域复合污染具有重要价值。

需要说明的是，尽管从理想层面来看，总量控制和区域限批的结合运用对控制区域环境污染具有明显效果①，但是其合理性并非无懈可击。从逻辑和实践来看，导致区域污染物排放总量超标的，可能是一个排污者的超标排放引起，也可能是因多个甚至所有排污者的超标排放引起。但也可能只有一个或少数排污者超标而多数或有的排污者未超标。对于未超标排污者而言，与超标排污者一起受区域限批的影响，无法建设新增排放量的项目，从而无法继续扩大企业规模，这未免有失公平。有学者在关于环评限批的研究中就指出，环保部门决定不予批准这些达标排放企业的环评申请，不是基于该建设项目环境影响的考虑，而仅仅是因为它与违反环境法律的企业同属一个特定的区域、流域或者行业，换言之，它是受到了“株连”。说得严重一点，法律的实质正义被践踏了。② 可见，在确保区域环境质量实现整体正义的同时，如何保障部分排污者的合法权益以实现个体正义，直接关系到区域限批的法理正当性，必须予以认真考虑。

本书认为，可以参考流域生态补偿的做法来实现整体利益与局部利益的衡平。在实施区域限批时，监管部门可以从对超标排放的排污者那里取得的罚款中，拿出一部分罚款给予达标排放的排污者，作为对未批准其新增项目环评的补偿，也相当于对其合法排放行为的肯定和奖励。这样或许可更好地奖优罚劣，协调不同排污者之间的利益关系，使区域限批更加契合法的公平正义价值。考虑到企业集团内部违法排放企业与合法排放企业之间的资本、人事和其他控制关系，我们不赞同这种补偿制度适用于针对企业集团的限批情形，而主要适用于不同企业之间不具有资本关联或其他

① 不过也有研究认为，受制于《环境影响评价法》固有缺陷等各方面因素的影响，区域限批的实际效果也许并不如想象中的那样好。具体分析可参见王社坤《环评限批的行政法解读》，《环境保护》2010 年第 21 期。

② 王社坤：《环评限批的行政法解读》，《环境保护》2010 年第 21 期。

控制关系的区域、流域或行业限批场合。

从控制方式及其有效性角度看，无论是总量控制还是区域限批，根本上仍属于对部分点源污染的控制，对小型点源污染以及农村面源污染不具有适用性，或者适用效果不佳。这是因为，无论是总量控制还是区域限批，都需要有相应的监测网络作为技术前提，而目前很多小企业特别是农村地区还没有建立相应的监测网络。因此只能在一些具备监测网络和其他适当条件的相对集中的产业区域内，适用总量控制和区域限批的原理来实施复合污染控制。

三　集中治理

集中产业布局和实施总量控制，这些都是在污染物排放之前采取的预防复合污染的政策法律措施。在污染物产生之后，则可以通过集中治理制度来控制和减少复合污染的产生。

所谓集中治理制度，是指在一定区域范围内，建立集中式污染物治理设施，将多个项目的污染源排放的污染物纳入该设施进行集中控制和处理的制度。

污染物集中治理是各国污染防治和环境管理工作的经验总结。实践证明，治理污染不应当片面追求单个污染源排放的达标率，而必须从整个区域角度出发，以改善区域整体环境质量为主要目标，这样才能有效治理污染，真正改善环境质量。污染物集中治理就是在这种背景下产生的。污染物集中治理给排污者提供了处理污染物的新途径。它既可以弥补部分企业处理能力的不足，节约处理成本，又可以提高处理效率和效果，实现经济效益和环境效益的双赢。从监管角度看，污染物集中治理更方便环保部门的集中监管。

与总量控制制度一样，集中治理制度主要也不是因为控制复合污染而产生。但该制度所针对的多个污染源在某一区域比较集中的场合，正好与复合污染的特征相契合。所以，在污染源较多的复合污染中，同样可以适用集中治理制度。

从形式上看，集中治理使直接向环境排放污染物的多个污染源变成了一个污染源，即集中治理者自身。从环境共同侵权的角度言，集中治理通过减少向环境直接排污的主体而减少了“潜在侵权人”的数量，从而降低了多人共同侵权的可能性。从效果上看，如果污染物集中治理设施运行正常，其向环境排放的污染物达标或没有危害，产生侵权的概率就会比多个污染源分别向环境排放污染物导致侵权的概率小很多。所以，污染物集中治理，可以成为减少和预防环境共同侵权现象发生的重要前置措施。

污染物集中治理制度是我国环境法的重要制度之一。早在 1996 年，《国务院关于环境保护若干问题的决定》中就提出要因地制宜建设城市污水集中处理设施。此后，《环境保护法》及各单行污染防治法律均对污染物集中治理作出了规定。现行《固体废物污染环境防治法》第 3 条[①]对固体废物集中处置作出了规定。2014 年修订的《环境保护法》第 51 条[②]对政府建设污染物集中处理处置设施的责任作了原则规定。2015 年修订的《大气污染防治法》第 48 条进一步规定，钢铁、建材、有色金属、石油、化工、制药、矿产开采等企业，应当加强精细化管理，采取集中收集处理等措施，严格控制粉尘和气态污染物的排放。2017 年修订的《水污染防治法》第 45、49、50、51、52、56 条等条文进一步强调了工业集聚区配套建设污水集中处理设施、城镇污水集中处理、农村污水和垃圾集中处理、畜禽粪便污水集中处理利用等方面的规定和要求。

除了国家法律，近年来出台的有关重要文件也对污染物集中治理提出明确要求。2013 年，国务院印发的《循环经济发展战略及近期行动计划》提出，推行园区基础设施绿色化，加快园区污染物集中治理设施建设及升级改造等；推动废钢铁、废有色金属、废塑料、废橡胶等再生资源集中拆解处理、集中治理污染、合理延伸产业链，切实解决再生资源利用中存在的经营分散、技术落后、利用水平低和二次污染等问题。

2015 年，国务院出台的《水污染防治行动计划》明确要求集中治理工业集聚区水污染。该文件提出，2017 年年底前，工业集聚区应按规定建成污水集中处理设施，并安装自动在线监控装置，京津冀、长三角、珠三角等区域提前一年完成。对农业农村污染，该文件提出，散养密集区要实行畜禽粪便污水分户收集、集中处理利用。

国家《国民经济和社会发展第十三个五年规划纲要》进一步提出，到 2020 年，城市、县城污水集中处理率分别达到 95%和 85%。

集中式污染治理设施已成为生活源和工业源等点源排放形式的主要控制手段。根据环保部等三部门 2010 年联合发布的《第一次全国污染源普

---

① 该条规定："国家鼓励、支持采取有利于保护环境的集中处置固体废物的措施，促进固体废物污染环境防治产业发展。"

② 该条规定："各级人民政府应当统筹城乡建设污水处理设施及配套管网，固体废物的收集、运输和处置等环境卫生设施，危险废物集中处置设施、场所以及其他环境保护公共设施，并保障其正常运行。"

查公报》，截至2007年12月31日，我国共有污水处理厂2094座，垃圾处理厂2353座，危险废物处理厂159座，医疗废物处置厂184座。集中式污染治理设施承担了大量的污染物处理任务，其中污水处理厂污水年实际处理量210.31亿吨，危险废物实际年处置量117.42万吨。①

而根据新的统计资料，到2014年，全国调查统计城镇污水处理厂6031座，设计处理能力达到1.8亿吨/日，全年共处理污水494.3亿吨；生活垃圾处理厂（场）2277座，全年共处理生活垃圾2.42亿吨，其中采用填埋方式处置的共1.82亿吨，采用堆肥方式处置的共0.03亿吨，采用焚烧方式处置的共0.56亿吨；危险废物集中处理（置）厂（场）859座，医疗废物集中处理（置）厂（场）240座，全年共综合利用危险废物482.1万吨，处置危险废物470.0万吨。② 2014年各省级行政区集中式污染治理设施具体情况见表7-1。③

表7-1　　2014年各省级行政区集中式污染治理设施统计　（单位：座）

省级行政区	合计	污水处理厂	垃圾处理厂（场）	危废处理（置）厂（场）	医废处理（置）厂（场）
北京市	173	146	20	6	1
天津市	90	68	10	11	1
河北省	473	291	136	35	11
山西省	298	200	86	3	9
内蒙古自治区	226	138	67	8	13
辽宁省	229	157	37	29	6
吉林省	145	61	51	28	5
黑龙江省	177	132	31	8	6
上海市	107	55	18	33	1
江苏省	936	699	73	161	3
浙江省	521	314	118	81	8
安徽省	402	243	134	16	9
福建省	400	258	106	31	5

① 参见环境保护部等《第一次全国污染源普查公报》（2010年2月6日）。

② 参见环境保护部《全国环境统计公报（2014年）》。

③ 参见环境保护部《中国环境年鉴2015》，中国环境年鉴社2015年版。《中国环境年鉴》是一部综合性大型资料工具书，是我国环境保护事业年度信息、资料、史实的总汇，每年一卷，2015年卷反映的是2014年全国环境保护事业的情况。

续表

省级行政区	合计	污水处理厂	垃圾处理厂（场）	危废处理（置）厂（场）	医废处理（置）厂（场）
江西省	285	151	84	41	9
山东省	658	493	97	55	13
河南省	394	250	124	2	18
湖北省	328	183	103	31	11
湖南省	320	189	97	23	11
广东省	791	512	159	101	19
广西壮族自治区	213	127	62	16	8
海南省	83	59	21	1	2
重庆市	229	171	45	9	4
四川省	607	458	110	25	14
贵州省	205	154	39	9	3
云南省	218	113	95	2	8
西藏自治区	31	2	25	1	3
陕西省	291	159	75	48	9
甘肃省	181	94	66	7	14
青海省	80	19	55	6	0
宁夏回族自治区	53	25	21	5	2
新疆维吾尔自治区	263	110	112	27	14
合计	9407	6031	2277	859	240

从2007年和2014年的数据对比来看，7年时间里，全国建设的污水处理厂及其处理的污水量均翻了1倍多；危险废物集中处理（置）厂（场）数量翻了4倍多，处置的医疗废物翻了2倍多。各类集中式污染治理设施的建成和运营，对于治理环境污染、改善环境质量发挥了重要作用。

尽管如此，我国的集中式污染治理设施并没有覆盖所有的行政区域，更未实现对所有污染物的集中处理（置）。总体上，设市城市的集中式污染治理设施建设相对比较完善，县、乡镇层面则要滞后很多。据统计，在县级层面，截至2014年年底，全国1402个县城建有污水处理厂，占县城总数的86.9%[①]，还有13.1%的县城没有污水处理厂。在处理方面，2014年，全国城市污水处理率为90.2%。[②] 这个数据，只是就全国设市城市而言。考虑到县城、其他建制镇污水处理设施建设滞后的情况，如果将所有各类城镇的污水处理情况统计进去，则这个比例要低得多。

如果再扩大到农村地区以及其他各类污染物，我国污染物集中治理的整体水平会更低。在农村，我国乡镇企业废水COD和固体废物等主要污染物排放量已占工业污染物排放总量的50%以上。由于乡镇企业布局不合理，污染物处理率显著低于工业污染物平均处理率。而集中治理设施等基础设施建设缺失或跟不上，各个污染源的污染物仍然是各自排放分散处理，导致农村区域污染越来越严重。环境污染不仅将“小污”变成“大污”，而且由“小污”成为“大害”[③]，使复合污染及其导致的环境共同侵权发生概率进一步提升。

综合来看，我国在污染物集中治理方面主要存在以下问题。首先，总体上看，我国的集中式污染治理设施建设仍然相对滞后，相当多的城镇及农村地区特别是中西部地区的乡镇，还没有建成必要的集中式污染治理设施。即使是已建成的污水处理设施，也存在污水收集管网配套不足等问题，不能适应和满足城乡发展以及环境保护的需要。其次，部分地区集中式污染治理设施的运行效果不佳，有的低负荷运行，有的超负荷运行，部分集中式污染治理设施运营单位向污染源收取排污费很困难，导致运营困难，有的甚至“污水穿肠过”，不经处理便直接排放到环境当中，形成二次污染等现象。[④] 再次，一些企业受到经济利益的驱动，不愿意将污染物排放到集中式污染治理设施中去，私设暗管，偷排漏排，直接排入环境当中；或者把超标的污染物偷排偷放到集中式污染治理设施，造成集中式污染治理设施进水浓度过高，无法处理。最后，集中式污染治理设施本身容纳着大量污染物，存在很严重的环境风险，可能蜕变为“集中污染源”[⑤]。

---

① 《关于全国城镇污水处理设施2014年第四季度建设和运行情况的通报》。

② 《2014年国民经济和社会发展统计公报》。

③ 苏杨：《中国农村环境污染调查》，人民网（http://theory.people.com.cn/GB/49154/49369/4027248.html）。

④ 譬如，环境保护部《关于加强城镇污水处理厂污泥污染防治工作的通知》指出：“十一五”期间，中国污水处理能力显著提高，同时，污泥产生量也显著增加。但多数污泥未得到妥善处置，随意抛弃、倾倒现象普遍存在，由此引起的二次污染问题已不容忽视。

⑤ 李禾：《别让污水处理厂成为集中污染源》，《中国环境报》2006年12月15日。

另外，客观方面，虽然污水处理设施削减了大量的污染物，但是由于排水标准偏低，在现有的污水处理设施排放水平下，区域水环境达到Ⅴ类以上是不可能实现的目标。[①] 对此，应当区分不同情形，采取不同的解决措施。

首先，对于部分地区特别是乡镇和农村地区集中式污染治理设施建设滞后的问题，国家和地方政府及其有关部门应当出台优惠政策，调动社会资本等各方面的积极性，采取多种形式建设和运营集中式污染治理设施，以适应工业化城镇化过程中更加集中高效地处理污染物的需要。当前，政府与社会资本合作（PPP）已成为污水处理设施等基础设施建设运营的重要形式。国家出台多个文件[②]，把污水处理等环境保护设施建设运营作为PPP 的重要应用领域。各地应结合已有规划和本地实际，出台具体政策措施，推动各类集中式污染治理设施积极应用 PPP 模式。

其次，对于集中式污染治理设施运行不正常的问题，要根据不同原因采取不同对策。如果是设计技术和管网配套等方面的原因，需要通过工程、技术等手段，优化技术方案，完善配套管网。如果是运行经费不足的原因，政府应当通过适当提高污染物处理费征收标准或者给予适当财政补贴的形式，为其正常运营提供有力的资金保障。

再次，对污染物排放企业和集中式污染治理设施实行并行监管。对于区域内不将污染物排放到集中式污染治理设施的企业，监管部门应当加强监督，对违法行为依法处罚，促其污染物进入集中管网排放。同时，对运营集中式污染治理设施的企业在有关运营活动中弄虚作假，对造成的环境污染和生态破坏负有责任的，应按照新修订的《环境保护法》第 65 条等有关规定要求，除依照有关法律法规规定予以处罚外，还应当与违法排放污染物造成环境污染和生态破坏的企业承担连带责任。

又次，完善集中式污染治理设施排放标准体系。应在国家制定统一排放标准的基础上，由各地根据自身特点出台不同的排放标准。如在水源保护区周边区域应执行高于一般同类污水处理设施的排放标准，在湖库等可能发生水华爆发等环境问题的区域执行对氮、磷、叶绿素等更加严格的排

① 王强等：《中国污水处理设施建设现状与存在问题研究》，《环境污染与防治》2015 年第 3 期。

② 参见《国务院办公厅转发财政部发展改革委人民银行关于在公共服务领域推广政府和社会资本合作模式指导意见的通知》《国家发展改革委关于开展政府和社会资本合作的指导意见》等。

放标准。[①]

最后，确保集中式污染治理设施有效处理达标排放。在法律上，集中式污染治理设施也是污染源，设施的运营单位应当对设施向环境排放污染物的行为负责，遵守相关法律，依法取得排污许可证[②]，努力确保达标排放。[③] 对于集中式污染治理设施可能违法排放从而产生“二次污染”的情形，环保部门应当加强监管。[④] 如果不能做到达标排放以致造成“二次污染”的，还要按照《水污染防治法》的规定缴纳相应的排污费。[⑤]

总之，对集中式污染治理设施与对分散污染源一样，都需要加强监管。不同的是，由于集中式污染治理设施数量较少，分布集中，而且往往由相关部门协同监管，所以对它的监管比对分散污染源的监管要相对容易和有效得多。

四 代为治理

总量控制和集中治理并非处理区域污染的万灵药。总量控制面临技术和客观因素的制约，建设集中式污染治理设施进行集中治理也是有条件的。从经济成本和技术可行的角度而言，在排污企业相对较多、比较集中而且污染物排放量比较大的区域，建设集中式污染治理设施是比较合适的，其经济成本更低、技术更可行、效果更好。而对于污染源本身比较少，零星分布，污染物排放总量又不大的区域而言，显然不适合建设集中

① 王强等：《中国污水处理设施建设现状与存在问题研究》，《环境污染与防治》2015 年第 3 期。

② 譬如，《水污染防治法》第 20 条规定：“城镇污水集中处理设施的运营单位，也应当取得排污许可证。”

③ 参见《城镇污水处理厂污染物排放标准》（GB 18918—2002）、原国家环境保护总局《关于对城市污水集中处理设施处理后污泥法律适用问题的复函》、原国家环境保护总局《关于严格执行〈城镇污水处理厂污染物排放标准〉的通知》、环境保护部《关于加强城镇污水处理厂污泥污染防治工作的通知》等文件。

④ 《水污染防治法》第 45 条第 4 款规定：“环境保护主管部门应当对城镇污水集中处理设施的出水水质和水量进行监督检查。”另外，《关于印发推进城市污水、垃圾处理产业化发展意见的通知》也指出：“要加强对污水处理设施的出水水质和垃圾处理设施的处置质量的监督，确保达标排放，避免二次污染。”

⑤ 《水污染防治法》第 45 条第 2 款规定：“城镇污水集中治理设施的出水水质达到国家或者地方规定的水污染物排放标准的，可以按照国家有关规定免缴排污费。”从这可以看出，城镇污水集中治理设施原则上是需要缴纳排污费的，如果达标排放，可以免缴，如果超标排放，必须缴纳排污费。

式污染治理设施。所以，分散处理是不可避免的。从前面有关集中式污染治理设施建设和运营情况也可以看出，建设污染物集中治理设施是一个长期的过程，未来我国仍有相当大一部分污染源没有或者不能进入集中式污染治理设施，仍然只能通过分散处理的方式对排放的污染物进行处理。这导致发生复合污染以至共同侵权的可能性依然很大。

如何减少分散处理的污染源发生复合污染的概率呢？从实践来看，分散污染源对污染物的处理，要么直接排入环境中，要么由企业自身处理，没有处理能力的则交由周边其他有能力的企业进行处理。这种委托他人处理污染物的做法就是所谓的代为治理。对于没有处理能力的企业而言，委托有能力的企业代为治理污染物，也可以减少和预防复合污染的发生。

在我国，代为治理分为两种情形。一种是排污者主动委托他人代为治理。譬如，2005 年《国务院关于落实科学发展观加强环境保护的决定》第 24 条提出的："鼓励排污单位委托专业化公司承担污染治理或设施运营。"这是属于主动委托代为治理。在该模式下，排污者通过缴纳或按合同约定支付费用，委托环境服务公司进行污染治理。这种代为治理仍然属于私法手段，体现的是市场经济条件下平等主体的民事法律关系。

另一种是主管部门指定具有处理资质的他人代为治理排污者排放的污染物。譬如，《水污染防治法》第 76 条、第 80 条和第 83 条，以及《固体废物污染环境防治法》第 55 条①等条文，规定的都是环保部门指定他人代为治理的情形。这种代为治理带有行政强制的色彩。根据相关法律，无论是主动委托的代为治理，还是被动指定的代为治理，处理费用均由排污者承担，这是对污染者负担原则的贯彻。

从代为治理的具体做法来看，它仍然具有集中治理的某些特点。通过委托代理或者指定代理，排污者本身不处理污染物，而是由比较专业的第三方来进行处理。对第三方而言，它可能是专门从事污染物处理的专业机构（不同于市政管理的污水处理厂等集中式污染治理设施），也可能并非专业机构，而只是拥有污染物处理设施并具备处理能力的排污者。但不管怎样，与集中治理一样，第三方的处理也有助于提高污染物处理的专业水

① 该条规定："产生危险废物的单位，必须按照国家有关规定处置危险废物，不得擅自倾倒、堆放；不处置的，由所在地县级以上地方人民政府环境保护行政主管部门责令限期改正；逾期不处置或者处置不符合国家有关规定的，由所在地县级以上地方人民政府环境保护行政主管部门指定单位按照国家有关规定代为处置，处置费用由产生危险废物的单位承担。"

平和处理效果。所以，国家立法和政策一直支持鼓励代为治理方式。

2014 年，国务院办公厅专门发文，对推行环境污染第三方治理，也就是代为治理，作出具体部署。① 文件指出，第三方治理是推进环保设施建设和运营专业化、产业化的重要途径，是促进环境服务业发展的有效措施。文件要求，培育企业污染治理新模式，在工业园区等工业集聚区，引入环境服务公司，对园区企业污染进行集中式、专业化治理。

2015 年，国务院印发的《水污染防治行动计划》进一步提出，加快发展环保服务业，以污水、垃圾处理和工业园区为重点，推行环境污染第三方治理。

但代为治理也不一定会得到认真执行。有些企业为了降低生产成本，既不会主动处理污染物，也不会委托他人代为治理污染物，而是采取各种隐蔽方式，规避环保部门的监管，将污染物直接排放到环境当中。

2015 年，最高人民法院出台的《环境侵权司法解释》，从司法裁判的角度对代为治理及其效力作了明确规定。该解释第 14 条规定："污染者在生效裁判确定的期限内未履行环境修复义务的，人民法院可以委托其他人进行环境修复，所需费用由污染者承担。"这一规定，从司法诉讼层面进一步支持和保障了有关法律及政策极力推崇的代为治理模式，创新了污染者的责任承担形式，强化了污染者的环境治理和修复责任。

当然，司法诉讼毕竟是在污染发生后才能启动。所以对于这种情形，事前事中的行政监管仍然是第一道防线。环保部门必须提高监管能力，加强监管力度，严格法律责任。这是对分散污染源可以采取的最常规的控制思路。虽然分散监管的成本比集中控制的成本要高，但这是不可避免的。分散控制一直是基层环境监管的重点和难点。而且，如果分散监管到位，各个击破，使各个污染点源都尽可能实现污染物减量排放或者合规排放，仍然有益于控制复合污染。

所以，以排污许可等为代表的分散监管模式，与以总量控制和集中治理为代表的集中规制模式，对预防复合污染以及环境共同侵权而言，有殊途同归之处。

最后，有必要对产业集中规划、总量控制、集中治理和代为治理等制度的逻辑关系作一小结。产业集中规划是从产业规划布局的角度来考虑预防环境污染，它为实施总量控制、集中治理和代为治理都创造了有利的地域环境，但它本身不具有减少污染物排放和复合污染的功能。产业集中规

---

① 参见《国务院办公厅关于推行环境污染第三方治理的意见》。

划布局使多个污染源集中于一个区域后，总量控制和集中治理及代为治理制度就可以更好地发挥作用。

总量控制是可以直接促进区域内污染物排放总量减少的手段。通过排放总量的减少，来降低复合污染发生的概率。而集中治理和代为治理是在排放总量确定的前提下，具体处理污染源排放污染物的两种方式。污染源排放污染物后，总量控制、集中治理和代为治理三者可以各自为战独立作业，也可以共同作战联合作业，它们之间没有必然的先后关系。

如果上述规制措施各自独立作业，通过总量控制可以减少区域污染物排放总量，也间接降低了复合污染的发生概率；而集中治理和代为治理，并不减少区域排放总量，但它们可以提高污染物处理效果，减少最终向环境排放污染物的污染者数量，从而直接降低了复合污染和共同侵权的发生概率。

如果联合作业，理想的作业流程是：总量控制在前，集中治理和代为治理在后。因为通过总量控制，先行减少区域内污染物的排放总量，这就减轻了集中治理和代为治理的任务。

五　其他手段

当然，除了上述四项规制措施，适用于所有污染问题的规制手段对于复合污染也不同程度地具有相应的作用，而且相关规制手段在不断丰富和完善。

近年来，生态环境方面的体制机制改革不断深化，《生态文明体制改革总体方案》及与之配套的《环境保护督察方案（试行）》《生态环境损害赔偿制度改革试点方案》《关于开展领导干部自然资源资产离任审计的试点方案》《党政领导干部生态环境损害责任追究办法（试行）》《生态环境监测网络建设方案》《编制自然资源资产负债表试点方案》（统称生态文明体制改革“1+6”方案①）等重要改革文件纷纷出台，环境保护顶层设计不断完善，为防治环境污染提供了根本性制度保障。立法方面，新《环境保护法》和《大气污染防治法》修订实施，诸多严厉的规制手段已经得到法律的确认。政策方面，《大气污染防治行动计划》《水污染防治行动计划》和《土壤污染防治行动计划》等重要文件先后颁布实施，污染治理全面推进。

---

①《生态文明改革方案打 1+6 组合拳》，2016 年 6 月 12 日，新华网（http：//news. xinhuanet. com/live/2015-09/17/c_ 1116595199. htm）。

环境保护制度体系的日益完善和强化，为规制复合污染提供了良好的制度环境。今后工作的重点，应在法律和政策实施层面加大力度，不折不扣地落实最严新规，从“严法”走向“严罚”。这里简要梳理其他一些可以在复合污染中有效运用的规制手段。

1. 完善排放标准

基于达标排放的多数污染源发生复合效应后超标排放的状况，需要完善排放标准。一是考虑到当前国家关于污染物排放标准总体要求偏低的状况，适当提高排放标准。二是赋予地方主要是省级行政区对污染物排放标准的更大的制定权，以适应不同区域在环境承载能力及环境保护需求等方面的差异性而制定严格程度不同的排放标准。

2. 强化区域环评

复合污染往往与区域内污染源分布较多有关，因此应当加强对污染物集中排放区域的环境影响评价力度，特别是要加强对化工、纺织、造纸等高污染行业和产业园区的规划环境影响评价。在区域和规划的环评工作中，不仅需要考虑排污对区域和周边生态环境的影响，而且需要考虑排污对周边人群健康和财产安全的影响，以更加科学合理地确定区域环境容量。

3. 加大环境监测力度

基于环境监测在控制复合污染和环境共同侵权方面的技术支撑作用，应当进一步加强环境监测工作。要适应环境监测体制机制改革的新形势新要求，[①] 统一规划国家环境质量监测站（点）的设置，建立布局合理、覆盖全面的环境质量监测网络。要在环境监测领域加快推进大数据建设和应用，建立监测数据共享机制。要扩大在线监测特别是实时动态监测的覆盖范围，提高监测技术水平，加强对区域内所有污染源的监测频次和力度，为排查违法污染行为提供有力的技术支持。

4. 健全联合防控机制

针对复合污染涉及多个污染源、跨部门、跨区域甚至跨流域等特点，按照复合污染控制及区域、流域环境管理的整体性和系统性要求，在流域层面、区域之间、部门之间等不同层次建立规制复合污染的联防联控机制，实行统一规划、统一标准、统一监测、统一的防治措施，联防共治、联合执法、协同推进复合污染防治工作。

---

① 参见《国务院办公厅关于印发生态环境监测网络建设方案的通知》。

5. 加强环境执法监管

一方面，加强对执法者的监督，建立执法基准制度，规范执法自由裁量权，对疏于执法、宽松执法、任性执法和选择性执法等行为加强监督；另一方面，加强对排污者的监管，落实污染者负责原则，强化责任单位和个人“双罚制”，严格按日连续计罚，发生多污染源导致的责任事故要追查到底，政府绝不为污染者的违法排放行为“埋单”。

总之，从法律上运用各种制度措施规制复合污染现象，对于预防环境共同侵权具有根本性意义。当然，减少和避免环境共同侵权现象发生，并不是控制复合污染的唯一目的，甚至也不是主要目的。在复合污染越来越普遍和突出的今天，控制复合污染已经成为污染防治工作最重要最紧迫的内容之一。因此，从规制复合污染的角度研究环境共同侵权现象的预防，其实具有以小见大的意义，可为解决环境污染中突出的复合污染问题提供独特的视角和参考。这应该是本书研究环境共同侵权预防机制所隐含的更深远的实践价值。

结　论

环境共同侵权既是一个民事纠纷问题，也是一个环境污染问题。所以，对于环境共同侵权，既需要从民事角度加以处理，也需要从公共视角加以规制。通过事后纠纷解决机制和事前污染防治机制的综合运用，求得问题的妥当解决。基于上述考虑，本书对环境共同侵权展开了私法与公法相结合的系统性研究。

作为社会现象的环境共同侵权，受环境的媒介作用、污染源集中趋势、污染物聚合效应、普遍性违法和选择性执法等因素的影响而发生，而最主要的直接原因是复合污染。从司法实践来看，环境共同侵权案件在分布区域、分布行业、污染类型、加害人、污染行为和处理结果等方面具有一定规律。它呈现出主体的复数性、行为的复合性、结果的同一性和责任的连带性等基本特征。

基于对环境共同侵权现象的考察，在分析共同侵权本质发展规律的基础上，我们认识到，结果共同是环境共同侵权的本质。这一主张契合矫正正义的基本精神、体现风险社会的分配正义并符合人性的基本需求和环境价值理念，具有法理正当性。共同结果论表明，只要产生同一损害结果，即可构成环境共同侵权。环境共同侵权的构成要件包括：多个主体实施行为；产生同一损害结果；各个行为与损害结果之间均存在不可割裂的单一因果关系。环境共同侵权的类型可以分为狭义共同侵权、共同危险行为、关联共同侵权和共同损害行为四种。上述四种均应当确立连带责任形态。

在实证法上，我国《侵权责任法》第67条并没有对数人环境侵权是共同侵权还是分别侵权作出明确定性，它不是关于按份责任的规定，而是关于加害人内部责任份额的划分规则。因此，该条实际上可以从共同侵权和分别侵权两个不同的层面加以理解。造成同一个损害结果的，构成共同侵权，污染者对受害者承担连带责任，污染者之间承担责任的大小，根据污染物的种类、排放量等因素确定；如果造成的损害结果是可分的，构成分别侵权，污染者对受害者按照污染物的种类和排放量等因素承担分别责任。

在救济机制上，环境共同侵权与一般侵权的救济途径一样，包括和解、调解、诉讼和社会化救济等方式。在司法救济方面，环境共同侵权在被告选择、法院管辖和共同诉讼等方面具有一些自身特点。在内部责任划分上，加害人的过错、排污口情况、污染物情况、历史守法记录等是划分各自责任大小的重要参考因素。总体来看，私法的责任追究机制仍然是当前救济环境共同侵权受害人的最主要路径。而从中长期来看，必须通过发展环境污染损害赔偿基金和责任保险等社会化救济机制，才能更好地救济受害人，促进环境保护。

除了对受害人给予权利救济，通过预防和规制复合污染来预防环境共同侵权发生也非常重要。一般来说，所有有助于减少和控制污染的规制措施，都同时有助于减少和控制复合污染。但是，规制复合污染必须立足于复合污染的基本特点和自身规律，对症下药，体现复合污染规制的独特性。具体而言，通过产业集中规划、总量控制、集中治理和代为治理等具体制度的结合运用，可对防治复合污染以及预防环境共同侵权起到独特而积极的作用。

当然，减少和避免环境共同侵权现象发生，并不是控制复合污染的唯一目的，甚至也不是主要目的。在复合污染越来越普遍和突出的今天，控制复合污染已经成为污染防治工作最重要最紧迫的任务之一。由此观之，研究环境共同侵权的预防机制，可为解决环境污染中突出的复合污染问题提供独特的思路和方法。这或许是本书以私法为切入而以公法为归结的深层意义。

在对环境共同侵权的特殊问题进行研究的同时，我们时刻记取，环境共同侵权属于环境侵权的一种，也属于共同侵权的一种，这种地位决定了关于环境共同侵权的研究是一项复杂的系统工程，不可能停留于只是对环境共同侵权的法律规制。对环境侵权和共同侵权的若干理论和实务问题的研究，对于环境共同侵权的研究无疑具有重要的奠基意义。

然而，囿于主题的限制，我们无法一般地和全面地对环境侵权和共同侵权的所有基本理论和制度建设作出阐述，但这不等于说这些理论和制度对于环境共同侵权没有意义。恰恰相反，有关环境侵权和共同侵权的基本理论和具体制度对于环境共同侵权的理论和制度具有直接的指导作用。譬如，关于环境污染损害赔偿基金和责任保险的研究、关于因果关系推定方法的研究、关于免责事由的研究、关于环境公益诉讼的研究、关于环境审判组织的研究、关于排放标准的研究和关于环境执法的研究等。这些课题在本书中基本只是作出简单介绍或者附带说明，但是它们对于完善环境共同侵权的基本理论，促进环境共同侵权纠纷的解决，预防环境共同侵权现象的发生，无疑十分必要。

另外，基于立足本土和实用主义的考虑，本书对环境共同侵权的实证研究主要集中于国内法层面，对域外相关立法及其背景的考察尚不够全面和深入。这也是今后值得进一步开拓的空间。

我们期待上述各方面的研究和制度建设能够取得新的进展，为环境共同侵权的研究和制度建设打下更好的基础。

总而言之，在环境共同侵权的法律规制方面，不同层次、不同类型的法律机制“一个都不能少”，它们相互结合，关联互动，共同推进环境共同侵权问题的有效解决。诚如我国台湾地区叶俊荣教授所言：“环境的全般政策，应作统合的制度设计，某种政策工具的存在均需与其他政策工具取得协调。”① 只有这样，才能既化解私人纠纷，保护私人权益，同时又防治环境污染，增进环境公益。

综合性法律规制的发展，在根本上是社会发展和环境问题变化的客观要求。伴随着社会发展与法律规制的互动进程，我们注意到，环境法也在与时俱进，不断实现它自身的更新换代，不断进化它自身的理念和功能。

昨天，我们还在为环境法从末端控制到源头控制，从为保全环境的控制法脱离出去，向着包含人为地管理环境自身、有计划地加以利用的体系的环境管理法发展下去②的进步而欢呼雀跃喜不自胜。

今天，环境法又开始了它的华丽转身。环境法已经不只是关注事后控制和减少污染的治理型法律，也不只是关注源头治理和风险预防的保全型法律，它正在演变为同时更加注重通过促进信息公开、公众参与、清洁生产、循环经济和绿色发展等更民主、更积极、更多元、更柔性的手段来增进环境容量提升环境品质的促进型法律。环境法正在向“促进型私法”和“引导型公法”的方向发展。

从疲于应付普遍存在的老污染，到保持现状不致产生新污染，再到主动出击增加环境新容量，环境法的理念、功能和手段都在不断进步、增强、优化，效果也更为显著。更新的理念、更强的功能和更有效的手段，将为从根本上改善生态环境，预防环境污染问题的发生，消除环境共同侵权的原因，提供更有力的保障。

---

① 叶俊荣：《环境政策与法律》，中国政法大学出版社 2002 年版，第 141—142 页。

② ［日］原田尚彦：《环境法》，于敏译，法律出版社 1999 年版，第 61 页。

然而不得不承认，在现有发展阶段，任何法律规制手段，都无法完全彻底消灭环境污染，实现所谓的“零排放”。在市场失灵和私法失灵的同时，行政规制也有可能失灵。规制措施并不一定比市场和私法更有效。[①] 更何况法律的制定与实施还存在一定的落差。[②] 所以，必须意识到，解决环境共同侵权和环境污染问题，法律规制只是其中的一个方面，而且法律规制并非万能，其他多种调控手段必须得到综合运用。

环境污染是社会生产发展到一定阶段的产物。控制和减少环境污染，更多的还需要通过树立绿色、低碳发展理念，转变经济发展方式，调整优化产业结构，转型升级产业形态，加快构建环境友好的生产方式和消费模式来加以实现，从而最终走上生产发展和生态文明相得益彰的永续发展之路。

---

① ［英］安东尼·奥格斯：《规制：法律形式与经济学理论》，骆梅英译，中国人民大学出版社 2008 年版，第 30 页。

② 关于中国环境法实施状况的反思，可参见王灿发《对中国环境法的反思》，《清华法治论衡》2010 年第 1 期；王灿发《环境法的辉煌、挑战及前瞻》，《政法论坛》2010 年第 3 期；王灿发《新〈环境保护法〉实施情况评估报告》，中国政法大学出版社 2016 年版，第 222 页。

附录1　关于环境共同侵权的司法解释建议稿及其说明[①]

第一条　[适用范围]

二人以上实施的行为，产生污染环境、破坏生态（以下统称污染环境）的后果，并造成他人人身或财产损害的民事案件，适用本解释。

二人以上因相邻关系产生的污染损害纠纷，以及对因生态环境本身的损害产生的纠纷，不适用本解释。

解析：根据有关立法及本研究，环境侵权是指行为人因污染环境或者破坏生态而侵犯他人人身或者财产权益的行为，其原因行为涵盖因生态破坏导致的侵权行为。环境侵权不调整生态环境本身的损害问题，不包括侵犯环境权，也不同于相邻关系妨害。相应地，环境共同侵权不包括二人以上对环境污染和生态破坏本身的损害，也不包括二人以上的相邻关系妨害。

依据：《侵权责任法》第2条、第65条，《最高人民法院关于审理环境侵权责任纠纷案件适用法律若干问题的解释》第18条。

第二条　[污染者的范围]

本解释所指的污染者，包括但不限于下列情形的自然人、法人或其他组织：

（一）污染物的产生者、运输者、储存者、处置者；

（二）生态破坏者；

（三）从事环境影响评价、环境监测以及环境监测设备和防治污染设施维护、运营等业务的环境中介服务者；

（四）作为民事主体或者负有相应监管职责的行政机关。

① 本建议稿主要是针对环境共同侵权类型（认定标准）和管辖、诉讼形式等特定问题提供初步建议。同时，针对不同条文，分别提供“解析”“依据”或者“理由”，对条文内容作出进一步解释说明。

解析：从理论和实践案例来看，环境共同侵权的加害人包括直接排放污染物的产生者，也包括污染物的处置者，还包括污染物治理设施运营者等，个别情形下，还包括以民事主体身份出现或负有监管职责的有关行政机关。在美国《清洁空气法》和《清洁水法》中也有国家或行政机关承担环境侵权责任的规定。在日本的公害诉讼中，也有的判决认定国家与污染企业可以构成环境共同侵权。在我国的司法实践中也有行政机关作为环境侵权被告的判例。

依据：《环境保护法》第65条，河北省迁安市刘某诉迁安市华丰造纸厂等4被告水污染致鸡死亡案，辽宁凌海1名养殖户诉乡政府、企业和个人3被告水污染致养殖渔业损失案等有关判例。

第三条　[共同侵权行为]

两个以上污染者共同实施污染环境的行为，造成他人损害的，应当承担连带责任。

解析：基于共同故意或者过失而实施的污染行为造成损害的，构成共同侵权。

依据：《侵权责任法》第8条、《民法通则》第130条、《最高人民法院关于审理环境侵权责任纠纷案件适用法律若干问题的解释》第2条。

第四条　[教唆帮助他人实施侵权行为]

教唆、帮助他人实施污染环境的行为，造成他人损害的，应当与行为人承担连带责任。

教唆、帮助无民事行为能力人、限制民事行为能力人实施污染环境的行为，造成他人损害的，应当承担侵权责任；该无民事行为能力人、限制民事行为能力人的监护人未尽到监护责任的，应当承担相应的责任。

解析：教唆或者帮助他人实施污染行为而造成损害的，教唆帮助者构成共同侵权。

依据：《侵权责任法》第9条。

第五条　[共同危险行为]

二人以上实施危及他人人身、财产安全的污染行为，其中一人或者数人的行为造成他人损害，能够确定具体侵权人的，由侵权人承担责任；不能确定具体侵权人的，行为人承担连带责任。

解析：二人以上在同一时间、空间场合实施污染行为，只有其中一人或者数人造成损害，但又不能确定具体侵权人的，所有的人视为构成共同侵权。

依据：《侵权责任法》第10条。

第六条 [关联共同侵权行为]

二人以上污染环境，虽无共同故意、共同过失，但其分别实施的污染行为相互结合造成他人同一损害的，构成共同侵权，应当承担连带责任。

解析：分别实施的污染环境行为，只要相互结合，即可构成共同侵权。

依据：《最高人民法院关于审理人身损害赔偿案件适用法律若干问题的解释》第3条。

理由：分别实施的污染环境行为在实践中往往都是通过环境而间接结合，直接结合的很少，如不认定为共同侵权，极不利于保护受害人，也不利于保护生态环境。

第七条 [全部的共同损害行为]

二人以上没有共同故意或者共同过失，分别实施的数个污染行为也没有相互结合，但造成他人同一损害，且每个污染者的污染行为足以造成全部损害的，构成共同侵权，应当承担连带责任。

解析：没有共同过错，行为也没有相互结合，但造成同一个损害结果，也构成共同侵权行为。

依据：《侵权责任法》第11条、《最高人民法院关于审理环境侵权责任纠纷案件适用法律若干问题的解释》第3条第1款、《最高人民法院关于审理人身损害赔偿案件适用法律若干问题的解释》第3条。

理由：(1) 在实践中，有的行为人的行为并没有相互结合，或者结合性体现在同一个损害结果中，比如：甲排放的大气污染物与乙排放的水污染物，相互没有结合，但同时作用于农作物，最后导致同一损害结果。(2) 在理论上，环境共同侵权的本质在于结果共同，只要造成同一损害结果，不管行为是否结合，均构成共同侵权，这样有利于保护受害人，遏制污染行为。

第八条 [部分的共同损害行为]

两个以上污染者分别实施污染行为造成同一损害，部分污染者的污染行为足以造成全部损害，部分污染者的污染行为只造成部分损害的，对该部分损害，足以造成全部损害的污染者与其他污染者构成共同侵权，承担连带责任；对其他部分损害，足以造成全部损害的污染者承担全部责任。

解析：两个以上行为没有共同过错和行为关联，但造成的损害结果中有一部分具有同一性，就该同一损害部分，构成共同侵权行为；同一损害以外的部分，污染者构成单独侵权行为。

依据：《侵权责任法》第11条、《最高人民法院关于审理环境侵权责任纠纷案件适用法律若干问题的解释》第 3 条第 3 款。

第九条 [分别侵权行为]

两个以上污染者污染环境，分别造成损害结果，或者造成的损害结果可分的，污染者分别对受害者承担责任。

解析：两个以上行为没有共同过错和行为关联，也没有造成同一个损害结果，属于相互独立的行为，不构成共同侵权行为。

依据：《侵权责任法》第 12 条、《最高人民法院关于审理环境侵权责任纠纷案件适用法律若干问题的解释》第 3 条第 2 款。

第十条 [污染者之间的责任分担]

两个以上污染者污染环境，污染者之间承担责任的大小，根据过错大小，排污口的位置及其与结果发生地的距离，排放污染物的种类、总量、浓度、危害性、排放时间、排放周期，有无排污许可证，是否超过污染物排放标准，是否超过重点污染物排放总量控制指标等因素确定。

解析：该条是针对前面各条所列不同情形下的二人以上污染环境行为的内部责任分担规则，适用于各种环境共同侵权和分别侵权行为。

依据：《侵权责任法》第 67 条、《最高人民法院关于审理环境侵权责任纠纷案件适用法律若干问题的解释》第 4 条、《最高人民法院关于审理人身损害赔偿案件适用法律若干问题的解释》第 3 条第 2 款、司法判例。

第十一条 [管辖]

因两个以上污染者导致侵权行为提起的诉讼，受害者可以选择侵权行为实施地、侵权结果发生地或者被告住所地人民法院提起诉讼。

依据：《民事诉讼法》第 29 条、《最高人民法院关于适用〈中华人民共和国民事诉讼法〉若干问题的意见》第 28 条。

第十二条 [共同诉讼]

因两个以上污染者导致同一区域多人相同或者相似损害的侵权案件，各个受害人同时或者分别提起诉讼，可以合并审理的，人民法院应当合并审理、合并判决。

依据：《民事诉讼法》第 53 条。

理由：方便当事人，简化诉讼程序，提高诉讼效率。

附录2　中华人民共和国侵权责任法（摘录）

（2009年12月26日第十一届全国人民代表大会常务委员会第十二次会议通过）

第八条　二人以上共同实施侵权行为，造成他人损害的，应当承担连带责任。

第九条　教唆、帮助他人实施侵权行为的，应当与行为人承担连带责任。

教唆、帮助无民事行为能力人、限制民事行为能力人实施侵权行为的，应当承担侵权责任；该无民事行为能力人、限制民事行为能力人的监护人未尽到监护责任的，应当承担相应的责任。

第十条　二人以上实施危及他人人身、财产安全的行为，其中一人或者数人的行为造成他人损害，能够确定具体侵权人的，由侵权人承担责任；不能确定具体侵权人的，行为人承担连带责任。

第十一条　二人以上分别实施侵权行为造成同一损害，每个人的侵权行为都足以造成全部损害的，行为人承担连带责任。

第十二条　二人以上分别实施侵权行为造成同一损害，能够确定责任大小的，各自承担相应的责任；难以确定责任大小的，平均承担赔偿责任。

第十三条　法律规定承担连带责任的，被侵权人有权请求部分或者全部连带责任人承担责任。

第十四条　连带责任人根据各自责任大小确定相应的赔偿数额；难以确定责任大小的，平均承担赔偿责任。

支付超出自己赔偿数额的连带责任人，有权向其他连带责任人追偿。

第六十五条　因污染环境造成损害的，污染者应当承担侵权责任。

第六十六条　因污染环境发生纠纷，污染者应当就法律规定的不承担责任或者减轻责任的情形及其行为与损害之间不存在因果关系承担举证责任。

第六十七条　两个以上污染者污染环境，污染者承担责任的大小，根据污染物的种类、排放量等因素确定。

第六十八条　因第三人的过错污染环境造成损害的，被侵权人可以向污染者请求赔偿，也可以向第三人请求赔偿。污染者赔偿后，有权向第三人追偿。

附录3　最高人民法院关于审理环境侵权责任纠纷案件适用法律若干问题的解释

法释〔2015〕12号

为正确审理环境侵权责任纠纷案件，根据《中华人民共和国侵权责任法》《中华人民共和国环境保护法》《中华人民共和国民事诉讼法》等法律的规定，结合审判实践，制定本解释。

第一条　因污染环境造成损害，不论污染者有无过错，污染者应当承担侵权责任。污染者以排污符合国家或者地方污染物排放标准为由主张不承担责任的，人民法院不予支持。

污染者不承担责任或者减轻责任的情形，适用海洋环境保护法、水污染防治法、大气污染防治法等环境保护单行法的规定；相关环境保护单行法没有规定的，适用侵权责任法的规定。

第二条　两个以上污染者共同实施污染行为造成损害，被侵权人根据侵权责任法第八条规定请求污染者承担连带责任的，人民法院应予支持。

第三条　两个以上污染者分别实施污染行为造成同一损害，每一个污染者的污染行为都足以造成全部损害，被侵权人根据侵权责任法第十一条规定请求污染者承担连带责任的，人民法院应予支持。

两个以上污染者分别实施污染行为造成同一损害，每一个污染者的污染行为都不足以造成全部损害，被侵权人根据侵权责任法第十二条规定请求污染者承担责任的，人民法院应予支持。

两个以上污染者分别实施污染行为造成同一损害，部分污染者的污染行为足以造成全部损害，部分污染者的污染行为只造成部分损害，被侵权人根据侵权责任法第十一条规定请求足以造成全部损害的污染者与其他污染者就共同造成的损害部分承担连带责任，并对全部损害承担责任的，人民法院应予支持。

第四条　两个以上污染者污染环境，对污染者承担责任的大小，人民法院应当根据污染物的种类、排放量、危害性以及有无排污许可证、是否超过污染物排放标准、是否超过重点污染物排放总量控制指标等因素确定。

第五条 被侵权人根据侵权责任法第六十八条规定分别或者同时起诉污染者、第三人的，人民法院应予受理。

被侵权人请求第三人承担赔偿责任的，人民法院应当根据第三人的过错程度确定其相应赔偿责任。

污染者以第三人的过错污染环境造成损害为由主张不承担责任或者减轻责任的，人民法院不予支持。

第六条 被侵权人根据侵权责任法第六十五条规定请求赔偿的，应当提供证明以下事实的证据材料：

（一）污染者排放了污染物；

（二）被侵权人的损害；

（三）污染者排放的污染物或者其次生污染物与损害之间具有关联性。

第七条 污染者举证证明下列情形之一的，人民法院应当认定其污染行为与损害之间不存在因果关系：

（一）排放的污染物没有造成该损害可能的；

（二）排放的可造成该损害的污染物未到达该损害发生地的；

（三）该损害于排放污染物之前已发生的；

（四）其他可以认定污染行为与损害之间不存在因果关系的情形。

第八条 对查明环境污染案件事实的专门性问题，可以委托具备相关资格的司法鉴定机构出具鉴定意见或者由国务院环境保护主管部门推荐的机构出具检验报告、检测报告、评估报告或者监测数据。

第九条 当事人申请通知一至两名具有专门知识的人出庭，就鉴定意见或者污染物认定、损害结果、因果关系等专业问题提出意见的，人民法院可以准许。当事人未申请，人民法院认为有必要的，可以进行释明。

具有专门知识的人在法庭上提出的意见，经当事人质证，可以作为认定案件事实的根据。

第十条 负有环境保护监督管理职责的部门或者其委托的机构出具的环境污染事件调查报告、检验报告、检测报告、评估报告或者监测数据等，经当事人质证，可以作为认定案件事实的根据。

第十一条 对于突发性或者持续时间较短的环境污染行为，在证据可能灭失或者以后难以取得的情况下，当事人或者利害关系人根据民事诉讼法第八十一条规定申请证据保全的，人民法院应当准许。

第十二条 被申请人具有环境保护法第六十三条规定情形之一，当事人或者利害关系人根据民事诉讼法第一百条或者第一百〇一条规定申请保全的，人民法院可以裁定责令被申请人立即停止侵害行为或者采取污染防治措施。

第十三条 人民法院应当根据被侵权人的诉讼请求以及具体案情，合理判定污染者承担停止侵害、排除妨碍、消除危险、恢复原状、赔礼道歉、赔偿损失等民事责任。

第十四条 被侵权人请求恢复原状的，人民法院可以依法裁判污染者承担环境修复责任，并同时确定被告不履行环境修复义务时应当承担的环境修复费用。

污染者在生效裁判确定的期限内未履行环境修复义务的，人民法院可以委托其他人进行环境修复，所需费用由污染者承担。

第十五条 被侵权人起诉请求污染者赔偿因污染造成的财产损失、人身损害以及为防止污染扩大、消除污染而采取必要措施所支出的合理费用的，人民法院应予支持。

第十六条 下列情形之一，应当认定为环境保护法第六十五条规定的弄虚作假：

（一）环境影响评价机构明知委托人提供的材料虚假而出具严重失实的评价文件的；

（二）环境监测机构或者从事环境监测设备维护、运营的机构故意隐瞒委托人超过污染物排放标准或者超过重点污染物排放总量控制指标的事实的；

（三）从事防治污染设施维护、运营的机构故意不运行或者不正常运行环境监测设备或者防治污染设施的；

（四）有关机构在环境服务活动中其他弄虚作假的情形。

第十七条 被侵权人提起诉讼，请求污染者停止侵害、排除妨碍、消除危险的，不受环境保护法第六十六条规定的时效期间的限制。

第十八条 本解释适用于审理因污染环境、破坏生态造成损害的民事案件，但法律和司法解释对环境民事公益诉讼案件另有规定的除外。

相邻污染侵害纠纷、劳动者在职业活动中因受污染损害发生的纠纷，不适用本解释。

第十九条 本解释施行后，人民法院尚未审结的一审、二审案件适用本解释规定。本解释施行前已经作出生效裁判的案件，本解释施行后依法再审的，不适用本解释。

本解释施行后，最高人民法院以前颁布的司法解释与本解释不一致的，不再适用。

附录4　最高人民法院关于浙江省平湖师范农场特种养殖场案的判决书[①]

中华人民共和国最高人民法院

民事判决书

（2006）民二提字第5号

申请再审人（一审原告）：浙江省平湖师范农场特种养殖场。住所地：浙江省平湖市钟埭镇定云村。

法定代表人：俞明达，场长。

委托代理人：陈建祥，浙江嘉诚中天律师事务所律师。

委托代理人：杨素娟，中国政法大学教师。

被申请人（一审被告）：嘉兴市步云染化厂。住所地：浙江省嘉兴市郊区步云镇北首。

法定代表人：熊为民，厂长。

委托代理人：俞新民，浙江三利律师事务所律师。

被申请人（一审被告）：嘉兴市金禾化工有限公司（原嘉兴市步云染料厂）。住所地：浙江省嘉兴市郊区步云镇人民路2号。

法定代表人：许水金，厂长。

委托代理人：俞新民，浙江三利律师事务所律师。

被申请人（一审被告）：嘉兴市步云富欣化工厂（原嘉兴市步云化工厂）。住所地：浙江省嘉兴市郊区步云镇东村联合桥。

法定代表人：张富根，厂长。

委托代理人：吴伟，浙江三利律师事务所律师。

---

① 北大法宝（http：//www. pkulaw. cn/case），引证码CLI. C. S1805。

被申请人（一审被告）：嘉兴市向阳化工厂。住所地：浙江省嘉兴市郊区步云镇人民路1号。

法定代表人：陈培根，厂长。

委托代理人：俞新民，浙江三利律师事务所律师。

被申请人（一审被告）：嘉兴市高联丝绸印染厂。住所地：浙江省嘉兴市郊区步云乡联合村。

法定代表人：左云峰，厂长。

委托代理人：杜亚炜，浙江三利律师事务所律师。

申请再审人浙江省平湖师范农场特种养殖场（以下简称养殖场）因与被申请人嘉兴市步云染化厂（以下简称染化厂）、嘉兴市金禾化工有限公司（原嘉兴市步云染料厂，以下简称染料厂）、嘉兴市步云富欣化工厂（原嘉兴市步云化工厂，以下简称化工厂）、嘉兴市向阳化工厂（以下简称向阳化工厂）、嘉兴市高联丝绸印染厂（以下简称印染厂）水污染损害赔偿纠纷一案，不服浙江省高级人民法院2001年5月31日作出的（2000）浙法告申民再抗字第17号民事判决，向本院申请再审。本院作出（2004）民二监字第123—1号民事裁定，决定提审本案。本院依法组成合议庭公开开庭审理了本案，养殖场法定代表人俞明达、委托代理人陈建祥、杨素娟，染化厂、染料厂、向阳化工厂委托代理人俞新民，化工厂委托代理人吴伟、印染厂委托代理人杜亚炜出庭参加诉讼。现已审理终结。

平湖市人民法院一审查明：染化厂、染料厂、化工厂、向阳化工厂、印染厂均是嘉兴市郊区步云乡村办企业，分别创办于1985年至1993年间，主要生产染料中间体及丝绸、化纤印染。期间产量逐年大幅增加，1994年比1990年染料和中间体分别增长20倍和2倍多，在生产过程中所产生的废水严重超过国家标准，并直排或渗漏进入河道污染水域，为此，嘉兴市郊区城乡建设环境保护局曾于1995年4月8日对染化厂、染料厂、化工厂及向阳化工厂超标排污进行了各罚款5000元的行政处罚。养殖场位于平湖市钟埭镇西片，与嘉兴市郊区步云乡交界，位于五家企业（上述染化厂、染料厂、化工厂、向阳化工厂、印染厂的统称，下同）下游约六公里，在五家企业排放污水污染区域内。养殖场于1991年开办，主要经营美国青蛙的育种及销售，被中国特种经济动植物协会筹委会选为美国青蛙的育种基地。养殖场自1994年4月起发现饲养的美国青蛙蝌蚪开始死亡，至9—10月绝大部分死亡，直接经济损失231408.96元，养殖场认为青蛙蝌蚪死亡是由于五家企业的水污染造成，但未能提供直接有力的证据予以证实蝌蚪即死于水污染。以上事实有嘉兴市建设环境保护局文件及调查报告、嘉兴市郊区城乡建设环境保护局处罚决定、平湖市审计师事务所报告等证据予以证实。

平湖市人民法院认为：五家企业在生产染料、中间体及丝绸、化纤印染过程中所排放的污水严重超标，并直排或渗入河道及养殖场所饲养的青蛙蝌蚪死亡，造成经济损失均是事实，但现有证据不能证实蝌蚪即死于水污染，故无法确定养殖场损害事实与五家企业污染环境行为之间存在必然的因果关系，本案属证据不足，养殖场之诉讼请求不予支持。并于 1997 年 7 月 27 日作出（1996）平民初字第 23 号民事判决：驳回养殖场的诉讼请求。案件受理费 9280 元由养殖场负担。

养殖场不服，向平湖市人民检察院申诉，嘉兴市人民检察院以原审认定事实错误、适用法律不当为由，向嘉兴市中级人民法院提出抗诉。嘉兴市中级人民法院再审认定的事实与一审一致。

嘉兴市中级人民法院审理认为：五家企业在生产中产生的工业废水，未按环境保护要求处理，直排或渗入河道，造成附近河网水域严重污染；养殖场 1994 年饲养的青蛙蝌蚪几乎全部死亡，遭受经济损失，均系事实。本案是养殖场主张水污染致害责任的赔偿权利，水污染致害责任属于特殊侵权责任，在举证责任上虽适用举证责任倒置原则，但举证责任倒置只是在证明过错责任问题上的倒置，有关有污染水域的违法行为及水污染造成青蛙蝌蚪死亡的损害事实的证据，须由养殖场举证。关于五家企业超标准违法排污的行为，养殖场已充分举证证实，而构成水污染致害责任前提条件的损害事实，即青蛙蝌蚪的死因及青蛙蝌蚪体内含致死物质化学成分与五家企业排放的污水所含成分相符的鉴定结论，养殖场不能举证。抗诉机关提出的关于陈幼臣的证明，该证明所述的试验蝌蚪，仅是单方行为，不能证明任何事实，且作出的水质指标监测分析，仅说明用被污染的河水饲养蝌蚪，可能导致死亡；关于平湖市水产局及浙江省淡水渔业环境监测站的分析报告，两份分析报告是依据分析人员对养殖场观察到的情况，结合有关水质监测数据及化工废水一般含有的有毒物质，加以分析，从理论上推定损害事实的存在。故陈幼臣的证明和两份分析报告均不能作为认定损害事实存在的有效证据；关于司法部司法鉴定科学技术研究所的微量物证鉴定书，该研究所没有应鉴定的青蛙蝌蚪样本，仅凭环保部门的调查报告、水质指标监测数据及有关证明、分析报告等文检材料，依据国家标准，作出了是否责任明确的物证鉴定结论，该鉴定结论同样不具有证据效力。养殖场主张已死亡蝌蚪达 270 多万尾，按其提供的农业部渔业发

(1996) 14 号《水域污染事故渔业损失计算方法规定》的规定，养殖损失量由渔政监督管理机构根据养殖单位提供的发票、生产原始记录及旁证予以核定，养殖场也不能提供损失量经核定的证据。本案因青蛙蝌蚪死因不明、死亡的数量不清，无法判定五家企业的违法排污行为与养殖场主张的损害事实之间存在必然的因果关系，抗诉理由不能成立，原判认定事实清楚，审判程序合法，驳回诉讼请求正确。据此，依照《中华人民共和国民事诉讼法》第一百八十四条的规定，经该院审判委员会讨论，于 1998 年 10 月 20 日作出（1998）嘉民再终字第 2 号民事判决：驳回抗诉，维持原判。

该判决作出后，浙江省人民检察院于 2000 年 3 月 10 日以（2000）浙检民抗字第 15 号民事抗诉书向浙江省高级人民法院提出抗诉。

浙江省人民检察院抗诉认为：污染环境是特殊侵权，因此对环境污染与损害事实之间因果关系的认定，应该适用因果关系推定原则，根据本案现有的证据可推定养殖场的青蛙蝌蚪死亡是由于上述五家企业直排工业污水造成水域污染所致。依据最高人民法院司法解释的规定，因环境污染引起的损害赔偿诉讼，适用举证责任倒置原则，本案嘉兴市中级人民法院再审判决仍适用一般举证责任原则，存在错误。

浙江省高级人民法院再审查明的事实与原审一致，并对双方当事人提供的调查笔录、证人证言、审计报告、调查报告、庭审笔录予以确认。同时，养殖场为证明青蛙蝌蚪死亡原因，提供了以下证据：司法部司法鉴定科学技术研究所（96）司鉴所微字第 15 号《微量物证鉴定书》、中国特种经济动植物协会筹委会陈幼臣 1995 年 11 月 25 日出具的水质检测分析、浙大动物科学学院朱炳全的证明、浙江省淡水渔业环境监测站《关于平湖钟埭镇联丰村附近水质监测指标的分析报告》。五家企业提供了以下证据予以抗辩：嘉兴市郊区步云乡生产技术推广站出具的 1994 年步云乡美国青蛙养殖情况明细表、养殖户杜建新、陈刚的陈述，嘉兴市水文局的气象资料等，以证明在五家企业污染所及并在养殖场上游水域的众多养殖户所养青蛙蝌蚪没有发生大批死亡的情况，造成养殖场养殖区域污染的污染源并不确切，养殖场的青蛙蝌蚪死亡也可能系高温天气或其他原因所致，因无死亡青蛙蝌蚪物体作为鉴定的基础，且鉴定结论超越其职能范围，不具有法律效力；养殖场所举其他证据仅是对青蛙蝌蚪死亡原因的一种推测，无法直接证明死因，五家企业所举证据能够证明养殖损害不具有普遍性及造成养殖场养殖区域污染的污染源不确切，对五家企业提供的抗辩证据该院予以确认。

浙江省高级人民法院再审认为：五家企业超标排放废水造成附近水域污染以及养殖场1994年饲养的青蛙蝌蚪因故几乎全部死亡遭受损失均系事实。因养殖场没有对死亡青蛙蝌蚪进行科学鉴定，故其死因不明。养殖场申诉理由及省检抗诉理由均主张，对于环境污染侵权纠纷的因果关系判断应适用因果关系推定原则和举证责任倒置原则。因果关系推定原则与举证责任倒置原则是世界各国处理环境污染侵权案件中普遍适用的原则，本着公平正义的法律精神，予以认可。根据因果关系推定原则，受损人需举证证明五家企业的污染（特定物质）排放的事实及自身因该物质遭受损害的事实，且在一般情况下这类污染环境的行为能够造成这种损害。本案养殖场所举证据可以证实五家企业的污染环境行为及可能引起渔业损害两个事实，但由于养殖场所养殖的青蛙蝌蚪的死因不明，故不能证明系被何特定物质所致，故养殖场所举证据未能达到适用因果关系推定的前提。根据嘉兴市郊区步云乡生产技术推广站出具的1994年步云乡美国青蛙养殖情况明细表及养殖户杜建新、陈刚的陈述，证明在五家企业污染所及并在养殖场上游水域的众多养殖户并未发生青蛙蝌蚪大批死亡的情况，养殖场所举证据也未能证明1994年在其养殖水域存在青蛙蝌蚪大批非正常死亡的普遍现象，这一损害并不具有普遍性。由于养殖场据以推定的损害原因不明、证据有限，其所主张的因果关系推定不能成立，其遭受的损害无法认定为系五家企业引起，故要求五家企业承担侵权损害赔偿责任依据不足。省检察院抗诉理由不能成立，不予采纳。嘉兴市中级人民法院再审判决在审理程序及实体处理上并无不当，应予维持。依照《中华人民共和国民事诉讼法》第一百八十六条、第一百五十三条第一款第（一）项之规定，于2001年5月31日作出判决：维持嘉兴市中级人民法院（1998）嘉民再终字第2号民事判决。

养殖场不服浙江省高级人民法院再审判决，向本院申请再审称：五家企业违法排放严重超标的染化污水，长期污染养殖场合法取水河道，证据确凿充分；养殖场是全国美国青蛙育种基地，已向全国十个省市供种，1994年遭受五家企业污染侵害，致使270多万尾美国青蛙蝌蚪死亡，价值48.3万元，证据充分；五家企业违法污染行为与养殖场损害事实之间存在因果关系，应当适用举证责任倒置和因果关系推定来认定，在五家企业不能充分举证证明其对养殖场的污染损害结果可以免责的情况下，依法应当承担侵权赔偿责任，请求本院依法改判浙江省高级人民法院再审判决。为证明其主张，养殖场重申在原审期间即已提供的以下证据，用以证明五家企业有污染行为，且已发生损害事实，损害事实的结果与污染行为存在因果关系。（1）受污染水域平面图，证明养殖场取水河道处于五家企业严重污染的53平方公里之内，该水域的水体已丧失工业用水、养殖用水和村民日常生活用水功能且影响到灌溉功能；（2）1994年养殖场向嘉兴市环保局、嘉兴市步云乡工业局等部门反映污染情况的信访材料及当地养殖户在世界水日进行上访的材料；（3）人大代表要求解决步云乡污染问题向嘉兴市人民政府提出的质询案；（4）一审法院调取的嘉兴市环境保护局嘉环监理（1995）029号《关于上报步云乡染化废水污染郊区、嘉善、平湖交界水域的调查和处理意见的报告》，嘉兴市环境保护局嘉环管（1996）017号《关于郊区步云乡染化企业污染现状调查及处理建议的报告》；平湖市环境保护办公室《关于钟埭西片联丰村等水域受污染情况的调查》，证明从1993年起五家企业排放严重超标的染化污水，长期污染包括养殖场在内的取水河道及下游135平方公里水域，造成养殖场及其他养殖户经济损失；（5）嘉兴市环保局、监测站对平湖农场周围水域监测得出的水污染数据及对污染事实的认定，证明养殖场周围水域26个数据严重超标，与水生物至关重要的溶解氧（DO）几乎都在3mg/L以下（国家渔业标准是任何时候不得低于3mg/L）；（6）当地新闻媒体关于五家企业污染水域情况的报道；（7）养殖场开办批文、中国特种经济动植物协会筹委会将养殖场定为美国青蛙育种生产基地的函件；养殖场原始生产、产卵记录、进货证明和购销合同、订单、意向书以及销售发票，证明养殖场生产蝌蚪的真实性及蝌蚪死亡数量的真实性；（8）平湖市水利农机局出具的养殖场取水证明、取水登记表、河网水费票据和平湖市供电局平湖供电所出具的养殖场用电证明、嘉兴市渔政管理处出具的养殖场关于价格的认证、销售价格的证明；证明养殖场养殖取水的真实、合法性；（9）原审法院委托司法部司法鉴定科学技术研究所作出的微量物证鉴定，中国特种经济动植物协会筹委会蛙类专业委员会主任陈幼臣出具的水质指标检测分析和证明材料，浙江省淡水渔业环境监测站《关于平湖钟埭镇联丰村附近水域水质监测指标的分析报告》，浙江农业大学关于蝌蚪养殖水质和鱼类养殖水质要求标准一致的说明，浙江大学动物科学学院朱炳全出具的养殖场要求对死亡蝌蚪进行化验，朱炳全答复如果废水中含有大量有毒物质，会使水中溶解氧被大量耗尽，蝌蚪会因缺氧窒息死亡，蝌蚪体内的有毒物质还不一定能测得出来，已无必要再进行化验的证明，平湖市科学技术委员会张其林出具的《关于养殖场蝌蚪死亡情况的证明》，平湖市水产局技术推广站工程师何坤升出具的《关于1994年平师农场周围水域水质情况的分析》，证明养殖场蝌蚪的死亡与污染企业排放的废水造成水质污染有直接的不可推卸的因果关系；（10）原审法院委托平湖市审计师事务所对养殖场受水质污染1994年度美国青蛙蝌蚪实际投入损失进行审计，结论为净投入损失为232273.96元，同时指出尚有在正常养殖到投入市场销售产生效益损失计算，可按农业部农渔发（1994）25号文件《水域污染事故渔业资源损失计算方法》第二条规定的污染事故经济损失额的计算方法处理；农业部农渔发（1996）14号关于印发《水域污染事故渔业损失计算方法规定》的通知，农业部渔业局给养殖场关于污染损失处理依据的答复，部分省市蝌蚪价格，证明养殖场要求赔偿48.3万元损失有据可依；（11）部分养殖场相邻农场、养殖户出具证明和证言，证明五家企业污染的事实和受损失的不止养殖场一家；（12）嘉兴市郊区步云乡1995年3月7日环境执法检查汇报材料、1999年6月涉诉企业排污达标报告，证明自认了造成水环境污染的事实及到1999年止，五家企业中只有两家达到排污标准。共计提供证据80份。

五家企业辩称：养殖场水域是否有污染及其来源均不明，所诉蝌蚪死亡事实的证据不足，没有具体的死亡时间和死亡的详细数据，死亡原因不明，养殖场在蝌蚪死亡当时没有对取水水源进行取样检验，没有对蝌蚪死因做相应的鉴定，无法证实蝌蚪死亡属污染水源中的特定物质所致。且有证据表明蝌蚪死亡系养殖场自身管理及使用农药不当导致，故河水的污染与蝌蚪死亡之间没有因果关系，养殖场请求48.3万元的赔偿没有事实和法律依据。并向原审及本院提供以下证据：（1）现场照片16张，证明养殖场现场情况属内塘养殖而非外塘养殖方式，且养殖场在内塘有取水水源；（2）嘉兴市郊区环保监测站监测报告五份，证明离五家企业所处位置更近的取水口水样情况反而比位置更远的取水口水样更好，说明养殖场附近水域污染与其无关；（3）嘉兴市气象局气象资料四份，证明当时系灾害性天气，极易造成蝌蚪死亡；（4）嘉兴市水文站证明，证明河水常有逆、回流现象；（5）养殖场工商登记材料；（6）养殖场取水登记表，证明养殖场实际取水情况；（7）嘉兴市步云乡生产技术推广站出具的养殖情况明细表，证明同时同地有众多养殖户均未发生水污染导致青蛙蝌蚪死亡事件；（8）地图一份，证明五家企业与养殖场的地理位置相距较远，当地河网密布、纵横交错的地理情况和五份检测报告的取水位置情况；（9）美国青蛙（蝌蚪）的养殖要求和技术规范，证明养殖场远未达到养殖规范要求，不具备相应的养殖条件；（10）卢自钧、施荣祥等人的证人证言，用于证明蝌蚪死亡是养殖人不懂技术造成，或是使用杀灭菊酯造成，或取水不当，或同时同地的养殖不存在水污染事件发生。并对前述鉴定结论、蝌蚪死亡数目及损失等提出了异议。

本院查明的事实与原审查明的事实一致。另查明，养殖场提起诉讼时，要求排除污染危害，停止侵害，限期治理，并按照当时的市场价格要求赔偿经济损失48.3万元。嘉兴市环境保护局《关于上报步云乡染化废水污染郊区、嘉善、平湖交界水域的调查和处理意见的报告》所附的关于步云乡染料工业废水污染郊区、嘉善、平湖交界水域的调查报告中指出：受污水域范围达二县（市）一区。7个乡镇，面积约为135平方公里，其中以郊区步云乡、嘉善大云镇和平湖钟埭镇西片为甚，面积约为53平方公里。污染程度和污染水体分析中表述，面积约为53平方公里的重污染区内水体常年呈红色、黑色，并将1994年12月19日监测的情况一一注明，最后得出目前重污染区域内的河道水体已丧失了工业用水、养殖用水和村民日常生活用水功能与灌溉功能的结论。在水污染所造成的损失和危害中指出，严重的水污染使受污水域内的渔业和养殖业遭受严重打击，渔业和养殖业急剧萎缩。1994年受损乡镇涉及大云、大通、罗星、钟埭、平湖师范特种养殖场，其中以大云和养殖场为重。养殖场损失达48.3万元，该养殖场因此陷入既欠外债又欠内债的两难境地。该场就经济损失问题和养殖用水问题与步云乡及郊区政府多次交涉，至今尚无妥善解决。

还查明：浙江大学动物科学学院朱炳全出具的证明，证明养殖场在蝌蚪发生死亡后，曾请求浙江大学动物科学学院对死亡蝌蚪进行化验，朱炳全答复，如果废水中含有大量有毒物质，会使水中溶解氧被大量耗尽，蝌蚪会因缺氧窒息死亡，蝌蚪体内的有毒物质还不一定能测得出来，已无必要再进行化验的事实。一审过程中，一审法院委托司法部司法鉴定科学技术研究所对养殖场蝌蚪的死亡与水质污染是否存在因果关系进行鉴定，鉴定结论为养殖场蝌蚪的死亡与污染企业排放的废水造成水质污染有直接的不可推卸的因果关系。委托平湖市审计师事务所对养殖场受水质污染1994年度美国青蛙蝌蚪实际投入损失进行审计，审计结论为净投入损失为232273.96元，同时指出尚有在正常养殖到投入市场销售产生效益损失计算，可按农业部农渔发（1994）25号文件《水域污染事故渔业资源损失计算方法》第二条规定的污染事故经济损失额的计算方法处理。

本院认为，案经原审三级人民法院审理，五家企业在涉案时间段超标排放废水造成附近水域污染，位于在五家企业下游约六公里的养殖场1994年饲养的青蛙蝌蚪几乎全部死亡遭受损失是不争的事实。对此，双方当事人并无争议，有争议的是五家企业的污染行为与养殖场的损失是否存在因果关系，特别是应由哪一方举证证明该因果关系是否存在。

本院《关于适用〈中华人民共和国民事诉讼法〉若干问题的意见》第74条规定“在诉讼中，当事人对自己提出的主张，有责任提供证据。但在下列侵权诉讼中，对原告提出的侵权事实，被告否认的，由被告负责举证：……（3）因环境污染引起的损害赔偿诉讼……”《关于民事诉讼证据的若干规定》第四条规定：“下列侵权诉讼，按照以下规定承担举证责任：……（三）因环境污染引起的损害赔偿诉讼，由加害人就法律规定的免责事由及其行为与损害结果之间不存在因果关系承担举证责任。”根据司法解释的规定，作为侵权人的污染企业只有能够证明其侵权行为与损害后果不存在因果关系或者法律规定的免责事由成立的情况下，始得免除侵权损害赔偿责任。因此，本案的举证责任应由五家企业承担。原审法院要求受损害的养殖场举证证明该因果关系存在不当，本院予以纠正。

本院再审期间，五家企业以下列证据主张其污染行为不是蝌蚪致死的原因，蝌蚪死亡是其他原因导致的，本案、污染行为与蝌蚪死亡的后果之间没有因果关系。本院综合双方提交的证据，对五家企业据以证明本案不存在因果关系的有关证据分析认定如下。

第一，五家企业以照片和取水登记表为证，证明养殖场曾从他处取水；养殖场提供了河网水费收据和平湖市水利农机局出具的养殖场取水证明等证据，证明该场自1992年至1995年是从污染河道取水。五家企业该项举证不能推翻养殖场从被污染的河道取水的事实。

第二，五家企业举证的嘉兴市郊区环保监测站监测报告，证明离五家企业所处位置更近的取水口水样情况比位置更远的取水口水样情况更好，说明养殖场附近水域污染与其无关；但其提供的监测报告系1996年作出，此时距本案损害后果，即养殖场蝌蚪死亡已经近两年时间，上述监测报告不能证明当时的水质情况是合格的。

第三，五家企业举证的嘉兴市气象局气象资料、嘉兴市水文站证明及卢自钧、施荣祥等人的证人证言，以证明养殖场蝌蚪死亡时，可能存在天气炎热、养殖场使用了杀虫剂、饲养人不懂技术和水文情况发生变化等致死原因，但上述证据均不能确定系由其中某一项原因或多项原因造成蝌蚪死亡，该项证据表明了损害后果发生系因其他原因引发的可能性，而不能排除五家企业污染行为造成损害的原因。

第四，五家企业主张养殖场远未达到养殖规范要求，但只提供了养殖规范，没有证据证明养殖场没有达到上述规范。

第五，五家企业提交嘉兴市步云乡生产技术推广站出具的养殖情况明细表，证明同时同地有众多养殖户均未发生水污染导致青蛙蝌蚪死亡事件，但五家企业所提交的该证据，无法证明上述养殖户与养殖场的情况完全相同，因此与本案侵权事实无法对比，也不能据以证明五家企业的排污行为与养殖场蝌蚪死亡没有关系。而养殖场提供了部分养殖场相邻农场、养殖户向有关部门反映五家企业污染水域，造成经济损失的材料和证言，证明五家企业污染的事实和受损失的不止养殖场一家。

第六，五家企业认为蝌蚪死亡没有具体的死亡时间和死亡的详细数据，死亡原因不明，养殖场在蝌蚪死亡时没有对取水水源进行取样检验，没有对蝌蚪死因做相应的鉴定，无法证实蝌蚪死亡属污染水源中的特定物质所致。而养殖场在发现蝌蚪陆续死亡后，即向相关部门多次反映情况，相关部门均已承认该事实。浙江大学动物科学学院朱炳全出具的证明，证明养殖场在蝌蚪发生死亡后，请求浙江大学动物科学学院对死亡蝌蚪进行化验，依据嘉兴市环保局、监测站对平湖农场周围水域监测得出的水污染数据，证明养殖场周围水域26个数据严重超标，即便不能证明蝌蚪死亡系被何特定物质所致，但五家企业污染水域后，可使饲养蝌蚪的水域严重缺氧，亦能造成蝌蚪死亡。故原审法院委托司法部司法鉴定科学技术研究所作出的微量物证鉴定，鉴定结论为养殖场蝌蚪的死亡与污染企业排放的废水造成水质污染有直接的不可推卸的因果关系的结论应予采纳。

综上，五家企业所举证据既不能证明其污染行为不会导致蝌蚪死亡，也不能证明导致蝌蚪非正常死亡的结果确系其他原因所致，因此对于本案中污染行为和蝌蚪死亡之间的因果关系，五家企业均不能提出足够证据予以否定。位于上游的五家企业污染了水源，同时段，下游约六公里的养殖场发生了饲养物非正常死亡的后果，五家企业又没有足够的证据否定其污染行为与损害后果之间的因果关系，作为加害人的五家企业，应当向养殖场承担侵权损害赔偿责任。原审历次审理，均要求受害人养殖场就污染行为和损害后果的因果关系，即水污染是导致蝌蚪死亡的原因承担举证责任，并认定养殖场青蛙蝌蚪的死因不明，养殖场不能证明蝌蚪死亡系被何特定物质所致，故养殖场所举证据未能达到适用因果关系推定的前提。原审历次审理对于举证责任的分配系适用法律错误，本院予以纠正。

五家企业的排污行为共同对下游造成污染，彼此之间又不能证明污染行为对于造成损害后果的作用有所差别，故应认定五家企业对本案的发生负有同等责任，由五家企业按照均等比例就本案损失向养殖场承担连带赔偿责任。

关于养殖场损失数额问题，《中华人民共和国民法通则》第一百二十四条规定："违反国家保护环境防止污染的规定，污染环境造成他人损害的，应当依法承担民事责任"，当时实施的《中华人民共和国水污染防治法》第四十一条规定："造成水污染危害的单位，有责任排除危害，并对直接受到损失的单位或者个人赔偿损失。赔偿责任和赔偿金额的纠纷，可以根据当事人的请求，由环境保护部门或者交通部门的航政机关处理；当事人对处理决定不服的，可以向人民法院起诉。当事人也可以直接向人民法院起诉。"养殖场提起诉讼时，请求法院判令五家企业按照当时的市场价格赔偿经济损失48.3万元。原审法院委托平湖市审计师事务所对养殖场受水质污染1994年度美国青蛙蝌蚪实际投入损失进行审计，结论为净投入损失为232273.96元，同时指出尚有在正常养殖到投入市场销售产生效益损失计算，可按农业部农渔发（1994）25号文件《水域污染事故渔业资源损失计算方法》第二条规定的污染事故经济损失额的计算方法处理。养殖场曾就损失问题咨询农业部渔业局，该局答复应按照农业部农渔发（1994）25号文件或修改后的农渔发（1996）14号《关于印发〈水域污染事故渔业损失计算方法规定〉的通知》作为计算损失的依据。养殖场在原审中提供了原始生产、产卵记录、进货证明和购销合同、订单、意向书以及销售发票，证明养殖场要求赔偿48.3万元损失有据可依，而五家企业没有证据证明养殖场不存在损失，因此，本院对养殖场要求五家企业赔偿48.3万元损失的诉请予以支持。

综上，原审判决认定事实不清，适用法律错误。依照《中华人民共和国民事诉讼法》第一百五十三条第一款第（二）项、第（三）项，第一百八十六条之规定，判决如下：

一、撤销浙江省高级人民法院（2000）浙法告申民再抗字第17号、嘉兴市中级人民法院（1998）嘉民再终字第2号、平湖市人民法院（1996）平民初字第23号民事判决。

二、嘉兴市步云染化厂、嘉兴市向阳化工厂、嘉兴市步云富欣化工厂、嘉兴市金禾化工有限公司、嘉兴市高联丝绸印染厂各赔偿浙江省平湖师范农场特种养殖场损失96600元及利息（利息自浙江省平湖师范农场特种养殖场一审起诉之日起至清偿之日止，按照中国人民银行同期贷款利率计算）。五家企业对上述债务承担连带清偿责任。

上述款项自收到本判决之日起十日内支付，逾期支付按照《中华人民共和国民事诉讼法》第二百二十九条的规定办理。

一审案件受理费 9280 元由嘉兴市步云染化厂、嘉兴市向阳化工厂、嘉兴市步云富欣化工厂、嘉兴市金禾化工有限公司、嘉兴市高联丝绸印染厂各承担 1856 元。

本判决为终审判决。

附录5　丁金木与绍兴咸亨食品有限公司、浙江古越龙山绍兴酒股份有限公司等环境污染责任纠纷二审民事判决书[①]

浙江省绍兴市中级人民法院

民事判决书

（2007）绍中民一终字第129号

上诉人（原审被告）绍兴咸亨食品有限公司。

法定代表人余龙生。

委托代理人（特别授权代理）马杰。

上诉人（原审被告）浙江古越龙山绍兴酒股份有限公司。

法定代表人傅建伟。

委托代理人（特别授权代理）孟淑秀。

委托代理人（特别授权代理）夏燕燕。

被上诉人（原审原告）丁金木。

委托代理人（特别授权代理）罗水根。

委托代理人（特别授权代理）朱东明。

被上诉人（原审被告）绍兴市越城绿州腐乳厂。

诉讼代表人徐彩法。

委托代理人（特别授权代理）丁国强。

委托代理人（特别授权代理）常爱娟。

被上诉人（原审被告）浙江古越龙山绍兴酒股份有限公司沈永和

---

① 最高人民法院中国裁判文书网（http：//wenshu. court. gov. cn/）。

酒厂。

法定代表人孟中法。

委托代理人（特别授权代理）孟淑秀。

委托代理人（特别授权代理）夏燕燕。

上诉人绍兴咸亨食品有限公司、浙江古越龙山绍兴酒股份有限公司因环境污染损害赔偿纠纷一案，不服浙江省绍兴市越城区人民法院（2006）越民一初字第2188号民事判决，向本院提起上诉。本院立案受理后依法组成合议庭，于2007年2月1日公开开庭审理了本案，上诉人绍兴咸亨食品有限公司（以下简称咸亨公司）的委托代理人马杰、上诉人浙江古越龙山绍兴酒股份有限公司（以下简称古越龙山公司）的委托代理人孟淑秀和夏燕燕、被上诉人丁金木的委托代理人朱东明、被上诉人绍兴市越城绿州腐乳厂（以下简称绿州腐乳厂）诉讼代表人徐彩法及其委托代理人丁国强和常爱娟、被上诉人浙江古越龙山绍兴酒股份有限公司沈永和酒厂（以下简称沈永和酒厂）的委托代理人孟淑秀和夏燕燕到庭参加诉讼。本案现已审理终结。

原审判决查明：原告丁金木系东湖镇水产村牌后江渔场的承包户，其与东湖镇水产村签订的承包合同约定承包期限自2001年农历1月1日至2005年农历12月25日止。2005年8月21日及9月24日东湖镇水产村发生大面积死鱼事件，根据绍兴市渔业环境检测站出具的绍市渔鉴字（2005）第005号鉴定意见书认定，2005年8月21日原告承包的渔场死鱼26720斤（其中花鲢占30%，白鲢占70%），2005年9月24日原告承包渔场又死鱼12420斤（其中花鲢占30%，白鲢占70%），依据绍兴市价格认证中心出具的价格鉴定结论书（绍市价鉴字2005第496号），白鲢每公斤4.4元，花鲢为每公斤10元，由此计算损失为122462.40元。该鉴定书同时认定造成此次渔业污染死鱼事件的主要原因为该水域水质污染，该水域水质污染同附近企业排放污水有关，依据绍兴市环境监测中心站抽取水样并经监测，认定被告咸亨公司和绿州腐乳厂超标排放污水，被告沈永和酒厂排放水虽达到污水排放标准，但大大超过《中华人民共和国地表水环境质量标准》（GB3838-2002）规定的水产养殖区等渔业水域化学需氧量为20mg/L的规定，对附近渔业水域水质有影响，故确认该三家企业污水排放是造成该水域水质污染的主要原因之一。

以上事实，由双方当事人诉讼中陈述、各被告工商登记资料、原告与东湖镇水产村签订的租赁承包合同1份、绍兴市渔业环境监测站鉴定意见书即绍市渔鉴字（2005）第005号鉴定书1份（附各渔场死鱼情况表2

份、中华人民共和国渔业污染事故调查鉴定资格证书副本1份、鉴定人员上岗证2份）、绍兴市价格认证中心价格鉴定结论书1份、绍兴市环境检测中心站监测报告4份、绍市环监测（2005）659号监测报告、越城区东湖镇水产村的证明1份等证据所证实。

原审判决认为：本案属环境污染损害赔偿纠纷，系民事特殊侵权行为，应适用举证责任倒置原则。现本案原告已提供了绍兴市渔业环境检测站出具的绍市渔鉴字（2005）第005号鉴定意见书，该鉴定意见书已明确认定原告方所养之鱼死亡之事实以及被告咸亨公司、绿州腐乳厂、沈永和酒厂三被告的排放污水行为系原告所养之鱼死亡的主要原因之一，同时原告提供的由环保部门作出的监测报告亦确认了被告咸亨公司、绿州腐乳厂、沈永和酒厂在事发期间所排放水中化学需氧量超标的事实，该鉴定意见书及监测报告均系有资质的鉴定机关依法定程序作出，故应认定原告已履行了己方的举证义务。根据环境污染损害赔偿纠纷的举证规则，各被告方应就其排污行为与原告所养之鱼死亡不具有因果关系承担举证责任，从目前被告方履行举证义务的情况分析，被告绿州腐乳厂、沈永和酒厂未能举出相应的证据，仅提出要求本院对死鱼事件与被告排放污水行为之因果关系进行鉴定，本院认为目前距污染事件发生已长达1年多时间，各方面客观条件及环境均发生变化，已失去鉴定的客观环境及条件，故不予支持其重新鉴定的要求。被告咸亨公司举出的并为本院认可的证据只能证明其设有环保部门验收合格的污水处理装置、排污口在原告渔场北面等事实，无法证明其排污行为与原告所养之鱼死亡无因果关系。综上，可确认本案第一被告、第二被告、第三被告未能履行证明其排放污水行为与原告所养之鱼死亡无因果关系的举证义务，应当承担举证不能的法律后果，结合《民法通则》关于环境污染损害赔偿诉讼实行无过错归责要件的规定，本院认为原告丁金木要求被告方承担相应民事责任的诉请理由正当，且具有相应的事实与法律依据，依法予以支持。本案被告咸亨公司、绿州腐乳厂、沈永和酒厂之排污行为均系水污染，存在时间、地域及致损物质的同一性，在各被告之间不能举证证明何方为造成原告损失之实际加害人的前提下，可推定各被告方行为构成共同侵权，应就原告损失承担连带赔偿责任。第一被告沈永和酒厂系无法人资格的分公司，且无注册资本，依据公司法的相关规定其民事责任应由其总公司即第四被告古越龙山公司承担，对第四被告辩称其不应参与本案诉讼的意见本院不予采纳。关于各被告方提出鉴定意见书不客观真实的辩称，本院认为尽管各被告方均对鉴定意见的准确性提出异议，但均为己方主观推测，未能提供有效的反驳证据，故对其要求本院不予采信该鉴定意见书的辩称不予采纳。关于各被告认为其排污口在原告养鱼水域之下游，依照自然规律无法污染原告养鱼水域的辩称，本院认为原告养鱼之水域系内河流域，水流并非如传统意义上的江河河道具有固定的流动规律，且原告养鱼之水域与各被告排污口所处水域均相通，各被告亦未提供被告所排污水完全不能进入原告养鱼之水域的证据，故对各被告的此项辩称不予采纳。关于第一被告咸亨公司认为死鱼未经解剖无法确定鱼死亡原因的辩称，本院认为因渔业行政部门已对原告所养之鱼致死原因进行了鉴定，认定死鱼主要系各被告方排污污染所致，已无须另行确定鱼致死原因，故对其辩解意见不予采纳。关于第一被告咸亨公司提出其排污设备业经环保部门验收合格并缴纳了排污费，且所排污水未进入原告渔场故不应承担赔偿责任的辩称，本院认为第一被告虽建立了经环保部门验收合格的排污装置，但不能得出其必然不会污染环境的结论，且在第一被告不能举证证明其全部污水均流入专门排污管道而未进入原告渔场的情况下，其拥有验收合格排污装置的事实不能否定其排污造成环境污染的可能性，至于其缴纳排污费是否可免除赔偿责任的问题，根据《中华人民共和国水污染防治法实施细则》第30条规定，缴纳排污费的单位和个人并不免除消除污染、排除危害和赔偿损失的责任，即其缴纳排污费行为与对排污行为应承担赔偿责任并不矛盾，故对被告咸亨公司以上辩称不予采纳。关于第二被告绿州腐乳厂提出的原告丁金木与东湖镇水产村之合同未生效的辩称，本院认为原告丁金木实际承包渔场养鱼的事实业已成立，而合同生效与否与第二被告是否应承担污染损害赔偿责任无关。关于第二被告绿州腐乳厂提出的原告丁金木自身存在过错如养鱼方法不科学、水质已经恶化等要求免责的辩称，本院认为环境污染损害赔偿案件适用无过错归责原则，被告方的辩称无相应证据证实，故被告绿州腐乳厂就此提出的辩解理由并不成立。关于第三被告沈永和酒厂提出的其排放的污水未进入原告养鱼水域的辩称，本院认为被告就此辩称并未提供相应的证据，且原告养鱼水域与被告排放污水处水域存在互通关系，故对其辩称不予采纳。关于第三被告沈永和酒厂辩称其排放的系达标污水不会污染水质的辩称，本院认为排放达标污水与是否造成环境污染无必然因果关系，且第三被告未能提供相应的证据证明其主张，故对第三被告的辩称意见不予采纳。关于本案赔偿数额的确定问题，绍兴市渔业环境监测站作出的鉴定意见书已对原告丁金木死鱼损失进行了计算，该计算结果埋由允分，依据恰当，本院予以采信，对各被告方仅为己方未到场为由对死鱼数量提出质疑的意见不予采纳。关于本案赔偿责任份额的划分问题，本院认为绍兴市渔业环境监测站作出的鉴定意见书已确定原告所养之鱼死亡主要原因系水质污染，而被告方的污水排放系造成水质污染的主要原因之一，故可确定原告损失之主要赔偿责任应由各被告方承担，对各被告提出有关责任赔偿范围辩称意见的合理部分本院予以采纳，并就具体赔偿份额酌定为70%。关于各被告方内部的责任分配问题，本院认为本案系多名被告造成同类污染致原告损害，因各被告方均未能提供各自污水排放量的准确数据，客观上难以判断各方污染作用的大小，故推定各被告方内部承担等份责任。为保护公民合法民事权益，依据《中华人民共和国民法通则》第117条、第124条、第130条，《中华人民共和国环境保护法》第41条、第44条之规定，判决：（一）被告绍兴咸亨食品有限公司、被告绍兴市越城绿州腐乳厂、被告浙江古越龙山绍兴酒股份有限公司应在本判决生效后十日内分别向原告丁金木赔偿死鱼损失款28569.52元，三被告互负连带责任。（二）驳回原告丁金木其他诉讼请求。案件受理费3959元，其他诉讼费320元，合计4279元，由原告丁金木承担580元，被告绍兴咸亨食品有限公司承担1233元，被告绍兴市越城绿州腐乳厂承担1233元，被告浙江古越龙山绍兴酒股份有限公司承担1233元，此款原告已预交，各被告负担的部分应在本判决生效之日起十日内支付给原告。

上诉人绍兴咸亨食品有限公司上诉称：（一）上诉人的雨水排放口处在本案所涉养鱼水域的下流，养鱼水域的水流流向系由南向北排，这是自然规律所形成的，任何人都不能否定。原审时，上诉人向原审法院提交了《绍兴市区河道治理保护规划报告》中关于绍兴市区河流水系的流向的论述，该报告由国家电力公司华东勘测设计研究院、绍兴市水利水电勘测设计出具，其权威性、科学性不容置疑，应该成为本案所涉养鱼水域流向的唯一证据。该报告第16页、第17页、第42页、第43页均对本案所涉养鱼水域的水流流向作了肯定的论述，即由南向北的流向，但原审判决对水流的走向作了以下认定，即“本院认为原告养鱼之水域系内河流域、水流并非如传统意义上的江河具有固定的流动规律”。上诉人认为，原审判决的上述认定不符合自然规律，且缺乏相应的证据予以佐证，恳望二审法院能予纠正。（二）本案所涉养鱼水域发生过二次死鱼事件，其时间分别是2005年8月21日与2005年9月24日。在第一次死鱼事件发生的当天即2005年8月21日，绍兴市环境保护局越城分局（下称越城分局）在七个采样地点对地表水、废水进行了监测，在上诉人征处的雨水排放口（英红彩红东）采集了水样，其监测结果是：PH为699，溶解氧0.77，化学需氧量没有检测。越城分局为何没有对水样进行化学需氧量值的检测，这本身就是一个问题，是技术上存在障碍吗？也不是，越城分局在其他采样的水样均进行了化学需氧量的检测，这说明检测化学需氧量在技术上不存在问题，所以，上诉人认为：越城分局对在上诉人处采集的水样没有进行化学需氧量的检测，说明其化学需氧量的指标是符合国家标准的，故不用检测。原审判决认定上诉人要负环境污染损害民事责任的唯一过错是排放了化学需氧量超标的污水，但能够证明上诉人在第一次死鱼事件发生前后即2005年8月21日排放了化学需氧量超标的污水的证据却是空白的。原审法院无端认定上诉人排放污水显然错误，应予纠正。综上，上诉人认为原审判决认定事实不清，判决显失公正，万望二审法院能予以纠正。上诉请求：依法撤销原审判决，并驳回被上诉人之诉讼请求。

浙江古越龙山绍兴酒股份有限公司答辩称：我们对绍兴咸亨食品有限公司上诉的事实和理由没有异议，他们有些事实和理由也是我们浙江古越龙山绍兴酒股份有限公司的上诉事实和理由。

被上诉人（原审原告）答辩称：从上诉人的上诉内容来看，主要是针对绍市渔鉴（2005）第005号鉴定书的问题，对该鉴定书被上诉人认为合法有效，能够作为本案定案的依据。至于上诉人提出的《绍兴市区河道治理保护规划报告》等证据，被上诉人认为该证据只是反映绍兴市区河道治理保护规划，并不是河流实际的流向。而这也只能表明发生洪水时河流的流向，但没有洪水时就不能证明河流是怎样的流向。本案所污染的河流是内河，河流流向很难证明，而且上诉人也未提供证据证明发生污染时的河流流向。一审法院采用该鉴定书，并依据此判决并无不当，请二审法院驳回绍兴咸亨食品有限公司的上诉请求，维持原判。

被上诉人绍兴市越城绿州腐乳厂答辩：第一，原审法院判令被上诉人承担2005年8月21日的死鱼损失，这是错误的。第二，原审法院认定死鱼数量和判令被上诉人承担2005年9月24日死鱼的损失，也是错误的。第三，原审法院认为“因各被告方均未能提供各自污水排放量的准确数据，故推定各被告方内部承担等份责任”，这是不对的。第四，原审法院判令被上诉人承担赔偿责任，不符合情理。补充一点，原审法院片面理解举证责任倒置，一味要原审被告举证，但是我们认为并不是所有的证据都应该由原审被告来举证的，比如违法性和损害后果就应该由原审原告来举证。综上，请求二审法院依法撤销原判，并驳回被上诉人（原审原告）的诉讼请求。

被上诉人浙江古越龙山绍兴酒股份有限公司沈永和酒厂答辩：浙江古越龙山绍兴酒股份有限公司沈永和酒厂的答辩意见与浙江古越龙山绍兴酒

股份有限公司的答辩意见相同。

上诉人浙江古越龙山绍兴酒股份有限公司上诉称：（一）一审认定的部分证据和事实有误。（1）绍市渔鉴（2005）第005号鉴定意见书，这一份证据是被上诉人（一审原告）要求赔偿的关键证据。而这份鉴定书虽名为鉴定书但其内容中其中前两点不是鉴定内容，第三、第四点中有关上诉人的分支机构沈永和酒厂的内容，说明了沈永和酒厂2005年8月21日的排放水并未超标排放，但鉴定书以超过了渔业水域化学需氧量标准说明排入的仍是污水，而认为也是造成该水域水质污染的主要原因之一。上诉人认为，这鉴定结论太过牵强和主观而不具有科学性、客观性。污水排放，排入的无论是达标的还是超标的水，均是污水不可能是净水，所以鉴定书以排放的还是污水为由认定也是造成该水域水质污染的主要原因之一，理由牵强依据不足，故这份鉴定书不能作为定案证据使用。（2）一审已认定了《绍兴市区河道治理保护规划报告摘抄件》和《河道图》的真实性，而此两份证据证明了本案所涉及河道的流向从南向北，以及本案三位一审被告的排放口均在一审原告渔场北部的事实。上诉人认为，河道自上游流向下游，这是自然规律，无须举证证明。既然上诉人的排放口在一审原告渔场的下游，那么又怎么可能会影响地处上游的渔场呢？所以即使上诉人的排放水有污染，那么也不会污染到一审原告的渔场水域，则当然不可能导致一审原告的鱼死亡事件。（3）一审原告的死鱼事件有一次发生在2005年9月24日，且一审中没有监测报告或鉴定结论等任何证据证明酒厂的排放水在2005年9月24日也存在污染。故一审认定酒厂的排放水与2005年9月24日的死鱼事件有因果关系、判决酒厂承担赔偿责任是错误的。（二）退一步讲，即使酒厂的排放水与死鱼事件有因果关系，那么也是间接结合多因一果关系。从鉴定意见书可见，（1）死鱼事件是有多种原因造成的，排放水污染只是其中原因之一，不存在其他原因，如城市污染、长期不治理等。（2）酒厂的排放水是已经过处理的、符合污水排放标准排放的，未超标，是合法排放，故即使确实造成污染，也是一种过失过错而非故意过错。既然符合国家规定的污水排放标准，那么此种排放水本身单独不可能直接或必然导致鱼死亡的污染事故，否则国家规定的排放标准就形同虚设甚至要危害企业了，因为企业按照此标准在处理污水。所以酒厂的排放水充其量在事实上为其他原因致鱼死亡的结果发生创造了条件，而其本身非直接或必然结合导致的，是多因一果，故不属于共同侵权，不承担连带责任，应根据过失大小或原因力比例各自承担相应的赔偿责任。而一审认定为共同侵权并判决承担连带责任，显系错误。综上，上诉人认为，酒厂的排放水与死鱼事件无因果关系，不应承担赔偿责任；即使有因果关系，也是间接结合的多因一果关系，酒厂的排放水未超标，其原因力比例应当比超标的排放水要小得多，故亦仅承担小部分的赔偿责任且不承担连带责任。再补充一点，原审法院追加浙江古越龙山绍兴酒股份有限公司为共同被告是错误的，因为浙江古越龙山绍兴酒股份有限公司沈永和酒厂有民事诉讼主体资格，无须再列其上级单位为共同被告。上诉请求：要求二审法院依法撤销原审判决，并在查明事实后予以改判。

绍兴咸亨食品有限公司答辩称：我们没有意见。

被上诉人（原审原告）答辩称：（一）关于上诉人提出的程序问题，被上诉人认为根据新公司法的规定，分公司的民事责任由公司来承担，而浙江古越龙山绍兴酒股份有限公司沈永和酒厂为浙江古越龙山绍兴酒股份有限公司的分公司，所以浙江古越龙山绍兴酒股份有限公司沈永和酒厂的民事侵权责任应由浙江古越龙山绍兴酒股份有限公司来承担。作为被上诉人在审理过程中，在举证期限内，要求追加上诉人浙江古越龙山绍兴酒股份有限公司为本案的被告并无不当，一审法院追加其为共同被告也并无不当。（二）关于上诉人提出的鉴定意见书的意见问题。被上诉人在针对绍兴咸亨食品有限公司的上诉时已经进行了答辩，该部分答辩意见与刚才的相同。对鉴定机构对污染事故的发生情况及对死鱼的情况作为鉴定内容也并无不当。（三）关于上诉人提出的两上诉人与被上诉人绍兴市越城绿州腐乳厂应承担按份责任的意见我们认为是不成立的。被上诉人认为上诉人与绍兴市越城绿州腐乳厂的排污行为均系污染行为，各上诉人及被上诉人绍兴市越城绿州腐乳厂的侵害行为对被上诉人原审原告的损害是非常紧密的，对损害后果也是明显的。它们共同造成了被上诉人原审原告的损害后果。所以各上诉人与绍兴市越城绿州腐乳厂构成了共同侵权，应共同承担责任，而不是按份责任。综上，被上诉人认为上诉人的上诉理由不能成立，要求驳回上诉，维持原判。

被上诉人绍兴市越城绿州腐乳厂答辩称：（1）针对上诉人的上诉请求、事实和理由没有新的答辩意见。但是原审原告没有向法庭提供2005年8月21日绍兴市越城绿州腐乳厂有排污行为或排污超标。（2）鉴定意见书与绍兴市价格认证中心认定的鱼的数量相差很大，差6000公斤，对此，原告应该向法庭举证。（3）答辩人的行为有违法性，应由原审原告向法庭举证。（4）被上诉人的豆腐水不是污水，是营养水，很多人都买过被上诉人的豆腐水喂鱼。

被上诉人浙江古越龙山绍兴酒股份有限公司沈永和酒厂答辩称：因为

浙江古越龙山绍兴酒股份有限公司沈永和酒厂是浙江古越龙山绍兴酒股份有限公司的分公司，所以我们的意见与浙江古越龙山绍兴酒股份有限公司的上诉意见相同。

被上诉人绍兴市越城绿州腐乳厂在二审中提供以下证据：（1）税收发票、税收申报表，这两份证据证明被上诉人排放的水之水量小。（2）绍兴市越城区东湖镇永宁村委和永仁村委于 2006 年 10 月 20 日出具的证明，证明我们处在最下游，原告的死鱼事件与被上诉人绍兴市越城绿州腐乳厂无关。上诉人绍兴咸亨食品有限公司质证认为，是否属于新证据由合议庭来认定；前两份证据，我们认为与本案没有关联性，两村的证明材料，除了能证明绍兴市越城绿州腐乳厂的地理位置外不能证明其他内容，与死鱼事件有无关联应该由法庭来判决，村委不能证明。上诉人浙江古越龙山绍兴酒股份有限公司质证认为，我们的意见与上诉人绍兴咸亨食品有限公司的意见一致。被上诉人（原审原告）质证认为：（1）我们认为这些证据不属于新证据。（2）虽然不是新证据，但是我们还是质证一下。对于结算申报表和税收通用缴款书，我们认为并不能证明绍兴市越城绿州腐乳厂的主张，而且与本案没有关联性。对于两村的证明材料，我们认为只能肯定绍兴市越城绿州腐乳厂在污染水域的北面，但不是上下游的问题，村民委员会无权来证明与死鱼事件有无因果关系，不是村民委员会可以证明的内容，这应由法院依法进行认定。被上诉人浙江古越龙山绍兴酒股份有限公司沈永和酒厂质证认为：与浙江古越龙山绍兴酒股份有限公司意见一样。

合议庭评议后认为，被上诉人绍兴市越城绿州腐乳厂在二审庭审中提供的证据，根据最高人民法院《关于民事诉讼证据的若干规定》第 41 条第（2）项、第 43 条第 1 款之规定，不是新的证据，本合议庭不予采纳。

上诉人绍兴咸亨食品有限公司、上诉人浙江古越龙山绍兴酒股份有限公司、被上诉人（原审原告）、被上诉人浙江古越龙山绍兴酒股份有限公司沈永和酒厂在二审庭审中均没有提供新的证据。

本院经审理查明的事实与原审判决认定的事实一致。

本案的争议焦点之一是被上诉人（原审原告）在一审时申请追加浙江古越龙山绍兴酒股份有限公司为本案共同被告并承担相应的民事责任，这个在程序上是否存在不当？

根据《中华人民共和国公司法》第 14 条之规定："公司可以设立分公司。设立分公司，应当向公司登记机关申请登记，领取营业执照。分公司不具有法人资格，其民事责任由公司承担。"因此，原审判决认定：

“第一被告沈永和酒厂系无法人资格的分公司，且无注册资本，依据公司法的相关规定其民事责任应由其总公司即第四被告古越龙山公司承担”并无不当。上诉人浙江古越龙山绍兴酒股份有限公司上诉理由不足，本院不予支持。

本案的争议焦点之二是《绍兴市区河道治理保护规划报告》这份报告是否属于最高人民法院《关于民事诉讼证据的若干规定》第9条第2款第2项规定的自然规律的证据，可否对二上诉人产生免责事由？

上诉人在一审中提供的《绍兴市区河道治理保护规划报告（送审稿）》中的水文分析与水利计算的资料，系未最终定稿的内容。因此，该份报告不能作为自然规律的证据。原审判决认定：“关于各被告认为其排污口在原告养鱼水域之下游，依照自然规律无法污染原告养鱼水域的辩称，本院认为原告养鱼之水域系内河流域，水流并非如传统意义上的江河河道具有固定的流动规律，且原告养鱼之水域与各被告排污口所处水域均相通，各被告亦未提供被告所排污水完全不能进入原告养鱼之水域的证据，故对各被告的此项辩称不予采纳”并无不当。二上诉人的上诉理由不能成立，本院不予支持。

本案的争议焦点之三是2005年8月21日发生的死鱼事件对上诉人绍兴咸亨食品有限公司而言是否应当承担民事责任？以及2005年9月24日的死鱼事件对上诉人浙江古越龙山绍兴酒股份有限公司而言是否应当承担相应的民事责任？各被告方是否属于共同侵权，是否应当承担连带赔偿责任，一审法院判决由各被告方承担均等的民事责任，该判决是否正确？

根据最高人民法院《关于民事证据的若干规定》第4条第1款第（3）项之规定：“因环境污染引起的损害赔偿诉讼，由加害人就法律规定的免责事由及其行为与损害结果之间不存在因果关系承担举证责任。”结合浙江省绍兴市渔业环境监测站于2005年10月20日作出绍市渔鉴字（2005）第005号鉴定意见书认为：“三、造成这次渔业污染死鱼事件的主要原因为该水域水质污染。根据绍兴市环境监测中心站2005年8月21日对该渔业水域的水质监测结果，化学需氧量（COD）达89.8—99.6mg/L。中华人民共和国地表水环境质量标准（GB 3838-2002），水产养殖区等渔业水域化学需氧量（COD）为20mg/L。说明该水域水质已经严重污染。四、该水域水质污染同附近企业排放污水有关。根据绍兴市环境监测中心站2005年8月21日对‘古越龙山黄酒三分厂排放口’监测：排放水化学需氧量（COD）为93.7mg/L；2005年9月24日对‘绍兴咸亨食品有限公司’的排放废水监测：化学需氧量（COD）为394mg/L；2005

年9月24日对‘绍兴市越城绿州腐乳厂’的排放废水监测：化学需氧量（COD）为1.53×104mg/L。中华人民共和国污水排放综合标准(GB 8979-1988）化学需氧量（COD）为100mg/L，据此，‘绍兴咸亨食品有限公司’和‘绍兴市越城绿州腐乳厂’超标准排放污水，‘古越龙山黄酒三分厂’排放水虽没有超标排放，但中华人民共和国地表水环境质量标准(GB 3838-2002)，水产养殖区等渔业水域化学需氧量（COD）为20mg/L，说明排放的还是污水。这些企业的污水排放是造成该水域水质污染的主要原因之一。”由此，本院认为，2005年8月21日和2005年9月24日，绍兴市渔业环境监测站组织有关专家对越城区东湖镇水产村外荡死鱼事件情况进行了鉴定，经现场抽样、分析、调查、核实，提出以上鉴定意见，认为造成这次渔业污染死鱼事件的主要原因为该水域水质污染；同时认为该水域水质污染同附近企业排放污水有关，列举了上述企业排放污水的情况。二上诉人不能割裂地、孤立地理解鉴定意见书，以此抗辩2005年8月21日发生的死鱼事件对上诉人绍兴咸亨食品有限公司而言不应承担民事责任，以及2005年9月24日的死鱼事件对上诉人浙江古越龙山绍兴酒股份有限公司而言不应承担相应的民事责任。

原审判决认定“根据环境污染损害赔偿纠纷的举证规则，各被告方应就其排污行为与原告所养之鱼死亡不具有因果关系承担举证责任，从目前被告方履行举证义务的情况分析，被告绿州腐乳厂、沈永和酒厂未能举出相应的证据，仅提出要求本院对死鱼事件与被告排放污水行为之因果关系进行鉴定，本院认为目前距污染事件发生已长达1年多时间，各方面客观条件及环境均发生变化，已失去鉴定的客观环境及条件，故不予支持其重新鉴定的要求。被告咸亨公司举出的并为本院认可的证据只能证明其设有环保部门验收合格的无水处理装置、排污口在原告渔场北面等事实，无法证明其排污行为与原告所养之鱼死亡无因果关系。综上，可确认本案第一被告、第二被告、第三被告未能履行证明其排放污水行为与原告所养之鱼死亡无因果关系的举证义务，应当承担举证不能的法律后果，结合《民法通则》关于环境污染损害赔偿诉讼实行无过错归责要件的规定，本院认为原告丁金木要求被告方承担相应民事责任的诉请理由正当，且具有相应的事实与法律依据，依法予以支持。本案被告咸亨公司、绿州腐乳厂、沈永和酒厂之排污行为均系水污染，存在时间、地域及致损物质的同一性，在各被告之间不能举证证明何方为造成原告损失之实际加害人的前提下，可推定各被告方行为构成共同侵权，应就原告损失承担连带赔偿责任”并无不当。二上诉人的上诉理由不足，本院不予支持。

最后，关于被上诉人绍兴市越城绿州腐乳厂在答辩中要求变更一审法院判决内容，本院认为根据最高人民法院《关于民事经济审判方式改革问题的若干规定》第36条之规定，对其提出的答辩不再予以审查。

综上所述，二上诉人的上诉理由不能成立，本院不予采纳。原审法院认定事实清楚，适用法律正确。依照《中华人民共和国民事诉讼法》第153条第1款第（1）项之规定，判决如下：

驳回上诉，维持原判。

本案二审案件受理费3959元，其他诉讼费100元，合计4059元，由上诉人绍兴咸亨食品有限公司和浙江古越龙山绍兴酒股份有限公司各半负担。

本判决为终审判决。

参考文献

一　中文译著类

［印度］阿马蒂亚·森：《理性与自由》，李风华译，中国人民大学出版社 2006 年版。

［印度］阿马蒂亚·森：《以自由看待发展》，任赜、于真译，中国人民大学出版社 2003 年版。

［美］艾伦·杜宁：《多少算够：消费社会与地球的未来》，毕聿译，吉林人民出版社 1997 年版。

［英］安东尼·奥格斯：《规制：法律形式与经济学理论》，骆梅英译，中国人民大学出版社 2008 年版。

［美］本杰明·M. 弗里德曼：《经济增长的道德意义》，李天有译，中国人民大学出版社 2008 年版。

［美］彼得·S. 温茨：《环境正义论》，朱丹琼、宋玉波译，上海人民出版社 2007 年版。

［英］彼得·斯坦等：《西方社会的法律价值》，王献平译，中国法制出版社 2004 年版。

［美］伯纳德·施瓦茨：《美国法律史》，王军译，中国政法大学出版社 1989 年版。

［美］伯纳德·施瓦兹：《行政法》，徐炳译，群众出版社 1986 年版。

［美］伯特尼等：《环境保护的公共政策》，穆贤清、方志伟译，上海三联书店、上海人民出版社 2004 年版。

［美］E. 博登海默：《法理学：法律哲学与法律方法》，邓正来译，中国政法大学出版社 1999 年版。

［美］查尔斯·哈珀：《环境与社会——环境问题中的人文视野》，肖晨阳等译，天津人民出版社 1998 年版。

［日］大须贺明：《生存权论》，林浩译，法律出版社 2001 年版。

[美] 丹尼尔·H. 科尔：《污染与财产权：环境保护的所有权制度比较研究》，严厚福、王社坤译，北京大学出版社 2009 年版。

[美] 丹尼尔·贝尔：《资本主义文化矛盾》，赵一凡等译，生活·读书·新知三联书店 1989 年版。

[美] 盖多·卡拉布雷西、菲利普·伯比特：《悲剧性选择——对稀缺资源进行悲剧性分配时社会所遭遇到的冲突》，徐品飞等译，北京大学出版社 2005 年版。

[美] 格瑞尔德·J. 波斯特马：《哲学与侵权行为法》，陈敏、云建芳译，北京大学出版社 2005 年版。

[日] 宫本宪一：《环境经济学》，朴玉译，生活·读书·新知三联书店 2004 年版。

[日] 黑川哲志：《环境行政的法理与方法》，肖军译，中国法制出版社 2008 年版。

[美] J. R. 麦克尼尔：《阳光下的新事物：20 世纪世界环境史》，韩莉、韩晓雯译，商务印书馆 2013 年版。

[美] 凯斯·R. 桑斯坦：《权利革命之后：重塑规制国》，钟瑞华译，中国人民大学出版社 2008 年版。

[美] 凯斯·R. 孙斯坦：《风险与理性——安全、法律及环境》，师帅译，中国政法大学出版社 2005 年版。

[德] 克里斯蒂安·冯·巴尔：《大规模侵权损害责任法的改革》，贺栩栩译，中国法制出版社 2010 年版。

[德] 克里斯蒂安·冯·巴尔：《欧洲比较侵权行为法》（下卷），焦美华译，法律出版社 2001 年版。

[英] 克莱夫·庞廷：《绿色世界史：环境与伟大文明的衰落》（新版），王毅译，中国政法大学出版社 2015 年版。

[美] 理查德·A. 波斯纳：《法律的经济分析》，蒋兆康译，中国大百科全书出版社 1996 年版。

[法] 卢梭：《社会契约论》，何兆武译，商务印书馆 1980 年版。

[德] 鲁道夫·冯·耶林：《为权利而斗争》，胡宝海译，中国法制出版社 2005 年版。

[美] 罗·庞德：《通过法律的社会控制　法律的任务》，沈宗灵、董世忠译，商务印书馆 1984 年版。

[美] 罗伯特·考特等：《法和经济学》，张军等译，上海三联书店 1994 年版。

［美］罗杰·W. 芬德利、丹尼尔·A. 法伯：《环境法概要》，杨广俊等译，中国社会科学出版社 1997 年版。

［美］罗斯科·庞德：《法理学》（1—5 卷），廖德宇译，法律出版社 2007 年版。

［美］罗斯科·庞德：《普通法的精神》，唐前宏等译，法律出版社 2001 年版。

［德］马克西米利安·福克斯：《侵权行为法》（第 5 版），齐晓琨译，法律出版社 2006 年版。

［英］帕特莎·波尼、埃伦·波义尔：《国际法与环境》（第 2 版），那力等译，高等教育出版社 2007 年版。

［日］田中英夫、竹内昭夫：《私人在法实现中的作用》，李薇译，法律出版社 2006 年版。

［美］托马斯·思德纳：《环境与自然资源管理的政策工具》，张蔚文、黄祖辉译，上海三联书店、上海人民出版社 2005 年版。

［美］威廉姆·M. 兰德斯、理查德·A. 波斯纳：《侵权法的经济结构》，王强、杨媛译，北京大学出版社 2005 年版。

［德］魏德士：《法理学》，吴越等译，法律出版社 2005 年版。

［法］亚历山大·基斯：《国际环境法》，张若思编译，法律出版社 2000 年版。

［古希腊］亚里士多德：《尼各马可伦理学》，廖申白译注，商务印书馆 2003 年版。

［美］亚伯拉罕·马斯洛：《动机与人格》（第三版），许金声等译，中国人民大学出版社 2007 年版。

［日］原田尚彦：《环境法》，于敏译，法律出版社 1999 年版。

［日］圆谷峻：《判例形成的日本新侵权行为法》，赵莉译，法律出版社 2008 年版。

［美］约翰·罗尔斯：《正义论》，何怀宏等译，中国社会科学出版社 1988 年版。

二　中文著作类

［德］布吕格迈耶尔、朱岩：《中国侵权责任法学者建议稿及其立法理由》，北京大学出版社 2009 年版。

蔡守秋主编：《环境资源法教程》，高等教育出版社 2004 年版。

蔡颖雯：《侵权责任法判例与赔偿系列——环境污染与高度危险》，

中国法制出版社 2010 年版。

曹明德：《环境侵权法》，法律出版社 2000 年版。

常怡：《民事诉讼法学》，中国政法大学出版社 2002 年版。

陈慈阳：《环境法总论》，中国政法大学出版社 2003 年版。

陈聪富：《因果关系与顿害赔偿》，北京大学出版社 2006 年版。

陈泉生：《环境法原理》，法律出版社 1997 年版。

程正康：《环境法概要》，光明日报出版社 1986 年版。

高桂林：《公司的环境责任研究——以可持续发展原则为导向的法律制度建构》，中国法制出版社 2005 年版。

韩德培：《环境保护法教程》（第四版），法律出版社 2003 年版。

贺海仁：《无讼的世界：和解理性与新熟人社会》，北京大学出版社 2009 年版。

侯国跃：《中国侵权法立法建议稿及理由》，法律出版社 2009 年版。

侯佳儒：《中国环境侵权责任法基本问题研究》，北京大学出版社 2014 年版。

胡静：《环境法的正当性与制度选择》，知识产权出版社 2009 年版。

胡雪梅：《英国侵权法》，中国政法大学出版社 2008 年版。

环境保护部：《中国环境年鉴 2015》，中国环境年鉴社 2015 年版。

Jennifer Holdaway 等：《环境与健康：跨学科视角》，社会科学文献出版社 2010 年版。

季境：《共同侵权导致人身损害赔偿》，中国法制出版社 2004 年版。

江伟：《民事诉讼法》，中国人民大学出版社 2000 年版。

解振华：《中国环境典型案件与执法提要》，中国环境科学出版社 1994 年版。

冷罗生：《日本公害诉讼理论与案例评析》，商务印书馆 2005 年版。

李丹：《环境立法的利益分析》，知识产权出版社 2009 年版。

李少平主编：《审判案例研究》（第一卷），中国法制出版社 2011 年版。

李挚萍等：《农村环境管制与农民环境权保护》，北京大学出版社 2009 年版。

梁慧星：《中国民法典草案建议稿附理由·侵权行为编、继承编》，法律出版社 2004 年版。

刘景一、乔世明：《环境污染损害赔偿》，人民法院出版社 2000 年版。

吕忠梅：《环境法新视野》，中国政法大学出版社 2000 年版。

吕忠梅：《环境损害赔偿法的理论与实践》，中国政法大学出版社 2013 年版。

罗丽：《中日环境侵权民事责任比较研究》，吉林大学出版社 2004 年版。

潘维大：《英美侵权行为法案例解析》，高等教育出版社 2005 年版。

齐树洁：《环境纠纷解决机制研究》，厦门大学出版社 2005 年版。

乔世明：《环境损害与法律责任》，中国经济出版社 1999 年版。

邱聪智：《民法研究》（一），中国人民大学出版社 2002 年版。

邱聪智：《新订民法债编通则》（上册），中国人民大学出版社 2003 年版。

邱联恭：《司法之现代化与程序法》，三民书局 1998 年版。

史尚宽：《民法总论》，中国政法大学出版社 2000 年版。

史尚宽：《债法总论》，中国政法大学出版社 2000 年版。

世界银行：《1992 年世界发展报告——发展与环境》，中国财政经济出版社 1992 年版。

宋宗宇：《环境侵权民事责任研究》，重庆大学出版社 2005 年版。

孙佑海：《超越环境“风暴”——中国环境资源保护立法研究》，中国法制出版社 2008 年版。

孙佑海：《环境司法理论与实务研究》，人民法院出版社 2014 年版。

孙佑海：《中华人民共和国水污染防治法解读》，中国法制出版社 2008 年版。

孙佑海等：《可持续发展法治保障研究》，中国社会科学出版社 2015 年版。

孙佑海等：《战略环境影响评价制度创新研究》，中国环境科学出版社 2013 年版。

汤欣：《公共利益与私人诉讼》，北京大学出版社 2009 年版。

汪劲：《环境法学》，北京大学出版社 2006 年版。

王灿发：《环境法学教程》，中国政法大学出版社 1997 年版。

王灿发：《环境纠纷处理的理论与实践》，中国政法大学出版社 2002 年版。

王灿发：《新〈环境保护法〉实施情况评估报告》，中国政法大学出版社 2016 年版。

王家福、［日］加藤一郎主编：《民法和环境法诸问题》，中国人民大学出版社 1993 年版。

王军：《侵权行为法比较研究》，法律出版社 2006 年版。

王俊豪：《政府管制经济学导论》，商务印书馆 2001 年版。

王利明：《侵权行为法归责原则研究》（修订二版），中国政法大学出版社 2004 年版。

王利明：《侵权行为法研究》，中国人民大学出版社 2004 年版。

王利明：《人身损害赔偿疑难问题——最高法院人身损害赔偿司法解释之评论与展望》，中国社会科学出版社 2004 年版。

王利明主编：《中国民法典学者建议稿及立法理由·侵权行为编》，法律出版社 2005 年版。

王利明：《中华人民共和国侵权责任法释义》，中国法制出版社 2010 年版。

王明远：《环境侵权救济法律制度》，中国法制出版社 2001 年版。

王胜明主编：《中华人民共和国侵权责任法解读》，中国法制出版社 2010 年版。

王卫国：《过错责任原则：第三次勃兴》，中国法制出版社 2000 年版。

王文杰：《侵权行为法之立法趋势》，清华大学出版社 2006 年版。

王文宇：《民商法理论与经济分析》，中国政法大学出版社 2002 年版。

王泽鉴：《侵权行为》，北京大学出版社 2009 年版。

王竹：《侵权责任分担论——侵权损害赔偿责任数人分担的一般理论》，中国人民大学出版社 2009 年版。

信春鹰主编：《中华人民共和国环境保护法释义》，法律出版社 2014 年版。

徐爱国：《英美侵权行为法学》，北京大学出版社 2004 年版。

徐国栋：《绿色民法典草案》，社会科学文献出版社 2004 年版。

徐昕：《论私力救济》，中国政法大学出版社 2005 年版。

颜运秋：《公益诉讼理念研究》，中国检察出版社 2002 年版。

杨会：《数人侵权责任研究》，北京大学出版社 2014 年版。

杨立新：《侵权损害赔偿》，吉林人民出版社 1990 年版。

杨立新：《侵权责任法：条文背后的故事与难题》，法律出版社 2011 年版。

杨立新：《侵权责任法》（第二版），法律出版社 2012 年版。

杨立新：《中华人民共和国侵权责任法草案建议稿及说明》，法律出版社2007年版。

于敏：《日本侵权行为法》（第2版），法律出版社2006年版。

曾世雄：《损害赔偿法原则》，中国政法大学出版社2001年版。

曾文慧：《越界水污染规制——对中国跨行政区流域污染的考察》，复旦大学出版社2007年版。

张宝：《环境侵权的解释论》，中国政法大学出版社2015年版。

张恒山：《法理要论》（第三版），北京大学出版社2009年版。

张坤民：《中国环境执法大全》，中国政法大学出版社1993年版。

张民安：《现代法国侵权责任制度研究》，法律出版社2007年版。

张铁薇：《共同侵权制度研究》，法律出版社2007年版。

张新宝：《侵权责任法原理》，中国人民大学出版社2005年版。

张梓太：《环境法律责任研究》，商务印书馆2004年版。

张梓太：《环境纠纷处理前沿问题研究——中日韩学者谈》，清华大学出版社2007年版。

赵国青主编：《外国环境法选编》，中国政法大学出版社2000年版。

赵红梅：《私法与社会法——第三法域之社会法基本理论范式》，中国政法大学出版社2009年版。

郑少华：《从对峙走向和谐：循环型社会法的形成》，科学出版社2005年版。

郑玉波：《民法债编论文选辑》（上），五南图书出版公司1984年版。

中国科学院可持续发展战略研究组：《2015中国可持续发展报告——重塑生态环境治理体系》，科学出版社2015年版。

邹雄：《环境侵权救济研究》，中国环境科学出版社2004年版。

最高人民法院环境资源审判庭：《环境资源典型案例选编与评析》（民事卷），人民法院出版社2014年版。

最高人民法院民事审判第一庭：《民事审判指导与参考》（总第36集），法律出版社2009年版。

三 中文论文类

薄晓波：《数人环境污染侵权案件中损害赔偿责任的承担》，《环境经济》2010年第8期。

曹明德：《日本环境侵权法的发展》，《现代法学》2001年第3期。

曹明德、毛涛：《我国环境争端非诉讼解决方式存在的问题及对策》，

《中国地质大学学报》（社会科学版）2009 年第 2 期。

陈泉生：《论环境共同侵权行为的危险责任》，《福建论坛》（经济社会版）1996 年第 4 期。

陈现杰：《最高人民法院人身损害赔偿司法解释精髓诠释》，载王利明主编《判解研究》（2004 年第 3 卷），人民法院出版社 2004 年版。

程鹏立：《日本“水俣病”的社会学研究》，《河海大学学报》（哲学社会科学版）2008 年第 4 期。

戴治勇：《选择性执法》，《法学研究》2008 年第 4 期。

戴治勇、杨晓维：《间接执法成本、间接损害与选择性执法》，《经济研究》2006 年第 9 期。

冯庆水、张学威：《绿色保险怎样困境突围》，《环境保护》2010 年第 20 期。

傅剑清：《论环境侵害救济的立法困境及其突破》，《法律适用》2010 年第 2、3 期。

顾小峰：《环境诉讼：科学上的不确定性因素》，《法学》1991 年第 5 期。

何勇田、熊先哲：《复合污染研究进展》，《环境科学》1994 年第 6 期。

贺泓、江桂斌：《科学理性认识我国的雾霾问题》，《求是》2014 年第 6 期。

胡静：《污染场地修复的行为责任和状态责任》，《北京理工大学学报》（社会科学版）2015 年第 6 期。

黄莎：《中国环境法庭司法实践的困境及出路》，《法律适用》2010 年第 6 期。

李大鹏：《流域复合污染控制的研究与发展趋势》，《环境科学学报》2010 年第 8 期。

李建良：《论环境保护与人权保障之关系》，《东吴大学法律学报》第 12 卷第 2 期。

李新：《数人侵权形态划分及其责任承担标准的法律探析——兼评中国〈侵权责任法〉的相关规定》，《法学杂志》2010 年第 1 期。

李艳芳：《关于制定〈环境损害赔偿法〉的思考》，《法学杂志》2005 年第 2 期。

李挚萍：《美国佛蒙特州环境法院的发展及对中国的启示》，《中国政法大学学报》2010 年第 1 期。

梁晓俭:《功利主义原理与环境侵权救济的原则》,《法学》2006 年第 4 期。

刘超:《反思环保法庭的制度逻辑——以贵阳市环保审判庭和清镇市环保法庭为考察对象》,《法学评论》2010 年第 1 期。

律严励:《关于我国雾霾问题与国外治理对策的研究》,《经营管理者》2015 年第 10 期。

罗丽:《环境侵权民事责任概念定位》,《政治与法律》2009 年第 12 期。

罗丽:《环境侵权中共同侵权行为责任研究——以日本法为视角》,《法律适用》2005 年第 2 期。

孟昭福:《土壤中重金属复合污染的表征》,《农业环境保护》1999 年第 2 期。

钱振华、刘家华:《关于环境治理的责任伦理反思——基于中外雾霾问题治理的比较分析》,《北京科技大学学报》(社会科学版)2015 年第 3 期。

秦鹏:《论环境法发展观的价值维度——面向消费主义的批判与超越》,《现代法学》2008 年第 4 期。

邱秋:《日本、韩国的土壤污染防治法及其对我国的借鉴》,《生态与农村环境学报》2008 年第 1 期。

曲久辉:《中国水体复合污染与控制》,《科学对社会的影响》2000 年第 1 期。

[日] 森岛昭夫:《日本法上的环境责任》,马栩生、高敏译,载吕忠梅主编《环境资源法论丛》2004 年卷,法律出版社 2004 年版。

邵世星:《侵权行为中的连带责任反思》,《国家检察官学院学报》2002 年第 10 期。

沈彩萍:《偶合环境侵权责任之探析》,《环境科学与管理》2008 年第 10 期。

苏力:《关于能动司法与大调解》,《中国法学》2010 年第 1 期。

孙佑海:《保障经济转型 维护环境权益——从中国环境司法的进展解读最高法院〈意见〉》,《中国环境报》2010 年 8 月 27 日。

孙佑海:《对修改后的〈民事诉讼法〉中公益诉讼制度的理解》,《法学杂志》2012 年第 12 期。

孙佑海:《关于建立中国环境公益诉讼制度的几个问题》,《国家检察官学院学报》2010 年第 3 期。

孙佑海：《十七大后我国环境资源立法走向研究》，《现代法学》2008年第1期。

孙佑海：《依法保障生态文明建设》，《法学杂志》2014年第5期。

孙佑海：《用法治的力量推进生态文明建设》，《环境保护》2012年第23期。

孙佑海、郭娜：《生态环境损害责任者依法担责的法律分析》，《环境保护》2016年第2期。

唐永忠、邵培樟：《试论偶合环境侵权的民事责任》，《科技进步与对策》2004年第6期。

唐忠辉：《论环境损害赔偿中的强制监测义务》，《政治与法律》2009年第12期。

王灿发：《对中国环境法的反思》，《清华法治论衡》2010年第1期。

王灿发：《环境法的辉煌、挑战及前瞻》，《政法论坛》2010年第3期。

王灿发：《环境损害赔偿立法框架和内容的思考》，《法学论坛》2005年第5期。

王强等：《中国污水处理设施建设现状与存在问题研究》，《环境污染与防治》2015年第3期。

王社坤：《环评限批的行政法解读》，《环境保护》2010年第21期。

王旸：《侵权行为法上因果关系理论研究》，载梁慧星主编《民商法论丛》（第11卷），法律出版社1999年版。

王竹：《侵权责任分担论》，《法学家》2009年第5期。

魏建文：《复合污染中环境侵权初探》，《邵阳学院学报》（社会科学版）2007年第5期。

［德］乌韦·布劳洛克：《经济中的环境保护》，孙静译，《中德法学论坛》2002年第1期。

吴英姿：《“大调解”的功能及限度：纠纷解决的制度供给与社会自治》，《中外法学》2008年第2期。

杨朝霞：《解决环境纠纷面临的挑战及其对策》，《环境保护》2010年第18期。

杨立新：《共同侵权行为及其责任的侵权责任法立法抉择》，《河南省政法管理干部学院学报》2006年第5期。

杨素娟：《举证责任倒置与因果关系推定——平湖“蝌蚪”索赔案之评析》，《中国环境报》2002年7月6日。

杨素娟:《论环境侵权诉讼中的因果关系推定》,《法学评论》2003年第4期。

叶海波:《重金属复合污染的研究进展》,《台州学院学报》2005年第6期。

伊媛媛:《略论无意思联络的数人环境侵权及其责任》,《法学评论》2007年第1期。

易先良:《设置环境法庭势在必行》,《中国环境管理》1987年第1期。

张景良:《关于数人侵权责任形态的思考》,《法律适用》2009年第11期。

张铁薇:《共同侵权民事责任的新发展》,《求是学刊》2007年第2期。

张维迎、邓峰:《信息、激励与连带责任——对中国古代连坐、保甲制度的法和经济学解释》,《中国社会科学》2003年第3期。

张新宝:《侵权责任法立法的利益衡量》,《中国法学》2009年第4期。

张钰光:《共同侵权行为类型化之初探》,《迈入二十一世纪之民事法学研究》,元照出版公司2006年版。

章武生:《论中国大调解机制的构建——兼析大调解与ADR的关系》,《法商研究》2007年第6期。

周黎安:《晋升博弈中政府官员的激励与合作——兼论我国地方保护主义和重复建设问题长期存在的原因》,《经济研究》2004年第6期。

[日]竹下贤:《环境法的体系理念与法治主义的实质化》,李桦佩译,《太平洋学报》2009年第7期。

竺效:《作为立法术语的"环境侵权"之辨析》,《政法论丛》2008年第2期。

左卫民:《探寻纠纷解决的新模式——以四川"大调解"模式为关注点》,《法律适用》2010年第1期。

四　学位论文类

丁敏:《跨行政区污染防治法律问题研究》,博士学位论文,中国政法大学,2010年。

胡静:《环境法的正当性与制度选择》,博士学位论文,中国政法大学,2007年。

梁剑琴：《环境正义的法律表达》，博士学位论文，武汉大学，2009年。

罗元慎：《土壤及地下水污染整治法制之检讨——以行政法上义务与责任之视角观察》，硕士学位论文，台湾大学，2006年。

吴雪苹：《环境损害赔偿责任及其解决对策之研究》，硕士学位论文，台湾政治大学，2008年。

肖嗥明：《连带之债制度研究》，博士学位论文，中国人民大学，2006年。

杨朝霞：《环境权论》，博士学位论文，中国政法大学，2009年。

五 外文资料类：

Alan J. Brinkmeler, *Damages: Apportionment Among Joint Tortfeasors*, DCBA Brief, October, 1997.

Cf Alastair Mullis & Ken Oliphant, *Torts*, London: Macmillan Press Ltd., 1997.

Comment, "Why Private Remedies for Environmental Torts under the Alien Tort Statute Should Not Be Constrained by the Judicially Created Doctrines of Jus Cogens and Exhaustion", 39 *Envtl. L.* 451, Spring, 2009.

Commission of the European Communities, *White Paper of Environmental Liability*, Brussels, 2000.

Harold Luntz, David Hunbly, *Torts: Cases and Commentary*, 4th Edition, Butterworths, 1995.

John G Fleming, *The Law of Torts*, 9th Edtion, LBC Information Services, 1998.

Joshua A. Bloom, "Environmental-Liability Buyouts: How to Know When It's the Real Thing", 20 *Nat. Resources & Env't* 37, Winter, 2006.

Kathleen M. O' connor, Gregory P. Sreenan, "Apportionment of Damage: Evolution of a Fault-based System of Liability for Negligence", *Air Law & Comm*, Vol. 61, 1996.

Kristel De Smedt, *Environmental Liability in a Federal System: a Law and Economics Analysis*, Intersentia Antwerpen-Oxford, 2007.

Mark Wilde, *Civil Liability for Environmental Damage: A Comparative Analysis of Law and Policy in Europe and the United States*, Kluwer Law International, 2002.

Matthew W. Swinehart, "Remedying Daubert's Inadequacy in Evaluating the Admissibility of Scientific Models Used in Environmental-Tort Litigation", *Texas Law Review*, May, 2008.

Michael P. Addair, " A Small Step Forward: An Analysis of West Virginia's Attempt at Joint and Several Liability Reform", *West Virginia Law Review*, Spring, 2007.

Monika Hinteregger, *Environmental Liability and Ecological Damage in European Law*, Cambridge University Press, 2008.

Nancy C. Marcus, "Phantom Parties and Other Practical Problems with the Attempted Abolition of Joint and Several Liability", 60 *Arkansas Law Review*, 2007.

Paul Bargren, Comment, " Joint and Several Liability: Protection for Plaintiffs", *Wisconsin Law Review*, 453, 1994.

Peter Cane, "Using Tort Law To Enforce Environmental Regulations?" *Washburn Law Journal*, Spring 2002.

Wolfrum, Christin Langenfeld and Petra Minnerop, *Environmental Liability in International Law: Towards a Coherent Conception*, Federal Environmental Agency, 2008.

109 W. Va. L. Rev. 831, Spring, 2007.

11 Mo. Envtl. L. & Pol'y Rev. 294, 2004.

19 Nat. Resources & Env't 72, Winter, 2005.

44-WTR Ark. Law. 14, Winter, 2009.

86 Tex. L. Rev. 1281. May, 2008.

93 Calif. L. Rev. 797, May, 2005.

六 法律政策类

《2015 中国环境状况公报》。

《编制自然资源资产负债表试点方案》。

《党政领导干部生态环境损害责任追究办法（试行）》。

《德国环境责任法》。

《德国民法典》（第 2 版），陈卫佐译注，法律出版社 2006 年版。

《俄罗斯联邦民法典》，黄道秀译，中国大百科出版社 1999 年版。

《法国民法典》，罗结珍译，中国法制出版社 1999 年版。

《关于开展领导干部自然资源资产离任审计的试点方案》。

《国家发展改革委关于开展政府和社会资本合作的指导意见》。

《国家新型城镇化规划（2014—2020 年）》。

《国务院办公厅关于推行环境污染第三方治理的意见》。

《国务院办公厅转发财政部、发展改革委、人民银行关于在公共服务领域推广政府和社会资本合作模式指导意见的通知》。

《国务院关于落实科学发展观加强环境保护的决定》。

《国务院关于印发水污染防治行动计划的通知》。

《荷兰侵权法》，张新宝译，载杨立新主编《民商法前沿》（第 1 辑），法律出版社 2003 年版。

《环境保护部办公厅关于公开征求〈环境污染强制责任保险管理办法（征求意见稿）〉意见的函》。

《环境保护督察方案（试行）》。

《环境监测数据弄虚作假行为判定及处理办法》。

江苏省高级人民法院、江苏省环境保护厅《关于环境污染损害赔偿纠纷案件调解工作的意见（试行）》。

《决胜全面建成小康社会　夺取新时代中国特色社会主义伟大胜利——在中国共产党第十九次全国代表大会上的报告》。

《美国侵权法重述·第三次·责任分担》。

《美国综合环境反应、赔偿及责任法案》。

《欧洲侵权行为法草案》，刘生亮译，谬英校，载张新宝主编《侵权法评论》（第一辑），人民法院出版社 2003 年版。

《全国环境统计公报（2014 年）》。

《日本大气污染防治法》。

《日本公害健康受害补偿法》。

《日本民法典》，王书江译，中国人民公安大学出版社 1999 年版。

《日本水污染防治法》。

《瑞典环境损害赔偿法》。

《瑞士民法典》，殷生根、王燕译，中国政法大学出版社 1999 年版。

《生态环境监测网络建设方案》。

《生态环境损害赔偿制度改革试点方案》。

《生态文明体制改革总体方案》。

云南省高级人民法院《全省法院环境保护审判建设及环境保护案件审理工作座谈会纪要》。

《中共中央关于全面深化改革若干重大问题的决定》。

《中共中央关于全面推进依法治国若干重大问题的决定》。

《中共中央国务院关于加快推进生态文明建设的意见》。

《中国人民银行、财政部、国家发展改革委、环境保护部、银监会、证监会、保监会关于构建绿色金融体系的指导意见》。

《中华人民共和国大气污染防治法》。

《中华人民共和国国民经济和社会发展第十三个五年规划纲要》。

《中华人民共和国环境保护法》。

《中华人民共和国立法法》。

《中华人民共和国民法通则》。

《中华人民共和国侵权责任法》。

《中华人民共和国水污染防治法》。

《中华人民共和国宪法》。

《中华人民共和国渔业法》。

《住房城乡建设部关于全国城镇污水处理设施2014年第四季度建设和运行情况的通报》。

《最高人民法院、民政部、环境保护部关于贯彻实施环境民事公益诉讼制度的通知》。

《最高人民法院公报》(2016年第3期)。

《最高人民法院关于贯彻执行〈中华人民共和国民法通则〉若干问题的意见(试行)》。

《最高人民法院关于人民法院登记立案若干问题的规定》。

《最高人民法院关于审理环境民事公益诉讼案件适用法律若干问题的解释》。

《最高人民法院关于审理环境侵权责任纠纷案件适用法律若干问题的解释》。

《最高人民法院印发〈关于为加快经济发展方式转变提供司法保障和服务的若干意见〉的通知》。

后　记

这是一部在同名博士论文的基础上加工而成的书。题目是导师孙佑海教授的命题作文，也契合我的研究兴趣，体现我一贯追求的公私融合的研究思路。想起大学时王人博老师在讲授《西方法律思想史》课程最后一堂课时送给我们的一句话：常思考，人才不会老。这部书，就是我对环境共同侵权以及相关法律问题长期思考的结晶。

本书直接受益于国家社科基金后期资助项目、司法部法治建设与法学理论研究部级科研项目、中国政法大学优秀博士论文培育项目对学术研究的支持。没有上述机构的支持，就不可能有这部作品的产生。

与硕士论文《财产权的环境保护功能研究》相比，博士论文偏重于制度层面的研究。这与就读的两所大学各自的学术风格不同有关，也与研究阅历有关。在武大时，受注重理论研究的西政传统深刻影响，对理论有着浓厚的偏爱和惯性，也有着少年壮志当拿云的书生意气；到法大时，已历经数年社会工作，更倾向于经世致用的研究，少了把博士论文做成"传诸后世藏于名山"的理想和豪情。

这是一部慢慢想出来、熬出来、写出来的书。从写作第一个字到最后的出版，过程跨越近十年。中间有几年束之高阁，但前后历经反复修改甚至字斟句酌，后来的修改还充实了大量最新案例和立法等资料并作了进一步论证以适应与时俱进的理论和实践。尽管如此，这样的写作速度，在网络社会和智能时代，无疑是缓慢的。但我仍十分珍惜和享受这个过程，就像农民经年耕种、厨师慢火煲汤一样。

良好的自我感觉既源于写作过程，也源于本书内容。回望 2011 年的成稿，自认为开展了不少创造性研究。譬如，论文指出，环境侵权制度不调整对于生态环境的损害赔偿，环境因素因其整体性关联性等客观属性而对环境共同侵权现象的产生具有决定性影响，因此用"环境共同侵权"比用"共同环境侵权"的概念更合适。论文还提出，结果共同是环境共同侵权的本质，因此环境共同侵权的构成要件包括多个主体实施行为、因环境联系而产生同一损害结果、各个行为与损害结果之间均存在不可割裂的单一因果关系。以此为基础，环境共同侵权的类型可以分为狭义共同侵权、共同危险行为、关联共同侵权和共同损害行为四种。论文还对我国《侵权责任法》第67条的内涵进行了深入阐释，研究提出了“关于环境共同侵权的司法解释建议稿及其说明”。后来的理论和司法实践证明，这些观点都是有价值的。当然，遗憾的是，论文没有及早出版，在一定程度上削弱了它的影响力。

这是一部凝聚着师长、亲人、朋友和同事等各方面关爱的书。如果说我对环境共同侵权的研究有所收获的话，那么首先要感谢所有关心帮助我的人们，感谢所有关心支持和致力于生态文明建设的人们！

感谢导师孙佑海教授。如果没有他对我为人治学的肯定，我不可能来到小月河畔随他攻读博士学位，从而也不可能有后来的一切。孙老师改变了我的人生轨迹。老师的人格魅力和思想性情展示着中国的士大夫风范和师道精神：居庙堂之高，数易其职，始终装满忧国忧民的情怀，正直向上恪尽职守；处象牙塔内，身为兼职，却比很多专职更尽责地传道授业，时时耳提面命谆谆教诲。虽公务繁忙，但仍抽出很多时间指导我的学习，关心我的生活。多年来，老师引领着我的人生方向，影响着我的精神世界，教化着我的为人处事。三年的博士学习，既有挑灯夜战的紧张忙碌，也有笔耕不辍的丰硕成果。这部书就是在老师的直接指导和严格要求下取得的成果之一。在严厉的背后，老师还有着和风细雨的另一面。他和师母待我如自己的孩子，在各方面给予我和我的家人无微不至的关怀，让我们感受到父母般的温暖。老师的教导和指引，让我终生受益。

感谢王灿发教授。他视我如己出，言传身教，给我的博士生活打下了深深的烙印。王老师给我提供了很多学习的机会。从中西部环境维权流动咨询，到美国环境健康项目考察，再到科研项目的参与以及工作后的发展，王老师始终对我关爱有加。王老师充满激情，平易近人，处处彰显山东人的大气和豪情。他时时教导我们要“能吃苦、肯吃亏”。他大爱无疆，是全球知名的环境英雄。作为污染受害者法律帮助中心的创始人和领导者，二十多年来，他用自己的爱心、智慧和魄力，带领着中国这家唯一始终致力于为环境污染受害者提供法律援助的民间机构，为众多受害者讨回了公道和尊严。也正是得益于他的卓越工作，我能够便利地获取大量实证案例，从而为本书写作奠定了厚实的基础。

感谢曹明德教授。他是我认识最早的环境法老师，其博士论文就是专门研究环境侵权的。我还在西南政法大学读本科时，他就给我们讲授环境法课程，当时曹老师刚从中国社科院博士毕业到西政执教。后来他到中国政法大学任教，我有了更多的机会向他学习请教。我的论文从开题到写作，从答辩到后期修改，曹老师都提出了很多宝贵而深刻的意见和建议，从而使论文不断完善。

感谢我在武汉大学的硕士导师李启家教授。李老师爱书、爱酒、最爱学生。他博览群书，从不为自己和学生的阅读设限；他记忆惊人，对污染防治相关法律条文如数家珍就像一部“活法典”；他思想深邃，为环境法学研究贡献了许多深入思考和独到见解；他至情至性，始终保持固有的本色和真实。老师毫无保留肯定我，意味深长“敲打”我，对我为人治学产生了深刻影响。我的硕士论文能够获得各方面好评，首先归功于他的指导。得益于他的激励，博士论文继续沿袭了一贯的写作风格。特别是他忍住身体的不适，专门抽出时间为这部书作序，让我感到既温暖又愧疚。

感谢博士论文答辩委员会的李艳芳教授、罗丽教授和王明远教授。他们在环境侵权领域有着深厚理论造诣，因为他们的宝贵意见和建议，我的论文得以更加完善。

感谢中国政法大学环境资源法研究所和武汉大学环境法研究所的老师、同学和兄弟姐妹们。不管是在求学期间还是工作以后，他们都给予了我许多关心和帮助。特别感谢胡静、杨朝霞诸位师兄的厚爱和智慧，感谢张忠民、罗满景、廖建凯和毛涛等博士在国内外为我提供的宝贵资料。

感谢本书编辑梁剑琴博士。她的智慧启发了我对写作提纲的修改，她的严谨帮助了我对书稿内容的完善，她的鞭策促成了本书的顺利出版。

感谢水利部人事司、水资源司、发展研究中心、南水北调规划设计管理局等单位领导和同事们在工作中给予我的关爱、指导和支持。正是他们的帮助，让我的工作和研究充实而快乐。

最后要感谢我的父母、岳父母、爱人和儿子。父母养育了我，支持了我三十多年的学习和生活。这部书的写作过程，伴随着我的结婚、生子等人生大事，在柴米油盐中边生活边思考，最离不开岳父母和爱人的理解与照顾，儿子的成长为这个过程添加了很多意想不到的调料。还感谢妹妹一直以来的支持。有你们，很幸福。

人生的每一步都是爱的眷顾。愿藉此书，再次感谢所有提及的和未提及的关心关爱关照我的亲们。愿用此生，以爱之名，与你们一路前行。

唐忠辉

2018年11月18日于北京